Andreas Huber
Heimat in der Postmoderne

Für Gerhard Hard
Mit lieben Grüsse und
herzlichen Dank

Andreas Huber

Reihe »SOZIOGRAPHIE«,
herausgegeben von Andreas Volk

Andreas Huber

Heimat in der Postmoderne

Publiziert mit Unterstützung des Schweizerischen Nationalfonds zur Förderung der wissenschaftlichen Forschung.

Die vorliegende Arbeit wurde unter dem Titel «Vermeintliche Heimaten. Über den Bedeutungswandel von Heimat in der Postmoderne am Beispiel einer Untersuchung über Schweizer Rentnerinnen und Rentner an der Costa Blanca» von der Philosophischen Fakultät II der Universität Zürich im Wintersemester 1997/98 aufgrund der Gutachten von Prof. Dr. Benno Werlen, Prof. Dr. Ulrike Müller-Böker und Prof. Dr. Hans Elsasser als Inaugural-Dissertation angenommen.
Der empirische Teil der Arbeit ist ebenfalls im Seismo Verlag erschienen unter dem Titel «Ferne Heimat – zweites Glück? Sechs Porträts von Schweizer Rentnerinnen und Rentnern an der Costa Blanca».

Die Deutsche Bibliothek – CIP-Einheitsaufnahme

Huber, Andreas:

Heimat in der Postmoderne / Andreas Huber. - Zürich : Seismo, 1999
  (Reihe Soziographie)
  ISBN 3-908239-71-0

Copyright © 1999, Seismo Verlag, Sozialwissenschaften und Gesellschaftsfragen, Postfach 313, CH-8028 Zürich
http://www-sagw.unine.ch/seismo
E-mail: seismo@gmx.net

Das Werk ist urheberrechtlich geschützt. Jede Verwertung (Vervielfältigungen, Übersetzungen, Mikroverfilmung u. a. m.) dieses Werkes oder einzelner Teile ist ohne Zustimmung des Verlages unzulässig.
ISBN 3-908239-71-0

Umschlaggestaltung: Gregg Skerman, Zürich
Druck: Druckerei Schüler AG, Biel

Inhalt

Vorwort 9

Einleitung 13
    Forschungsansatz und Hauptfragestellungen 16
    Heimat und Geschichte 24
    Auf der Suche nach der verlorenen Heimat 29
    Heimat und Schweiz 34
    Aufbau der Arbeit 37

Kapitel 1: Zum Begriff Heimat 41
    1.1 Vom mittelalterlichen Rechtsbegriff zum
         emotionsbeladenen Kunstprodukt 43
    1.2 Heimat und Cyberspace 53
    1.3 Aspekte des traditionellen Heimatbegriffs 58
        1.3.1 Von der Unheimlichkeit der Zeit 59
        1.3.2 Von der Unheimlichkeit des Raums 70
    1.4 Nicht nur alter Wein in neuen Schläuchen 90

Kapitel 2: Identität, Nation und Heimat 99
    2.1 Identität und Territorium 101
    2.2 Aktenzeichen: «nationale Identität» 106
    2.3 «...und wer bist du?» 124
    2.4 «Moi, c'est un autre» 134

Kapitel 3: Natur, Landschaft und Simulation 145
    3.1 Die Rede von «Natur» und «Landschaft» 146
    3.2 Vom Schweizerheimweh 154
    3.3 Der «innere Bauer» als schöpferisches
         Gegenprinzip zur Welt 160
    3.4 Schwierigkeiten der Wahrnehmung 170

Kapitel 4: Intimität, Wohnung und Heimat 187
    4.1 Trautes Heim – Glück allein? 191
    4.2 Das Gestern im Heute 199
    4.3 Das Ende jeder Illusion 204
    4.4 Exkurs: Von der Schwierigkeit, zu zweit bis 2
        zu zählen 210

Kapitel 5: Berauschende Heimat 221
    5.1 Das Geschäft mit Heimat 222
    5.2 Mythen der Schweiz 230
    5.3 Volksmusik und «falsche» Gefühle 235
    5.4 Kein Rausch ohne Kater 242

Zusammenfassung 245

So what? 257

Literatur 263

Hoch oben habe ich die Wahrheit gesucht, zuallerhöchst, in den großen gewaltigen Worten, von denen es heißt, daß sie geradewegs von Gott kommen oder von einigen, die ihm ihr Ohr geliehen haben, aber der großen Worte müssen zu viele und zu widersprüchliche sein, weil einem das große Wort vor lauter verschiedenen großen Worten nicht auffällt. Welches ist es wohl, an das man sich zu halten hätte? (...)
Was ist eine höhere Wahrheit, meine Lieben? Wo gibt es wohl eine höhere Wahrheit, wenn da kein höherer Vorgang ist! Meine Lieben, es ist etwas Fürchterliches um die Wahrheit, weil sie auf so wenig hinweist, nur auf sehr Gewöhnliches, und nichts hergibt, nur das Allergewöhnlichste.

Ingeborg Bachmann, Ein Wildermuth
(in: Das dreißigste Jahr. Erzählungen)

Vorwort

Weil nichts mehr auf der Welt – insbesondere auch das Phänomen Heimat – mit einer der großen soziologischen Theorien restlos erklärt werden kann, habe ich mich von wissenschaftlichen Artikeln, die zu diesem Thema einen Beitrag leisten, genauso inspirieren lassen wie von Zeitungsartikeln, Fernsehsendungen, Filmen, Werbespots, Comics, und habe diese unterschiedlichen Stimmen neu arrangiert. Für mich wird nicht etwas richtiger, nur weil es von dazu legitimierten Wissenschaftlerinnen und Wissenschaftlern gesagt wird. Für diese assoziative Methode gibt es glücklicherweise einen wissenschaftlichen Namen, ohne den ich ziemlich ratlos gewesen wäre: postmoderne Ethnographie. Wer eine sozialwissenschaftliche Arbeit schreiben will – und ich erhebe den Anspruch, eine solche vorzulegen –, ist auf die Einbettung der Arbeit in eine mehr oder weniger anerkannte Methode angewiesen. In der Wissenschaft kommt es nicht nur darauf an, etwas Richtiges zu schreiben, sondern dieses Richtige auch mit der adäquaten Sprache sagen zu können, weil ansonsten dieses Richtige nicht akzeptiert würde. Eine Tatsache, über die ich mich an dieser Stelle jedoch nicht weiter auslassen möchte.

Ich gebe es gerne zu: Ich habe nicht die geringsten Probleme, mich als ein typisches Kind der Postmoderne zu bezeichnen. Für mich ist nichts und alles wirklich. Alles kann gleichermaßen bedeutungsvoll als auch bedeutungslos sein. Doch Beliebigkeit, die ja oft als Hauptvorwurf der Postmoderne untergeschoben wird, bedeutet keineswegs Gleichgültigkeit, sondern bloß, daß es keine Rangordnung von Sinn mehr gibt. Helge Schneiders «Bei mir kann jeder machen, was er will» könnte das Credo der Postmoderne sein, wenn es nicht schon ein Widerspruch in sich wäre, von einem postmodernen Credo zu sprechen.

Man darf in der vorliegenden Untersuchung keine durchgehende Meinung des Autors zum Thema Heimat erwarten. Das Thema läßt dies nicht zu. Wer die Arbeit aufmerksam liest, wird darin eine Reihe von Widersprüchen feststellen. Ich könnte mich jetzt leicht damit rechtfertigen, daß diese Paradoxien beabsichtigt gewesen seien. Das würde aber nur teilweise zutreffen. Weil ich selber keine widerspruchsfreie Person bin – wer ist das schon? –, sind die Widersprüche oft auch ohne mein Zutun aufgetreten. Das verarbeitete Material ist vielfach auch in sich widersprüchlich, so daß es nur mit verschiedenen Haltungen angegangen werden kann. Apodiktische Aussagen zum Thema Heimat wird man in dieser Arbeit deshalb vergebens suchen. Die Untersuchung wirft auch viele

Fragen auf, die nicht alle mit einer befriedigenden und abschließenden Antwort behandelt werden können. Trotz ihres ansehnlichen Umfangs gehört diese Arbeit nicht zu jenen akademischen Untersuchungen, die den Eindruck erwecken wollen, alles zum gewählten Thema gesagt zu haben. Es soll vielmehr der Versuch sein, unterschiedlichste Stimmen zum Thema Heimat, die auf den ersten Blick nicht einmal unbedingt mit Heimat assoziiert werden mögen, derart zusammenzustellen, daß sie die Leserinnen und Leser zu neuen Gedanken anregen.

Je länger ich an meiner Untersuchung arbeitete, desto unumstößlicher wurde für mich die Gewißheit, daß die nur wissenschaftliche bzw. intellektuelle Arbeit nicht gerade zu den beglückendsten Beschäftigungen gehört. Zumindest habe ich mir während der Arbeit immer wieder andere Tätigkeiten vorgestellt und herbeigesehnt – zum Beispiel Tischlern. Die ständige geistige Auseinandersetzung mit dem gleichen Thema ist nun mal einfach eine eher einsame Angelegenheit. Selbstverständlich sind mit einer solchen Arbeit nicht nur Unannehmlichkeiten verbunden. Das nun wirklich nicht. Das Schreiben hat oft auch Spaß gemacht. An der Form eines Satzes zu schleifen, bis er so dasteht, daß er einem gefällt, ist zwar eine vielfach mühsame, letztendlich aber auch sehr befriedigende Arbeit. So hat das Schreiben für mich zumindest eine metaphorische Ähnlichkeit mit dem Tischlern.

Nach diesen Bemerkungen über Lust und Unlust beim wissenschaftlichen Arbeiten möchte ich jetzt all jenen Leuten herzlich danken, die zum Gelingen dieser Arbeit wesentlich beigetragen haben. In erster Linie möchte ich meiner kritischsten und gewissenhaftesten Leserin, meiner ehemaligen Lebenspartnerin Claudia Braun, danken. Ich danke ihr selbstverständlich nicht nur für ihre Kritik, sondern vor allem auch für ihren seelischen Beistand während der letzten drei Jahre, in denen unser Zusammenleben doch immer wieder arg strapaziert wurde. Die Beziehung hat den Abschluß der Arbeit nicht überdauert. Falls die Liebe unter anderem auch wegen dieser Belastung gescheitert sein sollte und ich sie durch einen Verzicht auf die Arbeit hätte retten können, hätte ich diese Dissertation nie geschrieben.

Dann danke ich natürlich meinem Doktorvater Prof. Dr. Benno Werlen für die mir gewährte Freiheit bei der Wahl und der Beschäftigung des Themas und für seine wertvollen Hinweise und Anregungen. An dieser Stelle möchte ich mich bei ihm auch ganz herzlich für die meist inspirierende Zusammenarbeit und seine Freundschaft bedanken.

Frau Prof. Dr. Ulrike Müller-Böker danke ich dafür, daß sie die Betreuung und Begutachtung der Arbeit ohne Einschränkungen übernommen hat, nachdem sie im März 1996 als Nachfolgerin von Prof. Dr. Albert Leemann gewählt wurde, welcher bis Oktober 1995 die Abteilung Anthropogeographie leitete und in dieser Funktion bis zu diesem Zeitpunkt für meine Arbeit einstand. Ihnen beiden danke ich für ihre Unterstützung und die angenehmen Arbeitsbedingungen am Geographischen Institut der Universität Zürich, wo ich von Anfang 1993 bis Ende 1998 als Assistent tätig war. Prof. Dr. Hans Elsasser danke ich für seine Bereitschaft, ein weiteres Gutachten zu verfassen. Ein besonderer Dank geht auch an Prof. Dr. Gerhard Hard für seine fundierte und konstruktive Kritik an einzelnen Kapiteln der Arbeit, welche in die nun vorgelegte Fassung wesentlich einfloß.

Weitere sehr wichtige Anregungen steuerte André Odermatt bei, der bereits für meine Diplomarbeit ein unersetzlicher Gesprächspartner war. Ich danke ihm ganz herzlich dafür, daß er sich trotz eigener starker beruflicher Belastung immer wieder Zeit genommen hat, sich intensiv mit «meinem Thema» auseinanderzusetzen sowie das gesamte Manuskript sorgfältig zu lektorieren.

Für das Durchlesen des Manuskripts möchte ich auch meinen Freunden Aldo Magno und Urs Amacher ganz herzlich danken. Sie haben die Arbeit insbesondere in sprachlicher und stilistischer Hinsicht kritisch durchgesehen. Weiter bin ich meinem Bürokollegen Norman Backhaus sowie meiner Bürokollegin Heidi Meyer für das Durchlesen verschiedener Entwürfe bzw. Teile meiner Arbeit sehr dankbar. Ich danke ihnen auch für die vielen fachlichen und natürlich alle sonstigen anregenden Gespräche über Alltag und Leben in Büro, Kaffeeraum, Mensa und anderswo.

Helen Arnet bin ich für Tips bezüglich der qualitativen Methode des narrativen Interviews zu großem Dank verpflichtet. Sie hatte auch sonst immer ein offenes Ohr für die diversen K(r)ämpfe und Krisen während meiner Arbeit.

Ebenso möchte ich mich bei Andreas Volk bedanken, der mich vor allem in der schwierigen Startphase unterstützte. Von ihm stammte schließlich auch die Idee, die ursprünglich als ein Band konzipierte Arbeit in zwei unabhängigen Bänden zu veröffentlichen. (Der empirische Teil der Arbeit liegt vor unter dem Titel «Ferne Heimat – zweites Glück? Sechs Porträts von Schweizer Rentnerinnen und Rentnern an der Costa Blanca».)

Für die fachkundige Beratung bezüglich Typographie und Layout möchte ich mich ganz herzlich bei Martin Steinmann bedanken.

Zum Schluß möchte ich all meinen Freundinnen und Freunden, Bekannten, Arbeitskolleginnen und -kollegen und natürlich meiner Familie danken, für Liebe und Freundschaft, für Einflüsse und Gespräche, für Lob und Kritik, für Nähe und Zuwendung, aber auch für Geduld und Distanz, für die vielen glücklichen Momente, in denen ich meine Arbeit vergessen konnte. Und will auch gleichzeitig um Entschuldigung bitten für die kaum zu vermeidenden Grausamkeiten, die wohl jeder Autor oft gerade jenen wenigen Menschen zufügt, die ihn wirklich lieben, namentlich bei Nadia Berta und Roger Huber, Walter und Petra Bosshard-Zwerenz, Trudi Braun, Beatrice und Werner Deplazes-Huber mit Enzo, Emanuela Epp mit Matteo und Giuliano, Stefan Fuchs, Pascale Herzig, Peter Höllrigl, Trudi und Karl Huber, Torsten Kahlhöfer, Carmen Koch, Philippe Koch, Ruedi Koechlin, Michael Kollmair, Alex Nietlisbach, Nicole North, Marco Pronk, Markus Richner, Stefan und Ursina Schiltknecht-Kohler mit Lara, Susanne Stern, René Véron, Samuel Wälty, Marc Zaugg.

Zürich, im Februar 1999 *Andreas Huber*

> *Schon gleich, wenn wir etwas angehen, ersticken wir in dem ungeheueren Material, das uns zur Verfügung steht auf allen Gebieten, das ist die Wahrheit. (...) Und obwohl wir das wissen, gehen wir unsere sogenannten Geistesprobleme immer wieder an, lassen uns auf das Unmögliche ein: ein Geistesprodukt zu erzeugen. Das ist ein Wahnsinn!*
>
> Thomas Bernhard, Der Untergeher

Einleitung

In wissenschaftlichen Publikationen findet man äußerst selten Angaben über die persönliche Motivation des Verfassers oder der Verfasserin für das Schreiben einer solchen Arbeit. Warum wohl? Würde man sie danach fragen, kämen sicherlich einige in einen argen Argumentationsnotstand. Was bewegt jemanden dazu, etwa eine Dissertation über den «Einfluß des Kochwassers auf das Kochverhalten von Teigwaren in Abhängigkeit von der Qualität der Rohteigware» zu schreiben oder eine Diplomarbeit über die «Frostanfälligkeit von Kiesgruben im Zürcher Unterland»? Nur weil man Lebensmittelwissenschaft bzw. Geographie studiert hat? Weil man plötzlich gemerkt hat, daß einem das Kochverhalten von Teigwaren unwahrscheinlich interessiert bzw. man schon immer gerne genau gewußt hätte, wie das nun sei mit der Frostanfälligkeit von Zürcher Kiesgruben? Wohl kaum. Tatsache ist, daß solche Arbeiten geschrieben werden. Ob sie auch gelesen werden, ist eine andere Frage. Nun, es geht mir an dieser Stelle nicht darum zu diskutieren, ob wissenschaftliche Arbeiten Sinn machen oder nicht. Was aber nicht heißt, daß ich die Frage nach dem Sinn für unnötig halte. Erst weil wir überhaupt eine Arbeit mit Sinn belegen, wird sie für uns ausführbar.

Einfacher läßt sich die Frage nach dem Zweck solcher Arbeiten beantworten, die nicht selten aber mit der Sinnfrage verwechselt wird. Der Zweck ist zumindest für die Schreibenden eindeutig: Mit dem erfolgreichen Abschließen einer solchen Arbeit ist in der Regel ein Titel verbunden, der einem sowohl in der Gesellschaft Ansehen verleiht als auch auf dem Arbeitsmarkt immer noch große Vorteile bringt. Neben dieser eher eigennützigen Seite – die zudem sehr selten in dieser Form zugegeben wird – gibt es auch eine selbstlose Argumentation, die die eigene Person alleine in den Dienst der Wissenschaft stellt. Man will der Wahrheit über die Wirklichkeit etwas näher kommen. Zumindest war das der Anspruch der Wissenschaft in der Neuzeit. Sehr verkürzt könnte man diesen so zusammenfassen, daß das Kriterium der Objektivität von der Wissenschaft verlangte, etwas so darzustellen, wie es «wirklich» ist. Es ging um die Auffindung wahrer Sätze. Doch wie der Kulturphilosoph und Medientheoretiker Vilém Flusser in einem Artikel über das «Virtuelle» ausführt, ist im Zeitalter der virtuellen Realität die Wirklichkeit eine Frage der Quantität geworden. Mit dieser postmodernen Aussage hat Flusser «die neuzeitliche Überzeugung ad absurdum geführt, daß wahr und falsch Gegensätze sind, daß infolgedessen auch wirklich und fiktiv Gegensätze sind, und daß zwischen diesen zwei Horizonten – entweder etwas ist wahr oder falsch oder nichtssagend; entweder etwas ist wirklich oder fiktiv – kein Kompromiß stattfinden kann.»[1] In der postmodernen Welt sei man plötzlich in einem Denken, in dem alles, was gesagt wird, mehr oder weniger wahrscheinlich ist. Die Wahrheit ist nach Flusser kein anstrebbares Ziel. Sie ist leeres Gerede, weil Sätze nur darum völlig wahr sein können, weil sie nichtssagend sind (etwa «eins und eins ist zwei» ist wahr, weil zwei minus eins minus eins null ist). «Wahrheit und Falschheit sind Horizonte, die im normalen Diskurs nie erreicht werden können, die keine Ziele sein können. Weder kann die Wissenschaft nach Wahrheit forschen, noch kann die Kunst nach noch nie dagewesenen Fiktionen suchen. Beides gibt es nicht.»[2] Schon Gustave Flaubert konstatierte übrigens: «Das Wahre gibt es nicht. Es gibt nur verschiedene Arten des Sehens.» Somit ist auch die zweite Legitimation ziemlich brüchig geworden. Dem kann freilich entgegengehal-

---

[1] Flusser, Vilém (1993): Vom Virtuellen. In: Rötzer, Florian u. Peter Weibel (Hrsg.): Cyberspace. Zum medialen Gesamtkunstwerk. München: Boer, S. 67. – Im folgenden werden Zitate überall dort mit einer vollständigen Fußnote vermerkt, wo ein Buch oder eine Schrift als Quelle neu eingeführt wird. Mehrfachzitate und Paraphrasierungen, die sich auf das erstzitierte Werk vom gleichen Autor beziehen, werden direkt im Haupttext jeweils mit der Angabe der Seitenzahl vermerkt. Alle Hervorhebungen im Original.

[2] Flusser (1993): S. 68. – Noch radikaler in seiner Aussage ist der Skeptiker und Pessimist E.M. Cioran. Für ihn ist das Streben nach Wahrheit die «Erbsünde» der Menschen. «Ich kann nicht umhin zu bedauern, daß es noch Menschen gibt, die nach der Wahrheit suchen. Haben sie noch immer nicht begriffen, daß es die Wahrheit nicht geben *kann*?» Vgl. Cioran, E.M. (1989): Auf den Gipfeln der Verzweiflung. Frankfurt am Main: Suhrkamp (erstmals Bukarest 1934), 4. Auflage 1997, S. 120.

ten werden, daß die Wissenschaft schon lange nicht mehr nach der Wahrheit suche, sondern nichts anderes als Wahrscheinlichkeitsrechnungen mache. Längst habe man den Anspruch aufgegeben, die letzte Wahrheit zu finden, sondern man wolle sich ihr nur so gut wie möglich nähern.

Nun aber wieder zurück zur Ausgangsfrage: Was also ist es, das Leute dazu veranlaßt, mehrere Jahre ihres Lebens damit zu verbringen, eine wissenschaftliche Arbeit, ein Geistesprodukt zu erzeugen, was in den Worten von Thomas Bernhard ein Wahnsinn ist? Die Aussicht auf Ruhm in der Welt der Wissenschaft oder nur schon auf eine akademische Laufbahn kann es nicht sein. Denn das erste ist ziemlich unwahrscheinlich und kann kaum geplant werden, und das zweite hängt neben den tatsächlichen Fähigkeiten einer Person auch sehr stark vom Zufall ab. Ob eine wissenschaftliche Arbeit für die Zukunft von fundamentaler Bedeutung sein wird, oder ob sie lediglich ein wissenschaftliches Strohfeuer darstellen wird, kann im voraus nicht gesagt werden. Zudem ist die Beurteilung einer wissenschaftlichen Publikation heute schwieriger denn je, weil die Forschungstätigkeit und die gleichzeitige Spezialisierung der Gebiete dermaßen zugenommen hat, daß nur eine kleine Gruppe von Leuten überhaupt verstehen kann, was ihre Kolleginnen und Kollegen schreiben. Ruhmessucht als Motivation kann also mit ziemlicher Sicherheit ausgeschlossen werden, weil der Ruhm wie gesagt neben Fleiß von vielen anderen Faktoren abhängt. Bleibt ganz einfach die Freude an der Materie oder am Forschen. Doch von dieser Freude merkt man nur sehr selten etwas in den Texten, die oft so «knochentrocken, unbeseelt und einschläfernd» daherkommen wie die «Bibel der Mormonen», von der schon Mark Twain sagte, sie wäre «gedrucktes Chloroform».

Nun, welche Gründe kann ich angeben für die vorliegende Dissertation? Selbstverständlich habe ich ein Thema gewählt, das mich interessiert. Doch auf die Frage, warum ich gerade «Heimat» gewählt habe, kann ich keine eindeutige Antwort geben. Trotzdem versuche ich in den folgenden Abschnitten darzulegen, was mich am Phänomen Heimat interessiert. Nicht weil ich meine Arbeit in ein angeblich gesamtgesellschaftliches Interesse einbetten zu müssen glaube,[1] sondern weil ich da-

---

1 Ich habe auch nicht den Anspruch, mit dieser Arbeit etwas zur Änderung der gesellschaftlichen Verhältnisse beizutragen. Schon immer fand ich es ausgesprochen lächerlich, wenn Intellektuelle von ihrer Arbeit allen Ernstes gesellschaftliche Relevanz erwarteten. Die gesellschaftlichen Verhältnisse werden auch nach dieser

von ausgehe, daß sich Leserinnen und Leser wünschten, auch etwas über die persönliche Motivation des Verfassers zu erfahren. Zumindest geht es mir so, wenn ich wissenschaftliche Bücher lese. Die besten Bücher finde ich jene, bei denen ein Thema nicht nur möglichst objektiv abgehandelt wird, sondern bei denen man im Verlaufe des Lesens immer wieder auch etwas über die Schreibenden selbst erfährt und bei denen dennoch gleichzeitig die eigene Person hinter das Werk gestellt wird. Hannah Arendt, Roland Barthes, Elias Canetti, Diedrich Diederichsen oder Klaus Theweleit etwa pflegen solche von mir geliebten Schreibweisen. Gerade letzterer schreibt hinreißend spekulativ und mit faszinierender Leichtigkeit, wie die folgende Kostprobe – passend zu dem, was bereits angetönt wurde und gleich noch ausführlicher behandelt wird – aus seinem im folgenden noch reichlich zitierten «Buch der Könige» belegt: «Nein, nein, vorstellen kann man sich nichts auf der Welt, nicht das Geringste. Es ist alles aus so vielen einzigen Einzelheiten zusammengesetzt, die sich nicht absehen lassen. Im Einbilden geht man über sie weg und merkt nicht, daß sie fehlen, schnell wie man ist. Die Wirklichkeiten aber sind langsam und unbeschreiblich ausführlich.»

Forschungsansatz und Hauptfragestellungen

Was interessiert mich am Heimatphänomen? Dies versuche ich im folgenden anhand verschiedener Fragen darzustellen und auch bereits einzugrenzen. Meine Vorgehensweise will ich sarkastisch nennen und meine damit die ursprüngliche Bedeutung von Sarkasmus, die vom griechischen *sarkázein* kommt, was zerfleischen heißt. Ich will also den Gegenstand meines Interesses bis auf die Knochen entblößen und mich gleichzeitig von den vielen durcheinanderredenden Stimmen der (post-) modernen Wissenschaft und Literatur inspirieren lassen. Ich zerfleische demnach nicht nur, sondern ich «schlachte» auch bisher Geschriebenes nach mir wertvoll Scheinendem aus.

---

und hunderttausend weiteren Arbeiten ärgerlich bleiben. In der Einschätzung der Wirklichkeit kann ich mich Woody Allen vorbehaltlos anschließen: «Ich hasse die Wirklichkeit, aber sie ist noch immer der einzige Ort, wo man ein anständiges Steak bekommt.»

Daß ich mich dabei dem Vorwurf des Eklektizismus aussetze, ist mir bewußt. Geben wir's doch zu: Wir sind alle nur Epigonen der großen Meister. Bezüglich der Wissenschaften bringt es Thomas Bernhard einmal mehr auf den Punkt: «In Wirklichkeit gehen wir, wenn wir konsequent gehen, und am aufmerksamsten in den Büchern, immer durch Landschaften, die wir längst kennen. Wir kommen auf nichts Neues. Wie wir in den Wissenschaften auf nichts Neues kommen. Alles ist *vorgeschrieben*.»[1] Doch beweist geniales Abschreiben nicht längst mehr Phantasie als die verkrampfte Suche nach Originalität, Innovationen und neuen Theorien? Warum sollten in der Wissenschaft andere moralische Gesetze gelten als beispielsweise in der Musik, wo fast nur noch geklaut wird? Gerade in der Musik wird doch immer wieder eindrücklich der Beweis erbracht, daß auch aus gestohlenen Ideen brillante Neuschöpfungen kreiert werden können.

Immerhin weiß ich, daß ich grundsätzlich nichts Neues zu sagen habe. Überhaupt, machen wir uns nichts vor, das Gute und das Wesentliche ist bereits geschrieben worden. Was bleibt, ist bereits Bekanntes nachzuschreiben bzw. auf neue Weise zu arrangieren. Aus der Neuanordnung des Zitierten etwas Neues entstehen zu lassen, ist das Hauptanliegen der vorliegenden Arbeit. Es geht in dieser Arbeit also nicht so sehr um ein Thema an sich (Heimat), sondern mehr um die Art seiner Darstellung. In diesem Punkt stimme ich mit dem Schriftsteller Reto Hänny überein. Nach ihm hat sich die Autorität vom Autor als Beherrscher der Sprache längst auf die Sprache selbst verlagert, und der Autor ist als die Summe der von ihm gelesenen Bücher zu verstehen, womit man als Autor aber noch lange nicht überflüssig werde, «nur die vom stupiden Geniedenken diktierten Originalitäts- und Prioritätsansprüche werden endlich relativiert. Überspitzt: ich darf mich als Autor hinfort in der Rolle des Kopisten und Kompilators bescheiden, als einer, der ‹abschreibt› und neu arrangiert, was andere vor ihm um ihr Leben erzählt und aufgeschrieben haben».[2] Auch ich werde rezyklieren, was das Zeug hält, denn wie heißt es doch im brillant gemachten MTV-Werbespot fürs Wiederverwerten: «Once is not enough. Recycle!»

---

1 Bernhard, Thomas (1989): Verstörung. Frankfurt am Main: Suhrkamp (erstmals Wiesbaden: Insel Verlag 1949), S. 150.
2 Hänny, Reto (1994): Auf dem Weg zum Text. Schweizer AutorInnen über ihr Schreiben: Teil 23. In: WoZ, Nr. 27, 8. Juli, S. 19.

Mit diesem Bekenntnis zur scheinbaren Beliebigkeit in meiner Annäherungsweise an das Thema und zum assoziativen Forschen bewege ich mich im weiten Feld postmoderner Forschungsansätze, denen oft gerade diese Beliebigkeit vorgeworfen wird. In der Sozialtheorie versteht man unter Postmoderne die philosophische Richtung von poststrukturalistischen Theoretikern wie Baudrillard, Deleuze, Derrida, Foucault und Lyotard. «Postmodern» wird aber auch als Bezeichnung für bestimmte Stile in Architektur, Kunst und Literatur verwendet oder ganz einfach als Bezeichnung für die jetzige Epoche. Im Poststrukturalismus und in der Dekonstruktion wird «Postmodernismus» als Methode sozialwissenschaftlicher Analyse und Kulturkritik bezeichnet.[1] Diese Methode impliziert neben der Kritik geschlossener Systeme, den sogenannten *grands récits* bzw. *grand narratives*[2], auch eine Auflehnung gegen rigide Sprachkonventionen im wissenschaftlichen Diskurs. Es bedeutet zudem eine

---

1 Der Begriff Dekonstruktion wurde vom französischen Philosophen Jacques Derrida geprägt. Dieser Terminus bezieht sich auf den deutenden Umgang mit Werken der philosophischen und der literarischen Tradition. Für Derrida ist die Sprache das zentrale Deutungsmittel. Eine rationale Welterklärung hält er für unmöglich. Auch für ihn ist die Wahrheit eine Fiktion, die sich – wenn überhaupt – nur aus sich selbst heraus offenbart. Die Dekonstruktion will die innere Widersprüchlichkeit von Textsystemen aufdecken, veraltete Ordnungsprinzipien aufheben und durch die Kreation neuer Begriffe die Grenzen der herkömmlichen Denk- und Sprachgewohnheiten sprengen.

2 Jean-François Lyotard, einer der bedeutendsten philosophischen Theoretiker der Postmoderne, formuliert prägnant: «In äußerster Vereinfachung kann man sagen: ‹Postmoderne› bedeutet, daß man den Meta-Erzählungen keinen Glauben mehr schenkt.» Vgl. Lyotard, Jean-François (1994): Das postmoderne Wissen: ein Bericht. Wien: Passagen-Verlag (erstmals Paris: Editions de Minuit 1979), S. 14. Als die drei großen sinnstiftenden Metaerzählungen der Moderne gelten: die Emanzipation der Menschheit (in der Aufklärung), die Teleologie des Geistes (im Idealismus) und die Hermeneutik des Sinns (im Historismus). Sowohl die Idee der Aufklärung als auch die Idee der Wahrheit legitimieren andere Erzählungen. Sie legitimieren in der Moderne einzelne Wissenschaften im Hinblick auf die Ziele Emanzipation und Wahrheit. Diese Erzählungen bzw. Großtheorien erhoben den Anspruch, mittels eines alles umfassenden Gedankengebäudes die Wirklichkeit zu strukturieren und erklären zu können. Mit den großen Erzählungen schien die Geschichte erzählbar. Aufgrund geschichtlicher Erfahrungen sind die Metaerzählungen inzwischen unglaubwürdig geworden. Ihre allgemeine Verbindlichkeit ist zerbrochen. Die postmoderne Erkenntnistheorie lehnt sowohl die rationalistische Suche nach allgemeinen Gesetzen der Geschichte oder des menschlichen Verhaltens ab als auch alle empirischen Anstrengungen, das Wissen als feste Tatsachen einer externen, materiellen Realität darzustellen.

deutliche Absage an jegliche Ideologie sowie ein Infragestellen einer für alle Menschen geltenden Vernunft.[1]

Im Namen der Postmoderne wurden die Sinnerzeugungsmechanismen der herkömmlichen Hermeneutik, der Auslegungskunst von Texten, in Frage gestellt und alternative Denk- und Lesarten vorgeschlagen. Beim «Nicht-Hermeneutischen» geht es nicht um die Botschaften und deren Sinnangebote, sondern um das Medium, das dem strukturierten Sinn vorgelagert ist. Denn die Form, in der ich etwas vermittle, ist nicht bloß beiläufiges Zierwerk, sondern wesentlicher Bestandteil des Inhalts. An die Stelle des Inhalts tritt die Ästhetik. Da der Glaube an irgendwelche verbindlichen Ideen zunehmend schwindet, bleibt als Orientierungspunkt in einer immer sinnloser werdenden Welt allein die Schönheit.

Auf diese Ideen haben viele Intellektuellen, die sich einen ideologischen und sprachlichen Deutungspanzer zugelegt haben, mit größter Abwehr reagiert. Sie haben Angst vor der Dekonstruktion als Destruktion. Andererseits ist die insbesondere von linken Denkerinnen und Denkern an der postmodernen Tendenz zur politischen Beliebigkeit angebrachte Kritik sicher nicht ganz ungerechtfertigt. In der Tat scheint nach dem Ende aller Ideologien Widerstand nur noch durch ästhetische oder diskursive Subversion möglich, nicht mehr aber durch politisches Handeln. Der Historiker und Philosophiedozent Christoph Dejung meint wohl zu Recht, daß der im postmodernen Denken enthaltene Hedonismus und Zynismus für viele ein bequemer Ausweg aus der politischen Verantwortung sei. Dennoch wehrt er sich gegen eine pauschale Ablehnung der Postmoderne. Er glaubt, daß wir uns nach dem Fall der Berliner Mauer erregt auf etwas Neues zubewegen und hält den Begriff «Postmoderne» für eine mögliche Bezeichnung für diese Erregung.[2]

In einem Beitrag in der Zeitschrift *Society and Theory* plädiert der Soziologe Michael Peter Smith – ganz im Sinne von Flusser – für eine «post-

---

1 Das heißt jedoch nicht, daß sich die postmodernen Denkerinnen und Denker vor der kritischen Vernunft fürchten. Sie haben lediglich ihre Zweifel am Projekt der Moderne und setzen an die Stelle des kritischen Vernunftdenkens als totalitäre Metaerzählung das neue Leitbild der Pluralität. Doch das Feststellen einer pluralistischen Gesellschaft heißt noch lange nicht, daß man gleichzeitig die Gleichgültigkeit zum politischen Programm macht. Pluralität heißt nicht Gleichgültigkeit, Beliebigkeit und Meinungslosigkeit, auch wenn das vielfach den postmodernen Gesellschaftstheoretikern untergeschoben wird.

2 Vgl. Dejung, Christoph (1995): Hohelied der Pluralität. Wen oder was will die Postmoderne? In: Zürcher StudentIn, Nr. 4, 5. Mai, S. 8–10.

moderne Ethnographie» als sozialwissenschaftliche Methode, welche nicht vorgibt, wissenschaftliche Wahrheit zu finden. Ja, sie ist nicht einmal Teil des Diskurses des separaten Sprachspiels, das «Wissenschaft» genannt wird. Im Gegenteil, in Stil, Methode und Haltung versucht sie auf absichtsvoll provokative Weise, die binären Gegensätze der Moderne von Makro- und Mikroanalyse, Struktur und Handlungsvermögen (*agency*), Objektivierung und Subjektivierung sowie Wissenschaft und Kunst aufzuheben. In ihrem Bemühen, die Lücke zwischen Kunst und Sozialwissenschaft zu schließen, verwendet die postmoderne ethnographische Schreibweise aus dem Bereich der Literatur expressive Stilmittel wie Rhetorik, Metapher, Subjektivität und Erzählung, welche die neuzeitliche Wissenschaftsauffassung radikal vom akademischen Diskurs getrennt hat. Der postmoderne Ethnograph ist so etwas wie ein Übersetzer bzw. Vermittler zwischen der Welt der sozialen Praxis und der Art, wie dieses soziale Geschehen im Alltag von den Leuten interpretiert und erzählt wird. Ein Hauptanliegen der postmodernen Ethnographie ist es, mit experimentellen literarischen Techniken wie Ironie, Reportage, Collage und Montage die soziokulturellen Konstrukte von erzählter Realität explizit zu machen. Gemäß der Grundannahme postmoderner Analyse, daß es alle Arten von Ordnungen und Systemen in unserer Welt gibt, die wir zudem alle selber schaffen und die nicht «außerhalb» für sich bestehen, gegeben, unveränderlich, universal und ewig sind, ist die postmoderne Ethnographie ein ausdrücklich oppositionelles Projekt. Es nimmt Abschied von der «Fiktion der Objektivität», indem es die Ansicht verneint, daß die Forschenden einen objektiven, wissenschaftlichen Standpunkt außerhalb soziokultureller Prozesse einnehmen können. Objektivität bzw. Eindeutigkeit wird als eine zementierte Beliebigkeit betrachtet. Und dennoch besteht es paradoxerweise darauf, daß die Forscher und Forscherinnen die gelebten Widersprüche von größeren sozialen Systemen intersubjektiv erfahren können, da diese in den sozialen Beziehungen und der Alltagspraxis des ethnographischen Subjekts enthalten sind.[1]

---

1 Vgl. ausführlicher Smith, Michael Peter (1992): Postmodernism, urban ethnography, and the new social space of ethnic identity. In: Theory and Society, 21, S. 493–531. Für eine weiterführende Auseinandersetzung mit der Postmoderne verweise ich als Einstieg auf den Sammelband von Welsch, Wolfgang (Hrsg.) (1988): Wege aus der Moderne. Schlüsseltexte der Postmoderne-Diskussion. Weinheim: VCH (etc.). – Klaus Theweleit würde die Bezeichnung «postmoderner Ethnograph» sicher mißfallen, doch sein Collageverfahren, das auch schon als li-

Einleitung

Auf dieses oppositionelle Projekt steige ich bereitwillig ein, nicht nur, weil mir dessen Inhalt gefällt, sondern auch weil es mir erlaubt, meine Arbeit nach meinen Vorstellungen zu schreiben und sie nicht in ein wissenschaftliches Sprachkorsett zwängen zu müssen. Nur wer sich nicht auf die heutige Komplexität globaler Verhältnisse einläßt, kann noch den Anspruch auf Objektivität und Eindeutigkeit in seiner Schreibweise beanspruchen. Wer jedoch die Lektion, die jede Berührung mit dieser neuen Komplexität lehrt, aufgenommen hat, wird nicht mehr entschieden und apodiktisch schreiben können, wie Diederichsen angesichts der Hip-Hop-Komplexität in einer Reportage über den Musiker Ice-T einmal prägnant schrieb. Dieses oppositionelle Projekt ermöglicht mir auch, mich der Aussage zu entziehen, ich betriebe ausschließlich «Sozialgeographie». Am ehesten sehe ich meine Arbeit als eine Form von Ethnographie – im Sinne, wie sie Smith skizzierte –, deren Ziel darin besteht, unterschiedlichste Texte, Zitate und Informationen in einen neuen Bedeutungszusammenhang zu stellen.[1] Das Arbeitsprinzip ist die Montage. Wie bereits erwähnt, habe ich auch keinen theoretischen Überbau im Sinne einer Metaerzählung im Hinterkopf. Dieser würde nur dann Sinn machen, wenn man aus diesem intellektuellen Überbau wirklich handeln könnte. Weil dies jedoch selten der Fall ist, merkt man, wie erbärmlich viele Theorien sind.

Gerne würde ich mich auch als Mythologe im Sinne von Roland Barthes betätigen, denn was ist Heimat anderes als ein Mythos? Doch dies wäre zugegebenermaßen eine anmaßende Bezeichnung, zumal ich in der Semiologie[2] – jene Wissenschaft, in die der Mythos gehört – ganz einfach zu wenig bewandert bin. Barthes definiert Mythos als eine viel stärker durch ihre Absichten als durch ihren Buchstaben bestimmte

---

terarische Pop-art bezeichnet wurde, würde sicher Smith' Vorstellungen einer anderen Wissenschaft entsprechen.

1 Diese Form von Ethnographie hat also nur noch den Namen gemein mit der bereits im 18. Jahrhundert in Deutschland entwickelten Disziplin, die sich ohne ausgeprägte theoretische Erkenntnisinteressen der Beschreibung primitiver Gesellschaften widmete.

2 Die Semiologie ist nach Barthes eine Wissenschaft von der Form, da sie Bedeutungen unabhängig von ihrem Gehalt untersucht. Die Mythologie gehört als formale Wissenschaft zur Semiologie und zugleich zur Ideologie als historische Wissenschaft, sie untersucht Ideen – in Form. Vgl. Barthes, Roland (1964): Mythen des Alltags. Frankfurt am Main: Suhrkamp (erstmals Paris: Editions du Seuil 1957), S. 88 u. 90.

Aussage, eine Definition, die für Heimat sicher tel quel übernommen werden kann. Das eigentliche Prinzip des Mythos ist es, Geschichte in Natur zu verwandeln. Der Mythos ist beauftragt, historische Intention als Natur zu gründen, Zufall als Ewigkeit. Er entzieht dem Objekt, von dem er spricht, jede Geschichte. «Die Welt liefert dem Mythos ein historisches Reales, das durch die Art und Weise definiert wird, auf die es die Menschen hervorgebracht oder benutzt haben. Der Mythos gibt ein *natürliches* Bild dieses Realen wieder. Und so wie die bürgerliche Ideologie durch das Abfallen des Namens ‹bürgerlich› bestimmt wird, wird der Mythos durch den Verlust der historischen Eigenschaft der Dinge bestimmt. Die Dinge verlieren in ihm die Erinnerung an ihre Herstellung» (S. 130). In der bürgerlichen Gesellschaft, die – nach Barthes' Ansicht – in den fünfziger Jahren, als er «Mythen des Alltags» schrieb, immer noch bürgerlich war, definiert Barthes den Mythos als eine «entpolitisierte Aussage». Genau diese Figur des bürgerlichen Mythos nimmt Heimat an. Heimat kann nur aus der Ewigkeit stammen. Sie ist geschichtslos und war seit jeher für den bürgerlichen Menschen geschaffen. Diese glückliche Figur läßt das Störende verschwinden, den Determinismus zugleich mit der Freiheit. Das heißt, daß man diese neuen Objekte, aus denen man jede beschmutzende Spur des Ursprungs oder einer Wahl hat verschwinden lassen, nur noch zu besitzen braucht. Für Barthes ist diese wunderliche Verflüchtigung der Geschichte «eine andere Form eines Begriffs, der den meisten bürgerlichen Mythen gemeinsam ist: der Unverantwortlichkeit des Menschen» (S. 141).

Wie würde nun der Mythologe im Sinne von Barthes mit dem Mythos umgehen? Er entziffert ihn und versteht ihn als eine Deformation. Indem er sich auf ein erfülltes Bedeutendes einstellt, in welchem er deutlich Sinn und Form unterscheidet und von da aus die Deformation, die die Form beim Sinn bewirkt, zerstört er die Bedeutung des Mythos und nimmt ihn als Betrug auf (S. 111). Vielleicht hat man schon erahnt, daß ich den Mythos Heimat ebenfalls als Betrug aufnehme und daß ich den Ideen von Heimat, Identität und Landschaft nicht mehr recht traue.

Auf die Grenzen der Mythologie weist Barthes selber hin. Sein Tun kann den Mythologen nicht ganz befriedigen. Denn nach Barthes schließt sich der Mythologe von allen Verbrauchern von Mythen aus und «ist dazu verurteilt, eine rein theoretische Gemeinsamkeit zu leben. Er ist sozial im besten Fall darin, daß er wahr ist. Seine größte Gemeinschaftlichkeit liegt in seiner größtmöglichen Moralität. Sein Verhältnis zur Welt ist sarkastisch» (S. 149). Für meine Arbeit würde das heißen, daß ich mich, indem ich Heimat entziffere und zerfleische – wie ich es nenne – von jenen absondere, die sich daran erfreuen. Eine nicht gerade glücklich machende Situation. Barthes geht sogar noch weiter. Gemäß ihm ist die Utopie für den Mythologen ein unmöglicher Luxus, weil es ihm untersagt ist, sich vorzustellen, was die Welt sein wird, wenn der Gegenstand seiner Kritik verschwunden ist. Der Mythologe «bezweifelt sehr, daß die Wahrheiten von morgen die genaue Kehrseite der Lügen von heute sein werden. Die Geschichte gewährt niemals den reinen, eindeutigen Sieg eines Gegenteils über das andere. (...) Für ihn ist die Positivität des Morgen voll und ganz durch die Negativität des Heute verborgen» (ebd.). Leider habe ich dem nichts entgegenzusetzen. Wie bereits gesagt, werde ich mit meiner Arbeit kaum etwas bewegen. Ich kann allenfalls entblößen. Doch die Frage, für wen ich denn entschleiere, ist damit noch nicht beantwortet.

Die Entzauberung von Heimat birgt somit gewisse Gefahren. Es ist wahrscheinlich, daß durch die Entblößung des Begriffs bis auf die Knochen Bilder einer letzten Welt entstehen, in der eine kümmerliche Spezies Mensch sichtbar wird, die jeglicher Metaphysik und aller Hoffnungen auf Zukunft beraubt ist. Das Tragische ist, daß Heimat und Wissen bzw. Erkenntnis nicht wirklich zusammengehen. Zwischen Heimat und Wissen kann es keine Versöhnung geben. Trotzdem will ich auf die Suche nach Heimat gehen und jeden Sinnfetzen – und sei er noch so klein – aufspüren, an dem Leute ihre Heimat festmachen. *Wo überall glauben die Menschen Heimat zu finden, und warum stellen sich die meisten Heimaten als vermeintliche heraus?* Ein wichtiges Motiv der vorliegenden Arbeit ist auch die Ansicht, daß im Heimatphänomen existentielle Fragen des Menschen – wie etwa «Wer sind wir? Woher kommen wir? Wohin gehen wir?» – implizit enthalten sind. Ich versuche, sowohl wissenschaftliche als auch literarische «Antworten» auf diese Grundfragen aufzuspüren und neu zu arrangieren.

Ziel dieser Untersuchung ist es also, der zentralen Frage nachzugehen, welche Bedeutung Heimat in einer sich zunehmend beschleunigenden Zeit noch – oder wieder – haben kann. Neben dieser Hauptfrage stellen sich weitergehende Fragen, etwa die Fragen nach den kulturellen Konzepten wie Identität, Natur und Landschaft. Dann nehme ich auch die semantischen Oppositionen von Stadt und Land, Zivilisation und Natur, Komplexität und Einfachheit, Weltoffenheit und Territorialität, Ich-Identität und Momentpersönlichkeit, Nostalgie und Utopie genauer unter die Lupe.

Heimat in der Postmoderne

In den folgenden drei Abschnitten werde ich weitere, mit der Hauptfrage im Zusammenhang stehende Aspekte anschneiden, um damit den thematischen Rahmen dieser Arbeit weiter abzustecken. Es geht einerseits um das schwierige Unterfangen, den Begriff Heimat, so wie ich ihn verstehe, zumindest ansatzweise zu umschreiben, andererseits um die Formulierung weiterer konkreter Fragen, auf die ich dann in den einzelnen Kapiteln ausführlicher eingehen werde. Über den Aufbau und Inhalt der Arbeit wird die kommentierte Inhaltsübersicht anschließend an die nächsten drei Abschnitte kurz informieren.

> *Kennst du den Vorgang, wie Zukunft zur Zeit,*
> *wie Zeit – oft erst nachträglich – Wirklichkeit,*
> *wie eine Zeit, ein Ort, ein Ereignis endgültig zu*
> *Erinnerung werden?*
>
> Peter Kurzeck, *Der Nußbaum gegenüber*
> *vom Laden in dem du dein Brot kaufst*

Heimat und Geschichte

Auf die Frage, was denn nun Heimat für mich bedeutet, kann ich vorläufig noch keine konkrete Antwort geben. Heimat ist für mich nicht primär eine tatsächliche Lokalität, wo man zu Hause ist, wo man sich wohlfühlt, sondern lediglich die utopische bzw. nostalgische Idee davon: die entweder in die Zukunft oder in die Vergangenheit gerichtete Sehnsucht nach Geborgenheit, Aufgehobensein und Einssein-mit-sichselbst. Heimat ist in diesem Sinne nichts Faßbares. Heimat sagt etwas aus über das eigene Leben, und zwar in dem Sinne, daß mit diesem Wort das beschrieben wird, was das Leben – in den meisten Fällen – mal hätte sein können bzw. – in den wenigsten Fällen – tatsächlich gewesen ist. Es geht um Sehnsüchte und Erinnerungen, um Geschichte und Geschichten. Um die Frage, ob es möglich ist, zu einer eigenen Geschichte zu kommen oder ob man dazu verurteilt ist, bloß als Statist in fremden Geschichten zu agieren, Stoff der Geschichte zu sein. Schauen muß man, daß dies nicht geschieht, und aufpassen, daß man später nicht auch noch die Vergangenheit verklärt. «Daß uns die verlorene Zeit nur nicht nachträglich noch zur Idylle mißrät und die Gegenwart, das Leben in der

Mehrzahl bliebe eine Angelegenheit für Statistiker.»[1] Heimat umschreibt das beklemmende Gefühl der Ungeduld, sich an einem anderen Ort wohler zu fühlen als dem gegenwärtigen.[2]

Zu einer eigenen Geschichte zu kommen – auch das ist ein zentraler Gehalt von Heimat. Die Kehrseite der neuzeitlichen Fortschrittslegende ist die Entpersönlichung und der Realitätsverlust. Die Geschichte scheint dem Menschen als eine inhumane Macht entgegenzutreten, der er ausgesetzt ist wie einem Schicksal (auch wenn Geschichte in erster Linie nicht Schicksal, sondern das Resultat von intendierten und nichtintendierten Folgen menschlicher Handlungen ist). Eine weitere Konstante moderner Befindlichkeit ist der Erfahrungsschwund. Das Leben flirrt wie ein hektischer Werbespot an uns vorbei, ohne daß wir je die einzelnen Augenblicke wirklich zu fassen und zu erleben vermöchten. An dieser Stelle müßte die postmoderne Ethnographie einsetzen, als eine Art Rache an der Geschichte. Sie wendet sich dem alltäglichen Leben der Subjekte zu und gibt diesen eine Stimme. In den Erinnerungen und Erzählungen der Leute setzt sich die Vergangenheit aus der Geschichte des Landes, des Ortes, den Familiengeschichten, den Lebensgeschichten und ihrer Brüche, seiner Schicksalsschläge und vielem mehr zusammen. Man erinnert nicht die Geschichte, sondern die gewöhnlichen oder besonderen Ereignisse des Alltags, in denen sich beständig das private und das öffentliche Schicksal, die eigene Biografie mit dem historischen Ereignis kreuzen, wie dies Heidrun Friese in einem Artikel über lokale Zeitkonstruktionen darlegt. Erinnert werden nur winzige Ausschnitte des Geschehens, die jäh auftauchen und wieder verschwinden. Aus den Erzählungen entsteht ein Kaleidoskop aus Fragmenten der Erinnerung, die sich mit der Zeit und dem Raum verbinden. «Vergangene und ge-

---

1 Kurzeck, Peter (1987): Kein Frühling. Frankfurt am Main: Stroemfeld/Roter Stern, Klappentext.
2 Von Bertolt Brecht gibt es ein Gedicht, «Der Radwechsel», 1953 geschrieben, welches diese Stimmung des Überdrusses beschreibt: «Ich sitze am Straßenhang. / Der Fahrer wechselt das Rad. / Ich bin nicht gern, wo ich herkomme. / Ich bin nicht gern, wo ich hinfahre. / Warum sehe ich den Radwechsel / Mit Ungeduld?» (Aus: Brecht, Bertolt (1964): Gedichte. Bd. 7: 1948–1956; Buckower Elegien; In Sammlungen nicht enthaltene Gedichte; Gedichte und Lieder aus Stücken. Frankfurt am Main: Suhrkamp, S. 7). – Zum Gefühl der Ungeduld, das schon beinahe als Grundstimmung der heutigen Zeit betrachtet werden muß, kommt sehr oft das nicht minder unangenehme Gefühl hinzu, nach beinahe allem, was man fliehen bzw. hinter sich lassen will, Heimweh zu haben.

genwärtige, öffentliche und private, erzählte, dargestellte und erlebte Wirklichkeit wechseln ständig, sie verfließen ineinander und erzeugen unterschiedlich gefärbte Perspektiven auf die vergangene Zeit.»[1] Wenn man unter Sehnsucht die Erinnerung an ein schönes, lustvolles Erlebnis mit dem Wunsch nach Wiederholung versteht, dann wird ersichtlich, wie eng Heimat und Sehnsucht beieinander liegen. Die Erinnerung ist nicht nur Voraussetzung zur Sehnsucht, sondern wahrscheinlich auch zur Heimat.

«Ich werde mich mein Leben lang fragen, wie Erinnerung funktioniert, die nicht das Gegenteil von Vergessen ist, vielmehr seine Kehrseite. Man erinnert sich nicht, man schreibt das Gedächtnis um.» Dieses Zitat von Chris. Marker (aus «Sans Soleil») setzt der Filmemacher Edgar Reitz an den Anfang seiner Gedanken über Sichtbares und Unsichtbares im Bildband zum Film «Heimat».[2] Womit der Autor dieses epochalen Filmromans darauf hinweist, daß er seine Arbeit als eine Form von Erinnerungsarbeit versteht. Sein Teil dieser Erinnerungsarbeit besteht darin, Filmmaterial zu filmischen Bild-Ton-Sequenzen neu zusammenzusetzen, was eben nicht das Gegenteil von Vergessen sei, sondern die Neuzusammensetzung von Bruchstücken des Gedächtnisses. Wenn im Spielfilm «Geschichte» wiedergegeben wird, holen wir das Vergangene niemals ein. «Wir trennen uns vielmehr endgültig, aber auf eine würdigere Weise, als es das Vergessen tut, von den Dingen. ‹Die Zeit heilt alles, nur nicht die Wunden. Mit der Zeit verliert die Wunde der Trennung ihre wahren Ränder. Mit der Zeit wird der begehrte Körper nicht mehr sein, und wenn der begehrende Körper schon aufgehört hat, für den anderen zu existieren, ist das, was bleibt, eine Wunde ohne Körper.› (Chris. Marker)» (ebd.).[3]

---

1 Friese, Heidrun (1993): Die Konstruktionen der Zeit. In: Zeitschrift für Soziologie, Jg. 22, Nr. 5, S. 329. – Eine ähnliche Vorstellung von Geschichte scheint auch Diedrich Diederichsen zu haben: «Und ‹Geschichte› ist eben das Wort für Verkettungen von Motiven und Daten in der Zeit, die einem erklären können, was an dem, warum man so geworden ist, wie man heute ist, relevant ist.» Vgl. den Aufsatz «Lost in Music» (S. 15–32) in: Diederichsen, Diedrich (1993): Freiheit macht arm. Das Leben nach Rock'n'Roll 1990–93. Köln: Kiepenheuer & Witsch.

2 Reitz, Edgar (1985): Heimat. Eine Chronik in Bildern. München und Luzern: Verlag C.J. Bucher GmbH, S. 8.

3 Erinnern heißt auch immer wieder, die Geschichte neu zusammenzusetzen, wie Edgar Reitz in einem neueren Gespräch sagte. Reitz betrachtet Erinnern als einen schöpferischen Akt. Er glaubt, daß jeder Mensch, der sich erinnert, im Grunde

Die Filmbilder sollen uns zum Geschichtenerleben bringen. Unsere Themen seien «meist unsichtbare, unhörbare, sinnlich nicht wahrnehmbare Geschichten». Gerade diese Tatsache sei es, die zu starken Bildern verpflichte. Denn nur «die eindringlichsten und vieldeutigsten Bildschöpfungen haben die Kraft, die Sinne festzubinden, damit sie mit ihrer Gier, alles zu besitzen, alles sich einzuverleiben, gebändigt werden, damit wir frei werden, das Gedächtnis zu befragen, uns zu erinnern, die Geschichten, die erzählt werden, neu zusammenzusetzen» (S. 9). Nur starke Bilder können uns daran hindern, die Eindrücke der Augen mit der Geschichte selbst zu verwechseln. Für Reitz ein unerhörtes Verfahren, die eigentliche Erfindung der Filmkunst: «Mit Bildern erzählen, indem man die Bilder dazu verwendet, die Augen so sehr zu beschäftigen, daß sie uns am Geschichtenerleben nicht mehr hindern» (ebd.).

Wenn Edgar Reitz die filmische Umsetzung dieses Prozesses liefert, lotet Peter Kurzeck diesen Vorgang in seinen Romanen – die Kritik bezeichnet sie nicht grundlos als neuartige Heimatdichtung – auf eindrückliche Weise aus. Ähnlich wie Canettis dreibändige Autobiografie (Die gerettete Zunge, Die Fackel im Ohr, Das Augenspiel) sind Kurzecks Romane als kühne Versuche zu bezeichnen, das Leben der Vergänglichkeit zu entziehen und die Kindheit wiederherzustellen. Doch anders als Canetti, der das Paradies im Diesseits bzw. in seiner Kindheit ansiedelt und auch findet, kommt Kurzeck ohne jegliche Idyllik aus, obwohl es auch ihm darum geht, das eigene Leben vor dem Vergessen zu retten. In einem absolut nüchternen, nie verklärenden Schreibstil schafft er es, die gute alte Zeit zu rekonstruieren, die sich eben letztendlich als alles andere als gut herausstellt. Seine Beschreibung der schäbigen, unspektakulären Alltagswirklichkeit um 1960 ist alles andere als eine behagliche Rückschau. Nur ab und zu scheinen geringe Spuren eines vergangenen

sein Leben neu erfindet. «Er erfindet das, was er je gemacht hat, neu. So können wir uns eigentlich gar nicht erinnern. Jedes Erinnern ist ein Neuschaffen des Lebens und dadurch werden wir viel reicher. Wir haben viele Leben, das eine, das vielleicht tatsächlich sich so ereignet hat, aber viele andere, die wir daraus machen können. Und das ist ein Gefühl des Reichtums. (...) Wenn ich mich erinnere (...), dann habe ich immer die Gelegenheit, anderes hineinzumischen. Ich vermische mich selbst mit der Welt, mit der Geschichte dabei, und pack' in meine Fiktion das hinein, was mir gefällt. Irgendwann ist man auch so erfahren, daß man weiß, es ist alles gar nicht so ehrlich. Es hat das Erzählen auch was mit dem Lügen zu tun. Das muß man irgendwann aushalten. Das muß man auch hinnehmen.»
Reitz, Edgar (1997): Heimat. Weggehen, um anzukommen. Ein Gesprächsabend mit Edgar Reitz und Gästen. Köln: WDR (ausgestrahlt am 13.7.1997, 3sat).

Paradieses durchzuschimmern. Kurzecks Bücher handeln von der Unaufschiebbarkeit des Lebens, von der jeder weiß und deren Gegenteil, also das Aufschieben, wir uns gleichwohl ein Leben lang angewöhnt haben. Mit seinem Plan, «sein Zeitalter aufzuschreiben», liefert Kurzeck «Ideologiekritik, wie sie überzeugender nicht von soziologischer Analyse erfolgen kann», heißt es im Buchklappentext zu seinem Roman «Keiner stirbt». Wer sich demnach über die Geschichte vergewissern und – damit zusammenhängend – auch etwas über Heimat erfahren will, dem ist die Lektüre von Kurzecks Büchern nahezulegen. Kurzeck verwendet das Wort Heimat in seinen Romanen wohl kein einziges Mal, und dennoch ist es genau seine Beschreibung der Erinnerungsverarbeitung, die mich an Heimat interessiert: das oft erst nachträgliche Umsetzen von Zeit in Wirklichkeit. Heimat beschreibt, wie eine Zeit, ein Ort, ein Ereignis definitiv zu Erinnerungen werden. Es ist eine Umschreibung für die Unmöglichkeit, Augenblicke festzuhalten, für die Treulosigkeit der Augenblicke. Alles was man erlebt, ist exklusiv und vergänglich. Heimat drückt einerseits den beklemmenden Schmerz über diese Vergänglichkeit aus, anderseits aber auch deren Genuß. Schmerz, weil es einem vor Augen führen kann, daß man das eigene Leben nicht bzw. umsonst gelebt hat. Genuß, weil erst das Bewußtsein von der eigenen Vergänglichkeit dem Menschen die Augen für die Schönheiten des Lebens öffnet.

Bei Heimat geht es um nicht erfüllte Sehnsüchte, deren Haupteigenschaft das Gefühl der Wehmut ist. Der Schmerz rührt von der blitzartigen Erleuchtung, daß das bisher gelebte Leben nicht notgedrungen auch das einzig richtige gewesen sein muß. Man erinnert sich all der Träume eines ganz anderen Lebens. «Es bleibt wenig übrig von dem, was sich jung erträumt. Aber das Gewicht dieses wenigen!» Solche Sätze üben eine ganz besondere Ausstrahlungskraft auf mich aus und sind mit ein Grund, weswegen ich Elias Canetti schätze. Für mich sind solche Sätze gleichsam lebensnotwendige Nahrung. Nochmals ein solcher Satz, diesmal von Antonio Tabucchi: «Die Sehnsucht nach der Vergangenheit kann quälend sein, aber die Sehnsucht nach dem, was die Vergangenheit hätte sein können, muß unerträglich sein.» Die dumpfe Ahnung, daß neben dem für mich Größten im Leben, der Jugend, auch die übrige Zeit unwiederbringlich verloren und wie spurlos vergangen ist, evoziert erst die Sehnsucht nach Heimat. Dasselbe Gefühl beschreibt auch Markus Werner sehr eindringlich: «Wie die meisten hat mich das Gefühl begleitet, das Leben, das andere, das eigentliche, komme noch. Es ist kein lautes, störendes Gefühl gewesen, es hat nicht sagen wollen: du lebst verfehlt, es hat nur sagen wollen, daß es noch andere Wege gebe, und es beweist, so glaube ich, nichts weiter, als daß man dazu neigt, im jeweils Unverwirklichten das Eigentliche zu vermuten.»[1] Durch genau dieses Gefühl erhält Heimat ihren vergangenheitsbezogenen utopisch-nostalgischen Charakter. Entweder glaubt man, daß man eigentlich ein ganz anderes Leben hätte leben können, oder aber man korrigiert verklärend das tatsächlich gelebte Leben und bescheinigt diesem Authentizität. In beiden Fällen bleibt Heimat eine nie erreichte Utopie.

Bei der Erzählung von Heimat geht es um die Korrektur der eigenen Biografie. Das schöne Wort Heimat verhilft einem zu Erlebnissen, die man womöglich nie hatte. Heimat ist somit etwas sehr Persönliches, etwas, was man sich wahrscheinlich genau darum bewahren will, weil es für das eigene, oft erst später zurechtgerückte Leben bzw. für die Sehnsucht nach dem Leben steht, wie es einem in der Kindheit noch vorschwebte. Die plötzliche Sehnsucht nach Heimat und heiler Welt im fortgeschrittenen Alter ist die hysterische Erkenntnis, daß man nicht gelebt bzw. dauernd das Falsche erlebt hat. Heimat ist der schöne, selbst gezimmerte Traum vom tatsächlichen Alptraum des Lebens.

Auf der Suche nach der verlorenen Heimat

Heimat ist die Identitätskategorie par excellence. Heimat kann deshalb für fast alles stehen, weil Assoziationen auf zeitlicher, landschaftlicher, kognitiver, struktureller, emotionaler und politischer Ebene hergestellt werden können. Die zugeordneten Kategorien lauten etwa Vergangenheit (Kindheit), Berge, Einfachheit, Kleinteiligkeit, Geborgenheit und Bauerntum. Wolfgang Kos fragt sich, ob Heimat für ihn nicht längst zu einer Konstellation geworden ist, «die sich aus sehr unterschiedlichen und disharmonischen Quellen speisen kann? Ein Modulsystem aus lauter Wahlverwandtschaften mit Orten, Filmen, Büchern, Menschen und Liedern? Das Leben, könnte man sagen, ist ein leerer Raum, den sich der Mensch mit Objekten der Zuneigung erst einrichten muß.»[2] Die

---

1 Werner, Markus (1995): Bis bald. München: dtv (erstmals Salzburg und Wien: Residenz 1992), S. 205.
2 Kos, Wolfgang (1993): Das Volkslied im leeren Raum. Eine Begriffsbestimmung. In: du, Nr. 7, Juli, S. 42.

Heimat in der Postmoderne

Tatsache, daß bestimmte Töne, Gerüche oder Farben mit an sich neutralen Eigenschaften einen Menschen «heimatlich» anrühren, daß sie freudige oder bedrückende Gefühle auszulösen vermögen, findet ihre Erklärung darin, daß sie irgendwann einmal im eigenen Leben mit einer freudigen oder bedrückenden Begebenheit verbunden gewesen sind. Das Ereignis selbst ist meistens längst vergessen. Es bleibt aber die erneute Auslösung dieser Gefühle durch die mit dem früheren Erlebnis verbundenen Gegenstände und Erscheinungen. So ist es möglich, daß die mit einem Musikstück – vermeintlich bereits vergessenen – verbundenen Erinnerungen, die wie von einer inneren Kamera als bewegte Bilder festgehalten wurden, durch das erneute Hören des Stücks wieder an die Oberfläche auftauchen und gleichsam wie ein *private movie* vor einem inneren Auge nochmals ablaufen.

Wie das funktioniert, hat Klaus Theweleit in einem sehr schönen Artikel über Miles Davis formuliert. Dabei ist es nicht nötig, an den Ort zurückzukehren, an den diese Erinnerung gekoppelt ist. Es genügt, die Platte wieder zu hören. Für Theweleit spielt der Plattenspieler nicht nur ab, er nimmt auch auf. Schallplatten sind für ihn besondere Geschichtsspeicher. Auf Platten werden bestimmte Gefühle, die man beim Hören hatte, derart genau gespeichert, daß Theweleit dies nicht einfach nur Erinnerungen nennen will, auch nicht nur Hilfsmittel zur Wiederbelebung. «Die Platten haben etwas aufgezeichnet, während sie liefen; nicht nur etwas abgespielt. Zwischen Platte / Tonarm / Lautsprecher und aufnehmenden Ohr / Gefühlsstrom scheint sich eine Aufnahmeapparatur gebildet zu haben zur Speicherung dieser Gefühlsströme (...). Will sagen, die Platten funktionieren als Speicher von Körper- und Wahrnehmungszuständen, als Indikatoren der Differenz, in der ich mich jetzt zu früheren Zuständen meines Lebens befinde.»[1]

Es sind jedoch nicht nur Musikstücke, die diese Fähigkeit haben. Auch Gerüche und Geschmäcke können längst Vergessenes wieder aufleben lassen. Marcel Proust hat das am Beispiel eines in Tee aufgeweichten Stücks Madeleine in seinem Großwerk der Erinnerung «A la recherche du temps perdu» auf meisterliche Weise beschrieben. Das Beispiel ist weltbekannt, doch werden wahrscheinlich nur die wenigsten die ganze Beschreibung des Vorgangs präsent haben, weshalb ich sie an dieser Stelle wieder einmal etwas ausführlicher zitieren möchte. Zunächst

---

1 Theweleit, Klaus (1989): Three Steps aus 31 Jahren mit Miles. In: du, Nr. 8, August, S. 82 f.

ist der Icherzähler (Proust) über die Wirkung sehr überrascht: «In der Sekunde nun, als dieser mit dem Kuchengeschmack gemischte Schluck Tee meinen Gaumen berührte, zuckte ich zusammen und war wie gebannt durch etwas Ungewöhnliches, das sich in mir vollzog.»[1] Er fragt sich, woher diese mächtige Freude zu ihm strömte und weiß nur, daß sie mit dem Geschmack des Tees und des Kuchens in Verbindung stehen mußte, aber darüber hinausging und von ganz anderer Wesensart war. Durch nochmaliges Trinken versucht er die Empfindung zu wiederholen, doch sie stellt sich nicht mehr in gleichem Maße her. Es wird ihm offenbar, daß die Wahrheit, die er sucht, nicht im Trank ist, sondern in ihm selber. «Ich setze die Tasse nieder und wende mich meinem Geiste zu. Er muß die Wahrheit finden. Doch wie? Eine schwere Ungewißheit tritt ein, so oft der Geist sich überfordert fühlt, wenn er, der Forscher, zugleich die dunkle Landschaft ist, in der er suchen soll und wo das ganze Gepäck, das er mitschleppt, keinen Wert für ihn hat. Suchen? Nicht nur das: Schaffen. Er steht vor einem Etwas, das noch nicht ist, und das doch nur er in seiner Wirklichkeit erfassen und dann in sein eigenes Licht rücken kann» (S. 64). Proust versucht, den Zustand von neuem herbeizuführen. Er verlangt von seinem Geiste das Bemühen, die fliehende Empfindung noch einmal heraufzubeschwören. Damit sich sein Schwung an keinem Hindernis brechen kann, räumt er jeden fremden Gedanken weg. Erst nachdem er zwischendurch seinen Geist zu jener Zerstreuung zwingt, die er ihm vorenthalten wollte, um dann ein zweites Mal eine völlige Leere um ihn zu schaffen, stellt sich langsam wieder dieselbe Empfindung ein. «Sicherlich muß das, was so in meinem Inneren in Bewegung geraten ist, das Bild, die visuelle Erinnerung sein, die zu diesem Geschmack gehört und die nun versucht, mit jenem bis zu mir zu gelangen» (S. 65). Noch weiß er aber nicht, ob diese Erinnerung bis an die Oberfläche seines Bewußtseins gelangen wird, um alles in ihm wieder in Bewegung zu bringen und heraufzuführen. «Und dann mit einem Male war die Erinnerung da. Der Geschmack war der jener Madeleine, die mir am Sonntagmorgen in Combray (weil ich an diesem Tage vor dem Hochamt nicht aus dem Hause ging) sobald ich ihr in ihrem Zimmer guten Morgen sagte, meine Tante Léonie anbot, nachdem sie sie in ihren schwarzen oder Lindenblütentee getaucht hatte» (S. 66). Der

---

1 Proust, Marcel (1979a): Auf der Suche nach der verlorenen Zeit. Band 1: In Swanns Welt. Frankfurt am Main: Suhrkamp, 4. Auflage der Ausgabe in zehn Bänden, S. 63.

Anblick jener Madeleine allein hatte ihm noch nichts gesagt, bevor er davon gekostet hat. Das Bild und die Formen des Gebäcks waren versunken, oder sie hatten jenen Auftrieb verloren, durch den sie ins Bewußtsein hätten emporsteigen können. «Aber wenn von einer früheren Vergangenheit nichts existiert nach dem Ableben der Personen, dem Untergang der Dinge, so werden allein, zerbrechlicher aber lebendiger, immateriell und doch haltbar, beständig und treu Geruch und Geschmack noch lange wie irrende Seelen ihr Leben weiterführen, sich erinnern, warten, hoffen, auf den Trümmern alles übrigen und in einem beinahe unwirklich winzigen Tröpfchen das unermeßliche Gebäude der Erinnerung unfehlbar in sich tragen» (S. 66 f.). Sobald er den Geschmack der Madeleine wiedererkannt hatte, stiegen das Haus, die Stadt, der Platz, die Straßen, die Blumen des Gartens, «die Leutchen aus dem Dorfe und ihre kleinen Häuser und die Kirche und ganz Combray und seine Umgebung, alles deutlich und greifbar, die Stadt und die Gärten auf aus meiner Tasse Tee» (S. 67).

Beschreibt hier Proust nicht dasselbe, was Theweleit von Schallplatten in bezug auf ihre Speicherfähigkeit von Körper- und Wahrnehmungszuständen sagt? Weitere Speichermedien sind in diesem Sinne auch die Fotografie und in besonderem Maße auch Filme. Einmalig Erlebtes läuft durch das plötzliche bildhafte Auftauchen eines Teils der Erinnerung, durch einen längst vergessenen Geschmack, ein längst vergessenes Musikstück in Form eines ganzen dazugehörenden «Films» nochmals ab. Als ob all diese Speichermedien die Zeit einfrieren, als ob sie ein Jetzt konservieren, das weit über sich hinausweist. Mittels Abrufen der gespeicherten Wahrnehmungen wird die Zeit «aufgetaut». Es wird ihr wieder Raum gegeben. Die Melancholie und die Wehmut solchen Erlebens liegt darin, daß es bloße Erinnerung bleibt und nicht mehr real – hier mehr im Sinne von authentisch – werden kann, wobei ich auch Erinnerungen für real halte. Die einstige erlebte Wirklichkeit läßt sich nicht unverändert erhalten, sondern wird zu einem ideellen, zudem meist beschönigten Abbild im Gedächtnis. Auch das gedanklich Bewahrte wandelt sich im Laufe der Zeit. Die Suche nach der verlorenen Zeit gilt demnach einer Wirklichkeit, die es womöglich nie so gegeben hat: Jeder Heimat haftet etwas Illusionäres an. Selbst wenn man an den tatsächlichen Ort zurückgehen würde, und alles so inszenieren würde, wie es damals war, also die gleiche Musik, dieselben Leute, dieselben Düfte usw., wäre das Erlebnis nicht authentisch. Authentizität ist an Einmaligkeit, an «echte» Erlebnisse gebunden. Womit wir auf ein weiteres Problem stoßen: Was ist authentisch? Oder in bezug auf Heimat formuliert: Gibt es authentische und falsche Heimaten? Hat nicht gerade die Suche nach Geschichte, Identität und Authentizität längst dazu geführt, daß nichts mehr historisch, identisch oder authentisch ist? Nichts mehr ist echt, alles wird inszeniert und simuliert, wobei die perfekten Inszenierungen von Scheinwelten nur dem Geschäft zu dienen haben. Längst halten wir die Simulation oder das Plagiat für das Original, so daß jede Diskussion, die zwischen authentisch und simuliert zu unterscheiden versucht, müssig geworden ist.

Heimat kann mit einer Art produktiver Gefühlserinnerung gleichgesetzt werden, die längst Vergessenes mittels diverser Speichermedien über die verschiedenen Sinne wiederbelebt und erst dann rational bewältigt. Die Erinnerung hat unter anderem etwas mit physischer Kopräsenz an einem bestimmten Ort zu tun, wo sie lokalisiert ist. Damit gewisse Erinnerungen überhaupt wieder aktiviert werden, kann man an den Ort ihres Ursprungs zurückgehen. Der Ort kann sich zwischenzeitlich völlig verändert haben, die Erinnerungen bleiben die gleichen. Man nimmt nicht nur den aktuellen Zustand eines Ortes wahr, sondern auch dessen Vergangenheit. Die Örtlichkeit wird im oben genannten Sinn zum Speichermedium, und Heimat umschreibt das faszinierende Gefühl der körperlichen Präsenz an einer ganz konkreten Örtlichkeit.

> *Von allem Anfang an war klar, daß die 700-Jahr-Feier ein Moment der Reflexion sein müsse für dieses Land und nach Antworten zu suchen habe auf die Frage: «Wohin gehen wir?»*
>
> Marco Solari, Delegierter des Bundesrats für die 700-Jahr-Feier, Störfall Heimat – Störfall Schweiz
>
> *Wer sind wir? Wo kommen wir her? Wer seid das ihr? Wo gehen wir hin?*
>
> Helge Schneider, die «singende Herrentorte», aus seiner Nummer «Philosophie I»

Heimat und Schweiz

Anläßlich eines Fests waren Antworten zu suchen auf existentielle Fragen wie «Wohin gehen wir?» Handelt es sich bei den Schweizerinnen und Schweizern um orientierungslose Menschen? Wußten sie nicht mehr, wo sie zu Hause sind, ja sogar wer sie sind? Stellten sie sich angesichts der Bedrohung der heimatlichen Identität plötzlich die Sinnfrage? Daß ein Fest mit einem solchen Anspruch scheitern mußte, war nicht weiter verwunderlich. Eine geradezu absurde Vorstellung: ein Fest, wo alle nachdenklich herumsitzen und sich die Frage nach ihrer Identität stellen. Wobei man wissen muß, daß Feste, die «lediglich» lustig sind, in der Schweiz im allgemeinen eher rar sind, denn ohne Moral geht's hierzulande kaum.

Tatsache ist, daß seit dem Jubiläumsanlaß und seit an der Expo 92 in Sevilla im Schweizer Pavillon der Satz «La Suisse n'existe pas»[1] für weitere Aufregung gesorgt hat, die Schweiz in einer Dauerkrise zu sein scheint. Zumindest ist sie es für jene Leute, die nicht sehen wollen oder können, daß die Schweiz als Staatsgebilde ein Konstrukt ist. Seit rund 150 Jahren wird unter Beiziehung uralter Mythen an dieser Konstruktion gebaut. Man bastelt an einer die Kulturen übergreifenden «nationalen Identität», als ob damit die Krise bewältigt werden könnte. Es ist absehbar, daß auch die Feierlichkeiten zum Gedenkjahr 1998 (150 Jahre Gründung des Bundesstaats, 200 Jahre Untergang der alten Eidgenossenschaft) kläglich scheitern werden, insbesondere wenn sie einmal

---

[1] Das Spruch-Bild des Künstlers Ben Vautier provozierte an der Weltausstellung einen Riesenskandal, der selbst Bundesräte zu Stellungnahmen zwang.

mehr den Anspruch haben sollten, das Selbstverständnis bzw. die «kollektive Identität» der Schweizerinnen und Schweizer zu festigen oder wieder zu finden.[1]

Es hat den Anschein, daß dieses kollektive Zusammengehörigkeitsgefühl etwas enorm Wichtiges ist. Die essentielle Frage aber, wozu man denn eine «nationale» Identität braucht, wird nicht gestellt. Fast könnte man glauben, daß dem Individuum nicht zugetraut wird, ohne «kollektive Identität» leben zu können. Was steckt dahinter? Offensichtlich können dadurch Abhängigkeiten geschaffen werden. Die Einzelnen würden freilich für ihre Ich-Identität keine «nationale Identität» brauchen, hingegen die Herrschenden, die anschließend die Repräsentation dieser «gemeinsamen» Identität für sich beanspruchen.

Über eine sinnstiftende Identifikation mit einem Land oder einer Region wird der nur zufällig begründete Verbund zwischen Individuen und einem Ort fundiert. Bei dieser Identitätsbildung spielt die Landschaft eine entscheidende Rolle, wie Jürgen Hasse in seinem Buch «Heimat und Landschaft»[2] ausführt. Unter den spät-modernen Bedingungen einer technischen, ökonomischen und kulturellen Globalisierung erscheinen die Utopien (bzw. Fiktionen) Heimat und Landschaft in einem neuen Licht und werden als Abstraktionen ins Imaginäre transformiert. Dabei sind Landschaften keine realen geomorphologischen Gestalt-Ensembles, sondern Bilder, die sich im Moment der Begegnung gestalten. Ihr Charakter ist wie der der Heimat funktional: «Die Rolle der Fiktion besteht darin, eine Beziehung zwischen Menschen und ihrer Umwelt herzustellen» (S. 14). Hasse beschäftigt sich mit der Frage der individuellen Beherrschbarkeit der Identitätskatalysatoren Heimat und Landschaft: «Werden die Individuen in einem Ästhetisierungs-Rausch selber ‹vertextet› oder vermögen sie in einem mimetischen ‹Regreß› die Spielregeln

---

1 Anfang Juni 1995 hatte sich der Nationalrat für die Jubiläumsfeier 1998 auf die Kompromißformel «Feier für den Bundesstaat, Napoleon und seine Heldentaten nicht vergessen» geeinigt, nachdem der Vorschlag des Bundesrats, parallel den 150. Geburtstag des Bundesstaates von 1848 und den 200. Jahrestag der Helvetischen Republik von 1798 zu feiern, von freisinniger Seite unter Beschuß geriet. Gemäß Bundesratsbeschluß wird es aber erst im Jahr 2001 eine Landesausstellung geben. Der Bundesrat entschied sich für das von Neuenburg lancierte Projekt «Die Zeit oder die Schweiz in Bewegung» im Drei-Seen-Gebiet bei Neuenburg, Biel und Murten.

2 Hasse, Jürgen (1993): Heimat und Landschaft: Über Gartenzwerge, Center Parks und andere Ästhetisierungen. Wien: Passagen-Verlag.

letztlich für sich umschreiben zu können, um selber (Co-)Autoren einer ästhetischen Aneignung der Welt zu werden?»[1]

Jubiläumsanlässe wie etwa die 700-Jahrfeier der Schweiz scheinen tatsächlich dazu eingesetzt zu werden, die Individuen von einer eigenen ästhetischen Aneignung der Welt fernzuhalten. Stattdessen werden die sinnstiftenden Bilder von der schweizerischen Heimat und Landschaft gleich mitgeliefert. Wahrnehmungen von Heimat sind vielfach bereits stark beeinflußt, beispielsweise von tausendfach gesehenen Postkartensujets oder anderen Bildträgern. Nun können aber die Berge nicht die Heimat der Mehrheit der Schweizer sein. Die Mehrheit wohnt in häßlichen Vororten im Flachland, in «Unorten», wo höchstwahrscheinlich selten jemand zur Kamera greift, um Postkarten zu machen, weil einem das blanke Entsetzen über die Trostlosigkeit dieses reichen Landes ergreifen könnte. Und dennoch sind es doch auch diese Agglomerationsorte, die die Mehrheit schön, lebenswert und erstrebenswert findet, auch wenn kaum jemand auf die Idee käme, beispielsweise einen Wandkalender mit Fotos dieser Orte herzustellen. Vorstellungen von Heimat sind also oft an irgendwelche diffuse Bilder gebunden, die mit dem eigentlichen Lebenskontext der meisten Menschen wenig bis nichts zu tun haben.

Wie sehr die Schweizerinnen und Schweizer tatsächlich an gewissen schweizerischen Symbolen hängen bzw. wie die Beherrschbarkeit des Identifikationskatalysators «Heimat» tatsächlich funktioniert, hat beispielsweise der Brand der Kappelbrücke im Sommer 1993 gezeigt.[2] Die Verknüpfung bzw. Gleichsetzung von Heimat und nationaler bzw. regionaler Identität ist ein Phänomen, das nicht nur in der Schweiz beob-

---

[1] Auszug aus Buchklappentext. – Hasses Antwort auf diese Frage werde ich in Kapitel 3.4 (Schwierigkeiten der Wahrnehmung) ausführlich erörtern.

[2] Kein anderes schweizerisches Ereignis in jenem Jahr hatte eine größere Medienpräsenz erlangt (mit Ausnahme der Berichterstattung über die Unwetter im Wallis und Tessin im Herbst). So schenkte beispielsweise der Tages-Anzeiger dem Ereignis allein am Tag nach dem Brand mehr als zwei volle Redaktionsseiten (ohne die unzähligen Artikel an den folgenden Tagen zu nennen)! Bezeichnend auch die Erklärung des Bundesrates: Mit dem Brand sei nicht nur ein *Identitäts*merkmal der Stadt und der *Bevölkerung* von Luzern ein Raub der Flammen geworden, sondern es sei auch ein Stück *schweizerischer* Kulturgeschichte zerstört worden, hieß es in der vom Bundesrat veröffentlichten Erklärung. Vgl. dazu Richner, Markus (1996): Sozialgeographie symbolischer Regionalisierung: zur gesellschaftlichen Konstruktion regionaler Wahrzeichen: die Kappelbrücke in Luzern. Zürich: unveröff. Diplomarbeit am Geogr. Institut der Universität Zürich.

achtbar ist. Die spezielle Eigenschaft von Heimat als Identitätskatalysator wird ebenfalls ein Thema dieser Arbeit sein.

Damit habe ich die mich im folgenden beschäftigenden Hauptfragen der Arbeit abgesteckt. Wie bereits angekündigt folgt nun eine kommentierte Inhaltsübersicht über die einzelnen Kapitel der Arbeit. Danach möchte ich noch kurz auf methodische Aspekte meiner Untersuchung eingehen.

Aufbau der Arbeit

Im folgenden *ersten Kapitel* der Arbeit werde ich die verschiedenen Aspekte des Heimatbegriffs erörtern. In einem ersten Teil will ich zuerst die historische Entwicklung des Heimatbegriffs darstellen. Ohne Zweifel gibt es bereits unzählige Publikationen zur Begriffsgeschichte von Heimat, weshalb ich es für angebracht halte, diesen Teil relativ kurz zu halten. Ich werde mich zudem in der Hauptsache lediglich auf ein aktuelleres Buch beziehen, das sich explizit mit der Begriffsgeschichte von Heimat aus geographischer Perspektive befaßt. Es handelt sich dabei um Michael Neumeyers Dissertation «Heimat. Zu Geschichte und Begriff eines Phänomens» aus dem Jahr 1992. Ich halte es für legitim, für den Einstieg ins Thema hauptsächlich auf dieses Werk zurückzugreifen, zumal davon auszugehen ist, daß Neumeyer alle Autorinnen und Autoren,[1] die Wesentliches zum Thema Heimat gesagt haben, in seiner Arbeit berücksichtigt hat. Die Diskussion beginnt also mit einem kurzen, zusammenfassenden Überblick über die geschichtliche Konstitution der heutigen Inhalte und Konnotationen von Heimat. Der Überblick bleibt auf den deutschsprachigen Raum beschränkt, da sowohl in der französi-

---

1 Bezüglich der weiblichen Form in der Sprache halte ich mich übrigens hauptsächlich an das linguistisch unbedenklichste Vorgehen, sowohl die männliche als auch die weibliche Form zu verwenden. Bei Zitaten und Paraphrasierungen von Texten aber, bei denen die weibliche Form nicht zur Anwendung kommt, verzichte ich ebenfalls auf die für Leserinnen und Leser etwas schwerfällige Nennung beider Formen. Ebenso verwende ich lediglich eine Form, wenn explizit nur ein Geschlecht gemeint ist.

schen Schweiz als auch im Tessin eine Heimatdiskussion im eigentlichen Sinn nie stattgefunden hat.[1]

Nach einem kurzen Abstecher in die Zukunft, wo ich mich auf Spekulationen über die Bedeutung von Heimat im Zeitalter von Cyberspace einlasse, will ich in etwas ausführlicherer Form die beiden mir bedeutend scheinenden Aspekte des tradtionellen Heimatbegriffs Zeit und Raum genauer unter die Lupe nehmen. Die beiden Unterkapitel «Von der Unheimlichkeit der Zeit» und «Von der Unheimlichkeit des Raums» befassen sich daher mit dem zeitlichen und dem räumlichen Aspekt von Heimat. Gerade in (sozial)geographischer Hinsicht interessiert insbesondere die Frage, ob Heimat an bestimmte Räume gebunden ist. Hat Heimat – um es mit den Worten des Zürcher Geographen Emil Egli auszudrücken – etwas mit «Geborgenheit im Raum» zu tun? Oder ist Heimat nicht viel eher im Menschen selber auszumachen als an einem Ort, in einer bestimmten Region?

Das *zweite Kapitel* befaßt sich mit Heimat als Identitätskategorie. Wie bereits gesagt, scheint sich Heimat deswegen so gut als Identitätskategorie zu eignen, weil Assoziationen auf den unterschiedlichsten Ebenen hergestellt werden können. In diesem Kapitel möchte ich aber die Kategorie «Identität» überhaupt in Frage stellen. Insbesondere befasse ich mich darin zudem mit der Nation als Identitätskategorie, denn längst ist aus der relativ marginalen Frage nach der Ich-Identität jene nach der Nation geworden.

In *Kapitel drei* geht es um das Natur- und Landschaftsverständnis, das entscheidend für die Heimatauffassung ist. Denn fast jede Heimatvorstellung ist mit Natur- und Landschaftsbildern verknüpft. Natur und Landschaft sind stark verwandte Begriffe, wobei laut Gerhard Hard Landschaft die wohl wirkungsvollste moderne Verschlüsselung dessen ist, was uns Natur sein und geben kann. Beide evozieren jedenfalls eine ferne Heimat. Daher ist es auch naheliegend, daß die Industrie mit aus Natur und Landschaft entliehenen Bildern Heimat simuliert. Auch das wird Thema dieses Kapitels sein.

---

1 Schon Max Frisch hatte dem Wort Heimat Unübersetzbarkeit attestiert, was in seiner Verwendungsvielfalt begründet liege. Die Unübersetzbarkeit des Wortes ist für mich jedoch noch kein Grund anzunehmen, Heimat sei ausschließlich auf den deutschsprachigen Raum beschränkt. Heimat ist ein universelles Phänomen. Kann man nicht das Gefühl mit den fünf Buchstaben, den Blues, als die afro-amerikanische Variante von Heimat ansehen?

Kapitel vier behandelt eine weitere mögliche Heimat: die Wohnung bzw. das Eigenheim. Nicht wenige verstehen unter dem privaten Glück, ein Zuhause zu haben, was für sie gleichbedeutend mit Heimat ist. Viele meinen im Eigenheim die Erfüllung des Traums vom privaten Glück zu finden. Daß dieser Traum von Intimität vielfach in einen Alptraum von Tyrannei umschlagen kann, ist ebenfalls Inhalt dieses Kapitels.

Thema des *fünften Kapitels* ist die kommerzielle Verwendung bzw. Verwertung von Heimat. Es geht darin weniger um die Frage, warum sich Heimat dermaßen erfolgreich kommerzialisieren läßt – diese Frage sollte aus den vorangehenden Kapiteln bereits beantwortet sein –, als vielmehr um die Darstellung jener Räusche, zu welchen das schöne Wort Heimat vielen Leuten nach wie vor verhelfen kann. Das Geschäft mit der Heimat läuft deshalb so gut, weil sich beinahe nichts so gut ausbeuten läßt wie die Sehnsucht nach heiler Welt. Ich werde in diesem Kapitel aber auch darauf hinweisen, daß es bei diesem Geschäft nicht nur um Geld geht, sondern auch handfeste politische Ziele verfolgt werden.

Die Arbeit endet mit zusammenfassenden Schlußfolgerungen und einem abschließenden Versuch, Heimat zumindest individuell zu umschreiben, wenn schon eine allgemeine Bestimmung nicht möglich ist.

1 Zum Begriff Heimat

Wovon reden wir, wenn wir von Heimat sprechen? Diese Frage ist alles andere, als einfach zu beantworten. Die Beantwortung kann nicht gelingen, wenn man den Anspruch hat, eine eindeutige, allgemeingültige Definition von Heimat geben zu wollen. Heimat ist mit Sicherheit kein objektiver Tatbestand, denn jeder versteht darunter etwas anderes. Die Bedeutung des Begriffs «Heimat» ist zwar kommunizierbar, doch nicht in einer neutralen Form positiver Objektivität. Da der Begriff ein ideologisches Polysem ist, sozusagen eine gedankliche Leerform, die mit beinahe beliebig vielen Konnotationen gefüllt werden kann, läßt sich dieser auch nicht in einen wissenschaftlichen Terminus überführen.

Wenn man davon ausgeht, daß sich im Wort Heimat seit seinem erstmaligen Auftreten im 15. Jahrhundert die unterschiedlichsten Assoziationen und Emotionen angereichert haben, so drängt sich die Semantik als Methode, die verschiedenen Bedeutungsstrukturen und Bedeutungsinhalte von Heimat aufzudecken, geradezu auf. Denn die Geschichte hat sich im Laufe der Zeit in einem – wie Gerhard Hard sagt – «semantischen Hof» von Assoziationen, Konnotationen und Emotionen, die dieses Wort umgeben, abgelagert. Diese Assoziationshöfe werden zu Leitlinien unserer Vermutungen über die Welt, und zwar sowohl innerhalb wie außerhalb der Wissenschaft. Erst gemäß den Sprachstrukturen beginnt sich die «Welt» für uns zu strukturieren. Mit dem Verfahren des «Polaritätenprofils» bzw. des «semantischen Differentials» beispielsweise könnte man den semantischen Hof des Wortes Heimat zu ermitteln versuchen. Hard hat diese Methode für das Reizwort «Landschaft» angewendet.[1] Bei dieser Methode werden gegensätzliche Wortpaare (zum Beispiel ländlich – städtisch, Ruhe – Hast, Heimat – Fremde) gegenübergestellt, zwischen denen der Befragte auf einer Skala zwischen 1 bis 7 mit 4 als Neutralwert wählen kann. Mit der Faktorenanalyse werden die erhobenen Daten auf einige Grunddimensionen bzw. «Faktoren» komprimiert, was auch einen hohen Informationsverlust impliziert.

Mit der von mir gewählten Methode des narrativen Interviews wird dieser Informationsverlust meiner Ansicht nach umgangen, ohne daß ich behaupten wollte, daß mit dieser Methode nicht auch Probleme verbunden sind. Es geht mir an dieser Stelle jedoch nicht um eine Bewertung

---

1 Vgl. Literaturhinweise in Fußnote 1, S. 152.

der beiden kaum zu vergleichenden Methoden. Auch ich interessiere mich für den semantischen Hof des Wortes Heimat, doch ich versuche, ihn auf andere Weise zu ermitteln. Mich interessieren in erster Linie die Sehnsüchte und Wünsche, welche dahinterstehen, wenn die Menschen von Heimat sprechen. Dieses persönliche Forschungs- und Erkenntnisinteresse läßt sich mit den Interviews besser verfolgen. Denn indem ich die Leute über ihre Geschichte und ihre persönlichen Heimatvorstellungen erzählen lasse, werden sie genau jene subjektiven Assoziationen und Emotionen erwähnen, die bei ihnen das Wort Heimat hervorruft.

Ziel dieses Kapitels ist es also nicht, eine eindeutige, vorurteilsfreie Begriffsbestimmung bzw. Definition des Heimatbegriffs, sondern lediglich einen kurzen Überblick über die verschiedenen inhaltlichen Aspekte sowie ideologischen Besetzungen von Heimat zu geben. Dabei beruhen meine Ausführungen zunächst hauptsächlich auf der Arbeit von Michael Neumeyer[1], der sich aus geographischer Sicht um eine Begriffsklärung von Heimat bemüht hat, um eine Grundlage für weitergehende Untersuchungen zu bekommen. Dies sei seiner Ansicht nach insbesondere auch für die Geographie angebracht, da bisher in den meisten geographischen Forschungen im Bereich kleinräumiger menschlicher Lebenswelten Heimat nur marginal zur Kenntnis genommen wurde. Bei den Ausnahmen seien zudem Ersatzbegriffe wie Identität und Regionalbewußtsein bemüht worden, was lediglich die begriffliche Verwirrung erhöhte. So hält Neumeyer beispielsweise den Ansatz «Regionalbewußtsein» lediglich für «eine verkappte Variante der Mental-map-Forschung» und daher zur Erklärung des Heimatphänomens für unbrauchbar.[2] Für einen subjektiven und emotionalen Umweltbezug des Menschen hält Neumeyer Hei-

---

1 Neumeyer, Michael (1992): Heimat. Zu Geschichte und Begriff eines Phänomens. Kiel: Selbstverlag des Geographischen Instituts der Universität Kiel (= Kieler Geographische Schriften; 84).

2 Daß die geographische Regionalbewußtseinsforschung nicht nur zur Erklärung des Heimatphänomens unbrauchbar, sondern überhaupt fragwürdig, wenig informativ und irreführend ist, zeigt Gerhard Hard. Wenn schon geographische Regionalbewußtseinsforschung betrieben wird, sollte diese nicht Bewußtseinsinhalte erheben und diese im physikalischen Raum verorten, sondern analysieren, wo soziale Kommunikation welche Raumsymbole enthält, und diese Bestandteile sozialer Kommunikation im sozialen und semantischen Raum verorten. Nur so könne diese Forschung Sozialgeographie werden, statt blosse Psychogeographie zu sein. Vgl. Hard, Gerhard (1987): «Bewußtseinsräume». Interpretationen zu geographischen Versuchen, regionales Bewußtsein zu erforschen. In: Geographische Zeitschrift, 75 Jg., 3, S. 127–148.

mat nach wie vor für die beste Bezeichnung. Ich beziehe mich insbesondere auf seinen ersten Hauptteil, in dem er eine systematische Aufarbeitung der geschichtlichen Entwicklung des Heimatbegriffs liefert.

1.1 Vom mittelalterlichen Rechtsbegriff zum emotionsbeladenen Kunstprodukt

Neumeyer geht zuerst auf die Herkunft und die ursprüngliche Bedeutung des Wortes ein, um damit eine Grundlage für die Veränderungen des Wortsinns in den letzten zwei Jahrzehnten zu erhalten. In der deutschen Schriftsprache ist das Wort Heimat seit dem 15. Jahrhundert nachweisbar, wobei im deutschen Sprachraum zunächst die rein sachliche Beschreibung eines gewissen Raumbereichs dominiert, der so etwas wie den «engsten Lebensbereich» des Menschen darstellt. Im Schrifttum aus dieser Zeit taucht der Begriff jedoch nur selten auf. Für die Literatur wird er erst von den Dichtern der Romantik entdeckt und von ihnen mit einer ausschließlich emotionalen Bedeutung belegt.[1]

Heimat war ursprünglich kein emotional behaftetes Klischee, sondern hatte bis ins 19. Jahrhundert eine sehr konkrete rechtliche Bedeutung. Mit der Einrichtung von Heimatrechten im 16. Jahrhundert erhielten auch die Besitzlosen eine Art von Heimat und hatten damit Rechts- und Versorgungsansprüche (S. 9). Die Gemeinden übernahmen die bisherigen Funktionen der Kirche. Dazu wurde ein rechtlicher Bezug zwischen bestimmten Menschen und bestimmten Orten hergestellt, wobei sich dieser zunächst primär nur auf Fälle der Verarmung bezog. In dieser ehemaligen rechtlichen Bedeutung ist wohl der Grund für die starke Assoziation von Heimat mit dem Geburts- oder Wohnort zu suchen (S. 10). Verschiedene Autoren und Autorinnen sehen darin die Ursache für das spezifisch deutsche Phänomen Heimat, das heißt für einen derart intensiven Raumbezug. Durch die Industrialisierung und ihre Begleiterscheinungen wurde das Ende des Heimatrechts eingeläutet. Die ökonomischen Rahmenbedingungen forderten eine zunehmende Mobilität, und mit den sogenannten Heimatscheinen, welche eine Verpflichtung der ursprünglichen Heimatgemeinde auf Unterstützung im Armutsfall

---

1 Neumeyer (1992): S. 7.

beinhalten, begann sich das Heimatrecht «an die Erfordernisse einer neuen ökonomischen Entwicklung anzupassen und die überall einlösbare, mobile Heimat auf Zeit wurde Wirklichkeit» (S. 11). Die Entwicklung zum deutschen Nationalstaat führte schließlich zur vollständigen Beseitigung des Heimatrechts. Der Staat übernahm die Funktionen und Aufgaben der Gemeinden. Wohnrecht und Armenversorgung – die Grundpfeiler des Heimatrechts – wurden von der Geburtsgemeinde gelöst und an die Aufenthaltsgemeinde übertragen. In Deutschland war mit der Verfassung von 1871 das Rechtsgebäude Heimat endgültig beseitigt und zu einem historischen Begriff geworden. In der Schweiz spielt das Heimatrecht in der abgewandelten Form der Bürgergemeinde immer noch eine Rolle. Es erlaubt seinem Inhaber das Mitspracherecht bei verschiedenen Entscheidungen betreffend Gemeindeplanung, Schulwesen, Ämterwahl, Landverkauf usw., die von den Gemeinden im Rahmen ihrer Aufgaben gefällt werden (S. 13).[1]

Im folgenden zeigt Neumeyer am Beispiel des Phänomens Heimweh den zweiten wesentlichen Aspekt von Heimat auf: ihren emotionalen Charakter. Gemäß Greverus (1972) ist trotz der enormen rechtlichen Relevanz von Heimat «die subjektiv-emotionale Konnotation eines Bindungserlebnisses an einen Raum ‹Heimat› über die rechtliche Bindung hinaus sehr viel älter».[2] «Heimweh» als Begriff taucht zuerst im 16. Jahrhundert in der Schweiz als Dialektwort auf und bezeichnete als medizinischer Fachausdruck eine besonders bei Soldaten in der Fremde beobachtete Erscheinung, die als eine – auch zum Tode führende – Krankheit angesehen wurde. Dieser affektive Heimweh-Begriff wurde dann von den Dichtern der Romantik aus der medizinischen Fachliteratur übernommen und in das allgemeine Sprachgut eingebracht (S. 15).

In der Romantik erreichte die Beschäftigung mit Heimweh ihren Höhepunkt, und Heimat wurde als Kontrastbegriff zur heraufziehenden In -

---

1 Kleine Präzisierung von Neumeyers Ausführungen: Gesamteidgenössisch wurde das sogenannte «Heimatprinzip» erst mit der Verfassungsrevision der Art. 45 und 48 BV von 1975 durch das «Wohnsitzprinzip» abgelöst. Diese Revision verankerte die freie Wahl der Niederlassung für Schweizerbürgerinnen und Schweizerbürger sowie das Wohnsitzprinzip für die Fürsorge (verbunden mit einer Bundeskompetenz des Rückgriffsrechts für den unterstützenden Kanton gegenüber dem Heimatkanton).

2 Greverus, Ina-Maria (1972): Der territoriale Mensch. Ein literaturanthropologischer Versuch zum Heimatphänomen. Frankfurt am Main: Athenäum, S. 29 f., zitiert nach Neumeyer (1992): S. 14.

dustrialisierung verwendet. «Über die Verarbeitung von Heimweh als psychischer Zustand wurde Heimat ein ‹emotional aufgeladener Begriff, der mit Natur, Landschaft, kleinstädtischem Leben und Dorfidylle zusammenhängt und ganz bestimmte Gefühle, Stimmungen assoziieren läßt: Vertrautheit, Überschaubarkeit, Verwurzelung, Ruhe und Abgesichertheit›».[1]

Der gesellschaftlich-ökonomische Wandel im 19. Jahrhundert schuf eine neue, von Inhalt und Bedeutung her grundsätzlich andere Art von Heimat. Es entstand der Heimatbegriff, wie er auch heute noch verstanden wird. Es gab verschiedene Gruppen, die den sozio-ökonomischen Wandel negativ beurteilten und eine grundsätzlich zivilisations- und kulturpessimistische Haltung bekundeten. Insbesondere die großstadtfeindliche Haltung von Wilhelm Heinrich Riehl, einem der bedeutendsten Kulturkritiker in der zweiten Hälfte des 19. Jahrhunderts, übte großen Einfluß auf die Öffentlichkeit aus. Riehl verklärte das bäuerliche und kleinstädtische Leben der Vergangenheit zum Idealbild. Ihm und anderen Autoren ging es auch darum, eine alternative Gesellschaftsvorstellung zu unterbreiten. Kernpunkt ihrer Ideologie war dabei das Phänomen Heimat. Dabei war ein wesentliches Merkmal für den neuen Heimatbegriff der Rückzug aus der Realität. Resultat war ein bürgerliches Heimatbild. Heimat wurde zu einem imaginären Wunschbild, zum Sinnbild geglückten Daseins, und war kein konkretes, auf einen bestimmten Ort oder einen bestimmten Personenkreis bezogenes Faktum mehr. Die noch unberührte, heile Natur und das ländliche Dorf, aber auch «romantische», mittelalterlich ausgeprägte Kleinstädte wurden zum Ziel der Heimatsehnsucht erkoren. Auch der Wert «Natur» wurde Bestandteil der Heimatideologie. Es war aber «eine ebenso realitätsferne und klischeehafte Natur, wie auch die vorgestellte bäuerliche Dorfidylle irreal war» (S. 22).

Gleichzeitig mit der beginnenden Industrialisierung und der zunehmenden Verstädterung entstehen um die Mitte des 19. Jahrhunderts die Dorfgeschichten und Heimat- und Bauernromane, an denen sich die Hinwendung zur Dorf- und Naturidylle besonders gut zeigen läßt. Als bedeutendste Vertreter dieser Literaturgattung gelten Jeremias Gotthelf (1791–1854), Berthold Auerbach (1812–1892), Peter Rosegger (1843–

---

1 Moosmann, Elisabeth (Hrsg.) (1980): Heimat – Sehnsucht nach Identität. Berlin: Ästhetik und Kommunikation, S. 46, zitiert nach Neumeyer (1992): S. 16. – Zum Thema Heimweh vgl. auch Kapitel 3.2.

1918) und Ludwig Ganghofer (1855–1920). Bei Gotthelf erscheint das Dorf oder der Bauernhof, auch wenn deren Bewohner mit allen menschlichen Schwächen und Lastern versehen werden, als Modell für die gesamte Gesellschaft. In den «Dorfgeschichten» von Auerbach wird die dörfliche Welt aus der Perspektive des Städters betrachtet und zur sentimentalen Idylle verniedlicht. Peter Rosegger konfrontiert die «heile» Bergwelt mit der sittlich verkommenen Stadtwelt. Und Ludwig Ganghofer schließlich propagiert in seinen Bergheimatromanen den gesunden, bäuerlichen Menschenschlag, womit er zum eigentlichen Wegbereiter der «Blut- und Boden-Literatur» wird. Der Erfolg dieser Autoren hielt übrigens bis weit in die fünfziger Jahre an.

Funktion dieser Romane war es nicht, die gesellschaftliche Realität wiederzugeben, sondern die klischeehafte Vorstellung des Städters von der unversehrten Welt der Heimat und der Berge möglichst genau zu bestätigen (S. 23).

Um die Jahrhundertwende wurden – insbesondere durch die Tätigkeiten vieler Heimatbewegter – die Grundbedingungen für die Kommerzialisierung und Korrumpierung von Heimat in der Zeit nach dem Zweiten Weltkrieg geschaffen. Es bestand nun die Neigung, das politisch Überwundene wenigstens kulturell zu erhalten. Die Heimatbewegung bestand aus verschiedenen Gruppen, die mit mehr oder weniger regionalem Bezug den ihrer Meinung nach zerstörerischen Tendenzen der sozio-ökonomischen Entwicklung entgegenzuarbeiten versuchten. Im Gegensatz zu früher wurde nun der Widerstand gegen Zivilisation, Industrie- und Großstadt zunehmend aggressiver. Der kulturelle Bereich (Trachten-, Volkstanzgruppen, Bauernbühnen und -musik, Heimatmuseen usw.) wurde zum Betätigungsfeld vieler Heimatbewegter. Bausinger sieht hier «eine beginnende Fixierung auf ‹Äußerlichkeiten› und Versatzstücke, auf Symbole und Stellvertreter für Heimat».[1]

Ein wichtiger Bestandteil der Heimatbewegung war die sogenannte Heimatkunst, die in der Form einer neuen Art von Literatur weitreichende Folgen für den Heimatbegriff hatte. Deren Ziel war eine nationale Gesundung durch Rückbesinnung auf das ländliche Volk und des-

---

1 Bausinger, Hermann (1980): Heimat und Identität. In: Köstlin, Konrad u. Hermann Bausinger (Hrsg.): Heimat und Identität. Probleme regionaler Kultur: 22. Deutscher Volkskunde-Kongreß in Kiel vom 16. bis 21. Juni 1979. Neumünster: Wachholtz (= Studien zur Volkskunde und Kulturgeschichte Schleswig-Holsteins 7), S. 17, zitiert nach Neumeyer (1992): S. 26.

sen Werte. Auch wenn der Kern der Heimatkunst die Hinwendung zum Regionalen und Heimatlichen war, bildete der massive Nationalismus einen wesentlichen Schwerpunkt der Heimatkunstideologie. Denn das Heimatliche wurde in Verbindung zum Interesse des Gesamtstaates gebracht. Womit sich die Heimatkunst fugenlos in den wilhelminischen Nationalismus und Imperialismus eingliedert. «Heimat und ‹Vaterland› werden so miteinander verknüpft und Heimatliebe wird automatisch Vaterlandsliebe, ja wird sogar als Voraussetzung und Notwendigkeit für den Bezug zum Nationalstaat angesehen» (S. 29). Somit ist die Verknüpfung zwischen dem einzelnen, seiner Heimat und der Nation die wesentlichste Neuerung, die die Heimatkunst zur Begriffsgeschichte von Heimat beigesteuert hat.

Zwischen den Weltkriegen geht die Loslösung des Heimatbegriffs von realen Gegebenheiten weiter. Heimat wurde vollends ins Unwirkliche und Mystische transponiert. Zudem fand eine starke Ideologisierung des Begriffs statt. Heimat verlor ihren kleinräumigen Charakter und wurde an die räumlich größeren Kategorien Vaterland und Nation angebunden. Vor allem durch die vielzitierte Veröffentlichung vom «Bildungswert der Heimatkunde» von Eduard Spranger wurde Heimat über faktisch existierende Räumlichkeiten hinaus als eine Größe des emotionalen Erlebens der Umwelt definiert. Spranger sah in der Heimatkunde ein Mittel, um die Erlangung von Heimat zu verwirklichen (S. 33).

In der Naziideologie hat der Heimatbegriff einen unscharfen und ambivalenten Charakter. Von den traditionellen Heimatvorstellungen wurde lediglich der agrarromantische Aspekt übernommen, die regionale Komponente hingegen wurde strikt abgelehnt. Es wurde die nationale Variante von Heimat betont. Kernpunkt des faschistischen Heimatbegriffs ist neben der Mystifizierung die Konstruktion der Reihung von Heimat, Volk und Vaterland, deren Sinn die Übertragung der emotionalen Beziehung zur direkten Lebenswelt auf das größere Gebilde Staat war, um damit den Staat zu einer persönlichen Angelegenheit zu machen. Der Gefühlswert der kleinräumigen Heimat wurde politisch für eine andere Ebene ausgenutzt (S. 38).

Das Heimatbild in den fünfziger und sechziger Jahren dieses Jahrhunderts ist vor allem durch den Zweiten Weltkrieg beeinflußt worden. Im Unterschied zum Heimatbild nach dem Ersten Weltkrieg, das durch eine zunehmende Politisierung gekennzeichnet war, war es nach dem Zweiten Weltkrieg völlig unpolitisch. Es wurde insbesondere vom Kleinbürgertum und sozial schwachen Schichten als Mittel zur Identitätssuche benutzt, um nach dem erlebten Chaos wieder einen Mittelpunkt des Lebens zu finden. Nach dem Krieg hatte die Heimat von vornherein keinen Bezug zu bestimmten Räumen mehr und wurde zur bloßen, allgemeingültigen Formel, war durch die vorgeprägten, klischierten Inhalte bestimmt. Das Heimatbild wurde definitiv zu einer Ansammlung von Phrasen und Klischees, Idyllen und Wunschbildern. Die der Trivial-Kultur angehörende Heimat wurde massenhaft nach wirtschaftlichen Kriterien produziert und vermarktet: durch den am Kiosk verkauften Heimatroman, durch Heimatschlager und durch den Heimatfilm (S. 45).

Nachdem der Heimatboom vorübergehend abflaute, begannen Ende der sechziger, Anfang der siebziger Jahre Kritiker der Wachstumsgesellschaft, Heimat wiederzuentdecken und sie mit neuen Inhalten zu füllen. Zur Befriedigung der Sehnsüchte nach unverschmutzter Natur und nach verflossener Kultur erfolgte ein Rückgriff auf Werte und Gegenstände der Vergangenheit. Dies äußerte sich in einer Hinwendung zu Attributen vergangener Zeiten (Filme, Musik, Literatur, Einrichtungsgegenstände und Trödel). Während früher Nostalgie als medizinischer Fachausdruck für Heimweh stand, war Nostalgie nunmehr als «kollektive Sehnsucht nach Werten einer Vergangenheit ohne besonderen Raum- und Zeitbezug» (S. 51). zu verstehen.

Als der Wert einer emotionalen Beziehung zur Umwelt wiederentdeckt wurde, kam Heimat in den siebziger Jahren wieder ins Gespräch. So nahmen auch die Veröffentlichungen zu diesem Thema wieder markant zu. Auch der Heimatfilm kam zu einem Comeback mit Einschaltquoten bis zu 47 Prozent. Neu an der wiederentflammten Heimatdiskussion war, daß sie nun auch vom politisch linken Spektrum mitgetragen, ja sogar entfacht wurde. Der Heimatbegriff der Linken unterschied sich vom konservativ-restaurativen in einer vorwärtsgewandten und zukunftsgerichteten Zielsetzung. Es ging nicht bloß um die Erhaltung, sondern auch um ein aktives Ändernwollen der Umwelt. Heimat verlangte eine aktive Haltung und verlor ihre restaurative Rückwärtsgewandtheit. Ebenso wurde die dem Heimatbegriff lange innewohnende Großstadtfeindlichkeit beiseite geschoben. Es ging nicht mehr um den Gegensatz zwischen Stadt und Land wie noch zu Beginn des Jahrhunderts, sondern darum, wie auch Städte verbessert und zur Heimat von Millionen von Menschen werden könnten. Einerseits wurde die Stadt als eine Lebenswelt wie andere auch gesehen, andererseits wurde der ländliche Raum vielfach nicht mehr als heile Welt gesehen. Neu an dieser Heimatsicht war unter anderem die betonte Kleinräumigkeit. Dieser

Zum Begriff Heimat

Sichtweise entspringt auch die Erkenntnis, daß Heimat nicht mehr automatisch der Geburtsort oder ein etwa lebenslanger Aufenthaltsort sein kann, sondern immer der momentane Wohnort (S. 58).

Daneben existiert weiterhin das alte Heimatbild. Dieses fließt in die zunehmende Kommerzialisierung des Phänomens ein. Heimat bekommt den Charakter einer bloßen Kulisse mit Gefühlswerten. Durch die Vereinnahmung von ihrem eigentlichen Gegner, der industriellen Gesellschaft, wird Heimat selbst Bestandteil der Kulturindustrie und damit ein Unterhaltungsangebot wie vieles andere auch. Heimat verliert dadurch auf zynische Art und Weise ihren Sinn (S. 62).

Im zweiten Teil seiner Arbeit versucht Neumeyer, die wichtigsten Aspekte eines heutigen Heimatbegriffs herauszuarbeiten, um damit am Ende eine konkrete Bestimmung ihres Inhaltes vornehmen zu können. Inhaltlich stellt er zunächst zweifelsfrei die Räumlichkeit des Heimatbegriffs fest, wobei er den Raum nur als Kulisse oder Bezugsrahmen für heimatbildende Faktoren betrachtet. Nicht der Raum an sich ist entscheidend, sondern primär tragen Prozesse der subjektiven Verarbeitung von Umwelteindrücken zur Konstituierung von Heimat bei. Als weiterer wichtiger Faktor bei der Heimatbildung werden zwischenmenschliche Beziehungen angesehen. Die Zeit spielt im Heimatphänomen eine Rolle in Form von Vorstellungen vergangener oder zukünftiger Umwelten. Heimat als Sehnsucht nach einer besseren Lebenswelt ist fast notwendigerweise immer in die Vergangenheit gerichtet, da diese sich im Gegensatz zur unbekannten Zukunft bekannt und überschaubar darstellt. Die Vorstellung von einer Heimat ist entscheidend durch die subjektive Erfahrung und Wahrnehmung der Umwelt bestimmt. Es existieren daher so viele Heimaten wie es Menschen gibt. Zusammenfassend stellt sich für Neumeyer Heimat dar «als eine *unmittelbare, alltäglich erfahrene* und *subjektive Lebenswelt*, die durch *längeres Einleben* in ihre *sozialen, kulturellen* und *natürlichen* Bestandteile *Vertrautheit* und *Sicherheit, emotionale Geborgenheit* und *befriedigende soziale Beziehungen* bietet und – auch dadurch – insbesondere verschiedene (Grund-)*Bedürfnisse* befriedigt» (S. 127).

Für weitere Untersuchungen plädiert Neumeyer für den vermehrten Einbezug von Ergebnissen der psychologischen und soziologischen Forschung, wenn die Geographie den Anspruch erfüllen will, Raumstrukturen als Ausdruck menschlichen Handelns erklären zu wollen. Die Geographie solle sich zudem auf den Begriff Heimat besinnen und nicht auf Ersatzbegriffe ausweichen, nur weil Heimat ideologisch und emotional behaftet sei. Gerade diese Ausklammerung konserviere und fördere die Ideologiebehaftung und -anfälligkeit von Heimat. Neumeyers Arbeit gibt in erster Linie einen umfassenden Überblick über die vielen Konnotationen, mit denen der Heimatbegriff belegt worden ist, bietet aber auch all denjenigen wichtige Denkanstöße, die sich mit der Frage beschäftigen, ob denn überhaupt Beziehungen von Menschen zu Räumen oder bloß zu deren inhaltlichen Füllungen bestehen. Neumeyer unterläßt es hingegen aufzuzeigen, nach welchen Kriterien er seinen «ideologisch entrümpelten» Heimatbegriff bildet. Auch geht aus seinen Ausführungen nicht hervor, zu welchem Zweck er diese Entrümpelung vornimmt. Alle Faktoren, die dem Phänomen aus ideologischen Gründen beigefügt wurden, zählt er nicht zum eigentlichen Heimatbegriff. Dies impliziert die Vorstellung eines absolut ideologiefreien Heimatbegriffs. Wenn man aber wie Neumeyer feststellt, daß der Heimatbegriff sozusagen nur aus Ideologien besteht, dann sollte sich jede mit Heimat beschäftigende empirische Forschung genau mit diesen Ideologien auseinandersetzen, und eben nicht mit jenen Aspekten, die angeblich den ideologiefreien Teil von Heimat ausmachen. Es macht wenig Sinn, einen ideologisch beladenen Begriff zu läutern, nur um ihn für die Wissenschaft zu retten, wenn der entrümpelte Begriff letztendlich nur ganz bestimmte Teilaspekte umfaßt, die ein einziger Wissenschaftler als dazu gehörig betrachtet. Neumeyer macht auf diese Weise im Prinzip dasselbe, was er anderen Geographen vorwirft, nur kommt er ohne Wortneubildung aus: Er ersetzt den Begriff Heimat mit dem Begriff Heimat. Spannend am Heimatbegriff ist meines Erachtens aber unter anderem gerade sein Ideologieballast und die damit verbundene politische Manipulierbarkeit des Phänomens. Gerade die ideologische Tradition des Begriffs verbietet es, das Phänomen Heimat als erledigt zu betrachten. Und die Persistenz und der anhaltende Boom von Heimat auch in der heutigen Zeit sind Belege für die Ernsthaftigkeit des der Heimatsehnsucht zugrundeliegenden Bedürfnisses. Denn wie jede Ideologie formuliert auch die Heimatideologie unbefriedigte menschliche Bedürfnisse bzw. stellt sie als bereits erfüllt dar. Diese Bedürfnisse der Menschen sind real. Darum sind auch im Ideologieballast von Heimat Teile von Wirklichkeit enthalten. Zu fragen wäre auf der einen Seite, von welchen Leuten, mit welchen Absichten und Interessen sowie in welchen Medien die emotional besetzte Raumabstraktion Heimat eingesetzt wird, und auf der anderen Seite, wer auf sie aus welchen Gründen anspricht.

Zum Begriff Heimat

Heimat als Gefühls- und Gemütswert, als Hort der Geborgenheit und Vertrautheit ist in erster Linie eine unpolitische Größe, nach Barthes wie gesagt eine «entpolitisierte Aussage». Gerade das aber macht sie in höchstem Maße politisch manipulierbar. Die politische Manipulierbarkeit resultiert aus dem programmatischen Festhalten am bewährten Alten, dem Rückzug aus der Welt der Politik, wobei diese unpolitische Grundhaltung natürlich ebenfalls – zwar meist unreflektiert – eine politische Entscheidung ist. Heimat bietet daher in bezug auf politische Überzeugungen ein völliges Vakuum. Sie ist sozusagen allen Parolen kritiklos ausgeliefert, wie dies Herwart Vorländer exemplarisch an der Heimatideologie des Dritten Reiches darstellt.[1]

In der Schweiz ist die Diskussion um Heimat anläßlich des Kulturboykotts gegen die Jubiläumsfeierlichkeiten zum 700jährigen Bestehen der Eidgenossenschaft so richtig in Gang gekommen. Die Ereignisse um diese Feierlichkeiten (Fichenaffäre, Verlust an nationalem Konsens und politischer Kultur, EWR-Diskussion) ließen die Frage nach der Einstellung der Schweizerinnen und Schweizer zu ihrem Land und die Frage nach ihren Vorstellungen von Heimat aufwerfen. Zumindest wurde dies in den Medien so vermittelt. Exemplarisch dokumentiert ist diese Diskussion beispielsweise im Buch «Störfall Heimat – Störfall Schweiz», eine Publikation, die die Referate und Diskussionsbeiträge des 3. IAP-Forums zusammenfaßt. Darin werden von diversen männlichen Autoren (Claus D. Eck, Hermann Lübbe, Hans-Peter Meier-Dallach, Marco Solari, Peter Rippmann, Albert Widmer, Sergius Golowin) Überlegungen zur schweizerischen Identität und zum schweizerischen Heimatbegriff angestellt und weiterentwickelt.[2] In der Einleitung zum Thema fragt Beat Roggen, ob «der Schweizer/die Schweizerin ihr Land, das Land ihrer Väter und Mütter überhaupt noch als Heimat» empfinden oder ob «die Qualität der Herkunft, des historisch-kulturellen, des geistigen und des biologischen Umfelds von sekundärem Interesse» sei, «in einer Zeit, in der die primären, existentiellen Probleme hierzulande ge-

---

1 Vgl. ausführlicher Vorländer, Herwart (1984): Heimat und Heimaterziehung im Nationalsozialismus. In: Knoch, Peter u. Thomas Leeb (Hrsg.): Heimat oder Region? Grundzüge einer Didaktik der Regionalgeschichte. Frankfurt am Main: Diesterweg, S. 30–43.
2 Institut für Angewandte Psychologie IAP Zürich (Hrsg.) (1990): Störfall Heimat – Störfall Schweiz. Anmerkungen zum schweizerischen Selbstverständnis im Jahre 699 nach Rütli und im Jahre 2 vor Europa. Jahrestagung 1990. Baden: Kommissionsverlag Baden-Verlag.

löst scheinen und der Weg sich öffnet zur Wahrnehmung höherer Bedürfnisse, die sich in der Frage nach dem Sinn des Lebens und dem Wunsch nach ‹Selbstverwirklichung› manifestieren» (S. 9). Sorgen nicht gerade Publikationen dieser Art dafür, daß die von Roggen erwähnten Kategorien nicht von sekundärem Interesse bleiben?

Das Beispiel «Störfall Heimat – Störfall Schweiz» soll illustrieren, daß der Heimatbegriff heutzutage eine zusätzliche Dimension erhalten hat. Nicht nur Politiker und Politikerinnen, auch Wissenschafter und Wissenschaftlerinnen haben den Begriff für sich entdeckt. Es wird eine allgemeine Krise diagnostiziert, von einer bedrohten «Identität der Heimat» (von außen: zum Beispiel «Asylanten» und «Dealer»; von innen: zum Beispiel «Drogensüchtige» und «Linke») gesprochen, und davon werden psychosoziale Abwehrmechanismen im Menschen abgeleitet, indem behauptet wird, daß diffuse Identitätszustände zu Labilität und Panik tendieren. Damit lassen sich die in Krisenzeiten sich oft manifestierenden Erscheinungen wie Provinzialismus, Isolationismus, Rassismus usw. erklären. Doch was war zuerst: die attestierte Identitätskrise der Bevölkerung oder die sich in der Krise zeigenden Erscheinungen? Und wer leidet denn an einer Identitätskrise: die Herrschenden oder jene, welche diese als «das Volk» bezeichnen? Die Regression auf den Begriff Heimat erlaubt somit gleich zweierlei: Einerseits findet er häufig in politischen Reden Verwendung, andererseits eignet er sich auch vorzüglich für die Ursachenforschung, die mit ihm die festgestellten Krisensymptome erklären kann. Wobei die Erklärungen aufgrund einer zirkulären Argumentation eher dürftig bleiben, wie ich am Beispiel des konservativen Philosophen Hermann Lübbe zu zeigen versuche. Dieser greift auf den Begriff Heimat zurück, um das europaweite Anwachsen von Fremdenfeindlichkeit, Rechtsradikalismus oder Regionalismus zu erklären. Er konstatiert unter anderem eine zunehmende Bedrohung der Identität der Heimat, die die genannten Erscheinungen evoziert. Doch Lübbe liefert eine nur auf den ersten Blick plausibel scheinende Erklärung für die Renaissance von Heimat. Er meint, daß wir der Herausforderung der Anpassung an sich dramatisch rasch verändernde Verhältnisse besser gewachsen seien, wenn wir uns durch Rückzugsmöglichkeiten in Sphären, wo sich gerade nichts ändert, Entlastung verschaffen. «Heimat, Herkunft, Region, Sprache, ja Konfession – diese kaum Änderungen unterworfenen Bestände werden in der modernen Welt Gewicht erhalten –

aus Entlastungsgründen. Diese Prognose würde ich wagen.»[1] Das heißt, durch den Blick in die Vergangenheit würde der rasche gesellschaftliche Wandel zu bewältigen versucht. Plausibel könnte diese Erklärung sein, wenn es möglich wäre, die Geschwindigkeit des gesellschaftlichen Wandels zu messen. Weil das bisher aber noch niemandem gelungen ist, ist es auch unmöglich, zwischen Zeiten zu unterscheiden, in denen die genannten Kategorien wichtig sind, und Zeiten, in denen sie bedeutungslos sind.

1.2 Heimat und Cyberspace

Nach dieser überblickartigen Darstellung der Begriffsgeschichte von Heimat will ich in diesem Abschnitt der Frage nachgehen, was Heimat heute noch bedeuten kann, im Zeitalter der «telematischen Kultur», die gekennzeichnet ist vom «Verschwinden jeglicher Ferne»? Um diese Frage zu beantworten, möchte ich zuerst darstellen, was unter Telematik überhaupt zu verstehen ist. Ich beziehe mich dabei auf den Philosophen Vilém Flusser, der sich eingehend mit dieser Thematik auseinandergesetzt hat.

Mit Telematik meinen die Menschen in der Regel «eine Welt voller materieller und immaterieller Kabel, durch die Menschen und künstliche Intelligenz miteinander vernetzt werden, um schneller als augenblicklich miteinander Informationen austauschen zu können.»[2] Doch es geht eben nicht nur um die Verkabelung. Laut Flusser müßte die telematische Kultur «eine Kultur sein, die darauf ausgerichtet ist, uns das Ferne nahezubringen, uns das Fremde vertraut zu machen, damit die

---

1 Lübbe, Hermann u. Claus D. Eck (1990): Diskussion 1. In: Institut für Angewandte Psychologie IAP Zürich (Hrsg.): S. 50. – Auf Lübbes Thesen werde ich in den Abschnitten 1.3 sowie 2.2 nochmals ausführlicher eingehen.

2 Flusser, Vilém (1992a): Das Verschwinden der Ferne. In: Arch+, Nr. 111, März, S. 31. – Während Flusser Telematik philosophisch deutet, umfaßt der Begriff im engeren, technischen Sinne «jene Bereiche der Telekommunikation, die eine Komponente der Daten- oder Informationsverarbeitung enthalten» (zum Beispiel Videotex, Telefax, Videokonferenz). Vgl. Rangosch-Du Moulin, Simone (1997): Videokonferenzen als Ersatz oder Ergänzung von Geschäftsreisen. Zürich: Geographisches Institut Universität Zürich (= Wirtschaftsgeographie und Raumplanung Vol. 26), S. 18.

Welt nicht mehr befremdlich ist und wir ihr nicht mehr entfremdet gegenüberstehen» (ebd.). Bei eingehender Betrachtung sei es genau diese Sehnsucht nach der «heilen Welt», von nach Harmonie erfüllter Utopie, die die Menschen meinen, wenn sie von Telematik reden. «Denn welchen Zweck hätten sonst all die Kabel, Netze und die künstliche Intelligenz, wenn nicht den, uns aus der Entfremdung heraus- und einander näherzubringen?» (S. 31). Flussers Thema ist nicht Heimat. Doch kann nicht die heile Welt, von der er spricht, als Synonym für Heimat verstanden werden? Dann wäre der Zweck, den Flusser der Telematik mit all ihren Techniken gerne zuschreiben würde nichts anderes, als Heimat zu stiften. Der Cyberspace als weltumspannende Heimatfabrik, als erster Ort, der allen Weltbewohnerinnen und -bewohnern zur gleichen Zeit als Heimat dienen könnte. Der Cyberspace als potentielle ubiquitäre Heimat von morgen? Ein Gedanke, den ich vorerst mal so stehen lassen will, weiter unten aber nochmals aufnehmen und weiterspinnen werde.

Die Telematik ist gemäß Flusser postgeographisch, genauso wie sie auch posthistorisch, postastronomisch und postnuklear ist, denn all die fernen oder relativ nahen Welten, von denen uns Geographie und Geschichte, Astronomie und Kernphysik erzählen, sind nichts weiter als potentielle Abstraktionen, die sich erst im Hier und Jetzt, das heißt im telematischen Diskurs konkretisieren. Es sollte also bei der Telematik nicht nur darum gehen, Zeit und Raum zu überwinden, sondern sie sollten nur dem einen Ziel dienen: «die Ferne, die uns daran hindert, zum anderen und dadurch zu uns selbst zu gelangen, aufzuheben, verschwinden zu machen» (S. 32). Denn erst wenn wir zum anderen finden, uns in ihm wiedererkennen, können wir uns auch selbst finden. Auch hier wieder die Idee vom distanzaufhebenden, die Menschen verbindenden Cyberspace.

Flussers Vision muß schwerwiegende Konsequenzen für den klassischen Heimatbegriff haben. Denn während wir früher nur in der Lebenswelt lebten, können wir – wie Flusser in einem Interview im gleichen Heft erklärt[1] – heute zwischen verschiedenen virtuellen Welten wandern. Neben dem ersten Raum, dem Lebensraum gibt es zwei weitere Räume: den Weltraum und den Quantenraum. Das Interessante am Lebensraum ist das Quadrat, denn der Lebensraum hat praktisch keine

---

1 Flusser, Vilém (1992b): Virtuelle Räume – Simultane Welten. Vilém Flusser im Gespräch mit Sabine Kraft und Philipp Oswalt. In: Arch+, Nr. 111, März, S. 33–52.

Zum Begriff Heimat

Höhe und keine Tiefe. Wir denken in Quadratmetern, und weil Quadratmeter durch Linien abgegrenzt sind, ist die Grenze des Lebensraums eine Linie. Daher ist unsere Orientierung im Raum geometrisch, und eben nicht topologisch. Heute sind wir aber durch die Erfindung des Fliegens gezwungen, topologisch bzw. dreidimensional zu denken, auch wenn wir uns drei Dimensionen nicht vorstellen könnten. Das sind nach Flusser ganz andere Gesetze. Der Weltraum und der Lebensraum sind zwei ganz unterschiedliche Virtualitäten. Im Weltraum gibt es nur Krümmungen, keine Körper. Daneben gibt es noch den Quantenraum, den Planck'schen Raum. Auf diesen Raum kommen wir, wenn wir den Lebensraum kalkulieren. Er liegt unter dem Lebensraum und erhält ihn genauso wie der kosmische Raum sich über ihm wölbt. Auch wenn wir diesen Raum nur kalkulieren können, geht er uns etwas an. In Form von Cyberspace bricht er in den Lebensraum ein.

Doch nicht nur die Räume dieser drei Welten unterscheiden sich, sondern auch ihre Zeiten. Die Zeit der Lebenswelt ist die historische Zeit. Diese Zeit läuft von der Vergangenheit durch die Gegenwart, ohne dort zu verweilen, in die Zukunft. Die Zeit des Weltraums ist die sogenannte entropische Zeit. Sie ist durch das zweite Prinzip der Thermodynamik gezeichnet. Die Zeit ist der Zerfall der Informationen. Die Zeit ist aus, wenn alle Information zerfallen ist und alles so wahrscheinlich geworden ist, daß es beinahe real wird. «Gäbe es eine Realität, gäbe es keine Zeit. Denn die Realität ist, und die Zeit ist ein Werden. Dort, wo etwas ist, kann nichts werden. Gäbe es die Wirklichkeit, so gäbe es keine Zeit mehr. Die Wirklichkeit ist der Tod und der Staudamm der Zeit» (S. 44). Es gibt also nicht die Wirklichkeit, wie es überhaupt nach Flusser nichts gibt, das echt oder wahr oder wirklich ist: «Es gibt kein Echtes, nichts ist echt» (S. 35). Im Quantenraum ist die Zeit reversibel. Einerseits ist sie mit der Zeit des Weltraums identisch, weil auch im Quantenraum alles zerfällt, andererseits ist die Welt der kleinen Dinge der Raum, in dem Dinge entstehen: der Ort der Negentropie, das heißt der Raum, in dem Informationen ent- und bestehen.

Dies alles hat zur Folge, daß man nicht mehr in Prozessen denken sollte, sondern in Relationen. Früher dachte man in Objekten, was Flusser ein magisches Denken nennt. Die heutige Denkart ist, in Prozessen zu denken, denn wir leben nicht mehr in einer Welt, wo Dinge sind, sondern in der Prozesse ablaufen. Dies ist ein historisches, geschichtliches Denken, das wir uns nach Flusser aber abgewöhnen sollten. Wenn man in Relationen denkt, braucht es keine Zeitachsen mehr, man hat immer das sogenannte «Stehende Jetzt». Im Mittelalter war Gott das Stehende Jetzt, das *nunc stans*. Heute bezeichnet es den Moment, in dem die drei Räume Lebensraum, Weltraum und Quantenraum gleichzeitig präsent sind: «Der Lebensraum dehnt sich durch das Fliegen in den kosmischen Raum aus und der Planck'sche Raum greift als Cyberspace in den Lebensraum über» (S. 44). So wie Gott immer jetzt ist, eine zeitlose Invarianz, so ist auch das Fernsehen immer jetzt. Zu jeder Zeit ist immer jetzt. Das nunc stans ist somit dasselbe in der Zeit wie im Raum überall zugegen zu sein.

Wenn man diese Gedanken akzeptiert und tatsächlich versucht, in Relationen zu denken, dann müßte es neben der regressiven Sehnsucht nach Heimat, die sich allein aus einem historischen Denken nährt, eine neue Art von Heimat geben. Diese Heimat ist weder zeitlich fixierbar, da es ja keine Zeitachsen mehr gibt, noch örtlich lokalisierbar, da sie überall gleichzeitig zugegen wäre. Damit kommt man sehr nahe an Ernst Blochs im «Prinzip Hoffnung» als erfolgversprechender Weg auf der Suche nach Heimat formulierte Zukunftsvision von einer befriedigenden Lebenswelt: «Hat er [der Mensch] sich erfaßt und das Seine ohne Entäußerung und Entfremdung in realer Demokratie begründet, so entsteht in der Welt etwas, das allen in die Kindheit scheint und worin noch niemand war: Heimat.»[1] Im folgenden möchte ich meine – zugegebenermaßen etwas gewagte – Interpretation des Bloch'schen Zitats darlegen.

Versteht man unter Cyberspace gemäß seines Erfinders William Gibson[2] ein virtuelles Universum, ein weltumspannendes Computernetz, an das alle Computer der Welt angeschlossen sind und in dem man zu allen Datenbanken der Welt Zugriff hat, kommt dies der Vorstellung realer Demokratie ziemlich nahe. Zumindest beinhaltet dieses Bild eine Demokratisierung des Wissens und der Kommunikation. Nun, Bloch schwebte sicher nicht der Cyberspace als Utopie realer Demokratie vor, denn davon konnte man sich Ende der fünfziger Jahre ja noch keine Vorstellung machen. Dennoch macht erst diese Gleichsetzung von realer Demokratie und virtueller Realität bzw. Utopie und Cyberspace

---

1 Bloch, Ernst (1985): Das Prinzip Hoffnung (3 Bde.). Frankfurt am Main: Suhrkamp (zuerst 1959), S. 1628.
2 Der Ausdruck wurde erstmals 1984 von ihm im Science-fiction Roman «Neuromancer» gebraucht. Inzwischen wurde «Cyberspace» zur gängigen Vokabel und wird heute als Synonym zum Internet verwendet.

Zum Begriff Heimat

Blochs Zitat für mich verständlich.[1] Wenn nämlich die Menschen dieses globale Netz nicht nur dazu verwenden, Zeit und Raum zu überwinden, sondern im Sinne Flussers damit die Distanz zum anderen, zum Fremden aufzuheben, um dadurch zu sich selbst zu gelangen, dann entsteht doch genau das, was Bloch vorschwebt: Heimat.

Der Cyberspace könnte somit seine Bedrohung verlieren, die er für viele hat. Ähnlich wie noch Mitte der siebziger Jahre in weiten Teilen der Gesellschaft eine große Angst vor Großcomputern als Verkörperungen des Orwellschen Überwachungsstaates herrschte, wird heute gesagt, man wolle wirkliche Realität, keine virtuelle. Doch schon damals hat die weitere Entwicklung in der Computerwelt eine andere Richtung genommen. Die totale Vernetzung und Fusion aller Medien zu einem einzigen computerisierten Universum führte offensichtlich nicht zu Big Brother, der alles kontrollierenden Maschine. Im Gegenteil: Die Einführung des Personal Computers verbunden mit der Entwicklung der sogenannten Datenautobahn («Information Superhighway») wird von vielen als Demokratisierung bezeichnet, zumindest fördert deren Kombination die demokratische Beteiligung. So wenigstens die euphorische Haltung derjenigen, die sich vom Internet eine solidarischere und demokratischere Gesellschaft erhoffen. Die Optimisten glauben, daß diejenigen, die heute der virtuellen Realität noch ablehnend gegenüberstehen, morgen ihre Kinder nach den neusten Cyberspace-Programmen ausfragen werden. Sie sagen, wenn sich tatsächlich alle PC-Besitzerinnen und -besitzer in die großen Datenbanken einklinken können, wäre der Cyberspace nicht mehr etwas, was unsere vermeintlich einzig «wirkliche» Welt der Sinne konkurrenziert, sondern ein bewußtseinserweiterndes Medium, das unendlich viele Wirklichkeiten generieren und die Menschen das erste Mal in ihrer Geschichte wirklich zusammenführen könnte. Wenn wir wie Flusser die gegebene Welt nur als eine armselige Realisierung von Möglichkeiten erkannt haben, erschließen sich uns ganz neue Möglichkeitsfelder: «In den neuen Möglichkeitsfeldern können wir ganz neue Arten von Leben, sowohl passiv als auch aktiv führen. Wir sind am Beginn. Was wir bislang noch sehen, ist Stümperei und

---

1 Utopie heißt ja ursprünglich Ortlosigkeit, und im Internet wird diese Ortlosigkeit als Enträumlichung bzw. Cyberspace installiert.

größtenteils Kitsch. Das Begeisternde ist nicht das, was wir sehen, sondern das, was wir hinter dem uns Sichtbaren wittern.»[1]

1.3 Aspekte des traditionellen Heimatbegriffs

Noch begeistern sich viele nicht für das, was sie hinter dem Sichtbaren wittern, sondern mehr für das, was sie rückblickend in der Vergangenheit aufzuspüren hoffen. Mit der oben ausgeführten utopischen Heimat können die wenigsten etwas anfangen. Doch die Sehnsucht nach einer heilen Welt ist allgegenwärtig. Das obige Kapitel kann demnach lediglich als Exkurs in eine mögliche Zukunft angesehen werden. Es ging mir darum zu zeigen, wie Heimat auch im Zeitalter der virtuellen Realität eminent wichtig sein könnte.

Wie Neumeyer mit seiner sehr umfangreichen Begriffsgeschichte eindrücklich gezeigt hat, ist der Heimatbegriff dermaßen komplex, daß er zum Schluß kommt, daß es soviele Heimaten wie Menschen gibt. Aus diesem Grund vermeide ich eine eigene, alle Aspekte umfassende Definition des Heimatbegriffs. Denn jede Definition und nachfolgende Operationalisierung von Heimat impliziert in jedem Fall eine Reduktion des Begriffs um entscheidende Inhalte. Ich will das damit umgehen, daß ich jede Definition von Heimat gelten lassen will. Das heißt, Heimat soll immer das sein, was sich ein eventueller Ansprechpartner in einer bestimmten Situation bzw. in einem bestimmten Lebenskontext darunter vorstellt. Was Heimat für mich bedeutet, habe ich bereits in der Einleitung angedeutet (und werde es im Schlußkapitel nochmals zu umschreiben versuchen). Und im obigen Unterkapitel habe ich versucht zu zeigen, wie eine zukunftgerichtete Heimat aussehen könnte. Im folgenden will ich auf zwei wesentliche Aspekte des klassischen Heimatbegriffs, wie er auch heute noch mehrheitlich verwendet wird, differenzierter eingehen: auf die Dimensionen Zeit und Raum. Dies scheint mir deshalb

---

[1] Flusser (1993): S. 71. – Ich selbst würde gerne ebenfalls an diese Utopie glauben, doch das Internet ist nicht von Grund auf egalitär, auch wenn es egalitär konzipiert ist. Denn Zugang zum Internet haben längst nicht alle. Es ist insbesondere einer akademischen Elite vorbehalten, die von den Universitäten aus Zugang zu den Servern haben. In diesem Sinne ist es lediglich ein Medium mehr, das die nichtegalitäre Gesellschaft abbildet.

angebracht, weil wohl niemand bestreiten wird, daß Raum und Zeit die elementarsten Voraussetzungen aller Wahrnehmung, Erfahrung und Erkenntnis sind.

Indem wir die Gegenwart gewahr werden, ist sie schon vorüber, das Bewußtsein des Genusses liegt immer in der Erinnerung.

Christa Wolf, Kein Ort. Nirgends

Wenn die Vergangenheit so war, daß sie es schafft, zu verklären, so soll sie mir recht sein, und ich glaube solcher Verklärung. Ich weiß, daß diese Zeit eine heilige war.

Peter Handke, Versuch über die Müdigkeit

1.3.1 Von der Unheimlichkeit der Zeit

Flussers Utopie vom «stehenden Jetzt» ist nur erreichbar, wenn man aufhört, historisch, das heißt in Prozessen zu denken. Gelingt einem dies aber nicht, haben die Zeitachsen – und die Zeit überhaupt – nach wie vor eine fundamentale Bedeutung. Wer jedoch wie ich nichts lieber tut, als vergangenen, scheinbar lebendigeren Zeiten nachzuhängen, kann mit Flussers Gedanken vom relationalen Denken herzlich wenig anfangen. Da ist mir Peter Handkes Aussage einiges näher, obwohl ich weiß, daß es nie mehr so sein wird wie früher bzw. gar nie so gewesen ist, wie es früher einmal war. Und wie Peter Kurzeck frage ich mich, ob wir die «toten Großväter in ihrer Walzerseligkeit nicht auch noch beneiden» müssen: «Nicht um ihre Ersparnisse, sondern um ihre Selbstgerechtigkeit, um die Familienfotos, um diesen Anschein von Dauer und Frieden, den es nie mehr geben wird. Damit sind sie uralt geworden. Es ist der letzte irdische Frieden gewesen: nie wieder wird eine Menschheit so ahnungslos sein können!»[1]

---

1 Kurzeck, Peter (1991): Mein Bahnhofsviertel. Basel; Frankfurt am Main: Stroemfeld/Roter Stern, S. 28.

Mit diesem Bekenntnis zur Vergangenheit scheine ich mich in kaum aufzulösende Widersprüche zu verstricken. Einerseits habe ich weiter oben Lübbes These, daß durch den Blick in die Vergangenheit der rasante gesellschaftliche Wandel zu bewältigen versucht werde, abgelehnt. Andererseits entpuppe ich mich jetzt selber als Gegenwartsflüchtling, der das Rettende in der Vergangenheit ortet, und scheine somit die These von Lübbe geradezu exemplarisch zu bestätigen. Wie geht das auf? Wenn ich noch mit Lübbe dahin gehend übereinstimme, daß sich Leute mit dem Rückzug in die Vergangenheit Entlastung von den Herausforderungen der Gegenwart zu verschaffen versuchen, so halte ich es für höchst problematisch und unzulässig, wenn damit auch Erscheinungen wie Regionalismus, Rassismus und Faschismus erklärt werden. Lübbes Erklärungsmodell ist ähnlich reduktionistisch und mechanistisch wie die ökonomische Erklärung des Nationalsozialismus. Rassismus ist ebensowenig wie Faschismus ein Problem der ökonomischen oder gesellschaftlichen Entwicklung. Ebensowenig wie die Leute automatisch zu Faschisten wurden, weil sie arbeitslos waren,[1] werden die Leute nicht einfach zu Rassisten, weil sie mit dem gesellschaftlichen Wandel nicht mehr zu Rande kommen.

Nicht aus Entlastungsgründen erhalten Heimat, Herkunft, Region usw. in der modernen Welt Gewicht, sondern weil Leute mit Definitionsmacht diese Begriffe geschickt einzusetzen wissen, um daraus politisches Kapital zu schlagen. Dabei geht es um eine geschickte Ausnützung einer Angst. Es ist die Angst vor Multikultur, Massenkultur und Gegenkultur. Wenn Rechts-Populisten in ihren Reden auf Kategorien wie Heimat, Herkunft und Nation zurückgreifen, kann das einerseits von ihrer eigenen Angst zeugen, bei der Berührung mit dem Fremden zu zerfallen, andererseits aber auch vom Wissen darüber, welche heilende Wirkung diese Wörter bei bestimmten Leibern ausüben können. Heimat wird zur rettenden Vokabel gegen den alles verschlingenden Moloch

---

[1] Die überzeugendste Faschismus-Theorie hat meines Erachtens Klaus Theweleit in seinem Buch Männerphantasien geliefert. Man wird darin auch Antworten auf die Fragen finden, warum welche Leute aus welchen Gründen auf die von Lübbe genannten Kategorien ansprechen. Man kann diese als übergestülpte Identitätsangebote zur Erhaltung von nicht-zuende-geborenen Körpern ansehen. Vgl. Theweleit, Klaus (1986): Männerphantasien. Bd. 1: Frauen, Fluten, Körper, Geschichte. Bd. 2: Männerkörper – zur Psychoanalyse des Weißen Terrors. Basel; Frankfurt am Main: Stroemfeld/Roter Stern.

Europa. Es geht dabei nicht um Demagogie, sondern um wirkliche Religion für die nicht zuende-geborenen Körper.

Und zwar empfinden sie dieses Abgrenzungsbedürfnis nicht einfach deshalb, weil sie sich plötzlich von einer wirtschaftlichen und kulturellen Globalisierung bedroht fühlen, sondern weil sie grundsätzlich für ihre Existenz darauf angewiesen sind. Das Fremde und Andere empfinden sie als existenzielle Bedrohung ihres ihnen selbst fremd bleibenden Körpers. Für ihre Selbstdefinierung sind sie auf außerhalb ihres Körpers hergestellte Identitätsmerkmale angewiesen. Solche Merkmale sind beispielsweise Nation, Rasse oder Ethnie. Wer sich für die Selbstidentität auf solche Dinge beruft, muß Angst haben, wie überhaupt das Bedürfnis, sich irgendwie dingfest machen zu wollen, auf Angst beruht. Die Angst besteht darin, zu implodieren, in sich zusammenzufallen. Der Erfolg von rechts-konservativen Politikern beruht auf der geschickten Ausnutzung dieser Angst.

Nicht jede Flucht in die Vergangenheit muß aber notgedrungen aus einer Angst resultieren. Die Flucht in die Vergangenheit kann durchaus als angemessene Reaktion auf gescheiterte Hoffnungen anerkannt werden, ohne gleichzeitig diesen Gegenwartsflüchtlingen eine rassistische Gesinnung unterstellen zu müssen. Wenn es heutzutage mehr als zweifelhaft ist, ob wir überhaupt noch eine Zukunft haben, warum dann nicht Trost in der Vergangenheit suchen? Für mich bleibt die Vergangenheit jedenfalls ein so geheimnisvolles Land wie es einst der englische Regisseur Joseph Losey umschrieb: «The past is a foreign country. They do things differently there.»

Doch zurück zu Flussers Utopie, die man auch als Romantiker faszinierend finden kann. Die radikale Konsequenz seiner Forderung ist, daß Patienten, die an Alzheimer oder an einer schweren Amnesie leiden, seiner Utopie am nächsten kämen.[1] Zumindest kann gesagt werden, daß

---

[1] Eindrücklich ist die Beschreibung des Neurologen Oliver Sacks von einem Patienten mit einer Amnesie und einem schweren Stirnlappensyndrom, der als Folge eines Hirntumors die Fähigkeit verloren hat, momentane Sinneseindrücke in Langzeiterinnerungen umzuwandeln. Für diesen Patienten vergehen die Jahre in einer Art zeitlosem Stillstand ohne neuen erinnerungswerten «Markierungen», daß die Zeit vergangen ist. Noch vor dem Hirntumor hatte er eine schlimme Zeit durchgemacht, war gequält und depressiv. Das Stirnlappensyndrom bewirkte eine verblüffende Veränderung: Er war lustig, und darüberhinaus leuchtete eine grundsätzliche Ehrlichkeit, Sensibilität und Herzlichkeit auf. Sacks hatte das Gefühl, daß der Patient trotz seiner Behinderung immer noch eine Persönlichkeit, eine Identität, eine Seele besaß. (Siehe Sacks, Oliver (1993): Der letzte Hippie (Teil 1–

diese Menschen nicht mehr historisch denken (ob sie im Sinne von Flusser aber relational denken, ist eine andere Frage). Denn für sie gibt es keine Zeit mehr, sie leben immer im stehenden Jetzt, Zukunft und Vergangenheit sind für sie Kategorien, mit denen sie nichts anfangen können. Leider ist aber ein Leben, in dem es nur noch die Gegenwart gibt, ohne Hilfe anderer gar nicht zu bewältigen. Jede einfachste Handlung bedingt nämlich die Vorstellung eines konkreten Vorhers und Nachhers. Ansonsten wird man nicht handeln können. Wenn ich beispielsweise sage, in einer Stunde werde ich das Haus verlassen, diese Absicht aber schon nach wenigen Minuten bereits wieder vergessen habe, wie soll ich da jemals tatsächlich das Haus verlassen? Im Endstadium von Alzheimer gibt es keine bewußte zielorientierte Handlung der Kranken mehr. Daher muß ihnen jede Handlung abgenommen werden. Zudem ist es fraglich, ob denn ein nur gegenwärtiges Leben überhaupt noch als Leben bezeichnet werden kann, oder wie es Heinrich Mann gesagt hat: «Der würde nicht gelebt haben, der nur in der Gegenwart lebte.»

Wenn die Zeit aufgehört hat zu sein, wird auch jegliche Definition von Glück müßig. Denn würde man immer nur jetzt leben, gäbe es also keine Zeitachsen mehr, würde es auch keine Vergleichsmöglichkeiten von Zeiten geben, in denen man glücklich war und in denen man unglücklich war. Selbst im historischen Denken ist der Ausspruch «Jetzt bin ich glücklich» eigentlich ein unsinniger Satz. Man kann meist erst im nachhinein sagen, damals an diesem Ort, mit jenen Leuten und zu jener Zeit war ich glücklich. Das schon fast Perfide am Glückszustand ist, daß er einem erst nachträglich richtig bewußt wird. Wolfgang Hildesheimer hat diesen Umstand treffend umschrieben: «Vielleicht ist man niemals glücklich, weil das Erleben von Glück das Nachdenken über sein Wesen ausschließt und jedes Glücksgefühl in dem Augenblick, da man es reflektiert, der Vergangenheit anheimfällt.»[1]

Andererseits kann gesagt werden, daß jede bisherige Gegenwart tatsächlich die Tendenz hatte, die Vergangenheit abzuschaffen und die

---

3). In: Das Magazin, Nr. 3–5, 23./30.1./6.2.) – Während bei diesem Fall das Gedächtnis bis zum Zeitpunkt des Tumors nicht beeinträchtigt wurde, werden bei Alzheimerkranken dagegen auch jene Teile des Gehirns betroffen, die für das Gedächtnis verantwortlich sind. Zudem sind auch die Sprechfähigkeit, das Denkvermögen und die Orientierung betroffen. Die beiden Krankheitsbilder sind somit nur bedingt miteinander vergleichbar.

1 Hildesheimer, Wolfgang (1981): Marbot. Frankfurt am Main: Suhrkamp, S. 217.

Zukunft zu begrenzen. Alexander Kluge nennt dieses Phänomen «Der Angriff der Gegenwart auf die übrige Zeit». «Wir haben, was den *Devisenbestand der Illusionen* betrifft, von denen wir leben, eine Reihe von Währungsreformen vor uns. Wir leben in einer Gegenwart, die erstmals in der Lage wäre, sich zum Machthaber über sämtliche anderen Zeiten aufzuschwingen. Dies ist bezeichnet mit dem Satz: *Unheimlichkeit der Zeit.*»[1] Zumindest *meint* die Gegenwart, daß sie die Zukunftshorizonte schließen und die Vergangenheit kappen könnte. Doch die Vergangenheit ist nicht tot, sie ist nicht einmal vergangen. «Und ohne Zukunftshorizont, d. h. ohne Hoffnung, hätten Menschen gar nicht die Kraft, sich untereinander auf eine Gegenwart zu einigen» (S. 107). Es gibt aber etwas in den Menschen, was der Machtergreifung der Gegenwart zuarbeitet. Man nennt das «gedehnte Gegenwart».[2] Was darunter zu verstehen ist, beschreibt Kluge auf eindringliche Weise: «Im großen Maßstab werden berufliche Qualifikationen, Lebenserwartungen abgewertet, Menschen werden arbeitslos, verlieren Stücke ihrer Lebenszeit, für die sie gearbeitet haben. Sie können sich mit dem neuen Zustand nicht einfach sachlich abfinden. Die Fakten sind das eine, die Wünsche, die diese Fakten unerträglich finden, sind das andere. Häufig wählen solche Menschen nach der erlittenen Niederlage ein Provisorium. Sie nehmen z. B. eine neue Stellung, oder (in den Beziehungen) einen neuen Partner an, weil dies noch keine endgültige Entscheidung beinhaltet. Etwas bleibt zwischen Vergangenheit und Zukunft in der Schwebe – und das nennt sich Gegenwart. Dies ist etwas anderes als Warten und etwas anderes als Leben: eine neue Form des Schicksalsschlags» (S. 108). Eine äußerst präzise Beschreibung für das wahrscheinlich vielen bekannte Gefühl, daß die Zeit wie Klebstoff an einem haftet.

Wann hat denn das angefangen, daß das Glücksverlangen der Menschen ständig betrogen und deformiert wird? Wann ist alles so schwierig geworden? Der finnische Regisseur Aki Kaurismäki meinte einmal, die

1 Kluge, Alexander (1985): Der Angriff der Gegenwart auf die übrige Zeit. Das Drehbuch zum Film. Frankfurt am Main: Syndikat, S. 10 f.

2 Helga Nowotny nennt das unaufhaltsame Verschwinden der Kategorie Zukunft in ihrem lesenswerten Essay «Eigenzeit», in welchem sie eine fundierte sozialwissenschaftliche Diagnose über die gegenwärtigen qualitativen Veränderungen des Begriffs der Zeit, aber auch der Zeitwahrnehmung, des Zeitempfindens und den Konflikten über Zeit stellt, nicht gedehnte, sondern «erstreckte Gegenwart». Vgl. Nowotny, Helga (1989): Eigenzeit. Entstehung und Strukturierung eines Zeitgefühls. Frankfurt am Main: Suhrkamp.

Welt hätte um 1960 herum ihre Entwicklung einstellen können, genauer: 1962, weil er einen Cadillac dieses Jahrgangs fährt. «Danach – und das Beispiel steht für alles – habe Cadillac kein einziges interessantes Modell mehr hervorgebracht.»[1] Kaurismäkis nostalgische Sicht der Welt können wahrscheinlich vor allem jene Leute teilen, die die fünfziger und sechziger Jahre gar nicht miterlebten. Es handelt sich dabei um einen philosophischen Pessimismus und Nihilismus, der zweifellos nicht auf «tatsächlicher Erkenntnis» als vielmehr auf einem melancholischen Grundgefühl beruht. Für diese Nostalgie ist kaum der Verlust an Identität, Sicherheit, Aktivität und Stimulation verantwortlich, wie dies etwa Greverus vermutet. Ich stimme ihr zwar zu, daß die Grundstimmung der Nostalgie der Schmerz über Verlorenes ist, und dieses Verlorene kann durchaus auch aus einer Zeit und einem Erlebnisraum stammen, welche man selber gar nie miterlebt hat. Doch ich glaube nicht, daß die von ihr genannten Bedürfnisse bisher durch das «territoriale Prinzip» befriedigt wurden. Nicht weil die Menschen in der heutigen Gesellschaft ihre Territorien verloren haben, ist die nostalgische Illusion ein möglicher Weg aus der Desorientierung geworden, sondern die Nostalgie rührt aus dem Schmerz darüber, das eigene Leben nicht so gelebt zu haben, wie man es einst geträumt hatte. Das hat nichts mit dem Verlust von Territorien zu tun. Diederichsens Erkärung für Nostalgie halte ich für substanzieller: Wenn ich mich recht entsinne, hat er einmal sinngemäß gesagt, Nostalgie sei die Hysterie ungelebter Gefühle.

Der konservative amerikanische Soziologe Daniel Bell behauptet, die fünfziger Jahre seien noch «eine Zeit der Stille gewesen» und meint damit, daß es noch Schranken zwischen Kunst und Leben gab. Erst in den sechziger Jahren habe unter starker Mitwirkung des Fernsehens die Umwertung, die Vermischung von Kunst und Leben und Politik begonnen. Bell verwendet das analytische Konzept des Nachindustrialismus, das den Versuch darstellt, einen axialen Wandel in der Sozialstruktur – also einer gesellschaftlichen Einzeldimension und nicht der gesellschaftlichen Gesamtkonfiguration – zu beschreiben und zu erklären. Die nachindustrielle Gesellschaft unterscheidet sich gemäß diesem Konzept von ihrer Vorgängerin darin, daß sie in der Hauptsache nach dem Schema eines «Spiels zwischen Personen» funktioniert. Die Beschäftigung mit der Natur hat ebenso an Bedeutung verloren wie jene mit Maschinen und

---

1 Ruggle, Walter (1996): Der letzte Tango in Helsinki. In: Tages-Anzeiger, 2. Juli, S. 65.

Dingen. Während der vorindustriellen Gesellschaft *war* die Wirklichkeit *Natur*, danach *war* sie *Technik* und heute *ist* sie hauptsächlich *die soziale Welt*, also weder Natur noch Gegenstände, sondern Menschen. Die Gesellschaft selbst wird zu einem Bewußtseinsnetz, zu einer Art von Imagination, die die Menschen als gesellschaftliche Konstruktion zu verwirklichen trachten. Darüber hinaus spricht Bell von einem Bewußtseinswandel, von einem Wandel der ganzen Weltbetrachtung. Der Mensch fühlt sich in die Welt geworfen, fremden, unheimlichen Mächten ausgeliefert, die er zu verstehen versucht. Die nachindustrielle Gesellschaft kann aber kein tragfähiges Glaubenssystem anbieten, sondern gerät durch ihre widersprüchliche Haltung in einen immer radikaler werdenden Autismus, der den Fortbestand der Gemeinschaft mit ihren Partizipationsmöglichkeiten bedroht.[1]

Mit dem behaupteten Übergang der Gesellschaften in das postindustrielle und der Kultur in das postmoderne Zeitalter hat auch auf einer anderen, mehr individuellen Ebene ein markanter Wandel stattgefunden. Wenn es früher für fast alles eine Vorschrift gab, hat man es heute viel schwerer. Man muß seine Entscheidungen selber treffen, alleine schauen, wie man mit denen, die man sich zum Leben ausgesucht hat bzw. von denen man selbst ausgewählt wurde, klar kommt. Das ist schwierig, wie es überhaupt schwierig ist, sich für irgendwas zu entscheiden. In einer Welt der totalen Kommunikation und Überinformation sind nach Ansicht von Jean Baudrillard alle menschlichen Abwehrkräfte bedroht. In der technischen Verfügbarkeit von allem könne der Mensch nicht mehr entscheiden, was nützlich sei und was nicht. In der Nähe einer indifferent gewordenen Welt könne er nicht mehr entscheiden, was schön und häßlich, was gut und schlecht sei. Ja, selbst der biologische Organismus wisse nicht mehr, was gut und schlecht für ihn sei. In dieser unentscheidbaren Lage werde alles zum bösen Objekt, und jegliche Verteidigung werde zur Abreaktion, zur Ablehnung und zum Ekel. Nach Baudrillard stellt diese eine vitale Immunreaktion dar, durch welche der Organismus – zum Teil selbst auf Kosten seines eigenen Lebens – seine symbolische Integrität bewahre. Für Baudrillard ist deshalb der Haß, zugleich verschärfter Ausdruck dieser Gleichgültigkeit und Ab-

---

1 Vgl. Bell, Daniel (1985): Die nachindustrielle Gesellschaft. Frankfurt am Main: Campus (erstmals New York: Basic Books Inc. 1973), Neuauflage 1989 (= Campus Reihe; 1001).

lehnung der indifferent gewordenen Welt, zur letzten vitalen Ausdrucksform und wahren Empfindung geworden.[1]
Kaum zu leugnen ist, daß immer mehr Menschen unter Depressionen und Hoffnungslosigkeit leiden, große Probleme mit dem Selbstwertgefühl und der Selbstidentität haben. Die Orientierungs- und Illusionslosigkeit scheint grenzenlos zu sein. Wir leben zwar in einer relativ komfortablen Gesellschaft, aber auch in einer Gesellschaft ohne Perspektive und Hoffnung. Wir wachsen sozusagen in einer Art andauernder Gegenwart auf. Eine neue Komplexität bestimmt heute unser Leben. Während man früher Rituale als Hilfskonstruktionen einsetzen konnte, um der eigenen Geschichte den Anschein des Sinnvollen zu geben, ist der Selbstzwang, den man heute braucht, um ein Vielfaches größer. Doch hat man die «postmoderne» Wendung der altbekannten These vom «eindimensionalen Menschen» (Marcuse) vollzogen, braucht man nicht länger um Sinn- und Orientierungsverluste zu trauern, sondern kann offensiv «eine bunte Vielfalt von Erklärungen, Deutungsmustern, Methoden, Techniken, Theorien und Lebensformen» propagieren, wie der Philosoph Peter Kemper meint.[2]

Es ist zudem auch äußerst zweifelhaft, wie Diedrich Diederichsen im Vorwort seines Sammelbandes «Freiheit macht arm» schreibt, ob Leute jenseits des Optimismus schlauer werden, ob sie es ohne Illusionen schneller schaffen, ihre Lage in die Hand zu nehmen. Obwohl Diederichsen selbst von einem perspektivlosen Ist-Zustand (Ghetto, elektronische Einsamkeit, Segregation) ausgeht, der zwar eigentlich nur noch besser werden kann, aber wahrscheinlich immer schlimmer wird, findet er es sträflich, in die linke Krisenpropaganda einzustimmen, die immer wieder nur sage, es werde ungemütlich werden bei uns. «Man darf sich von der Illusionslosigkeit nicht den Verzicht auf alle Forderungen an sich und die Welt diktieren lassen, aber ebensowenig, vor lauter linksradikaler Gedankennot, handlungsunfähig werden. Und man sollte zumindestens damit rechnen, daß all die Leute, die nicht mehr gebraucht werden, die nicht einmal mehr ausgebeutet werden, ein Bewußtsein entwickeln, in dem mehr angelegt ist, als sich das die kulturpessimistische

---

1 Vgl. Baudrillard, Jean (1995): Im Haß verbrüdert sich die Menschheit. In: Die Weltwoche, Nr. 48, 30. November, S. 63.
2 Kemper, Peter (Hrsg.) (1988): «Postmoderne» oder Der Kampf um die Zukunft. Die Kontroverse in Wissenschaft, Kunst und Gesellschaft. Frankfurt am Main: Fischer (= Fischer[-Taschenbücher]; 6638), Vorwort S. 7 f.

Linke in ihrer Angst vor ungemütlichen Zeiten und von deterministischen Neurosen gebannt ausgerechnet haben will.»[1] An anderer Stelle meint er, gute Laune sei progressiver als Kulturpessimismus, womit er sicher recht hat, doch leider ist es angesichts des gegenwärtigen wenig hoffnungsvollen Zustandes nicht immer leicht, guter Laune zu sein.

Ich will jetzt aber nicht noch weiter abschweifen, denn an dieser Stelle geht es mir lediglich um ein differenzierteres Eingehen auf den Zeitcharakter von Heimat (was mit dem eben Gesagten – wie mir scheint – ebenfalls viel zu tun hat). Wie bereits Neumeyer darauf hingewiesen hat, spielt die Zeit im Heimatphänomen mehrheitlich eine Rolle in Form von Vorstellungen vergangener Umwelten. Heimat als Sehnsucht nach einer besseren Lebenswelt ist fast ausschließlich in die eigene Kindheit gerichtet, da diese sich im Gegensatz zur unbekannten Zukunft bekannt und überschaubar darstellt. Zumindest *scheint* vielen die Heimat in die Kindheit, um nochmals Bloch zu zitieren.

Wobei Bloch selbstverständlich keine regressive Heimatvorstellung hat. In seiner Sinnbestimmung drückt sich, wie Rainer Krüger zusammenfassend feststellt, «eine allen Vorstellungen von der einmal angestammten oder von Kultur und Politik normativ zugewiesenen Heimat zuwiderlaufende Perspektive von Lebenshoffnung aus: Heimat ist kein Ruhekissen, sondern schafft sich ständig neu, indem Traditionen aufzubrechen und umzubauen sind, indem in einem (auch räumlichen) Nebeneinander historisch ungleichzeitiger Gesellschaftsentwicklungen die Bedeutsamkeiten selbstbestimmbarer Lebensraumgestaltung entdeckt werden können.»[2] Darum heißt es bei Bloch ja auch, was vielen in die Kindheit *scheint*, womit er eben nicht meint, daß die Kindheit tatsächlich Heimat sei.

Gleichwohl gibt man in der Regel die Kindheit bzw. den Geburtsort an, wenn man nach der individuellen Heimat befragt wird. Iring Fetscher meint, daß sich Heimatliebe «zumeist mit der Sehnsucht zurück zur Kindheit und ihren glücksverheißenden Möglichkeiten» verbindet.[3] Die

1 Diederichsen (1993): S. 12 f.
2 Krüger, Rainer (1987): Wie räumlich ist die Heimat – oder findet sich in Raumstrukturen Lebensqualität? Gedanken zum gesellschaftstheoretischen Diskussionsstand um die ‹Krise der Moderne› und die Bedeutung der Regionalforschung. In: Geographische Zeitschrift, 75. Jg., 3, S. 162.
3 Fetscher, Iring (1992): Heimatliebe – Brauch und Mißbrauch eines Begriffs. In: Görner, Rüdiger (Hrsg.): Heimat im Wort: die Problematik eines Begriffs im 19.

meisten Menschen denken beim Wort Heimat jedenfalls an ihre Kindheit und daran, welch mannigfaltigen Möglichkeiten sich damals vor ihnen auftaten. Freilich gelte das nur für die, «denen das Glück von Heimat in ihrer Kindheit gewährt wurde» bzw. denen «ein günstiges Schicksal ein Mindestmaß von kindlicher Geborgenheit zuteil werden ließ».

Nach Eduard Führ bietet einem die Rückerinnerung an die Kindheit «das Gefühl der Geborgenheit, der Aufgehobenheit, der glücklichen Verankerung in der je eigenen Umgebung.»[1] Ein methodisches Problem ergibt sich aber, wenn man versucht, die Inhalte, Strukturen und Bedingungen der kindlichen Heimat herauszufinden, weil die Rückerinnerung der Erwachsenen durch ihre gegenwärtigen Begriffe und kognitiven Erklärungsmuster geformt ist. Darum sei es nötig, das Gesagte analytisch und kritisch zu durchdringen: «Sehr schnell entfällt dann der Geburtsort als konstitutive Bedingung, wie also jegliche ‹Boden›- (äußere Natur) und ‹Blut›ursache (biologisch)» (ebd.). Denn die Zeit der bewußten und handlungsfähigen Kindheit (ab ca. 2 Jahren) ist alles andere als harmonisch, begrenzt und statisch. Es ist ein Prozeß der gewollten Veränderung: Handlungs- und Denkunfähigkeiten und Gefühlsdifferenziertheit werden überwunden. «Wenn es also tatsächlich Heimat in der Kindheit gibt, so kann sie nicht in kultureller und sozialer Identität bestehen, sondern muß eher Disidentität, Veränderung und Ekstase sein» (S. 24). Mit dem Gehenlernen beginnt die Zeit der Kindheit, die Erwachsene als Heimaterfahrung im Sinne von Geborgenheit ausdeuten. Bei der Erforschung der eigenen Fähigkeiten und der Umwelt geht es um ein Vertrautmachen mit dem Unvertrauten, um ein Auskundschaften des Unbekannten und um ein Einüben des Ungekonnten. Dieser Prozeß wird nur unter der Bedingung der Möglichkeit angegangen, zu Gesichertem und Vertrautem zurückzukehren. «Das Gelingen dieser inneren Arbeit ist das, was die Erwachsenen als Heimat bezeichnen. Dieser Arbeitsprozeß hat dann faktisch natürlich etwas mit Eltern und mit Region zu tun;

---

und 20. Jahrhundert. München: iudicium verlag GmbH (= Publications of the Institute of Germanic Studies 51), S. 16.

1 Führ, Eduard (1985b): Wieviel Engel passen auf die Spitze einer Nadel? In: Führ, Eduard (Hrsg.) (1985a): Worin noch niemand war: Heimat. Eine Auseinandersetzung mit einem strapazierten Begriff: Historisch – philosophisch – architektonisch (Beiträge eines Workshops, Berlin 1984). Mit der Fotocollage Heimat – süße Heimat. Wiesbaden; Berlin: Bauverlag, S. 23.

Zum Begriff Heimat

dieses ist ein Arbeitsfeld und jene bilden eben faktisch die Ausgangsbasis» (ebd.).

Tatsächlich können Erwachsene ihre Biografie bis zum Alter von drei Jahren lediglich rekonstruieren. Man spricht in diesem Zusammenhang von kindlicher Amnesie. Das spätere Heimatverständnis der Erwachsenen «nimmt dabei die Objekte für das Tun, das Kontingente für die Bedingungen; die Souvenirs werden autonom. (Das kommt ja nicht nur in dieser Rückbesinnung vor; die Fetischisierung von Heimat wird dann auch mit Gartenzwergen, Kuckucksuhren und altdeutschen Möbeln fortgeführt.)» (ebd.).

Für Führ macht demnach das «Erlebnis der Handlungsvermögensentwicklung» das Heimatgefühl aus, was aber «das soziale und natürliche Unbekannte im Sinne des Noch-nicht-Bekannten, des Disidentischen und im Sinne des Unbestimmten, Indeterministischen, Offenen» beinhaltet. Dieses Feld, in dem sich das Kind ausprobieren und erweitern kann, diese gehandelte und gelebte und somit erlebte und erfahrene Heimat ist nach Führ jedoch Schein von Heimat, denn «die Entwicklung des Kindes basiert auf Erfahrung, auf konkreter Handlung, der eigene Körper dient ihm dabei als Werkzeug. Die Welt der Kinder ist auf Erlebnisebene konstruiert (zumindest heute in Europa), sie ist sinnlich, konkretistisch, eklektizistisch und freigehalten von *allgemeinen* sozialen, politischen und natürlichen Vorgängen und Reflexionen und Analysen. Das Kind hat ferner Heimat nur unter der Perspektive des ‹Wenn ich einmal groß bin›, d. h. aus der Hoffnung auf das Habenkönnen einer ganzen Welt. Das Rückerinnern der Erwachsenen in ihre kindliche Heimat ist also das Rückerinnern an die Hoffnung auf die Zukunft; der Zeitcharakter der Heimat ist nicht Vergangenheit, sondern Zukunft. Die vertraute Basis der Kinder, die Mutter, der Vater, die eigene Wohnung usw. ist Fiktion, sie bleibt aufgrund kindlichen Unvermögens unentlarvt; sie als Erwachsener zu erlangen, gelingt nur in infantiler Naivität. Hinzu kommt ferner, daß sich im Heranwachsen das Anzueignende immaterialisiert (soziale Konfigurationen, institutionelle Ordnungen, Recht, kulturelle Verhaltensregeln usw.) und in eben dem Maße nicht mehr körperlich und lokal gebunden ist. Heimat ist eine Qualität der Aneignung der Welt, sie ist ein Aspekt von Arbeit, also Aufnahme und Veränderung von Wirklichkeit, als Organisation von Sozialität und als Konstitution des Subjekts» (ebd.). Der Unterschied zwischen Kind und Erwachsenem liegt darin, daß für Kinder dies zumindest jetzt in einer lokalen Einheit und quasi ahistorisch stattfindet, für Erwachsene in Produktion und Reproduktion getrennt und historisch. Worauf man schließen kann, daß der Zeitcharakter von Heimat eigentlich erinnerte Zukunft bzw. Zukunftserwartung ist.[1]

Die Kindheit kann aus diesen Gründen nicht als Heimat betrachtet werden. Sie kann allenfalls ein kaum begreifbares Glück sein. Die Heimat der Kindheit ist eine Heimat der Unwissenheit, weil das Kind in seiner Naivität und Ahnungslosigkeit das Glück gar nicht begreifen kann. Die retrospektive Heimatsehnsucht, die sich aus der allgemeinen Erfahrung der allseitigen Geborgenheit in der Kindheit nährt, ist demnach entweder regressiv oder utopisch, weil sie keine Entsprechung in der materiellen Wirklichkeit hat. Daß die Kindheit als Heimat in diesem Sinne als verlorenes Paradies erscheint, ist daher nicht verwunderlich. Gemäß diesen Ausführungen, so kann man folgern, kommen auch Kinder sehr nahe an Flussers Vorstellung eines relationalen Denkens. Irgend etwas muß also tatsächlich an seiner Utopie liegen, wenn dermaßen viele ihre Heimat in die frühe Kindheit verlegen, wo eben noch nicht historisch bzw. in Prozessen gedacht wird, bzw. wo die Außenwelt wie später nie mehr im Leben ausschließlich für das Kind existiert. Wie bereits erwähnt, spricht man ja auch für diese frühkindliche Phase, wo subjektiv noch nicht zwischen Subjekt und Objekt unterschieden werden kann, von einer kindlichen Amnesie. Ist die regressive Sehnsucht nach Heimat also tatsächlich nichts anderes als die Sehnsucht nach amnesieähnlichen bzw. irrationalen Bewußtseinszuständen? Als ob die mit zunehmenden Alter sich verstärkende Entfremdung eine Sehnsucht nach dem Verlust des Denkvermögens, nach einer hypnotischen Amnesie evoziert. So zumindest könnte man versucht sein, Flussers Utopie zu interpretieren.

1.3.2 Von der Unheimlichkeit des Raums

Eine Strategie der Moderne war es – so zumindest lehrt es uns die Geschichtsschreibung –, den Raum zu homogenisieren. Unsere Beziehungen zu ihm sollten versachlicht werden. Wie jeder weiß, hat diese Strategie nicht gefruchtet. Homogene, freie Räume gibt es nicht. Wir leben

---

1 Zu diesen wahrlich irritierenden Zeitebenen kommt mir ein nicht minder schwindliges Bonmot von Karl Valentin in den Sinn: «Die Zukunft war früher auch besser.»

in mit vielfachen, oft überschichteten Bedeutungen besetzten Räumen, in Räumen, die mit den unterschiedlichsten Qualitäten belegt sind. Wie wir angesichts aktueller regionalistischer und nationalistischer Tendenzen auf der ganzen Erde anerkennen müssen, ist die Aufklärung diesbezüglich offensichtlich noch nicht abgeschlossen. Es ist eben allem Anschein nach nicht so, daß sich Regionalismus und Moderne grundsätzlich ausschließen müssen. Im Gegenteil: War es nicht gerade die Moderne, die unser Verhältnis zum Raum erst emotionalisiert hatte? Wie in Kapitel 1.1 gezeigt wurde, war Heimat ja bis ins 19. Jahrhundert in der Hauptsache kein emotional behafteter Begriff, sondern hatte vor allem rechtliche Bedeutung. Es überwog die rein sachliche Beschreibung eines bestimmten Raumbereichs. Der Regionalismus mag zwar bezogen auf die Ziele der Moderne als ein widersprüchliches Phänomen erscheinen, wurde aber erst in ihr überhaupt ins Leben gerufen. Ebenso dürfte Heimat als Folge der Aufklärung mythologisiert worden sein. Der Bedarf an Mythen kann als Antwort auf das rationale wissenschaftliche Begriffsdenken aufgefaßt werden, weil Mythen Aussagen und Vorstellungen über die Welt ermöglichen, die mehr diffus geahnt als reflektiert sind. Jeder Mythos befriedigt das Bedürfnis, der Realität eine andere Wirklichkeitsvorstellung entgegenzuhalten. Heimat als Mythos schlechthin läßt in einer versachlichten, geheimnislosen Welt sinnliche und emotionale Erfahrungen zu. In einer zunehmend aufgesplitterten Gesellschaft schafft es der Mythos, die Menschen zu versammeln und zu vereinigen. Deshalb sind Mythen gerade heute wieder so gefragt. Sterben die alten Mythen, greift das Chaos um sich, vor dem sich vor allem jene konservativen Kreise fürchten, deren größtes Bedürfnis Ordnung ist.

Das Verhältnis der Menschen zum Raum dürfte also vor der Moderne weitaus weniger bis gar nicht emotionalisiert gewesen sein, als es seither ist. Und obwohl die Gefühlswerte des Begriffs Heimat objektiv schon lange nicht mehr auf eine geographische Größe gerichtet sind, ist die subjektive Assoziation von Heimat mit geographischen Räumen und Regionen allgegenwärtig. Trotz der fortschreitenden «Entzauberung der Welt» (Max Weber) ist unser Verhältnis zum Raum nicht gleichgültig geworden. Es bleibt anti-modern. Und mit anti-modernen Inhalten läßt sich nach wie vor erfolgreich Politik machen.

Welche Absicht steckt hinter den meist bürgerlichen Positionen, die eine zweifelsfreie Räumlichkeit von Heimat konstatieren? Das Unheimliche an der Heimat liegt darin, daß man als ihr wesentliches Merkmal eine psychische Bezogenheit zu übergeordneten Bezugssystemen attestiert: Bezogenheit zu einem Raum, zu einer Nation, zu einer Landschaft, zu einem Dorf oder einer Stadt, zu einem Volk, zu einer Gruppe, zu weiß ich was alles. Mit der Verknüpfung zwischen dem einzelnen, seiner individuellen Heimat – verstanden als persönliches Bezugssystem – und übergeordneten räumlichen oder ethnischen Bezugssystemen erhält der Heimatbegriff erst seinen mystischen Charakter. Heimat soll ein Geheimnis, ein Mysterium sein, weil eine übermäßige Bewußtmachung unter Umständen «urtümliche Kräfte» zerstören könnte, die leicht zu mobilisieren und zu steuern sind und die sich ausgezeichnet für politische Manipulationen eignen. Die Liebe zur Heimat muß diffus und mystisch bleiben, weil damit leichter von der konkreten sozialen Wirklichkeit abgelenkt werden kann. Soll der Heimatbegriff deshalb in seiner Unheimlichkeit belassen werden, weil damit besser blinde, nationalistische Emotionen entfacht werden können?[1]

Hautpsächlich während der vor allem in Norddeutschland verbreiteten Heimatkunstbewegung um die Jahrhundertwende wurde das Heimatgefühl an jeweils einmalige und schicksalhafte Voraussetzungen von Landschaft und Stamm gebunden, womit deren Vorstellung von Heimat noch über den Territorialitätsbegriff der Verhaltensforschung hinausging. Während letztere nämlich für eine Spezies gewisse Minimalbedingungen in einer jeweils benötigten Fläche festmacht, diese aber als topographisch übertragbar ansieht, wurden bei der Heimatkunstbewegung die Bindungen als primäre zwischen jeweiliger Scholle und jeweiligem Menschen gesehen. Das heißt, jeder der seinen Geburtsort verläßt und in eine noch so gleichartige Landschaft zieht, müßte, noch bevor Komponenten wie Sprache und soziale Beziehungen ins Spiel kommen, sich entheimatet fühlen.[2]

Exemplarisch für die idealistische Grundposition der Verknüpfung von Mensch und äußerer Natur bzw. Boden möchte ich an dieser Stelle eine Abhandlung des bereits oben erwähnten, in seiner Zeit bedeutenden

---

1 Man kann die Unheimlichkeit von Heimat aber auch dialektisch umkehren. Denn das Empfinden, daß man tatsächlich in ganz bestimmten Räumen und Zeiten zu kleben scheint, aus denen man sich sein Leben lang loszulösen versucht, ist nicht anders als unheimlich zu bezeichnen. Wie sonst läßt sich die weitverbreitete Faszination von Science-fiction-Filmen und -Büchern erklären, die neben anderen Gründen vor allem darin besteht, sich aus Raum und Zeit wegbeamen zu können?
2 Vgl. Rossbacher, Karlheinz (1975): Heimatkunstbewegung und Heimatroman. Zu einer Literatursoziologie der Jahrhundertwende. Stuttgart: Ernst Klett Verlag (= Literaturwissenschaft – Gesellschaftswissenschaft 13).

Zum Begriff Heimat

Kulturphilosophen Eduard Spranger zitieren, in der seine Denkweise besonders klar zum Ausdruck kommt. An der Eröffnungsrede der «Studiengemeinschaft für wissenschaftliche Heimatkunde» im April 1923 sagte er: «Der Mensch hat, wo er auch lebe, immer eine Umwelt, ein für ihn und seinen Lebensvollzug bedeutsames ‹Milieu›, nicht aber eine Heimat. Eine Heimat hat er nur da, wo er mit dem Boden und mit allem Naturhaft-Geistigen, das diesem Boden entsprossen ist, innerlich verwachsen ist. (...) Von Heimat reden wir, wenn ein Fleck Erde betrachtet wird unter dem Gesichtspunkt seiner Totalbedeutung für die *Erlebniswelt* der dort lebenden Menschengruppe. *Heimat ist erlebbare und erlebte Totalverbundenheit mit dem Boden. Und noch mehr: Heimat ist geistiges Wurzelgefühl.*»[1]

Es ist unschwer, hier eine geistige Verwandtschaft zur Blut- und Bodenmystik des Nationalsozialismus auszumachen, mit deren Hilfe die faschistische Propaganda einen unauflöslichen Zusammenhang des Menschen mit einem ganz bestimmten geographischen Milieu zu konstruieren versuchte. Und die Nationalsozialisten haben bekanntlich solche Ideen aufgegriffen, um ihr Programm zu legitimieren und die Massen in ihrem Sinne zu mobilisieren. Spranger als geistigen Vater der Blut- und Bodenmystik zu bezeichnen oder sogar für deren fatale Folgen verantwortlich zu machen, wäre aber ebenso unzulässig wie zu behaupten, daß das Wetter von der Voraussage im Fernsehen abhängt. Der Faschismus hat weitaus komplexere Ursachen, als das bloße Rezipieren faschistischer Ideen aus Büchern. Es wäre aber in der Tat mehr als naiv, wie Horst-Alfred Heinrich in seiner eindrücklichen Dissertation zum Thema «Geographie und Faschismus» bemerkt, die politische Tendenz von Texten zwar anzuerkennen, die Übernahme deren Ideen in die gesellschaftliche Auseinandersetzung jedoch als vermeintlichen Mißbrauch zu bezeichnen.[2]

Liest man Sprangers Abhandlung heute, kommt sie einem übrigens nicht weniger antiquiert vor als gewisse Schriften aus heutiger Zeit.

---

1 Spranger, Eduard (1973): Der Bildungswert der Heimatkunde. In: Bollnow, Otto Friedrich u. Gottfried Bräuer (Hrsg.): Eduard Spranger: Gesammelte Schriften. Bd. 2: Philosophische Pädagogik. Tübingen: Max Niemeyer Verlag, S. 298.

2 Heinrich, Horst-Alfred (1991): Politische Affinität zwischen geographischer Forschung und dem Faschismus im Spiegel der Fachzeitschriften. Ein Beitrag zur Geschichte der Geographie in Deutschland von 1920 bis 1945. Giessen: Selbstverlag des Geographischen Instituts der Justus-Liebig Universität Giessen (= Giessener Geographische Schriften Heft 70), S. 389.

Wenn er etwa schreibt, daß ihm die Heimatkunde eine «Schule des *Totalitätssinnes*» ist, «die wir brauchen, um aus der geistigen Zerrissenheit der Gegenwart herauszukommen» (S. 317), dann sehen wir, wo Lübbe seine geistigen Väter hat.

In der Schweiz war der prominenteste Vertreter der Position der Erdverwurzelung des Menschen der Zürcher Geograph Emil Egli. Durch seine ganzen Schriften zieht sich die Vorstellung der «menschlichen Erdbedingtheit». Im Extremfall spricht er auch schon mal von der «völkischen Gestaltungskraft des Schweizerbodens». Das «Schweizerblut» war seiner Ansicht nach ein Produkt von tektonisch-geologischen Faktoren, das heißt des Bodenprofils und der Landschaftsbeschaffenheit. Auf diese Vorstellung der Schweiz als Naturmonument griff auch die Schweiz in ihrer Suche nach einem neuen nationalen Selbstverständnis nach 1933 zurück, wie der Historiker Jakob Tanner darlegt. Damit verblieb zwar der helvetische Unabhängigkeitsdiskurs wie in Deutschland innerhalb der rassistischen «Blut- und Boden-Mythologie», die Schweiz verlagerte ihr nationales Selbstverständnis jedoch vom Blut auf den Boden. Nicht dem Blut, sondern dem Raum wurde die einheitsstiftende Macht zugeschrieben. Neben den Literaten waren es insbesondere Geographen[1], die eine schicksalhafte Verbundenheit der Schweizer mit den Alpen propagierten. Für die staatspolitische Abgrenzungsrhetorik gegenüber Deutschland fand die Schweiz Ansatzpunkte im ideologischen Konstrukt des «Gotthardstaates». Aus dem harten Gotthardgranit entstiege ein kerngesunder Geist, aus welchem der schweizerische Staatsgedanke geboren wäre, wie die Landesregierung dies in einer 1938 veröffentlichten Kulturbotschaft erklärte. Dieses mit einer Ewigkeitsgarantie versehene nationale Selbstverständnis sah sich durch offene Grenzen und unkontrollierte Einwanderung gefährdet. Das politische Losungswort, welches sich gegenüber dem gesellschaftlichen Wandel lange Zeit ohne jegliche Abnützungserscheinungen erweisen sollte, war der «Kampf gegen die Überfremdung».[2]

Noch 1976 vertrat Egli die Ansicht, daß der Gotthard ohne Zweifel «für alle Schweizer ein gedankliches Zentrum des Lebensraumes», ein

---

1 Ich verwende hier absichtlich nur die männliche Form, da mir keine Frauen bekannt sind, die diese These in jener Zeit öffentlich vertraten.

2 Vgl. ausführlicher Tanner, Jakob (1993): Geist aus Gotthardgranit. In: WoZ, Nr. 48, 3. Dezember, S. 16.

«landschaftliches und geistiges Element in der vaterländischen Ebene»[1] sei. Überhaupt enthält diese Rede nochmals in geraffter Form beinahe alle Elemente seiner geodeterministischen Argumentationsweise, die Egli seit den dreißiger Jahren immer wieder vorgetragen hatte. Ich zitiere lediglich einige Kernsätze dieser Rede, die Eglis Denkweise illustrieren sollen: «Unser Unbewußtes hingegen wird stark vom Raume mitgestaltet» (S. 3), «So also entsteht Heimat: durch das Wurzelfassen in einem landschaftlichen Raum» (S. 12), «Der Mensch wächst nicht nur in die Landschaft ein, die Landschaft dringt umgekehrt durch vielfältige Reizwirkungen ins Innere des Menschen vor» (ebd.) und der wahrscheinlich ungeheuerlichste Satz der ganzen Rede: «Die starken und reich variierten Umweltstimulanzien all der örtlichen und bildprägenden Psychotope wirken nun also auf Genpakete und setzen genetische Veranlagung in individuelle Wirklichkeit um» (S. 14). Hier stützt sich Egli auf die angeblich von der Biologie bewiesene Tatsache, daß die äußere Umwelt die Art und Weise bedinge, wie die genetische Veranlagung eines jeden Menschen in die individuelle Wirklichkeit umgesetzt wird, und will der nüchternen Wissenschaft für dieses glanzvolle Resultat beinahe «das Zugeständnis der ‹heiligen Nüchternheit› machen» (S. 13).

Egli scheint sich hier von der trügerischen Plausibilität organischer Metaphern irreführen bzw. blenden zu lassen. Wie Hannah Arendt konsequent aufgezeigt hat, ist diese Gefahr in der Diskussion der Rassenfrage besonders groß: «Jeder Rassismus, der weiße wie der schwarze, ist von Haus aus gewaltträchtig, weil er gegen natürliche, organische Gegebenheiten protestiert, eine schwarze oder eine weiße Haut, die nicht von Meinungen abhängen, und an denen keine Macht etwas ändern könnte; kommt es hart auf hart, so bleibt nichts als die Ausrottung ihrer Träger. Rassismus ist, im Unterschied zur Rasse selbst, keine tatsächliche Gegebenheit, sondern eine zur Ideologie entartete Meinung, und die Taten, zu denen er führt, sind keine bloßen Reflexe, sondern Willensakte, die sich logisch aus gewissen pseudowissenschaftlichen Theorien ergeben.»[2] Es sollte einsichtig geworden sein, daß es genau solche der Biologie entlehnten «pseudowissenschaftlichen Theorien» sind, die der Nährboden

---

1 Egli, Emil (1977): Geborgenheit im Raum. Zum Begriff der Heimat. Vortrag vom 15. Mai 1976 an der 5. Jahresversammlung der Stiftung für abendländische Besinnung im Zunfthaus am Neumarkt, Zürich. Schaffhausen: Novalis, S. 15.
2 Arendt, Hannah (1995): Macht und Gewalt. München: Piper (erstmals New York: Harcourt, Brace & World, Inc. 1970), 8. Auflage, S. 75.

für viele -ismen sind, seien dies nun Rassismus, Regionalismus, Nationalismus oder Faschismus.

Auch wenn inzwischen die Bindungen an einen bestimmten Boden durch eine weltweite Globalisierung verbunden mit einer praktisch uneingeschränkten horizontalen Mobilität mehr als widerlegt sein sollten, gibt es immer noch viele Leute, die Heimat am Herkunftsort festmachen. Als Wesen der Heimat erscheint in diesen subjektiv-idealistischen Konstruktionen immer eine psychische Bezogenheit, sei es zur Umwelt oder bestimmten Elementen der «heimatlichen Landschaft», sei es zu konkreten oder abstrakten Menschen. Wobei ich betonen muß, daß der Raum in dieser spätbürgerlichen Heimatideologie die Bedeutung der Heimat nur dadurch erlangt, daß an ihm Erlebniskomplexe haften. Er erscheint kaum als eine determinierende Ursache des psychischen Erlebens. Der Heimatbegriff weist zweifellos in den Köpfen der meisten Menschen primär eine räumliche Komponente auf. Daran ist grundsätzlich nichts auszusetzen. Problematisch wird es erst, wenn man die Umkehrung dieses Gedankengangs vornimmt. Wenn man also die «Dämonien des Bodens» für die Raumgebundenheit des Menschen verantwortlich macht, bzw. wenn man die Heimat als Fundament seines raumbezogenen Selbstverständnisses betrachtet.

Solche «bürgerlichen» Ansichten wurden vor gar nicht so langer Zeit von Wissenschaftlern mit marxistischem Hintergrund schonungslos kritisiert, nicht speziell wegen der konstatierten Räumlichkeit des Heimatbegriffs, sondern ganz allgemein wegen der psychischen Bezogenheiten und Emotionen, die die bürgerlichen Heimatideologen dem Begriff zuwiesen. Über den Marxismus als Ideologie kann man halten, was man will, doch für die Analyse gewisser Aspekte bürgerlicher Ideologien hat er meines Erachtens kaum übertroffene Arbeit geleistet. In einer Schrift aus der Hochblüte des Kalten Krieges, herausgegeben vom Zentralinstitut für Geschichte der Akademie der Wissenschaften der DDR, finde ich in der Tat eine vernichtende Analyse und Kritik dieser Positionen, deren Hauptpunkte ich im folgenden kurz zusammenfassen will.[1] Nach Ansicht des Verfassers Günter Lange, Professor für wissenschaftlichen Sozialismus, behandeln Autoren dieser bürgerlichen Position allesamt nicht das, was sie vorgeben. An die Stelle der Heimat wird stillschwei-

---

1 Vgl. Lange, Günther (1975): Heimat – Realität und Aufgabe. Zur marxistischen Auffassung des Heimatbegriffs. Berlin: Akademie-Verlag (= Veröffentlichungen zur Volkskunde und Kulturgeschichte 56), 2. Auflage, insbesondere S. 19–30.

gend das Heimat*gefühl* gesetzt. Dies sei der tiefere Sinn der Behauptung, daß Heimat nichts sei ohne das Heimatgefühl, ohne das Gefühl, an einem Ort zu Hause zu sein. Der Gewinn der Heimat werde zu einer Frage der psychologischen Disposition, denn man gehe immer davon aus, daß ein bestimmtes «seelisches Sosein» ausschlaggebend dafür wäre, auf welche Person- oder Sachwerte sich der Mensch bezieht. Damit werde nach Lange «bereits die *innere Funktion* der bürgerlichen Heimatideologie angedeutet, die kapitalistischen Verhältnisse in den Augen der Volksmassen apologetisch zu verklären. Man erklärt die blinde Anpassung an das kapitalistische Milieu zur Norm und verschleiert die historische Mission der Arbeiterklasse, die gesellschaftlichen Verhältnisse im Land im demokratischen Sinne umzugestalten, damit sie vom Volke bejaht werden können» (S. 23). Die *äußere Funktion* der bürgerlichen Heimatideologie sei es, das Feindbild der westdeutschen Bevölkerung zu prägen und als aggressive nationalistische Mobilisierungsideologie zu wirken. Lange knüpft den Gewinn von Heimat an die fortschreitende Durchsetzung des Sozialismus.

Nicht minder schonungslos geht Lange mit der objektiv-idealistischen Variante der Heimatideologie um. Bei dieser Variante, die eine religiöse Beziehung einschließt, ist Heimat immer eine objektive geistige Größe, eine Form des gesellschaftlichen Bewußtseins und der darin vorgestellte «Himmel». Da man Ort und Zeit seiner Geburt nicht selber bestimmen kann, solle man glauben, daß das Dasein des Menschen insgesamt unter Gottes Gesetz stehe. Auch diese Interpretation verflüchtige und vernebele das Wesen der Heimat völlig, indem sie es von der sozialen Wirklichkeit in die religiöse Einbildung transformiere. Heimat als mit dem Verstande nicht erklärbares Urgefühl aus den Tiefen der Seele darzustellen, sei ebenso unhaltbar wie die Gleichsetzung sozialer Gefühle mit dem tierischen Nestinstinkt. Denn die Heimatliebe ist nach Lange ein Produkt des gesellschaftlichen Zusammenlebens und keine angeborene biologische Eigenschaft des Menschen. Die Beschränktheit dieser Argumentation liege weniger an der Kompliziertheit des Gegenstandes, sondern bringe vielmehr einen bewußten Erkenntnisverzicht zum Ausdruck. Die bürgerliche Heimatideologie ist einer konsequenten wissenschaftlichen Betrachtung nicht gewachsen, weil die letzte Konsequenz aller Versuche, das Wesen der Heimat zu ergründen, stets das Eingeständnis sei, daß sie ein «Rätsel», «Geheimnis», «Mysterium» sei und daher nicht exakt zu bestimmen sei.

Heimat in der Postmoderne

Nach Lange ist es aber durchaus möglich, das Wesen von Heimat rational zu bestimmen. Hauptaufgabe der humanistischen Erziehung sei es, ein wissenschaftliches, sachliches Weltbild zu vermitteln. Lange kritisiert die positivistische Art des Herantretens an diese Aufgabe, die es vernachlässigt, die allgemeinsten Zusammenhänge aufzudecken. Der Heimatbegriff soll aus politischem Kalkül nicht analysiert werden. Es sind nach Lange gewichtige politische Gründe, warum die Schwierigkeiten der Erkenntnis von bürgerlichen Autoren nicht gemeistert werden. Für bürgerliche Heimatideologen sei Heimat «eine politisch-ideologische Leerformel, die mit einem stets diffusen, zugleich aber im Zusammenhang mit den jeweiligen Herrschaftsbedingungen in der Akzentuierung ständig wechselnden Inhalt gefüllt wird. Dieser Begriff soll nicht Erkenntnisse vermitteln, sondern Einsichten verhindern, blinde Emotionen auslösen und ein Verhalten provozieren, das den eigenen Lebensinteressen und sozialen Bedürfnissen feindlich ist» (S. 29). Konsequenz der Ablehnung dieser weltanschaulich-politischen Grundposition ist für Lange, nicht jede beliebige Umwelt von Menschen als Heimat zu bezeichnen. Heimat setzt immer ein objektiv-positives Verhalten des Menschen zu seiner Umwelt voraus. Soll sich die Umwelt als Heimat erweisen, muß sie sich zur Befriedigung der ganz bestimmten Bedürfnisse der Menschen eignen. Dies sei deshalb so wichtig zu betonen, so Lange, weil zwischen einem selbstgenügsamen, halb tierischen Dasein und der wirklich menschlichen Existenz eine weite Spanne liege, in der sich eine spontane Heimatliebe entwickeln könne, die das Unmenschliche verkläre.

Auch wenn es Lange hier nur noch darum geht, jegliche psychische Komponente in die marxistisch-leninistische Bestimmung des Wesens der Heimat auszuschließen, halte ich seine Kritik in einer Zeit zunehmender Psychologisierung und Individualisierung aller Lebensbereiche nicht nur für chancenlos, sondern auch am Kern der Sache vorbeizielend. Es ist eine kaum abstreitbare Tatsache, daß Heimat sehr stark an Emotionen rührt. Lange selbst gesteht zwar ein, daß gewisse Gegenstände und Erscheinungen bei einem Menschen «heimatliche» Gefühle auslösen können, doch er will diese Gefühle unter Kontrolle haben. Denn gebe man sich solchen Gefühlen unkritisch hin, würden diese dazu dienen, häßliche Erscheinungen «kapitalistischer Profitsucht» sentimental zu verklären. Bestimmte Gefühle mögen zwar tatsächlich die Eigenschaft haben, von einem ganz bestimmten Gefühlsauslöser (zum Beispiel das Elternhaus) auf weitere, qualitativ verschiedene Erscheinungen (zum Beispiel das ganze Dorf) auszustrahlen. Man sagt, dieser Ort ist meine Heimat und meint eigentlich nur ganz bestimmte Erscheinungen dieses Ortes. Dennoch gehören diese subjektiv-idealistischen Konstruktionen zur sozialen Realität, und genau mit diesen sollte man sich auseinandersetzen, denn sie sind es, die die Sehnsüchte, Wünsche und Hoffnungen der Menschen enthalten.

Offensichtlich war es in der ehemaligen DDR auch üblich, die Analyse in einen gesamtrevolutionären Prozeß mit dem sozialistischen Weltsystem als Endziel einbetten zu müssen. In Langes Darstellung der «Heilserwartung» des sozialistischen Paradieses kommt es jedenfalls zur unglücklichen Überlagerung und Vermischung marxistischer Methodologie – mit ihren brauchbaren Analysekategorien – und marxistischer Ideologie, was zu Schlußfolgerungen führt, die uns wegen ihres Pathos heute eher komisch anmuten. So verstieg sich Lange zur Prophezeiung, daß sich durch den Sieg des Sozialismus im Wettstreit der Systeme in Raum und Zeit der Bereich weitet, «von dem wir mit klarem Verstand und vollem Herzen sagen können: *Das ist sie – unsere Welt, unsere sozialistische Heimat!*» (S. 137).

Am konsequentesten und radikalsten ist aus handlungstheoretischer Position eine nicht-raumzentrierte Sicht der sozial-kulturellen Wirklichkeitsdimensionen gefordert worden. In der Geographie vertritt Benno Werlen eine solch radikale Position. Wenn man anstelle von sozial-ökonomischen Kategorien zur Charakterisierung von Regionen und Territorien oft umgekehrt räumliche bzw. territoriale Kategorien zur sozialökonomischen Typisierung einer Bevölkerung verwende, führe dies zu einer unangemessenen Homogenisierung der sozialen Welt, wie Werlen zeigt. Dieser Homogenisierung scheinen sich regionalistische und nationalistische Diskurse erfolgreich zu bedienen. Die beliebte Raum-Gesellschafts-Kombination, gepaart mit einigen gemeinsamen kulturellen Merkmalen wie Sprache, Bräuche usw., lasse beispielsweise ein sogenanntes Volk, dem bestimmte «Charaktereigenschaften» und Gefühle zugeschrieben werden, wie eine Persönlichkeit mit einem klar abgrenzbarem sozialräumlichen Korpus (Nation, Region) erscheinen. Gefährlich sei diese Vorstellung gemäß Werlen deshalb, weil «die Angesprochenen glauben, sie könnten alle in gleichem Maße Bestandteil dieses ‹sozialräumlichen Korpus› sein.»[1]

---

1 Werlen, Benno (1993a): Identität und Raum. Regionalismus und Nationalismus. In: »Soziographie«, 6. Jg., 7, S. 63. – Vgl. dazu ausführlicher auch seinen kontroversen Erdkunde-Artikel [Werlen, Benno (1993b): Gibt es eine Geographie ohne

Die Raumabstraktionen «Region» und «Nation» – weitere wären auch «Heimat» und «Vaterland» –, implizieren neben Verkürzungen der sozialen Zusammenhänge auch «eine scharfe Differenzbildung im Sinne von ‹Heimat› / ‹Fremde› und ‹Vaterland› / ‹Ausland›» (S. 64). Genau diese der «imperialistisch-deutschen Ideologie» bzw. dem «spätbürgerlichen Nationalismus» inhärente Differenzbildung hat auch Lange analytisch herausgeschält und scharf kritisiert. Die äußere Funktion dieser Ideologie bestehe nämlich darin, «das apologetisch verklärte ‹Eigene› von dem als unheimlich verketzerten ‹Fremden› abzugrenzen, ein imaginäres Feindbild zu manipulieren und das Volk mit Haßgefühlen zu vergiften, die bis zur Kriegshysterie gesteigert werden.»[1]

Diese Gedanken haben nichts von ihrer Brisanz eingebüßt. Im Gegenteil, gerade in der heutigen Zeit, wo angesichts des totalen Weltmarktes die alte Nationalstaaterei eigentlich ausgedient haben sollte, wird die Welt von Nationalismus, Separatismus und Bürgerkriegen regelrecht überflutet. Wie lassen sich diese neuen, wüsten Nationalismen erklären? Der Philosoph Robert Kurz unterscheidet zwischen dem primären europäischen Nationalismus des 19. Jahrhunderts, dem sekundären Befreiungsnationalismus der antikolonialen Bewegung des Südens und einem neuen, tertiären Nationalismus. Dieser wuchere in den vom Weltmarkt hinterlassenen offenen Zusammenbruchsökonomien des Südens und des Ostens. Es handelt sich um «eine ‹Welle ethnischer (oder kleinethnischer) Agitation› (Eric J. Hobsbawn), die nicht aus dem Entstehen von Nationalökonomien, sondern umgekehrt aus deren Zerfall resultiert.»[2] Während aber die Nationalstaaten des 19. und 20. Jahrhunderts trotz aller völkischen und rassistischen Legitimationsideologien nirgendwo wirklich auf ethnischen Loyalitäten beruhten, sondern diese vielmehr überwanden, ist der tertiäre Nationalismus «ein gegenläufiger eth-

---

Raum? Zum Verhältnis von traditioneller Geographie und zeitgenössischen Gesellschaften. In: Erdkunde, Bd. 47, 4, S. 241–255], seinen 1994 in Würzburg an der Jahrestagung der Deutschen Gesellschaft für Humanökologie gehaltenen Vortrag [Werlen, Benno (1997): Raum, Körper und Identität. Traditionelle Denkfiguren in sozialgeographischer Reinterpretation. In: Steiner, Dieter (Hrsg.): Mensch und Lebensraum. Fragen zu Identität und Wissen. Opladen: Westdeutscher Verlag, S. 147–168.] sowie seine bereits in der Einleitung zitierte Habilitationsschrift.

1 Lange (1975): S. 133 f.
2 Kurz, Robert (1993): Die Welt vor dem großen Kollaps. Warum der totale Weltmarkt die ethnische Barbarei nicht verhindern kann. In: Tages-Anzeiger, 3. März, S. 11/13.

nischer Schein-Nationalismus, ein Produkt einer Verzweiflung, von der die Menschen in den Zusammenbruchsökonomien heimgesucht werden» (ebd.). Kurz hält die in mehreren Weltregionen beobachtbare Mobilisierung längst überwunden geglaubter ethnischer Loyalitäten für die aggressive Reaktion auf den Zerfall des Zivilisationsniveaus. Da die ethnischen Verzweiflungsloyalitäten weder den zerbrechenden alten Nationalstaat ersetzen noch neue reproduktionsfähige Gesellschaftsgebilde schaffen können, ist der tertiäre Nationalismus nur eine Verlaufsform des Zusammenbruchs ohne jede historische Perspektive. Aus ökonomistischer Perspektive besticht Kurz' Erklärung für die paradoxe Tatsache, daß einerseits unser Denken immer globaler und rationaler wird, andererseits es in der Welt immer irrationaler und nationalistischer zu und her geht. Die neue Nationalisierung muß notgedrungen auf Konstrukte zurückgreifen, die ausgrenzende Gemeinschaftlichkeiten stiften, seien es nun – gemäß Kurz – ethnische Loyalitäten oder – wie Werlen sagt – Raumabstraktionen wie Region, Nation, Vaterland und Heimat.

Es ist nun aber durchaus denkbar, daß sich alle Bemühungen für einen aufgeklärten Diskurs bezüglich Raum in absehbarer Zeit als vergeblich herausstellen werden. War alle Mühe umsonst? Wird der Raum ebenso von neuen Technologien abgeschafft, wie auch zunehmend die Zeit abgeschafft wird? Wie er ja auch im 14./15. Jahrhundert einmal von raumgreifenden Italienern konstruiert wurde. Folgende These von Theweleit halte ich für durchaus plausibel: «Das Licht im Kopf unserer (?) Kinder wird sich vom Raum, von Lichtquellen und von Geschichte gelöst haben: Bildschirme, Monitoren transformieren Licht in ein flächiges Flimmern ohne Lichtquelle. Nach der Abschaffung der Zeit wird die Abschaffung des Raums hergestellt von augenblicklichen Technologien.»[1] Als ausreichend evidentes Beispiel fügt Theweleit hinzu, daß der Welt*raum* momentan ausschließlich auf Monitoren spielt, in einem antiräumlichen Medium.

In der Tat verlieren die klassischen Raumerfahrungen der großstädtischen Zivilisation ihre Konsistenz. «Die urbanen Geographien sind im Begriff, sich aufzulösen», wie Klaus Kreimeier schreibt. Zwar durchmessen wir immer noch Räume, um von einem Ort zum nächsten zu kommen, doch mit der «primären Realität» vor unserer Haustür konkurrieren zunehmend «die vielfältigen Realitäten der elektronischen

---

[1] Theweleit, Klaus (1988): Buch der Könige. Bd. 1: Orpheus und Eurydike. Frankfurt am Main: Stroemfeld/Roter Stern, S. 462.

Vernetzung – ein Kontinent indirekter Bilder und Zeichen, der genauer als Archipel zu beschreiben wäre, als verzweigtes System, das mit seinen Apparaturen, ‹Interfaces› und variierenden Botschaften unseren Alltag durchdringt.»[1] Das Fernsehen produziert neue Wirklichkeiten. Der traditionelle urbane Raum jedoch verliert immer mehr an «Realität». Die urbanen Geographien werden zunehmend von medialen Geographien überlagert und ersetzt.

Die These vom verschwindenden Raum hat der bekannte Medienforscher Marshall McLuhan schon 1967 in seinem Buch «The Medium is the Massage» aufgestellt. McLuhan: «Wir leben in einer brandneuen Welt der Gleichzeitigkeit. Die ‹Zeit› hat aufgehört, der ‹Raum› ist dahingeschwunden. Wir leben heute in einem *globalen* Dorf ... in einem gleichzeitigen Happening».[2] Auch der Leiter des aktuellen McLuhan-Programms über Kultur und Technologie an der Fakultät für Informationsstudien der Universität von Toronto, Derrick de Kerckhove, vertritt die These, daß telematische Netze Raum und Zeit abschaffen. Er hält jedoch die Vorstellung vom «globalen Dorf» ungeeignet zur Beschreibung der neuen Bedingungen vernetzter Kommunikation. «Während das Fernsehen einen gemeinsamen Raum schuf und diesen auch wahrnehmbar machte, setzen Datennetze die Dimensionen von Raum und Zeit außer Kraft und damit auch die traditionellen Bezugspunkte der Identität, und zwar sowohl der persönlichen als auch der kollektiven.»[3]

In diesem Zusammenhang sind auch die Thesen des französischen Anthropologen und Ethnologen Marc Augé von Interesse. Er geht davon aus, daß wir in einer «Weltgesellschaft» leben, die überall ist und in der keiner von uns seinen Ort hat. Sein 1992 erschienenes Buch «Non-Lieux. Introduction à une anthropologie de la surmodernité», das inzwischen auch auf deutsch erhältlich ist,[4] handelt von den gegenläufigen

---

1 Kreimeier, Klaus (1995): Lob des Fernsehens. München: Hanser Verlag, S. 16.
2 McLuhan, Marshall, Quentin Fiore u. Jerome Agel (1969): Das Medium ist Massage. Frankfurt am Main; Berlin: Ullstein, S. 63.
3 de Kerckhove, Derrick (1995): Vom globalen Dorf zum globalen Denken. In: UNESCO-Kurier, 36. Jg., Nr. 2, S. 18.
4 Vgl. ausführlich Augé, Marc (1994): Orte und Nicht-Orte. Vorüberlegungen zu einer Ethnologie der Einsamkeit. Frankfurt am Main: S. Fischer. – Ein Auszug seines Buches erschien bereits 1993 in der Zeitschrift Der Alltag. Vgl. Augé, Marc (1993): Wenn Orte zu Texten werden und Menschen sich in Magnetkarten verwandeln... In: Der Alltag. Thema: Über Identitäten – Ich ist ich (Februar 1993),

Tendenzen der Entwurzelung und der Auflösung der Orte, an denen die Menschen zu Hause sein können. Augé charakterisiert die Räume der Übermoderne als ein Fehlen von Identität und Geschichte. Er vertritt folgende Hypothese: «Die Übermoderne produziert Nicht-Orte, das heißt Räume, die selbst keine anthropologischen Orte sind und überlieferte Orte nicht integrieren: Diese, in ein Repertoire aufgenommen, klassifiziert und zu *Orten der Erinnerung* erhoben, nehmen in der Übermoderne einen spezifischen, fest umschriebenen Platz ein.»[1] Augé verwendet die Bezeichnung «Nicht-Orte» im Unterschied zum soziologischen Begriff des anthropologischen Ortes, wie ihn Mauss und eine ganze ethnologische Tradition mit dem Begriff einer in Zeit und Raum lokalisierten Kultur verknüpft haben. Zu den Nicht-Orten zählt Augé die für den beschleunigten Verkehr von Personen und Gütern erforderlichen Einrichtungen (Schnellstraßen, Autobahnkreuze, Flughäfen) ebenso wie die Verkehrsmittel selbst, die gleichsam bewegliche Behausungen sind, oder die großen Einkaufszentren oder die Durchgangslager, in denen man die Flüchtlinge kaserniert. Nach Augé leben wir in einer diesbezüglich paradoxen Epoche: «Im selben Augenblick, da die Einheit des irdischen Raumes denkbar wird und die großen multinationalen Netze an Stärke gewinnen, verstärkt sich auch der Lärm der Partikularismen, all derer, die für sich bleiben wollen, oder derer, die nach einem Vaterland suchen, als wären der Konservativismus der einen und der Messianismus der anderen dazu verdammt, dieselbe Sprache zu sprechen: die des Bodens und der Wurzeln.»[2]

In dieser Welt wächst die Anzahl der Transiträume und provisorischen Beschäftigungen (Hotelketten, Feriendörfer, Flüchtlingslager, Slums) unablässig. Eine solche Welt, die dermaßen von einsamer Individualität, von Vorübergehendem, Provisorischem und Flüchtigem geprägt ist, stellt für Augé einen neuen Betrachtungsgegenstand dar. Wie der Ort existiert auch der Nicht-Ort nie in Reinkultur. Der erste ist nie-

---

Nr. 62. Da es sich um zwei verschiedene Übersetzungen handelt, werde ich im folgenden aus beiden zitieren.
1 Augé (1993): S. 53.
2 Augé (1994): S. 44 f. – Daß die Einwanderer bei den Einheimischen eine dermaßen starke Furcht auslösen, rührt nach Augé vielleicht daher, «daß sie ihnen zeigen, wie relativ die an den Boden geknüpften Gewißheiten sind. Eigentlich ist es der Auswanderer, der sie in der Person des Einwanderers beunruhigt und zugleich fasziniert» (S. 139 f.).

mals völlig abwesend, der zweite setzt sich niemals ganz durch. Dennoch sind die Nicht-Orte das Maß unserer Zeit. Mit dem Begriff des Nicht-Ortes sind zwei unterschiedliche, aber komplementäre Wirklichkeiten gemeint: «die Räume, die sich durch ihren Bezug zu bestimmten Zielen konstituieren (Fortbewegung, Transit, Handel, Freizeit), und der Bezug zwischen den Individuen und diesen Räumen. Auch wenn beide Bezüge sich weitgehend decken, oder jedenfalls offiziell (Individuen reisen, kaufen, ruhen sich aus), so verwischen sich deshalb ihre Unterschiede noch lange nicht, denn die Nicht-Orte verwalten eine ganze Reihe eigener und anderer Bezüge, die nur indirekt mit ihren Zielen zu tun haben: So, wie die anthropologischen Orte etwas organisch Gesellschaftliches erschaffen, bringen die Nicht-Orte eine Vertragsgemeinschaft der Einsamen hervor.»[1]

Das vermittelnde Bindeglied zwischen dem Einzelnen und seiner Umgebung im Raum des Nicht-Ortes funktioniert über Worte und Texte. Es gibt Worte, die ein Bild oder vielmehr Bilder hervorrufen. So kann die Vorstellungskraft jener, die noch niemals in Tahiti oder Marakesch waren, freien Lauf nehmen, sobald sie diese Namen lesen oder hören. «Gewisse Orte existieren nur in den Wörtern, welche sie heraufbeschwören; sie sind in diesem Sinne Nicht-Orte oder vielmehr imaginäre Orte, banale Utopien, Klischees» (S. 55). Diese wahren Nicht-Orte der Übermoderne, die wir etwa beim Fahren über die Autobahn, beim Einkaufen in einem Supermarkt oder beim Warten in einem Flughafen auf den nächsten Flug benutzen, haben die Besonderheit, sich zugleich auch über die Worte oder Texte zu definieren, mit denen sie uns entgegentreten; letztendlich durch ihre Gebrauchsanweisung, die je nachdem auf präskriptive («Rechts einordnen»), prohibitive («Rauchen verboten») oder informative Weise («Willkommen im Beaujolais») zum Ausdruck kommt. In diesen mit unterschiedlichen Ideogrammen (zum Beispiel Straßenverkehrszeichen) geladenen Räumen scheinen die Individuen nur mit Texten zu interagieren, deren Urheber ausschließlich «juristische» Personen oder Institutionen sind (wie Flughäfen, Fluggesellschaften, Verkehrsministerien, Handelsfirmen, Verkehrspolizei, Stadtverwaltungen). Deren Präsenz läßt sich entweder nur vage erahnen oder äußert sich deutlicher, und zwar in all jenen Aufforderungen, Ratschlägen, Kommentaren und Botschaften auf den zahllosen Projektionsflä-

1 Augé (1993): S. 54.

chen (Schildern, Piktogrammen, Anzeigetafeln, Plakaten), die zur heutigen Landschaft gehören (S. 56).

Was nimmt der Reisende wahr, der über Autobahnen und Nationalstraßen fährt? Es sind hauptsächlich die Texte auf den Schildern entlang der Autobahn, die die Landschaft und deren Schönheiten ankündigen und ausdrücken. Die Sehenswürdigkeiten von Städten werden auf Schildern angezeigt, ohne daß man gezwungen wird, überhaupt haltzumachen oder gar hinzuschauen. Die Schönheit der Natur ist zwar dem Reisenden entzogen, wird aber stets kommentiert. «Die Landschaft selbst geht auf Abstand, und ihre architektonischen oder natürlichen Charakteristika sind Anlaß für einen Text, zuweilen von einer schematischen Zeichnung garniert, der vorbeiziehende Reisende ist nicht wirklich in der Lage, die angezeigte Sehenswürdigkeit tatsächlich zu sehen, und bleibt darauf beschränkt, sein Vergnügen allein aus dem Wissen um ihre Nähe zu ziehen» (S. 57).

Der Streckenverlauf der Autobahn ist für Augé in doppelter Hinsicht bemerkenswert. Einerseits meidet er aus funktioneller Notwendigkeit alle Schauplätze, in deren Nähe er die Leute hinführt, andererseits kommentiert er diese. Die Autobahnraststätten stellen zusätzliche Informationen bereit und verhalten sich wie regionale Kulturhäuser, indem sie einige ortstypische Produkte anbieten, Landkarten und Reiseführer, die demjenigen nützlich sein könnten, der sich tatsächlich aufhalten wollte. Doch die meisten Reisenden halten nicht an.

Was sind die Konsequenzen all dieser Aufforderungen, die von den Straßen, unseren Einkaufszentren oder an den Vorposten des Bankensystems (Bancomaten) ausgehen? Da sie sich unterschiedslos an jeden beliebigen von uns richten («Danke für Ihren Besuch», «Gute Reise», «Danke für Ihr Vertrauen»), erzeugen sie nach Augé den *Durchschnittsmenschen*, definiert als Benutzer des Straßen-, Handels- oder Bankensystems. «Während es früher die konkrete Identität einer Person oder einer anderen war, die durch das Einverständnis der Sprache, die Orientierungspunkte der Landschaft, die ungeschriebenen Regeln der Lebensart einen *anthropologischen Ort* herstellte, schafft heute der Nicht-Ort die gemeinsame Identität der Passagiere, der Kunden oder der Sonntagsfahrer» (S. 61). Diese relative Anonymität mag zweifellos sogar als Befreiung empfunden werden, da man sich nicht mehr an Position und Rang zu halten braucht. Doch diese Anonymität gewinnt man erst, wenn man seine Identität bewiesen und den Vertrag gewissermaßen gegengezeichnet hat.

Eigentlich ist der Benutzer eines Nicht-Ortes dauernd dazu angehalten, seine Unschuld zu beweisen. Weil eine Art vertragliche Beziehung zwischen dem Benutzer eines Nicht-Ortes und dem Nicht-Ort selbst (bzw. den Autoritäten, die ihn regieren) besteht, kann die Identität jederzeit überprüft werden (bei der Fahr- oder Bordkartenkontrolle, bei einer Polizeikontrolle, bei der Mautstelle). Nur unschuldig hat man Zutritt zum Raum des Nicht-Ortes. Worte spielen dabei fast keine Rolle mehr. Die Kriterien der Unschuld sind selbstverständlich die offiziellen Kriterien der individuellen Identität (die auf den Karten erscheinen und in geheimnisvollen Dateien gespeichert sind). Gleichzeitig wird aber auch jeder, der den Raum des Nicht-Ortes betritt, von seinen gewohnten Bestimmungen befreit. Er ist nur noch, was er als Passagier, Kunde oder Fahrer gerade tut oder lebt. In dieser Zeit gehorcht er demselben Code wie alle anderen auch; er registriert dieselben Botschaften und reagiert auf dieselben Aufforderungen. Für eine bestimmte Zeit kann er die passiven Freuden der Anonymität und das aktive Vergnügen des Rollenspiels genießen. Nur an der Grenzkontrolle, der Mautstelle oder der Kasse des Supermarktes findet der Passagier der Nicht-Orte seine Identität. Als Wartender gehorcht er denselben Codes wie die anderen. Er nimmt dieselben Botschaften auf und reagiert auf dieselben Aufforderungen. «Der Raum des Nicht-Ortes schafft weder eine charakteristische Identität noch eine Beziehung, sondern Einsamkeit und Ähnlichkeit» (S. 63).

Dieser Raum läßt auch der Geschichte keinen Platz. Die Geschichte wird meistens in anspielungsreiche Texte verwandelt, in denen die Aktualität und Dringlichkeit des Augenblicks vorherrschen. Wobei die Aktualität eher im weiteren Sinn präsent ist. Wie in den meisten Autos läuft auch in Raststätten und Supermärkten beinahe ununterbrochen das Radio. Man wird dauernd von irgendwelchen Tageshits, Werbespots und Nachrichten berieselt: «Insgesamt läuft alles so ab, als wäre der Raum von der Zeit eingeholt worden, als gäbe es keine andere Geschichte als die Nachrichten des Tages oder des Vortages, als bezöge jede individuelle Geschichte ihre Motive, ihre Wörter und ihre Bilder aus dem unerschöpflichen Reservoir einer unerschöpflichen Geschichte im Präsens» (S. 64 f.).

Durch die ständige Belagerung von Bildern, die alle Einrichtungen des Handels, Verkehrs oder Konsums im Überfluß verbreiten, macht der Passagier der Nicht-Orte die Erfahrung der ewigen Gegenwart und der Begegnung mit sich selbst. Begegnung, Identifizierung, Bild. Einerseits zeichnen diese Bilder eine Welt des Konsums, die sich jeder zu eigen machen kann, weil er dauernd dazu aufgefordert wird. «Die Versuchung des Narzißmus ist in diesem Zusammenhang um so faszinierender, als sie das allgemeine Gesetz auszudrücken scheint: Mach alles wie die anderen, um du selbst zu sein» (S. 66). Andererseits führt diese Kosmologie mit universellem Charakter wie jede andere auch zu einem Wiedererkennen. Es ist ein Paradoxon des Nicht-Ortes, daß sich ein Fremder, der sich in einem ihm unbekannten Land verirrt, sich dort ausschließlich in der Anonymität der Autobahnen, Tankstellen, Einkaufszentren und Hotelketten wiederfindet.

In der Welt von heute überlagern und durchdringen sich die Orte und die Nicht-Orte gegenseitig. An jedem beliebigen Ort besteht die Möglichkeit des Nicht-Ortes. «Die Rückkehr an einen Ort ist die Zuflucht dessen, der Nicht-Orte frequentiert (und der beispielsweise von einem Zweitwohnsitz träumt, fest verwurzelt in der Scholle)» (ebd.). In der Welt der Übermoderne sind wir immer noch und niemals mehr zu Hause. Durch die Nicht-Orte, in denen nach Augé die Übermoderne ihren vollständigen Ausdruck findet, zirkulieren aber Worte und Bilder, die in den Orten wurzeln, an denen die Menschen versuchen, einen Teil ihres Alltagslebens aufzubauen. Wenn Augés Annahme stimmt, daß die Nicht-Orte den Raum der Übermoderne bilden, dann kann diese nicht die gleichen Ansprüche erheben wie die Moderne. Sobald einzelne Personen zusammenkommen, bringen sie Soziales hervor und erzeugen Orte. In der Übermoderne findet das Spiel der Gesellschaft woanders als an den Vorposten unserer Zeit statt. Denn der Raum der Übermoderne ist von einem Paradoxon geprägt: Er hat es nur mit Individuen zu tun (Kunden, Passagieren, Benutzern, Zuhörern), die jedoch nur am Eingang oder am Ausgang identifiziert, sozialisiert und lokalisiert werden (Name, Beruf, Geburtsort, Adresse).

Dies ist gemäß Augé der Grund dafür, warum diejenigen, die ihre Liebe zur schützenswerten Scholle bis zum Terrorismus treiben, besonders die Nicht-Orte wie Flughäfen und Flugzeuge, Einkaufszentren und Bahnhöfe als Lieblingsziele für Attentate im Visier haben. «Doch vielleicht hängt es auch damit zusammen, daß diejenigen – die mehr oder weniger verworren – neue Beziehungssysteme und neue Ortszuschreibungen fordern, in den Nicht-Orten nur die Negation ihres Ideals zu sehen vermögen. Der Nicht-Ort ist das Gegenteil der Utopie: Er existiert, und er beherbergt keinerlei organische Gesellschaft» (S. 68).

Wie Augé gezeigt hat, macht der Passagier der Nicht-Orte die Erfahrung der ewigen Gegenwart. Mit diesem Problem, dem Problem der Unmittelbarkeit, der Instantaneität setzt sich auch der bedeutende Urbanist und Geschwindigkeitstheoretiker bzw. «Dromologe» Paul Virilio auseinander, wobei er im Gegensatz zu Flusser und anderen Utopisten, die sich vom weltumspannenden Computernetz eine Demokratisierung erhoffen, auf die Gefahren des Cyberspace hinweist. Er betrachtet die schrankenlos gewordene Technologie als eine Bedrohung des menschlichen Zusammenlebens und plädiert für einen haushälterischen Umgang mit der Geschwindigkeit. Mit dem Erreichen der Lichtgeschwindigkeit in der Telekommunikation, nach Virilio die gewaltigste Geschwindigkeitssteigerung in der menschlichen Geschichte, die nicht mehr überschritten werden kann, seien die Menschen überzählig und die Stadt überflüssig geworden. Die Menschen brauchen sich nicht mehr fortzubewegen, um sich zu sprechen und einander zu hören und zu sehen. Von ihrem Bildschirm aus können sie sich an jeden beliebigen Punkt der Erde begeben. Realität, Nähe und tatsächliche Begegnungen werden durch die virtuelle Realität abgelöst. Allein das Leiden des einzelnen Menschen sei nie virtuell, und ebenso real bleibe die Gewalt.

In einem Artikel in Le Monde diplomatique[1] beschreibt Virilio, warum er das Ereignis des Vorrangs der Echtzeit vor der Ausdehnung des Raums als äußerst folgenreich für unser Verhältnis zur Welt und unser Weltbild betrachtet. Durch den Triumph der Echtzeit über den realen Raum und die Geosphäre werde eine neue Ära eingeleitet. Das Sich-Hineinbegeben in die Mauer des Lichts ist für Virilio ein historisches, uns desorientierendes Ereignis, das die Geschichte und das Verhältnis des Menschen zur Welt völlig durcheinanderbringe. «Es geht um eine entscheidende Tatsache, die die Geopolitik und Geostrategie in Frage stellt, und selbstverständlich auch die Demokratie, die immer an einen Ort, an eine Stadt gebunden war.» Mit der absoluten Geschwindigkeit kündigt sich für das 21. Jahrhundert die Erfindung einer Perspektive der Echtzeit an. Auch Virilio ist der Ansicht, daß diese Perspektive die von den italienischen Künstlern entdeckte Perspektive des realen Raums ersetzen könnte. Der Cyberspace ist eine neue Form von Perspektive, die nichts mehr mit der uns allen bekannten visuellen und au-

---

1 Vgl. Virilio, Paul (1995): Alarm im Cyberspace! Geschwindigkeit und Information. In: Le Monde diplomatique. Monatliche Beilage der WochenZeitung, Nr. 4, August, S. 2.

ditiven Perspektive zu tun hat. Es ist eine *taktile Perspektive*. Die Perspektive weitet sich auf den Bereich des Kontakts, des Tele-Kontakts aus, ein Bereich, der ihr bisher verschlossen blieb. Die Entwicklung der Datenautobahnen konfrontiert uns mit einer grundlegenden Desorientierung, welche die Deregulierung des Sozialen und der Finanzmärkte ergänzt. «Das Reale läßt sich kaum noch vom Virtuellen unterscheiden. Wir bewegen uns auf eine Verdoppelung der sinnlichen Realität zu, auf eine Art Stereo-Realität. Das Sein verliert seine Bezugspunkte. Sein heißt *in situ* sein, hier und jetzt, *hic et nunc*. Genau diese Verortung aber wird vom Cyberspace und der globalisierten Realzeit-Information erschüttert.» Für diese traumatische Störung unserer Wahrnehmung des Realen sollte man sich nach Ansicht von Virilio interessieren, weil diese Desorientierung nach den Individuen auch die Gesellschaft und damit die Demokratie heimsuchen werde.

Virilio hält offensichtlich nicht viel von «Cyber-Demokratie» oder virtueller Demokratie. Auch den Begriff «Globalisierung» findet er trügerisch. «Nicht Globalisierung, sondern eine Virtualisierung findet statt. Denn das, was das Augenblickliche wirklich globalisiert, ist die Zeit. Die Echtzeit bewirkt, daß sich von nun an alles in einer einzigen Zeit abspielt.» Während bisher also Geschichte in lokalen Zeiten und Räumen, in Regionen und Nationen stattfand, wird sich nun zum ersten Mal Geschichte in der Weltzeit abspielen. In dieser durch Globalisierung und Virtualisierung eingeführten Weltzeit zeichnet sich ein neuer Typus von Tyrannei ab. Die Geschichte sei deshalb so reich, weil sie lokal ist. In Zukunft aber werde sich die Geschichte in der neuen universellen Zeit des Augenblicklichen abspielen. Die Weltzeit von Cyberspace dominiert die lokalen Zeiten des Alltagslebens in den Städten und Stadtvierteln so stark, daß davon gesprochen wird, den Ausdruck global durch *glocal* – eine Zusammensetzung aus global und lokal – zu ersetzen, weil man meint, daß das Lokale zwangsläufig global und das Globale zwangsläufig lokal ist. Eine derartige Dekonstruktion wird nach Virilio schwerwiegende Folgen für die Beziehung der Menschen untereinander haben. Weil es keine Information ohne Desinformation gibt, könnte es künftig eine Desinformation neuen Typs geben: «Es handelt sich um eine Art Erstickung des Sinnes, eine Art Kontrollverlust der Vernunft.» Virilio spricht von der Datenbombe, bei der die Interaktion in Echtzeit für die Information das ist, was die Radioaktivität für die Energie. Der Zerfallsprozeß betreffe nicht mehr nur die Elementarteile, aus denen die Materie besteht, sondern auch die Personen, aus denen sich die Gesellschaft zusammensetze, wie beispielsweise die strukturelle Arbeitslosigkeit, die Telearbeit und die Verlagerung von Produktionsstätten. Virilio glaubt, daß man sich mit der fortschreitenden Globalisierung der Telekommunikation auf einen Generalunfall gefaßt machen müsse, ebenso überraschend wie die noch nie gesehene Weltzeit, der ein wenig dem «Unfall der Unfälle», wie ihn Epikur nannte, gleichen könnte.

Doch auch dies sind lediglich Hypothesen, die vielleicht in 50 Jahren von zukünftigen Wissenschaftlern und Wissenschaftlerinnen überprüft werden können, falls man sich dannzumal mit solchen Fragen überhaupt noch beschäftigen wird. Momentan deutet leider vieles darauf hin, daß Lübbe mit seiner These, daß die kaum sich verändernden Bestände wie Heimat und Region wieder zunehmend Gewicht erhalten werden, doch Recht bekommen wird. Womit auch die Unheimlichkeit von Heimat bis auf weiteres erhalten bliebe.

1.4 Nicht nur alter Wein in neuen Schläuchen

Bevor nun aber das Prinzip Gegenwart seinen Kampf gegen sämtliche Illusionen der Vergangenheit gewonnen haben wird – und viele Anzeichen sprechen dafür, daß es diesen Kampf früher oder später für sich entscheiden wird – und bevor der Raum definitiv verschwunden ist, wird es unbestritten noch viele Menschen geben, die entweder an diese Entwicklungen nicht so recht glauben wollen oder sich nicht damit auseinandersetzen möchten oder ganz einfach Angst davor haben. Es ist auch alles andere als einfach, sich konkret etwas unter der Utopie des «Stehenden Jetzt» vorstellen zu können. Zeit und Raum können nicht von heute auf morgen hinter sich gelassen werden.[1] Deshalb klammert man sich an die alte Utopie Heimat, die aber ohne deren Hauptbestandteile Raum und Zeit nicht vorstellbar ist. Leute, für welche die Worte Cyberspace

---

1 Dazu hat mir mein Arbeitskollege Michael Kollmair, der Zweifel an der Auflösung von Zeit und Raum hat, ein bereits 1935 von Eugen Roth geschriebenes Gedicht mit dem Titel «Für Fortschrittler» zugesteckt: «Ein Mensch liest staunend, fast entsetzt, / Daß die moderne Technik jetzt / Den Raum, die Zeit total besiegt: / Drei Stunden man nach London fliegt. / Der Fortschritt herrscht in aller Welt. / Jedoch, der Mensch besitzt kein Geld. / Für ihn liegt London grad so weit / Wie in der guten alten Zeit» (aus: Roth, Eugen (1983): Sämtliche Menschen. München; Wien: Carl Hanser Verlag, S. 84.).

Zum Begriff Heimat

und Virtuelle Realität etwas Bedrohliches sind, wollen den Begriff Heimat auch ins nächste Jahrtausend hinüberretten.

Seit es den Begriff Heimat gibt, sind immer wieder auch von wissenschaftlicher und philosophischer Seite her Anstrengungen unternommen worden, ihn der jeweiligen Zeit entsprechend mit neuen Inhalten zu füllen. Im folgenden werde ich nochmals die Diskussion um diese aktuellen Neubestimmungen des Heimatbegriffs aufnehmen. Ich knüpfe dabei direkt an Michael Neumeyer an und werde mich dabei lediglich auf jene neueren Artikel und Beiträge zur Heimatdiskussion beziehen, die er in seiner Dissertation noch nicht berücksichtigt hat. Denn über Heimat wird nach wie vor rege diskutiert, und ist es spannend, diese Diskussion zu verfolgen. Zuweilen bringt sie Überraschendes zutage.

Aus dem an dieser Stelle besonders interessierendem Blickwinkel von Geographie und Heimatkunde hat sich Egbert Daum, Dozent an der Universität Hannover im Fachbereich Erziehungswissenschaften, mit der Frage nach neuen Inhalten für Heimat beschäftigt.[1] Ihm geht es vor allem um die Bestimmung der aktuellen Bedingungen, unter denen Kinder und Jugendliche heute aufwachsen. Daum distanziert sich deutlich von einer rückwärtsgewandten Heimatkunde und plädiert stattdessen für ein aktiv die Umwelt aneignendes und verarbeitendes Konzept von Heimat. Die erneute Wiederbelebung von Heimat in der öffentlichen Diskussion betrachtet er als «eine *sozialtherapeutische Verheißung*, die über eine von vielen Zeitgenossen als krisenhaft empfundene Zeit hinwegtröstet». Heimat soll als ruhender Pol im komplexen Getriebe von Wirtschaft, Politik und Gesellschaft vor einer befürchteten Überfremdung bewahren. Da sowohl rechtsradikale Republikaner als auch der konservative Flügel der christlichen Unionsparteien in gleicher Weise «Heimat» und «Vaterland» als Wurzel ihres raumbezogenen Selbstverständnisses reklamieren, ist es umso schwieriger, nach dem adäquaten Gebrauch des Begriffs zu suchen. Daum ist sich dieser Schwierigkeiten bewußt, weswegen er auch zu Recht die Frage stellt, ob wir überhaupt wieder einen eigenen Unterricht über die Heimat brauchen.

Andererseits ist Heimat auch in unserer modernen Zeit extrem zählebig. Ein möglicher, plausibler Grund für diese Zählebigkeit liegt gemäß Daum in der wesentlichen Eigenschaft von Heimat begründet, daß sie nie zu haben ist und auch nicht gefunden werden könne. Sie sei im-

---

[1] Vgl. Daum, Egbert (1990): Was heißt hier Heimat? Neue Inhalte für einen emotional befrachteten Begriff. In: NZZ, Nr. 214, 15./16. September, S. 25.

mer das Verlorene. Ganz ähnlich verhalte es sich auch mit der Identität, die nicht nur oft mit Heimat assoziiert, sondern ganz gleichgesetzt werde. Besäße man diese, verschwände auch dieses Wort.[1] Weil die eigene Kindheit ebenso entschwunden ist wie das, was sie seinerzeit im Vergleich zu heute tatsächlich bedeutete, stecke ein Stück der unwiederbringlich verlorenen Heimat bis zu einem gewissen Grade in jedem von uns. Beim Vergleich zu früher ist allerdings oft weit mehr verschwunden als eine idyllische Kulisse, die Anlaß zu Wehmut und Nostalgie bieten mag. Nach Daum hat sich «eine Art *Enteignungsprozeß* fortgesetzt, der das Leben – insbesondere jenes der Kinder – heute substantiell betrifft. Tagtäglich gehen immer mehr Spiel- und Erlebnisräume verloren, Orte mit Anmutungsqualitäten für alle Sinne und für die Phantasie.»

Die aktuelle Heimatsehnsucht ist dadurch charakterisiert, daß sie sich in der Alltagspraxis von der erfahrbaren Realität weit distanziert und dennoch gnadenlos von ihr eingeholt wird. Der Einwand, daß bedenkenlos auf Garagentore und Betonwände gepapptes Zaumzeug und Handwerksgerät aus guter alter Zeit doch Kitsch sei, mag zwar nach Daum aus ästhetischer Perspektive noch zutreffen, gehe aber am Kern der Sache vorbei. Vielmehr sieht er in Inszenierungen von Heimat und dem demonstrativen Nach-Außentreten mit dieser heimatlichen Bühne «sich ein weitverbreitetes Verlangen nach handfesten und lustvollen Erlösungen von den vielfältigen Zwängen und Belastungen der modernen Industriegesellschaft» artikulieren. Wobei Rücksicht auf die Natur nicht erwartet werden kann; lediglich die wiedererkennbaren Versatzstücke müssen stimmen.[2]

Im Dienst solcher Reduzierung und Vereinfachung von Komplexität drängt sich neben Institutionen wie Heimatvereinen, Trachtengruppen usw. die Schule geradezu auf. Doch nach Daums Ansicht könnte eine solchermaßen idyllisierende, affirmative und auf Wahrung der bestehenden Verhältnisse bedachte Heimatkunde selbst konservativste Gemüter das Gruseln lehren. Im Gegensatz zu dieser rückwärtsgewandten Utopie plädiert er für ein anderes, zukunftorientiertes Heimatverständnis, das sich stark an der auf eine bessere Zukunft gerichteten Utopie im Sinne Blochs orientiert. Greverus' Gedanke, daß Heimat Leistung des

---

1 Zum Thema Identität – speziell auch zum eben genannten Zusammenhang zwischen Heimat und Identität – siehe vor allem das folgende Kapitel.
2 Vgl. dazu auch die Ausführungen in Kapitel 4.2.

tätigen, sich Umwelt stets aktiv aneignenden Subjekts ist[1], erweitert Daum dahin gehend, daß Heimat am wenigsten Orts- oder Raumbestimmung sei, sondern vielmehr zuallererst für eine *immaterielle Welt* stehe, die sich aus Entscheidungssituationen, Wertrelationen und Kommunikation konstituiert. «Heimat entsteht dort, wo wir *Verhaltenssicherheit* erfahren, und zwar im Umgang mit den Dingen, Verhältnissen und Menschen. Hieraus erwachsen Vertrautheit und Überschaubarkeit, jedoch nicht im Sinne einer statischen Ordnung. Gemeint ist vielmehr eine *soziale Kompetenz*, die Dinge, Verhältnisse und Personen zu beeinflussen und mitzugestalten sowie sich selbst als Subjekt darin wiederzuerkennen.» Bei diesem aktiv verstandenen Heimatbegriff geht es insbesondere um «die Wiedergewinnung der *sinnlichen Erfahrbarkeit*». In ihrer Symbolträchtigkeit repräsentiert Heimat also die Vertrautheit, Nähe und Verläßlichkeit von konkreten Lebensverhältnissen.

Daums Konsequenzen dieses so skizzierten Heimatkonzepts für die Bildungs- und Erziehungsarbeit sind mehr als bemerkenswert. Daum hat eine staatsbürgerliche Grundausbildung im Visier, die zwar durchaus orts- und regionsbezogen orientiert sein kann, primär aber das Soziale und das Politische erfahrbar macht. Vor allem Geographinnen und Geographen sollten sich dem sozialen Phänomen Heimat nicht weiter auf dem Umweg über den Raum nähern. Ohne die räumliche Perspektive abzuschaffen, sondern sie in ihrer Leistung für das Verständnis sozialer und politischer Probleme zu würdigen, sollte Heimat jedenfalls nicht mehr von ortsgebundener Identifikation abhängen. Vielmehr sollte sie, so Daum, eine bestimmte Qualität der zwischenmenschlichen Beziehungen zum Ausdruck bringen. Heimat als soziales und politisches Lernfeld sollte also jede Bodenverhaftung ablehnen. Stattdessen muß sie gegenüber dem Fremden und Andersartigen offen sein. Von der Heimat als räumlich fixierte Lebensmitte sollte definitiv Abschied genommen werden. Nur so ließe sich auf redliche Weise mit Menschen aus verschiedenen Nationen zusammenleben.

Heimat kann nach Daum also durchaus mit Sinn und Verstand gefüllt werden, darum will er den Begriff auch nicht aufgeben oder nach begrifflichen Alternativen suchen (etwa «Territorialität»). Denn das hieße, das Feld allein den ewig Vorgestrigen zu überlassen. Ein triftiges Argu-

---

1 Auf ihre Thesen werde ich ebenfalls im nächsten Kapitel noch ausführlicher eingehen.

ment, sich für die Utopie Heimat einzusetzen und neue Inhalte für den Begriff zu suchen.

Von einem ähnlich aktiv verstandenen Heimatbegriff geht auch der Germanist und Märchenforscher Volker Ladenthin aus.[1] Auch er versteht unter Heimat nicht einen Ort, sondern eine Fähigkeit. Den Schweizer Weltbürger Rousseau zitierend, der vor den Kosmopoliten warnte, «die mit großen Worten von Pflichten reden, zu denen sie sich im Alltag nicht herablassen», deutet er das Auftreten der zeitgleichen und zusammengehörenden Erscheinungen Weltkultur und Regionalismus an. Denn die Auflösung von Grenzen ist zwar offensichtlich ein Gewinn, wird aber zugleich als Verlust empfunden, weshalb auf die Entgrenzung des Lebensraumes durch den Wegfall der Grenzen vielfach mit der Begrenzung der eigenen Lebenswelt geantwortet werde. Offenheit, Toleranz und interkulturelles Denken beginnen nach Ladenthin jedoch «nicht erst an den Grenzen eines Landes, sondern an den Grenzen des Grundstücks, das man bewohnt, oder an der Wohnungstür, die man öffnet.» Grundsätzlich fragt sich Ladenthin, ob die Inszenierungen von Regionalkultur, also etwa Altstadt- und Trachtenfeste, nicht ebenso fremd seien wie die Appelle an Europatugenden und Weltbürgerschaft. Der Kult der «Regionalkultur» verspreche nämlich, etwas sei für den Menschen nur schon deshalb bedeutsam, weil es ihm räumlich nah sei. Es werde dabei vergessen, daß auch das Häßliche und Unsinnige nah ist. Deshalb ist für ihn klar: «Wenn wir unter Heimat etwas verstehen, was sich nicht verändert, was immer schon so war, was die Unsrigen mit uns gemeinsam und gleich hatten, dann ist unsere Heimat verloren, dann ist ‹Heimatverbundenheit› eine im doppelten Sinne ‹unmögliche› Eigenschaft. (...) Heimat als Bewahren des Unveränderbaren, das ist vorbei.»

Ladenthin findet es gut, daß eine derartige Heimat die Menschen nicht mehr gefangenhält, weil sie eben nicht nur Begrenzung, sondern auch Beschränkung von Möglichkeiten war. «Heimat in diesem Sinne übte eine soziale Kontrolle aus, die nur das zuließ, was ihr genehm, und den tolerierte, der ihr gleich war. Den anderen leuchtete sie heim.» Weil die Ideologisierung, Kommerzialisierung und Ästhetisierung von Landschaften, Kulturen und Lebensformen es unmöglich gemacht haben, sich authentisch (hier: unvermittelt, traditionalistisch) von dem bestimmt zu verstehen, was man heutzutage «background» nenne, seien wir in die-

---

1 Vgl. Ladenthin, Volker (1991): Jeder Mensch ist heimatberechtigt. In: NZZ, Nr. 301, 28./29. Dezember, S. 19.

sem Sinne alle Heimatvertriebene. Die Inszenierungen von Regionalkultur durch die Fremdenverkehrsindustrie kann Ladenthin nur ironisch ernst nehmen «– so wie die volkstümliche Musik, bei deren Veranstaltungen man sich darüber wundern darf, daß sie ausgerechnet die zu ihren Fans zählt, deren Traditionen sie zerstört.»

Heimat ist also kein Ort, sondern eine Tugend, und sie ist auch nicht einfach gegeben, sondern muß aktiv geschaffen werden. Für Ladenthin ist Heimat «die Fähigkeit, die uns umgebende Welt als Natur, Kultur und soziales Konstrukt auf unser alltägliches Leben zu beziehen.» Heimat, wenn sie mehr als nur Regionalismus sein will, verlangt zudem, daß das, was uns umgibt, von uns bewertet wird. Verordnete Stadtfeste sind für Ladenthin nichts anderes als «gruppentherapeutische Heimspiele zur Integration von uns Dauern-Umsiedlern» und fordern nur zum Mitmachen auf. Heimat fordert jedoch aktives Handeln, welches aber Werten und Bewerten voraussetzt. Heimat kann sich nur schaffen, wer das Regionale zu einer von ihm selbst bewerteten Umwelt und seine Umwelt zu einer Umwelt von Bedeutsamkeiten macht. Wobei Bedeutsamkeit von Umwelt nicht nur durch «intellektuelle Auseinandersetzung» mit ihr, sondern durch das «Handeln» in ihr entsteht: «‹Heimatfähigkeit› ist die Fähigkeit, in einem gegebenen Raum handelnd, und das heißt ‹mitgestaltend›, tätig zu werden.»

Dieser aktiv verstandene Heimatbegriff kommt sehr nahe an Greverus' Definition, mit dem winzigen, aber bedeutsamen Unterschied, daß er für seine Begriffsbestimmung ohne räumliche bzw. territoriale Komponente auskommt. Dafür kommt zu seinem Heimatbegriff noch ein geschichtliches Element hinzu. Die Menschen haben eine Geschichte in der Heimat, die nicht einfach ist, weder einfach zu erinnern noch einfach zu vergessen. Deshalb verlangt die Heimatfähigkeit die Fähigkeit, «bei allem Handeln die Entstehung von etwas als Bedingung seines Sinns anzuerkennen.» Würde man die Geschichte einer Sache ignorieren, nähme man der Identität ihren genetischen Charakter. Weil aber Identität in Geschichten, also dem Ausliefern allgemeiner Überlegungen an die Geschichte, entsteht, ist eine Identität ohne Geschichte und Geschichten inhaltslos, das heißt nicht mehr denkbar. «Heimat gibt Identität, weil sie die Geschichte der Identifizierung erzählt und als Tradition aufbewahrt.» Die Konsequenzen, die der so verstandene Heimatbegriff für die Fragen nach der Beteiligung von Ausländern an ihrer jeweiligen Umwelt zur Folge hat, ergeben sich nach Ladenthin von alleine: «Heimat entsteht nur dort, wo man mitmachen und mitbestimmen darf, wo

Traditionen zu neuen Traditionen werden. Jeder Mensch ist heimatberechtigt.»

Um das Thema «Kunstprodukt Heimat» ging es auch an den zweiten Freiburger Kulturgesprächen, an denen Philosophen, Soziologen und Kunstwissenschaftler den Begriff Heimat diskutierten.[1] Angesichts zum Alltag werdender Menschenjagden in Deutschland betrachtet der Berichterstatter Wenzel die öffentliche theoretische Erörterung des Themas Heimat für eine eminente Herausforderung an das philosophische und politische Urteilsvermögen. Obwohl die Tatsache zunehmenden Terrors gegen Ausländerinnen und Ausländer in Deutschland[2] auch im Problemhorizont des Veranstalters, des Institutes für soziale Gegenwartsfragen, präsent gewesen zu sein schien, vermißte Wenzel in dieser Frage ein zureichendes soziales Sensorium. Die Ankündigungstexte des Institutes zu den Gesprächen, in einer Mixtur aus Heidegger, Systemtheorie und Postmoderne verfaßt, begaben sich in die philosophischen Untiefen des Heimatthemas und liefen gemäß Wenzel Gefahr, «einem ‹seinspolitischen› Kurzschluß das Wort zu reden», weil sie doch immer wieder politische Analogien suggerierten. Der Veranstalter indes wollte explizit eine Lanze brechen für die Heimat als eine «Kategorie des künstlichen Widerstandes» gegen den nivellierenden Sog technischer Systemlogik. Auf einen solchen Heimatbegriff wollten sich jedoch nur wenige der Teilnehmer an den Podiumsgesprächen einlassen.

Weder das erste Gespräch zur Politischen Ökonomie unter dem Titel «Die Wüste wächst: Nomaden im Netz der Systeme» noch das zweite Podiumsgespräch unter dem Titel «Zwischen Verschwinden von Welt und Erfinden neuer Kosmologien», an dem unter anderen Peter Sloterdijk, Hermann Lübbe und Thomas H. Macho teilnahmen, hatte nach Wenzel zu einer wirklichen Klärung und Differenzierung des Heimatbegriffs geführt. Einzig die phänomenologischen Ausführungen des Kunstwissenschaftlers Michael Bockemühl während der dritten Gesprächsrunde («Das werklose Werk») vermochten Wenzel zu überraschen. Er

---

1   Ein zusammenfassender Artikel dieser Gespräche erschien in der NZZ. Vgl. Wenzel, Uwe Justus (1992): Heimat – ein deutsches Lehrstück. Die zweiten Freiburger Kulturgespräche. In: NZZ, Nr. 216, 17. September, S. 27.

2   Nur kurze Zeit vor diesen Gesprächen haben Rechtsradikale und Sympathisanten unter dem Beifall vieler Anwohnerinnen und Anwohner das Ausländerwohnheim in Rostock in Brand gesetzt. Es kam zu regelrechten Straßenschlachten zwischen Skins und Polizisten. Erst in letzter Minute konnten die Bewohnerinnen und Bewohner des Heims gerettet werden.

meinte, daß die sinnliche Aneignung von Kunstwerken als ein Modell für das nicht identitätsversessene Heimischwerden in der Welt verstanden werden könne: «Heimat als ein aus Freiheit und sinnlicher Geistesgegenwart sich je neu konstituierendes Beziehungsgefüge». Thomas H. Macho deutete in seinem Vortrag an, daß die Flucht als der «Normalfall humaner Welterschließung» gelten müsse, Seßhaftigkeit als eine erblich gewordene Krankheit, der gegenüber sich der Exodus-Impuls aber immer wieder bemerkbar mache.[1]

Abschließend zitiere ich einen Beitrag, in dem sich dessen Autor Andreas Breitenstein Gedanken über «die anhaltende Heimatpflichtigkeit der Moderne» macht.[2] Breitenstein ist der Ansicht, daß Heimatkritik als Ideologiekritik im einzelnen sinnvoll und notwendig ist, obwohl in den westlichen Demokratien die Domestizierung von Heimat durch Entzauberung und Gewaltenteilung weitgehend geglückt sei. Dem Erfahrungshunger der mitnichten in hedonistischer Selbstbezüglichkeit vertanen postmodernen achtziger Jahre verdanke sich die Entdeckung des «multikulturellen Alltags, die die Idee von Heimat aus ihrer totalitären Erstarrung gelöst und in die Theorie der Lebenswelten überführt» habe. Dadurch sei die Vorstellung einer allein seligmachenden Heimat heute undenkbar geworden: «Jeder darf für sich allein entscheiden, wieviel Heimat er braucht; jeder kann und soll sich die Mischung von Freiheit und Bindung, Distanz und Geborgenheit, Trivialität und Verheißung selbst

---

1 Damit bildete er einen deutlichen Kontrapunkt zum Vortrag des reaktionären Gerd Bergfleth, der durch ein nationalistisches Manifest sowie durch die Wiederbelebung antisemitischer Stereotype seinen schlechten Ruf erworben hatte. An seinem kaum erträglichen Amalgam von sensibler Eichendorff-Lektüre und blankem Ressentiment konnte Wenzel den eingangs erwähnten Kurzschluß studieren. Bergfleth leitete aus dem Spürsinn der deutschen geistesgeschichtlichen Tradition für die «metaphysische Unbehaustheit» die Lizenz ab, sich dem «Gerede» von der multikulturellen Gesellschaft, die er einmal «kriminell» nannte, zu widersetzen. Von hier ist es nach Wenzel nicht mehr weit bis zur Rechtfertigung der Menschenjagd in deutschen Landen. Der revoltierende Heimatvertriebene Bergfleth unterhält tieferen Orts Beziehungen, die ihn vom Heimweh erlösen werden: «In einer apokalyptischen Vision malte er sich die so sehr entbehrte ‹Erdverbundenheit› aus als Rückkehr in den Schoß von ‹Mutter Erde›: Im Augenblick der durch technische Großkatastrophen ausgelösten ‹Weltwende› gelte es, sich ihrem ‹Walten› anheimzugeben, um nach der erzwungenen ‹Rückkehr zum geozentrischen Weltbild› unter den ‹Erstlingen› der neuen Zeit zu sein.» Lakonisch hält Wenzel zu dieser faschistoiden Vision fest: «Ein neuer, letzter deutscher Sonderweg!»

2 Vgl. Breitenstein, Andreas (1995): Die Zukunft einer Illusion. Über die anhaltende Heimatpflichtigkeit der Moderne. In: NZZ, Nr. 56, 8. März, S. 45.

herstellen, die ihm das Leben aushaltbar macht. Heimaten, zwischen denen man hin und her pendelt, relativieren und bereichern sich gegenseitig.»

Mißtrauen gegenüber dem Heimatbegriff sei vor allem da angebracht, wo er monopolisiert werde. Seit dem Wegfall der bipolaren Weltordnung sei dem Regreß aufs Vertraute reflexhafte Zustimmung sicher. Nicht weniger gefährlich als der Triumph der patriotischen Gesinnung über die politische Urteilskraft ist nach Breitenstein aber auch die «pauschale Abwehr von Heimat im Namen einer universalistischen Moral». Hier trifft sich Breitenstein in gewissem Sinne mit Ladenthins Plädoyer für die Beibehaltung des Heimatbegriffs, weil, so Ladenthin, «die offiziellen Verfügungen über unsere Weltbürgerschaft vergessen, daß das Allgemeine, auf das sie zielen, immer des Kontextes und der Tradition bedarf, um überhaupt Bedeutung zu haben». Nach Breitenstein ist mit dem Bedürfnis nach Heimat um so mehr zu rechnen, je schneller die Geborgenheit in Raum und Zeit schwinde: «Das Sentimentale ist ein illegitimes Kind der Aufklärung; wer glaubt, es loswerden zu können, betrügt sich selbst. Die Moderne untersteht dem Gesetz der Fremde; sie ist und bleibt daher heimatpflichtig.» Weil wir den Glauben, daheim zu sein, bräuchten, sei in bezug auf das seelische Gleichgewicht Illusionslosigkeit selbst eine Illusion. Die Heimat dürfe und solle auch in Zukunft als «Identitätsfabrik» dienen. Damit ist nahtlos die Brücke zum nächsten Kapitel geschlagen, wo ich die Themen Identität, Nation und Heimat diskutieren werde.

Was sind wir denn? Sind wir denn mehr wert, ist der Mensch mehr wert wie der Wurm, wie die Amöbe, das Geschnätz, die Suppe? (...) Es ist so einfach: Da ist der Mensch, erst als Schnecke vielleicht, vorher kleiner, sagen wir mal, so wie so 'ne Laus mit tausend Füßchen und ganz bösem Gesicht, mit einer bösartigen, giftigen Flüssigkeit, äh, benetze den Erdball, und dann kommt Feuer, Eis, äh, Höhlen, Holz und dann auf einmal der Mensch, fertig geschnitzt, da fehlt noch Schühchen, Hose, Pullöverchen, Mütze auf, fertig sind wir. Doch ist das schon alles? Wir müssen auch lernen, lernen – lernen, popernen!

Helge Schneider, die «singende Herrentorte», nochmals aus seiner Nummer «Philosophie I»

2 Identität, Nation und Heimat

An der Eröffnungsrede zur Frankfurter Buchmesse 1994 vertrat der Berliner Schriftsteller Christoph Hein die Meinung, daß heutzutage nur noch funktionieren bzw. den wechselnden Arbeitsanforderungen überhaupt genügen könne, wer in seinem Berufsleben zu periodischen Identitätswechseln bereit und fähig sei.[1] Das Individuum im heutigen Produktionsprozeß dürfe sich, so Hein, nicht länger auf eine einzige Identität festlegen lassen. Literatur sei dafür nur hinderlich, denn Lesen präge das Individuum viel zu sehr und ergebe lediglich eine einmalige Initialisierung, wie es Hein mit einem Begriff aus der Computersprache ausdrückt. Diese einmalige Initialisierung schaffe im Individuum eine ursprüngliche Einteilung, deren Struktur alle späteren Erfahrungen, Haltungen, Kenntnisse ordne und einordne. Genau dies war eine Aufgabe und ein Ziel der Aufklärung. Aber ebendiese prägende Identität sei in unserer Zeit zu einer unerwünschten Belastung geworden: «Was einst als aufklärerische Leistung galt, wurde zum Handicap: Literatur stiftet Identität, die nicht mehr gefragt ist, die in einer effizienten Technokratie verhindert werden muß, da sie die Disponibilität des Menschen ein-

---

1 Vgl. Hein, Christoph (1994): Sei schlau, glotz TV. Die Schädlichkeit der Literatur und des Lesens. In: WoZ, Nr. 45, 11. November, S. 16.

schränkt.» Wenn es so etwas wie eine Echtheit und Unverwechselbarkeit einer Person gab, so sei diese heutzutage nicht mehr für ein ganzes Leben, sondern nur noch für kurze Lebensabschnitte erforderlich. Das Individuum muß sich nach Hein für eine Mehrfachinitialisierung eignen.

Zu ganz ähnlichen Schlüssen kommt auch der Philosoph und Sartre-Schüler André Gorz in seinen vielbeachteten theoretischen Analysen der westlichen «Arbeitsgesellschaften». Während früher die Leute einen Beruf lernten und erwarteten, diesen das ganze Leben auszuüben, seien heute praktisch alle Fachkenntnisse oder beruflichen Qualifikationen provisorisch geworden, so daß sich die Menschen ständig technologischen Veränderungen anpassen müßten. Sie müßten bereit sein, sich weiterzubilden, um ihre Stelle zu behalten bzw. andernfalls eine weniger qualifizierte Arbeit akzeptieren. Jobs und soziale Positionen verliehen nur noch selten ein Gefühl der unverwechselbaren Gruppenidentität. Wo früher die Identifikation mit der eigenen Arbeit eine entschiedene Kultur und soziale Position innerhalb der Gesellschaft implizierte, sei diese soziale Position heute grundsätzlich unsicher geworden. Angesichts der Knappheit, Ungewißheit und Unsicherheit der meisten Jobs sei es für die meisten Menschen praktisch unmöglich, sich mit ihrer Arbeit zu identifizieren. Geburt, Ausbildung und Arbeit könnten die Identität nicht weiterhin sichern. Die Leute müßten ihre Identität selbst bestimmen, falls sie dazu fähig seien. «Sie sind durch eine sich ständig ändernde, zusammenhangslose soziale Umgebung zu lebenslänglicher Selbstbestimmung gezwungen. Anstatt die Individuen in Schutz zu nehmen, wird die Gesellschaft zu einer Quelle von Risiken und von Unsicherheit. Sie zwingt die Menschen dazu, autonomer, selbstbezogener und individualisierter zu sein als zuvor, und ihre Identität in Tätigkeiten und sozialen Beziehungen außerhalb ihrer Arbeit zu suchen.»[1] Daher komme auch das Gefühl, daß das, was die Leute außerhalb der Arbeitszeit tun, weitaus wichtiger eingestuft werde und auch besser als ihre Berufsrolle charakterisiere, was sie «wirklich» seien.

Einmal unbesehen davon, ob die Identifikation mit der Arbeit tatsächlich die von Gorz beschriebene Bedeutung für die eigene Identität hatte bzw. das Individuum derart nachhaltig von der Literatur und vom Lesen geprägt wurde, wie das Hein behauptet, ist Gorz' Analyse und Heins These von periodischen Identitätswechseln als Forderung der Zeit zuzu-

---

[1] Gorz, André (1993): Verfall der Arbeitsgesellschaft und der Aufstieg post-ökonomischer Werte. In: Widerspruch, 13. Jg., Heft 25, S. 145 f.

stimmen. In der Zwischenzeit ist für diesen neuen Menschentypus bereits eine neue Begrifflichkeit kreiert worden. Man spricht von der «multiplen Persönlichkeit» und versteht darunter gleichsam die Karikatur eines Menschen, der außerordentlich anpassungsfähig ist, aber auch viele Potentiale entwickeln kann, zwischen denen er hin- und herpendeln kann. Dies wird jedoch nicht bloß als eine pathologische Form des Persönlichkeitszerfalls betrachtet, sondern auch als die Fähigkeit, in einer sehr komplex gewordenen Welt überhaupt noch bestehen zu können. Gefragt ist nicht eine beständige Identität, sondern Disponibilität, Verfügbarkeit, Anpassung und auch Opportunismus. Denn eine nachhaltige Prägung führt uns zu einer Haltung, die nicht gefragt ist. Gewünscht ist ein Wechsel der Identität, wie dies Hein sarkastisch festhält: «Sich schnell und bedenkenlos der jeweiligen Situation anpassen, die Nützlichkeit erwägen und diesen Nutzen allem voranzustellen, das ist die Tugend der Effizienz. Sie nicht anzuerkennen, sie vielleicht gar zu verachten, verweist vielleicht auf eine traditionelle Bildung, auf Belesenheit, auf die Kultur eines vergangenen Jahrhunderts, aber auch auf Weltfremdheit und ein gestörtes Verhältnis zur Gesellschaft.»[1]

2.1 Identität und Territorium

Die Soziologie nennt das von Hein beschriebene Phänomen Identitätsdiffusion und meint damit die aus Überforderung resultierende Auflösung bzw. Zersplitterung der Identität. Doch anders als Hein sieht sie darin nicht eine Forderung der heutigen Zeit, sondern eher umgekehrt eine Folge der komplexen Welt, in der das Individuum immer wieder vor schwer lösbare Entscheidungsprobleme gestellt wird. Die Identitätsdiffusion geht über in Identitätsverlust. Darunter verstehen Psychologen und Soziologen den Verlust des Selbstbildes, der «geordneten» Vorstellungen über sich selbst und über die Einordnung in eine soziale Umwelt. Was aber bedeutet eigentlich Identität? Und was ist, wenn man erst gar keine Identität zu verlieren hat?

Identität ist ein ähnlich phantomhafter Begriff wie Heimat. Weil die Frage nach der Identität ohne Zweifel eng mit der Frage nach Heimat

---

1 Hein (1994): S. 16.

verknüpft wird, sehe ich mich gezwungen, auf die von diversen Expertinnen und Experten (Psychologie, Philosophie, Soziologie) geführte Identitätsdiskussion einzugehen, die nicht weniger ausufert als die Diskussion über Heimat. Heimat ist zur Chiffre geworden, um über unsere Identität Gedanken zu machen. Die Kulturanthropologin Ina-Maria Greverus stellt jedenfalls die Fragen «Wer bin ich?», «Wohin gehöre ich?» und «Wo ist meine Heimat?» in einen engen Zusammenhang. Mit ihrem Buchtitel «Auf der Suche nach Heimat»[1] greift sie ganz bewußt auf Titel aus der Identitätsdiskussion zurück, von denen sie Helen Lynds «On Shame and the Search for Identity» (1958), Anselm Strauss' «Mirrors and Masks. The Search for Identity» (1959) und Rudolf Herneggers «Der Mensch auf der Suche nach Identität» (1978) anführt.

Ebenso wie die Suche nach Identität Identitätsverlust voraussetze, setze die Suche nach Heimat Heimatverlust voraus. Greverus fragt sich, ob es auch Gesellschaften gegeben hat, wo sich die Frage «Wo ist meine Heimat?» nicht stellte, wo es demnach kein Heimatproblem gegeben hat. Wenn sie hypothetisch fragt, ob das Heimatproblem etwa mit der sich immer stärker erweiternden Mobilität des Menschen zusammenhängt, dann ahnt man, worauf sie hinaus will. Bereits in ihrem 1972 publizierten Buch «Der territoriale Mensch» stand für sie hinter ihrer ethologischen Definition des Territoriums als Raum des «Besitz- und Verteidigungsverhaltens» die Frage nach einem «auch für den Menschen notwendigen Raum dahinter, in dem seine Bedürfnisse nach Identität, Sicherheit, Aktivität und Stimulation erfüllt werden» (S. 23). Diese für sie eminent anthropologische Frage mündet in der Aussage, daß nicht nur von einer menschlichen Territorialität, sondern gar von einem territorialem Imperativ ausgegangen werden muß. Darunter versteht Greverus einerseits «eine für den Menschen als biologische Art unabdingbar raumabhängige Verhaltensforderung, zum anderen aber das Gebot für all jene Instanzen, die das kulturfähige und -abhängige Wesen Mensch mit immer neuen Angeboten und Verboten belegen, ihm die Befriedigung dieser Bedürfnisse *in* einem und *an* einen Raum zu gewährleisten» (S. 24). Greverus' Aussage, daß die tätige Beziehung des Menschen zu seiner Umwelt (als Schaffung von Heimat) sein Gattungsmerkmal ist, bezieht sich auf eine *allen* Menschen innewohnende Fähigkeit und Notwendigkeit zur kreativen, produktiven Umweltaneignung. Sie kommt

---

[1] Greverus, Ina-Maria (1979): Auf der Suche nach Heimat. München: Beck (= Beck'sche Schwarze Reihe 189).

zur Schlußfolgerung, daß Individuen, denen diese Fähigkeit genommen oder beschnitten werde, «eines wesentlichen Teiles ihrer humanen Identität» beraubt wären (S. 26). Die Identität des Menschen bedeutet für sie demnach im wesentlichen, «daß er sich aktiv einen Raum aneignet, ihn gestaltet und sich in ihm ‹einrichtet› – das heißt zur Heimat macht» (S. 28). Der Mensch definiert seine Identität unter anderem über ein Territorium.[1]

Greverus geht also von der Vorstellung aus, daß sich die Identität des Menschen über ein Territorium konstituiert. Eine Vorstellung, die nicht unproblematisch ist. Einerseits stellt sie den Menschen auf die gleiche Stufe wie das Tier, andererseits knüpft sie das menschliche Heimaterlebnis unabdingbar an die Fähigkeit, sich einen Raum aneignen zu können. Wer sich keinen Raum aneignen kann, wird demnach weder Heimat noch Identität finden. Sie selbst schreibt zwar, wohin eine derartige Argumentation führt, nimmt aber offensichtlich deren gefährliche Konsequenzen nicht wahr. Die Menschen hätten, so Greverus, in ihrer gesellschaftlichen und persönlichen Geschichte immer wieder versucht, die ihnen aufgezwungenen Heimatverluste durch Heimkehr oder die Schaffung neuer Heimaten zu überwinden. «Diese Heimaten bedeuteten allerdings auch immer Grenzziehungen, durch die ‹wir› und ‹die anderen› getrennt wurden, ein Drinnen und ein Draußen, auch räumlich, symbolisiert wurde: sei es in Gemeinden, Vierteln, Vereinslokalitäten oder Straßenrevieren. Diese Grenzen markierten den ständig oder in Zeitintervallen ‹besetzten› Identitätsraum» (S. 32). Die Grenzen dieses Identitätsraumes würden unter anderem durch «das naive Handelnkönnen in einem Territorium bestimmt» (ebd.). Schon bei «Der territoriale Mensch» wurde an dieser Argumentation von verschiedener Seite Kritik angebracht. Auf diese geht sie in ihrem sieben Jahre später erschienenen Buch aber nur am Rande ein. Zu Hermann Bausingers Kritik etwa, daß

---

1 Greverus ist bei weitem nicht die einzige, aber eine der prominentesten Vertreterinnen der These des «territorialen Imperativs». An der Analyse dieses Phänomens haben sich neben Exponentinnen und Exponenten aus Zoologie, Philosophie, Soziologie und Literaturwissenschaft auch Geographen und Geographinnen beteiligt. Seit Mitte der sechziger Jahre haben sich immer wieder Sozialgeographen (zuletzt Jürgen Pohl) mehr oder weniger erfolglos bemüht, die Territorialität bzw. das Regionalbewußtsein von Individuen und Gruppen zu erfassen. Vgl. Pohl, Jürgen (1993): Regionalbewußtsein als Thema der Sozialgeographie. Theoretische Überlegungen und empirische Untersuchungen am Beispiel Friaul. Kallmünz/Regensburg: Verlag Michael Laßleben (= Münchener Geographische Hefte Nr. 70).

der Mensch nicht in einem «Territorium», sondern in komplexen gesellschaftlichen Bezügen lebe, fällt ihr lediglich ein, auf ihre vierhundertseitigen Ausführungen und Belege zu verweisen, die das Territorium eben als jenen soziokulturellen Bezugsraum auswiesen, in welchem die Identität «als Gefühl der Überstimmung des Individuums mit sich selbst und seiner Umgebung»[1] erfahrbar würde.

Sie kann natürlich auch nicht auf Kritik eingehen, die die Grundannahmen ihrer ganzen Arbeit in Frage stellt, die da lauten: Der territoriale Mensch ist ein Mensch, der seine Identität in einem Territorium findet, und Territorialität ist das Verhalten zur Befriedigung der Bedürfnisse nach Sicherheit, Aktion und Identifikation in einem bestimmten soziokulturell geprägten Raum. An diesen ethologischen Definitionen muß Greverus notgedrungen festhalten. Ihre Ausführungen beruhen gerade darauf, daß der «territoriale Imperativ» als solcher nicht verändert werden kann, daß Territorialität sozusagen ein jedem Menschen immanentes biologisches Verhalten ist. Es ist die wissenschaftlich erteilte Generalabsolution von jeglicher Eigenverantwortung des Menschen. Lediglich die Normierungen sind für das «kulturbestimmende» Wesen Mensch veränderbar und somit auch die Zielvorstellungen des territorialen Imperativs auf ein «Satisfaktionsterritorium», solange dieses Identifikation, Schutz und Aktion ermöglicht.[2] Eine solche Argumentation nimmt scharfe Grenzziehungen zwischen «Wir» und «die Anderen», zwischen «Heimat» und «Fremde» zwangsläufig in Kauf, ja, sie fordert zu Abgrenzungen geradezu auf. Da bringt es nicht mehr viel, wenn sie einräumt, daß die Art des Territoriums – als zu erstrebender und zu verteidigender Besitz – von den durch die Normierung fixierten Wertorientierungen abhängig ist. Der Raum bzw. das Territorium wird zum dominanten und determinierenden Faktor jedes menschlichen Handelns.

Da ist sie wieder, diese Unheimlichkeit des Raumes, von der schon in Kapitel 1.3.3 die Rede war. Wenn Greverus die menschliche Verwirklichung nicht nur an eine soziale, sondern auch an eine räumliche Dimension knüpft, wenn sie Heimat als eine mögliche Bezeichnung für menschliche Raumansprüche sieht und dies als «eine Forderung, ein Gebot, ein Imperativ des Menschseins» postuliert, dann dürfte ersicht-

---

1 Bausinger, Hermann (1978): Identität. In: Bausinger, Hermann u. a. (Hrsg.): Grundzüge der Volkskunde. Darmstadt, S. 204, zitiert nach Greverus (1979): S. 32.
2 Vgl. Greverus (1972): S. 382–397.

lich sein, daß die These von der Raumgebundenheit des Menschen nicht etwa nur in grauer Vorzeit vertreten wurde, sondern weiterhin fröhliche Urstände feiert. So taucht sie etwa auch in der 1988 bereits in zweiter Auflage erschienenen Habilitation «Fortschritt ohne Seelenverlust» des Psychologen und Agronomen Theodor Abt auf.[1]

Abt stützt sich in seiner Arbeit hautptsächlich auf den angeblich empirisch erbrachten Nachweis des kollektiven Unbewußten und den darauf aufbauenden Archetypen durch C. G. Jung. Vom «Geist des Unbewußten», der die Wirkung des Archetypus ist, kommt Abt zur Hypothese, daß auch in «der anorganischen Materie die Urelemente des Psychischen immanent» sein müßten. Und von da ist es nicht mehr weit zur Auffassung, daß auch von der Materie psychische Wirkungen auf den Menschen ausgehen bzw. – wie es Abt formuliert –, daß Materie und Psyche «die Außen- und die Innenansicht ein und derselben bewußtseinstranszendenten Wirklichkeit sein» könnten (S. 108).

Weiter spricht Abt von der «Instinktgrundlage» des Menschen, die er mit einem «Netz von inneren Naturkonstanten» vergleicht, das die menschliche Handlungsweise in maßgebender Art beeinflusse. Die stärkere Abhängigkeit von den äußeren Kräften der Natur bedinge bei der ländlichen und besonders der bäuerlichen Bevölkerung «eine stärkere Ausrichtung der Lebensweise auf das von den Ahnen ererbte innere Anpassungssystem, welches jedem einzelnen erlaube, intuitiv richtig mit der äußeren Natur umgehen zu können» (S. 16). Das eher konservative Verhalten der Landbevölkerung schreibt Abt deshalb nicht einfach nur mangelnder Aufgeschlossenheit zu. Dies sei viel eher «in der Ahnung dieser Menschen begründet, daß die traditionsgeleiteten Verhaltensweisen eine angemessene Antwort im Umgang mit Naturgegebenheiten sind» (S. 17). Auf dem Land sei man deshalb oft skeptisch gegenüber Neuerungen eingestellt, weil sich der bäuerliche Mensch noch mehr als der Städter, der sich seiner Instinktgrundlage entfremdet habe, durch die Instinkte leiten lasse, wobei instinktives Verhalten von Abt natürlich implizit positiv bewertet wird. Was der Mensch instinktiv tut, kann gar nicht schlecht sein, weil es «natürlich» ist, und Natur ist grundsätzlich gut. So lautet verkürzt seine These. Für Abt ist die Bodenverbundenheit ein «geistig-seelisches Phänomen», und er versteht darunter eine «um-

---

1 Vgl. Abt, Theodor (1988): Fortschritt ohne Seelenverlust. Versuch einer ganzheitlichen Schau gesellschaftlicher Probleme am Beispiel des Wandels im ländlichen Raum. Bern: Hallwag, 2. Auflage.

fassende seelische Verbundenheit» eines Menschen mit dem Boden, auf dem er lebt, und zu dem, was dieser Boden hervorgebracht hat (S. 40). Ursprünglich sei der Mensch über die sogenannte «archaische Identität» mit der Außenwelt verbunden gewesen. Dem archaischen Menschen gehöre nicht nur die Gegend, in der er lebe, sondern er gehöre umgekehrt auch dieser Gegend. Würde er sie verlassen, würde er ein Fremder werden. Doch Abt geht noch weiter. Er konstatiert einen Einfluß der Landschaft auf den Menschen und belegt diese Annahme mit einer Reihe von Beispielen und Dokumenten von mehr als zweifelhafter Natur (etwa Willy Hellpachs 1935 erschienene Studie «Geopsyche. Menschenseele unter dem Einfluß von Wetter und Klima, Boden und Landschaft»). Für Abt steht demnach «die Verhaltensart, die Mentalität einer Bevölkerung, in einer direkten Beziehung zur Landschaft» (S. 119 f.).

Auch Abt läßt sich von der ungeheuerlichen These der Raumgebundenheit des Menschen blenden. Im folgenden geht es nicht weniger unheimlich weiter. Es geht um den Begriff «nationale Identität», mit dem ebenfalls eine Menge Unfug getrieben wird.

Es ist gut, in keiner Sprache ursprünglich «zu Hause» zu sein. Nur so fängt man an zu hören, was gesagt wird und wie es gesagt wird und zu wem und zu wem nicht. Wer sich heimatlich fühlt, kann nur blöd werden.

Klaus Theweleit, Das Land, das Ausland heißt

2.2 Aktenzeichen: «nationale Identität»

Wenn man wie Greverus die Frage nach der persönlichen Identität eng mit der Frage nach Heimat verknüpft und gleichzeitig Heimat als eine mögliche Bezeichnung für menschliche Raumansprüche versteht, kommt man unweigerlich auch auf die Kategorie Nation. Wie wir gesehen haben, kam es um die Jahrhundertwende zur unheilvollen Verknüpfung des einzelnen mit seiner Heimat und der Nation. Heimat wurde an die räumlich verstandene Kategorie Nation angebunden, und die Nation figuriert seit damals als wesentliches Identitätsmerkmal für den einzelnen. Genau aus diesem Grund hat Heimat bis heute einen janusköpfigen Charakter. Heimat verstanden als Ort der Geborgenheit und Vertrautheit kann sehr wohl als persönliches Verortungskonzept der Seinsgewißheit aufgefaßt werden. Wird jedoch Heimat mit dem räumlichen Bezugssystem Nation kurzgeschlossen, kann dieses Verortungskonzept nur mehr unvollständig funktionieren. Denn bei der Nation haben wir es mit einem übergestülpten Identitätsmerkmal zu tun, ein Merkmal, das nicht sonderlich geeignet ist, so etwas wie Identität entstehen zu lassen – Identität, die aus einer eigenen, selbst gelebten Geschichte kommt, verstanden als Selbst-Übereinstimmung.[1]

Solange jedoch viele Menschen auf die Nation als künstlich erzeugte Identitätsform angewiesen sind, solange wird auch die müssige Rede über die Identitätskrise einer Nation nicht versiegen. Denn damit die Nation überhaupt als Identitätshelfer funktionieren kann, muß sie konsequenterweise selbst über eine Identität verfügen. An der Aufrechterhaltung dieser Identität und somit auch am Kunstprodukt Nation als individuellem Identitätsangebot arbeiten alle, die sich über die nationale Identität äußern. Und das machen seit der «geistig-politischen Wende» in Deutschland eine ganze Menge Leute, auch hierzulande. So zum Beispiel Hermann Lübbe, dessen Thesen nur auf den ersten Blick plausibel scheinen, bei genauerer Betrachtung jedoch alles andere als einsichtig sind und daher umso mehr kritisiert werden müssen. Im bereits im letzten Kapitel erwähnten Buch «Störfall Heimat – Störfall Schweiz» macht er sich Gedanken zur Identitätskrise der Schweiz – als ob eine so abstrakte Kategorie wie die Bezeichnung für eine Nation eine Identität aufweisen kann.[2] Nach Lübbe befindet sich die Schweiz jedenfalls in einer Krise der Selbstthematisierung, das heißt in einer Krise, in die man gerate, «wenn man sich mehr als durch die objektiven Probleme, wie sie einem immer bedrängen, bedrängt fühlt durch das Problem, zu dem man sich selbst geworden ist und wo man also nicht umhin kann, sich mit sich selbst zu beschäftigen» (S. 28). In seinem Beitrag geht Lübbe bewußt nicht auf jene Probleme ein, die nicht spezifisch schweizerisch sind, beispielsweise die für alle modernen Gesellschaften charakteristische Jugend-Subkultur-Bildung, die zivilisatorische Akzeptanzkrise (äußere sich in der angeblich zunehmenden Tendenz der Stimmbürger, in

---

1 Vgl. dazu die Ausführungen weiter unten im Abschnitt 2.4.
2 Vgl. Lübbe, Hermann (1990): Der Philosoph im fremden Lande: Hat die schweizerische Identität gelitten? In: Institut für Angewandte Psychologie IAP Zürich (Hrsg.): S. 27–39.

Abstimmungen mit Nein zu reagieren), Zukunftsgewißheits-Schwund (äußere sich beispielsweise in «No future»-Sprayer-Sprüchen).[1]

Bevor Lübbe die Erörterung eines spezifisch schweizerischen Problems angeht, definiert er Identität: «Identität – das ist nichts anderes als eine uns allen vertraute Metapher aus dem Personenstandswesen oder aus der Fahndung. So verstanden ist Identität nichts anderes als die hoffentlich richtige Antwort auf die Frage, wer wir sind. (...) Es ist die angeeignete eigene, einen prägende Herkunftsgeschichte, die vergegenwärtigt und aufgeschrieben an die Adresse eines anderen – sagen wir eines Personalbüros – gerichtet ist, die also präsentiert wird in der Absicht zu zeigen, wer man sei – und zwar so, daß sich aus dem, wer man ist, ablesen läßt, welcher Zukunft man fähig sei, das heißt zum Beispiel, an welchem Arbeitsplatz man eingesetzt werden könnte» (S. 31 f.). Lübbes These ist nun, daß sich die Schweiz gegenwärtig in einer Identitätskrise befinde, und zwar aus Gründen fälliger Neubewertung des Zukunftssinns der historischen Erfahrungen, die sie speziell in diesem Jahrhundert gemacht habe und die gewissermaßen an identitätsprägender Kraft verlören. An Erfahrungen dieser Art zählt er etwa auf: die Herausforderung des durch die Nazi-Diktatur entfesselten Zweiten Weltkriegs oder die definitive Beseitigung der Armut nach diesem Krieg, die die Schweiz in ihrem Selbstgefühl und Selbstbewußtsein gestärkt hätten. Nun gehen jedoch in bezug auf diese Prägungen und das, was sie für die Zukunft bedeuten, irritierende Änderungen aus, und zwar von in ganz Europa sich abzeichnenden Entwicklungen, etwa der friedliche, freiwillige Zusammenschluß der europäischen Nachbarländer. «Wenn sich auf eine ihnen allen gefallende Weise Nachbarn groß und weiträumig in eine neue Kommunität begeben, so werden diese Nachbarn in ihrem Selbstgefühl ungleich weniger alteriert als derjenige, der allein bleibt. Ich glaube, das hat Evidenz. Meine These ist, daß dies der Kern des Grundes für die gegenwärtigen schweizerischen Selbstbetrachtungen ist» (S. 36).

Ich sehe nicht, was an dieser These evident sein soll. Ebenso könnte man behaupten, derjenige, der isoliert bleibe, werde in seinem Selbstge-

---

[1] Daß diese Sprüche schon längst nicht mehr an Hausmauern zu sehen sind – auch nicht zu Beginn der neunziger Jahre, als er diesen Vortrag hielt –, zeigt, daß Lübbe wenig von aktuellen jugendlichen Subkulturen weiß. Und was heißt schon Zukunftsgewißheits-Schwund? War etwa früher die Zukunft gewiss? Wenn die Zukunft überhaupt voraussehbar ist, dann war sie es noch nie so genau wie heute. Klingt trotzdem nicht schlecht: Zukunftsgewißheits-Schwund oder zivilisatorische Akzeptanzkrise.

fühl viel weniger aufgewühlt, weil er nämlich gar keinen Grund habe, sich über sich Gedanken anzustellen. Zudem legt Marc Augé auf souveräne Weise dar, daß es unsinnig sei, von Sinnkrisen zu sprechen, wenn verdeckte Krisen das politische, soziale und wirtschaftliche Gefüge der liberalen Staaten erschüttern. Neu daran sei nicht, daß die Welt keinen oder wenig oder weniger Sinn hätte, sondern «daß wir tagtäglich sehr bewußt das Bedürfnis verspüren, ihr einen Sinn zu geben: der Welt einen Sinn zu geben und nicht einem Dorf oder einer Sippe. Dieses Bedürfnis, die Gegenwart und vielleicht auch die Vergangenheit mit Sinn auszustatten, ist der Preis für die Überfülle der Ereignisse in einer Situation, die wir als ‹Übermoderne› bezeichnen könnten, um auf ihr wichtigstes Merkmal hinzuweisen: das Übermaß.»[1] Erst aus unserem Verlangen, die Gegenwart vollständig zu verstehen, erwachse die Schwierigkeit, der nahen Vergangenheit einen Sinn zu geben. Dies scheint mir um einiges einleuchtender zu sein als Lübbes These.

In der ebenfalls in «Störfall Heimat – Störfall Schweiz» veröffentlichten Diskussion mit Lübbe, Claus D. Eck und Hans-Peter Meier-Dallach vertritt Eck die Meinung, daß es verschiedene sozialpsychologische Mechanismen zur Bewältigung von Kontingenzen (das heißt kleinere oder größere Katastrophen des Alltags oder des menschlichen Lebens überhaupt) gebe, ohne daß gleich von einer Identitätskrise gesprochen werden müsse. Meier-Dallach bringt im Gegenzug eine neue Definition von Identität: «Identität ist eine Hülse, die mit Interessen gefüllt und mit der nachher politisch geschossen wird» (S. 65). Eck versucht nun, die Positionen konstruktiv in einem Punkt zu vereinigen. Er behauptet, daß die Schweiz eine politische Kultur entwickelt habe, die eine sehr geringe Binnen-Konfliktfähigkeit aufweise zugunsten einer Behauptung der nationalen Identität. In dem Maße, in dem nun der Außendruck nachlasse und die Angebote der Identifikation mit ausländischen politischen und kulturellen Modellen im Wachsen begriffen sei, entfalle die Notwendigkeit, Binnenkonflikte klein zu halten (S. 67). Diese These bekräftigt Lübbe und ergänzt sie mit der These, daß die Menschen im 19. Jahrhundert «sich deshalb noch viel sicherer gefühlt haben als wir das heute tun, weil ihr Erwartungsniveau geringer war» (S. 69). An sich sei unsere Gesellschaft noch nie so sicher gewesen wie heute, doch mit der Höhe dieser Sicherheit sei das sogenannte Aspirations-Niveau gewachsen.

---

1 Augé (1994): S. 38.

Heimat in der Postmoderne

Auch weitere Wortkreationen wie Kontingenzbewältigung, Binnen-Konfliktfähigkeit, Erwartungs- oder Aspirationsniveau schaffen es nicht, mich für diese Thesen zu erwärmen. Sie mögen nur jene überzeugen, die an den Zusammenhang zwischen Nation und persönlicher Identität glauben, die also auf von außen kommende Überstülpungsangebote für ihre Identität angewiesen sind. In der Tat gibt es viele Leute, die sich nur in der Abgrenzung zu anderen definieren können; die nur wissen, wer sie nicht sind, nicht aber, wer sie sind. Der Normalfall ist die ausgrenzende Selbstdefinition.

In seinem 1994 erschienenen Buch[1], in welchem man auf ein geopolitisches Vokabular stößt, das man eigentlich längst für obsolet gehalten hat, wiederholt Lübbe seine These: Als Kompensation für die durch den wissenschaftlich-technisch-wirtschaftlichen Fortschritt erzeugte Sinn- und Orientierungskrise klammere sich der Bürger an etwas Vertrautes, seine Kultur. Diese mache ihn zum Teil eines ihm vertrauten Ganzen, eines Volkes mit einer gemeinsamen Kultur und einer gemeinsamen, kontingenten Herkunft. Politischer Ausdruck dieses völkischen Wir-Gefühls sei die Nation. Weil nun aber Europa als Ganzes ein Völkergemisch sei, könne es diese notwendige kompensatorische Funktion nicht wahrnehmen. Daher werde es auch keine europäische Gemeinschaft geben, die viel mehr sei als eine wirtschaftliche Zweckgemeinschaft.

Christian Rentsch sieht in Lübbes Buch den gefährlichen Versuch, auf diesem Wege die ohnehin gefährdeten Errungenschaften der universalistischen Freiheitsidee, der offenen Gesellschaft und des republikanischen Verfassungsstaates zu denunzieren. Lübbes Identifikation von Volkssouveränität mit Volksgeist im Fall des Selbstbestimmungsrechtes der Völker sei ein erster Schritt zur Legitimation der ethnischen Säuberung. Dabei sei seine Sprache verräterisch: «Das ‹Modell› der ethnischen Säuberung, also des Völkermords, nennt er ‹verführerisch›, auch wenn es ihm danach ‹kaum zweifelhaft scheint›, daß die ‹auch außerhalb Europas mit Erfolg praktizierte Politik gewaltsamer nationaler Homogenisierung von Räumen langfristig gesehen zukunftsunfähig ist›. Dies allerdings nicht aus Gründen der Humanität und der Menschenrechte, sondern weil das ‹Konfliktpotential› ihm ‹unerträglich groß› erscheint. Sol-

---

[1] Lübbe, Hermann (1994): Abschied vom Superstaat. Vereinigte Staaten von Europa wird es nicht geben. Berlin: Siedler-Verlag.

che Sätze muß man mit eigenen Augen gelesen haben, um es zu glauben.»[1]

Lübbe ist mit seiner These nicht allein. Er befindet sich in guter Gesellschaft mit anderen rechten Intellektuellen, denen diese Bezeichnung freilich kaum gefallen dürfte.[2] Auch Botho Strauß und Martin Walser reiten auf der nationalistischen Welle. Ersterer leistete am 8. Februar 1993 im «Spiegel» mit seinem Essay vom «Anschwellenden Bocksgesang» sozusagen den Offenbarungseid einer national-konservativen Gemeinde, und letzterer erklärt die vermehrt auftretenden rechtsextremen Terroranschläge durch eine zu lange Vernachlässigung des Nationalen. Hätte man den jungen Deutschen – er meint ausdrücklich die junge Generation und nicht seine eigene – so etwas wie eine deutsche Identität angeboten, wäre es nicht zu diesen Anschlägen gekommen, lautet etwas verkürzt seine These. Walser verwendet zwar das Wort Nation nur ungern, doch die Beklemmung bei den Lesenden wird nicht geringer, wenn er es mit Geschichte gleichsetzt.

Nur wenige können offensichtlich über ein Land und dessen Bewohnerinnen und Bewohner schreiben, ohne sich auch gleichzeitig über deren spezifische «kollektive Identität» zu äußern. Max Frisch gehörte zu diesen Wenigen. Frisch hat sich intensivst mit der Kategorie Schweiz als Heimat auseinandergesetzt, ohne dabei eine «schweizerische Identität» im Auge zu haben. In der Textsammlung «Schweiz als Heimat?»[3] ist vereinigt, was er im Laufe von 50 Jahren (1939 bis 1989) zum Thema vorgebracht hat. Seit 1989, als «Schweiz ohne Armee? Ein Palaver» erschien, hat sich der politische und gesellschaftliche Kontext, in dem heute über Heimat geredet wird, ohne Zweifel tiefgreifender verändert

---

1 Rentsch, Christian (1994): Plädoyer für den Nationalismus. Hermann Lübbe zu Europas Zukunft. In: TA, Extrabeilage Buchzeichen, 25. April, S. 10. – Liest man diese in der Tat unglaublichen Sätze, erscheint einem jeder, zuweilen noch so kolonialistisch daherkommende, eurozentrische Universalismus hundert mal weniger schlimm als derartige Beschwörungen kollektiver Mythen bzw. ethnischer Abstammungsgeschichten.

2 Wie Diedrich Diederichsen richtig bemerkt, nennen sich typische Rechtsintellektuelle bis heute «unpolitisch» oder «weder links noch rechts». Dafür nannten sich immer sehr viel mehr Leute links als es Linke gab. Vgl. dazu ausführlicher Kapitel 2.4.

3 Frisch, Max (1990): Schweiz als Heimat? Versuche über 50 Jahre. Herausgegeben und mit einem Nachwort versehen von Walter Obschlager. Frankfurt am Main: Suhrkamp.

als in den Jahrzehnten zuvor. Dennoch ist es lohnenswert, Frischs Heimatgedanken, die nichts von ihrer Brisanz verloren haben, neu zu lesen. 1974 stellte Frisch anläßlich der Verleihung des Großen Schillerpreises im Zürcher Schauspielhaus die Frage «Die Schweiz als Heimat?».[1] Die lediglich neun Seiten lange Rede vereinigt in komprimierter Form all jene Ingredienzen, die Frisch verwendete, wenn er über Heimat, über Demokratie und die Schweiz sprach. In seiner Rede prüft Frisch moralische und politische Voraussetzungen, die gegeben sein müßten, damit er sich «mit der Schweiz als Heimat identifizieren» könnte. Das Bedürfnis, sich mit der Schweiz zu identifizieren, formulierte er nicht nur, weil er die Schweiz tatsächlich liebte, sondern auch, damit er ein Recht hatte, sie zu kritisieren. Es ist einfacher, etwas zu kritisieren, wenn man an der Grundidee des kritisierten Gegenstandes festhält. Trotzdem ist es schwer vorstellbar, daß es dem Weltbürger Frisch tatsächlich ein Anliegen war, sich mit dem Abstraktum Schweiz identifizieren zu wollen. Ich vermute, daß es ihm primär um den allgemeinen Wert Heimat und deren Verlust als Grundprobleme der heutigen Menschen ging und nicht um die Frage, ob Heimat in der Schweiz für ihn möglich sei.

Die Frage, was eigentlich unter Heimat zu verstehen sei, beantwortet er zunächst unter Verweis auf den Duden: «‹Heimat, die (Plural ungebräuchlich): wo jemand zu Hause ist (...).›» Frisch selber gibt listigerweise keine Antworten. Seine Kunst liegt im Fragen. Mit unbequemen Fragen zerstört er jede Behaglichkeit. Für Frisch entsteht Heimat aus einer Fülle von Erinnerungen, die kaum noch datierbar sind. Landschaften als Szenerie gelebter Jahre können für ihn zur Heimat werden. Beispielsweise der Pfannenstiel, der Lindenhof, der Greifensee, einige römische Gassen. An diese Landschaften sind aber mehr als nur eine Erinnerung an ein einmaliges Erlebnis verknüpft. Es legen sich ganze Erinnerungsteppiche darüber.[2]

Frisch fragt, ob man eine Heimat nur habe, wenn man sie liebe: «Ich frage. Und wenn sie uns nicht liebt, hat man dann keine Heimat? Was muß ich tun, um eine Heimat zu haben, und was vor allem muß ich un-

---

1 In: Frisch (1990): S. 365–373.
2 Die Landschaft des Pfannenstiels, das Sinnbild einer schweizerischen Mitte, hat auch für mich «als Szenerie gelebter Jahre» große Bedeutung. Im Alter von fünf Jahren nach Meilen gekommen verbrachte ich meine Kindheit und den Großteil meiner Jugend in der Gegend dieses Hügelzugs neben dem Zürichsee. Auch ich verbinde mit der Landschaft des Pfannenstiels also gewisse «Heimatgefühle».

terlassen? Sie scheint empfindlich zu sein; sie mag es nicht, die Heimat, wenn man den Leuten, die am meisten Heimat besitzen in Hektaren oder im Tresor, gelegentlich auf die Finger schaut, oder wer sonst, wenn nicht diese Leute und ihre honorierten Wortführer, hätte denn das schlichte Recht, uns die Heimatliebe abzusprechen?» (S. 367).

Unerläßlich ist auch das Gefühl und Bewußtsein der Zugehörigkeit, um Heimatlichkeit hervorzurufen. Als Ort ist es für Frisch das Schauspielhaus. Oder die Mundart. Oder die Literatur, die sich ebenfalls um Heimatlichkeit bemüht. Oder ganz einfach die Freunde. Außer Zweifel steht für Frisch das Bedürfnis nach Heimat, und auch wenn er nicht sagen kann, was er als Heimat empfindet, sagt er ohne Zögern: «Ich habe eine Heimat, ich bin nicht heimatlos, ich bin froh, Heimat zu haben – aber kann ich sagen, es sei die Schweiz?» (S. 369). Außer Zweifel steht für ihn auch, daß Heimat einen prägt. Dies zeige sich bei einem Schriftsteller natürlich besonders deutlich in seinen Werken. Seine Schweizer Herkunft zeige sich in all seinen Werken. «Andorra» beispielsweise ist nicht die Schweiz, lediglich das Modell einer Angst, es könnte die Schweiz sein; Angst eines Schweizers offenbar. Ich zweifle jedoch, ob sein Thema wirklich schweizerisch ist. Es sei denn, die Angst der Menschen, das wahre Leben zu verfehlen oder zu versäumen, sei spezifisch schweizerisch. Und in seinen Büchern geht es fast nur um diese Angst. Die Ursachen des Mißlingens findet Frisch im Leben nach einem falschen Plan, nach einem der eigenen Person nicht entsprechenden Bildnis. Der Mensch ist gefangen von seinem Bildnis, das er sich selbst geschaffen hat und das ihn von nun an definiert, erstarren und das Leben mißlingen läßt. Walter Faber zum Beispiel, die Hauptfigur im Roman «Homo Faber», macht sich als rationaler Techniker, der er ist, das Bild einer völlig berechenbaren Welt, in der es weder Zufall noch Gefühle gibt. Erst durch die erschütternde Erfahrung des totalen Zusammenbruchs dieser Welt erkennt er, daß darin nichts stimmt.

Frischs Bücher handeln, wie das Hans Jürg Lüthi in einem Nachruf auf Max Frisch treffend festhält, von der Schwierigkeit der Menschen, sich als das anzunehmen, was sie in Wirklichkeit sind. Schwierigkeit, weil die Selbstwahl nicht vom Himmel fällt, sondern vom Menschen durch Überwindung und Zerstörung der Bildnisse selbst geleistet werden muß. Nur der Mensch, der sich selbst gewählt hat und dadurch mit sich selbst identisch ist, lebt ein wirkliches Leben. Erst dadurch kann auch der wirkliche Tod und die Erlösung vorbereitet werden. Frischs Bücher handeln von der verpaßten Chance der Selbstwahl. Sein Engagement ist nicht primär politischer Art. Es besteht hauptsächlich, so Lüthi, «in der Aufforderung, das Leben so zu gestalten, daß es wirklich werde und durch sein Wirken auch anderen Menschen und Gemeinschaften zugute komme.»[1] Heimat setzt in diesem Sinne eine Gesellschaft voraus, die es dem Menschen ermöglicht, sich aktiv als Gestalter im geistigen, politischen und wirtschaftlichen Bereich zu betätigen.

Für Beatrice von Matt ist die Geschichte von Max Frisch mit der Schweiz ein Liebesdrama. Die Schweiz war für ihn keine Nation, sondern eine «Idee». Diese allein sei die Daseinsberechtigung der Schweiz. Frisch stellt an die Schweiz denselben vitalen Anspruch, wie er ihn zeitlebens an sich erhoben hatte und wie er auch in all seinen Romanfiguren manifest wurde. Bis ins hohe Alter stellte Frisch dann aber nichts als Verrat an dieser Idee fest. Die Formulierungen dieser Verrate, so von Matt, markieren die Stationen in diesem Liebesdrama. «Die Idee der Schweiz bleibt für Frisch mit der Idee des Lebens verbunden, der existentialistischen Idee eines gesteigerten, ausgefüllten, bis ins letztmögliche ausgelebten Lebens, das ein jeder vor den Tod, seinen Lebensgott, zu tragen habe. Zu diesem Leben gehört der schöpferische Einsatz für die Heimat, die zärtlich eigentlich ‹Motherland› genannt werden müßte, wie Frisch betont. Zu diesem Einsatz gehört Widerstand, auch wenn er scheitert wie jener von *Stiller*.»[2] Frischs Figuren haben fundamental mit der Schweiz zu tun. Die gesuchte oder vernachlässigte Beziehung zur Schweiz ist eines der Hauptkriterien für die moralische Beurteilung seiner Figuren. Doch nicht nur Stiller, auch alle anderen wichtigen Frisch-Figuren scheitern in ihrer Beziehung zur Heimat und in ihrer Beziehung zu Frauen. Von Matt sieht Parallelen zwischen der Liebe zur Heimat und der Liebe zu Frauen: «Die gesuchte, geliebte Heimat, die gesuchten, geliebten Frauen versagen vor den radikalen Forderungen der männlichen Protagonisten» (S. 148). Doch während Frisch für das Verhalten der Frauen Entschuldigungen findet – die Forderungen der Männer seien unerbittlich, zu radikal –, läßt er für die Schweiz nichts dergleichen zu.

1 Siehe Lüthi, Hans Jürg (1991): Die Schwierigkeit, sich selbst zu wählen. Zum Tode von Max Frisch. In: Schweizer Revue. Zeitschrift für die Auslandschweizer, Nr. 3/91, September, S. 11–12.

2 von Matt, Beatrice (1992): «Wer HEIMAT sagt, nimmt mehr auf sich». Max Frischs Auseinandersetzung mit der Schweiz. In: Görner, Rüdiger (Hrsg.): Heimat im Wort: die Problematik eines Begriffs im 19. und 20. Jahrhundert. München: iudicium verlag GmbH (= Publications of the Institute of Germanic Studies 51), S. 147.

Identität, Nation und Heimat

Was er ihr vorwirft: «Bewegungslosigkeit, Abtötung des demokratischen Lebens, Unfähigkeit zu neuen Entwürfen» (ebd.).
Deshalb zögert er auch zu sagen, seine Heimat sei die Schweiz. Wenn Heimat, so Frisch, der Bezirk ist, wo wir als Kind die ersten Erfahrungen mit der natürlichen und gesellschaftlichen Umwelt machen, wo wir also durch unbewußte Anpassung zur Illusion gelangen, hier sei die Welt nicht fremd, so ist Heimat ein Problem der Identität. Es ist ein Dilemma zwischen Fremdheit im Bezirk, wo man zugeboren ist, oder Selbstentfremdung durch Anpassung, was nach Frisch Kompensation verlangt. «Je weniger ich, infolge Anpassung an den Bezirk, jemals zur Erfahrung gelange, wer ich bin, um so öfter werde ich sagen: ICH ALS SCHWEIZER, WIR ALS SCHWEIZER; um so bedürftiger bin ich, als rechter Schweizer im Sinn der Mehrheit zu gelten. Identifikation mit einer Mehrheit, die aus Angepaßten besteht, als Kompensation für die versäumte oder durch gesellschaftlichen Zwang verhinderte Identität der Person mit sich selbst, das liegt jedem Chauvinismus zugrunde. Chauvinismus als das Gegenteil von Selbstbewußtsein.»[1] Die Xenophobie ist der primitive Ausdruck der Angst, man könnte im eignen Nest der Fremde sein. Für Frisch hat die Masse der Angepaßten keine Heimat. Sie hat lediglich ein Establishment mit Flagge, das sich als Heimat ausgibt und dazu das Militär besitzt.

Frisch dehnt den Heimatbegriff bis zur Schmerzgrenze und fügt der Schweiz als Zuhause die verdiente Schande hinzu, indem er am Ende seiner Rede auf das dunkle Kapitel der schweizerischen Flüchtlingspolitik im Zweiten Weltkrieg verweist. Auch diese gehört zu seiner Heimat, wenn er es dennoch wagen will, sein naives Bedürfnis nach Heimat mit seiner Staatsbürgerschaft zu verbinden. In manchem gelingt die Identifikation mit den staatlichen Einrichtungen und ihrer Handhabung, in manchem gelingt sie nicht. «Das ist, ich weiß, nicht der Heimat-Begriff nach dem Schnittmuster der Abteilung HEER UND HAUS; es ist meiner. Heimat ist nicht durch Behaglichkeit definiert. Wer HEIMAT sagt, nimmt mehr auf sich» (S. 373).[2]

---

1   Frisch (1990): S. 371.
2   Dieser letzte Satz ist zugleich auch der Titel einer Dissertation, die sich eingehend mit dem Heimatbegriff bei Frisch beschäftigt. Vgl. Weiss, Katharina (1988): «Wer HEIMAT sagt, nimmt mehr auf sich.» Eine Studie zum Begriff Heimat im Prosawerk Max Frischs. Dissertation. University of Cincinnati.

Heimat in der Postmoderne

Die Angewohnheit, sich über uns, die Schweiz, unser «typisch schweizerisches Selbstgefühl» Gedanken zu machen, ist auch heute noch sehr beliebt. Bereits in den sechziger Jahren befaßten sich Bücher mit dem «helvetischen Malaise», dem «Unbehagen im Kleinstaat», der «Schwierigen Schweiz» und dem schweizerischen «Schlaf der Gerechten». Und dieser Trend hat sich bis heute fortgesetzt. Als aktuellere Beispiele für die Beschäftigung mit der Schweiz als Heimat sind zum einen die Beiträge des Germanisten Peter von Matt sowie des Historikers Georg Kreis zum anderen einen Essay von Adolf Muschg zu erwähnen, wobei ich vor allem den Beitrag von Kreis ausführlich besprechen möchte.

Während von Matt zwar feststellt, daß das Wort «Identität» eigentlich abgenützt sei, verwendet er es dennoch relativ unreflektiert – weil es angeblich nicht zu ersetzen sei –, und stellt die Frage nach der emotionalen Beziehung der Schweizerinnen und Schweizer zu ihrem Land, nach der aktuellen Beschaffenheit des «Patriotismus».[1] Diese Frage beantwortet er nach herkömmlicher Weise, indem er die ganze Strecke der bis in die dreißiger Jahre zurückreichenden «vitalen Vergangenheit» aufrollt. Merkmal dieser vitalen Vergangenheit, die als dominantes Phänomen eine Phase des rückhaltlosen und unbedingten Patriotismus enthält, sei, daß sich die Schweiz auch heute noch immer von dieser her zu definieren suche. Den Begriff «Identität» der Schweiz an sich stellt von Matt jedoch nicht in Frage.

Da pflegt Kreis einen weit differenzierteren Umgang mit diesem Begriff, obwohl auch er die entscheidende Frage «Was ist nationale Identität» nicht mit letzter Konsequenz angeht.[2] Zumindest setzt er nicht einfach vorbehaltlos voraus, es gebe so etwas wie eine nationale Identität. Für ihn ist die nationale Identität ein speziell *fragwürdiges* Phänomen der Vorstellungswelt. Aufgrund der immer zahlreicher auftretenden begrifflichen Belege geht Kreis davon aus, daß «die *Identität* – als Vokabel, aber auch als das damit gemeinte Phänomen – in der jüngsten Zeit an Bedeutung stark zugenommen hat» (S. 781). Der Nationalbegriff hinge-

---

1 von Matt, Peter (1992): Ein Land sucht sein wahres Gesicht. In: Hugger, Paul (Hrsg.): Handbuch der schweizerischen Volkskultur. Bd. 1. Zürich: Offizin Zürich Verlags AG, S. 7.
2 Kreis, Georg (1992): Die Frage der nationalen Identität. In: Hugger, Paul (Hrsg.): Handbuch der schweizerischen Volkskultur. Bd. 2. Zürich: Offizin Zürich Verlags AG, S. 781–799.

gen hat eine nicht minder starke Entwertung erfahren. Zur Kombination dieser unterschiedlich bewerteten Begriffe kam es in den frühen sechziger Jahren. In Anwendung des gruppenspezifischen Begriffs der kollektiven Identität wurde die nationale Identität zu einem gängigen Begriff. Sein Aufkommen erklärt sich nach Kreis zum einen aus dem Bedarf der in die Unabhängigkeit entlassenen ehemaligen Kolonien nach nationaler Identität, zum anderen aus dem Bedarf der nationalen Gesellschaften, die sich verstärkenden Sonderbewußtsein – insbesondere ethnischer Minoritäten – mit einem umfassenden und zugleich personennahen Begriff zusammenzuhalten. Die rasanten Veränderungen als Folge der Modernisierung im Laufe der fünfziger und sechziger Jahre verstärkten die Entfremdung und gaben auch diesem Begriff Auftrieb, der als Sache und als Wort das Pendant zur Suche nach Identität sowohl der Personen als auch der Gesellschaften ist. Wer heute von nationaler Identität spreche, meine «allerdings in den meisten Fällen nicht viel anderes als was früher schlichter mit Nationalgefühl, Nationalstolz, Nationalbewußtsein, Nationalidee oder – ohne Nationalbegriff – Partikular- oder Kontrastbewußtsein, vaterländischem Sinn, politischer Psychologie, Heimatliebe etc. bezeichnet worden ist» (S. 782).

Kreis vermeidet daher bewußt eine abschließende, allgemeingültige Definition von Identität, zumal es in diesem Falle sogar ausgesprochen sachwidrig wäre, eine absolute Umschreibung zu fordern, lehre doch gerade die Beschäftigung mit diesem Phänomen, wie funktional und relativ bedingt alles Sein sei. Er definiert Identität nur behelfsmäßig und in allgemeiner Form, damit die Definition den weiteren Bedürfnissen entsprechend leicht modifizierbar bleibt: «Wer von Identität spricht, meint in der Regel die Vorstellung von sich selbst und, bis zu einem gewissen Grad, zwangsläufig auch von der Um-Welt» (ebd.). Da die Vorstellung von sich selbst nichts Konstantes sei, impliziere eine auf diese Weise definierte Identität zwangsläufig Adaptionen. Kreis stellt auch fest, daß Identität etwas Konstruiertes und etwas permanent neu zu Konstruierendes sei und versteht unter dem Fabrizieren von Identitäten das Wiederherstellen von Gleichgewichten in immer wieder eintretenden Ungleichgewichten. Identität sei als ständiger Verarbeitungsprozeß zu verstehen, der so etwas wie ein «stabilisierendes Fließgleichgewicht» zwischen innen und außen herstellt.

Von diesem an der Individualproblematik entwickelten Identitätsbegriff wird angenommen, er lasse sich auch auf ein Kollektiv übertragen, wobei insbesondere die Übertragung auf ein nationales und staatlich zusammengefaßtes Kollektiv üblich ist. Diese Übertragung entspricht laut Kreis «einer alten Gleichsetzung von Staatswesen (corps politique), von Völkern und Nationen mit Personen, die ein Haupt, Glieder und einen Bauch haben (Livius, Menenius, Agrippa), die krank oder gesund sein können (Rousseau), die im Kindes- oder Erwachsenenalter sein können (Herder), eine Persönlichkeit, ein Innenleben (Ranke) und eine Seele (André Siegfried 1950) haben» (S. 783). Die nationale Identität ist ein von der Gemeinschaft insgesamt entwickeltes oder nur sekundär rezipiertes kollektives Bewußtsein. Das Großgruppenbewußtsein ist zu einem großen Teil das Produkt von Ideen, Annahmen, Vorurteilen und von den Medien abhängig. Bei der nationalen Identität gehe es aber auffallend wenig darum, bestehende Andersartigkeiten zu unterstreichen als vielmehr das Gegenteil herzustellen: «Gesellschaften, die sich dadurch gleichen, daß sie sich mit den gleichen Mitteln und Formen voneinander abgrenzen und etwas Besonderes sein wollen» (S. 785).

Im folgenden zeigt Kreis die historische Entwicklung dessen auf, was heute unter nationalen Identität verstanden wird, wobei er als durchgehende Tendenz feststellt, «daß die Identifikation mit der nationalen Sache eine Antwort auf eine angenommene Bedrohungslage ist, wobei die Bedrohung nicht nur militärischer, sondern auch wirtschaftlicher und sozialer Natur sein kann» (S. 787). Wie Lübbe vertritt damit auch Kreis die These, daß die Konjunktur des Identitätsproblems kompensatorisch auf die Problematik des beschleunigten sozialen Wandels, der Krise, des Vertrautheitsverlustes antworte. Nationale Konjunkturen dürfen nach Kreis aber nicht bloß als das Produkt einer vorsätzlichen Inszenierung gesehen werden, denn diejenigen, die andere programmieren wollen, seien oft selbst Programmierte.

Kreis unterscheidet zwischen Elementen der nationalen Identität, über die auch andere vergleichbare Nationen verfügen – zum Beispiel die Gottbezogenheit, die Vorstellung der moralischen Überlegenheit –, und Elementen, von denen mit mehr oder weniger Recht angenommen werde, daß sie typisch schweizerisch seien, etwa die Topographie (besonders die Alpen, obwohl Österreich und Frankreich ebenfalls Alpen haben), die Kleinstaatlichkeit, die freiheitliche Tradition, der Gründungsmythos, die Neutralität, der Föderalismus und die kulturelle Vielfalt (Stichwort Mehrsprachigkeit), die internationale Nützlichkeit und Beliebtheit als touristisches Land und als Finanzplatz usw. Es könne aber nicht normativ festgelegt werden, welche dieser Elemente mindestens gegeben sein müssen, um von einer intakten nationalen Identität sprechen zu können. «Im Gegenteil, es entspricht sogar dem Wesen der schweizerischen Identität, daß man selbst von einem einzelnen Element annehmen kann, daß es nationales Gewicht habe. Der demokratische Aufbau von unten nach oben gestattet jeder Gemeinde, sich, etwas zugespitzt gesagt, als Schweiz zu fühlen, und die Grundvorstellung, daß die kulturelle Vielfalt ein Wesenselement der Schweiz sei, gestattet jeder lokalen jeder partikularen Manifestation, sich als Element der schweizerischen Identität zu sehen» (S. 788 f.).

Die klassischen Elemente des schweizerischen Sonderbewußtseins haben sich nach Kreis insbesondere seit den sechziger Jahren nach und nach aufgelöst. Und zwar müsse man aufgrund der seit den dreißiger Jahren anhaltenden Abschottung, worunter Kreis eine ungenügende Pflege der mentalen Umweltbeziehungen meint, annehmen, daß zwischen der stagnierenden Identität und der sich fortentwickelten Realität sich eine spannungsreiche Diskrepanz entwickelte, die das schweizerische Selbstverständnis in eine besonders heftige Krise steuerte. Die Schweiz sei längst kein Sonderfall mehr. Diese Idee habe in den letzten Jahrzehnten ihre Selbstverständlichkeit und Überzeugungskraft eingebüßt. Nach Kreis trifft es sich gut, «daß nicht nur der Sondercharakter der Schweiz verblaßt, sondern bei den Schweizern zugleich auch das Bedürfnis zurückgeht, einen außerordentlichen Sonderfall zu verkörpern» (S. 796). Das Bedürfnis nach Sondercharakter ist meiner Ansicht nach aber immer noch weit verbreitet. Dies belegt auch der von Kreis mit vielen Beispielen belegte, im Vergleich mit anderen Gesellschaften besonders ausgeprägte und zuweilen selbstquälerische Züge annehmende Hang der Schweizer zur Selbstbefragung.

Adolf Muschgs Essay «Wieviel Identität braucht die Schweiz?» ist ein aktuelleres Beispiel für diese typisch schweizerische Selbstbefragung.[1] Schon aufgrund seiner Fragestellung wird deutlich, daß Muschg in jedem Fall von einer schweizerischen Identität ausgeht – es stellt sich nur noch die Frage, wieviel es davon braucht. Wie von Matt hinterfragt Muschg also die Begriffskombination Schweiz/Identität nicht. Im Gegenteil: Er plädiert für die Kulturnation Schweiz. Dabei greift Muschg weit in die beliebte Mottenkiste der Schweizer Geschichte hinein, um zu illustrieren, wie modern und fortschrittlich der Bundesstaat von 1848 doch

---

[1] Muschg, Adolf (1996): «Wieviel Identität braucht die Schweiz?». In: WELTWOCHESupplement, Nr. 4, April, S. 22–27.

eigentlich angelegt worden war.[1] Die damalige Schweiz wird gar zum letzten Stück des multikulturellen Imperiums hochstilisiert. Gezeichnet wird die Idee einer speziellen Nationalkultur im Sinne von Gottfried Keller, die an die subtile Anerkennung ihrer Verschiedenheit gebunden ist. Dieses Programm von Keller – Kulturpolitik nach außen, politische Kultur nach innen – gipfelt in Muschgs hehrer Forderung, daß die Schweizer «ihre Geschichte als eine der Verschiedenheit, von Anderssein» ertragen müßten. Das tun sie nach Muschg natürlich nicht, denn von diesem Programm sei heute kein einziger Punkt erfüllt. Der kulturellen Gleichgültigkeit der Landsleute gegeneinander, die vom kulturlosen Fernsehen noch verstärkt werde, entspreche die politische.

«Lebt man noch im gleichen Land?», fragt sich Adolf Muschg und hält diese Frage offenbar für wichtig. Denn anders als die meisten Länder sei «das unsere darauf angewiesen, daß Verschiedenheit ein Wert bleibt; daß wir dem Befremdlichen Bürgerrecht gewähren» (S. 25). Diese humanistische Forderung würde auch ich sofort unterschreiben, doch ich wüßte gerne, was Menschlichkeit mit schweizerischer Identität zu tun hat? Ohne diese kulturelle Leistung, so kann man jedenfalls aus Muschgs Ausführungen schließen, zerfalle die Schweiz. Denn Muschg wüßte nicht, worauf sonst und womit außerdem sich die Identität «unseres Landes» begründen ließe. Denn die üblicherweise angebotenen identitätssichernden Bänder wie der Wohlstand, das Repertoire gemeinsamer Gewohnheiten und Einrichtungen, der gemeinsame Fundus von patriotischen Mythen und Legenden, das Image in den Augen der Nachbarn hält Muschg nicht für wirklich reißfest. Einverstanden, doch warum macht sich Muschg auf die Suche nach reißfesteren Bändern? Was liegt ihm an der schweizerischen Identität?

---

1 Damit gehört Muschg wohl genau zu jenen «Jammertanten», über die sich der Ich-Erzähler Lorenz Hatt in Markus Werners Roman «Bis bald» immer wieder ereifern möchte, wenn er denn nicht herzkrank wäre: «So sitze ich. Und höre oder lese von Zeit zu Zeit die Statements jener Intellektuellen, die als Gewissen dieser Nation auftreten und die nicht müde werden zu betonen, daß nur der Staat ein böser sei, daß nur die Wirtschaftskapitäne, die Bundespolizei, die Banken und die Rechtsparteien moralisch zweifelhaft beschaffen seien und daß sie drittens an diesem ihrem Lande litten und es aus purer Liebe kritisierten und so fort, mein Gott, wenn ich mich doch ereifern dürfte über diese Jammertanten, die nie verraten, was sie lieben an diesem Weltzentrum der Niedertracht, an dieser parfümierten Abfallhalde, an diesem tödlich fleißigen, korrupten Pack, das sich scheinheilig jodelnd durch die Geschichte schummelt (...)» (Werner (1995): S. 87).

Identität, Nation und Heimat

Unter Kulturnation versteht Muschg auch nicht, daß es damit getan sei, unsere Folklore zu stärken oder auch unser Angebot in spezialisierter Kultur zu verbessern. Nein, «die Kultur, an der eine Gesellschaft wirklich zu messen ist, läßt sich nicht veranstalten, allenfalls verhindern, aber meist nicht mal erkennen» (S. 26). Eine Kulturnation, so Muschg, zeige «sich an der Grazie, mit der sie ihren Alltag behandelt; an der Fähigkeit, Leben zu würdigen, Offenheit zu ertragen ohne geduldiges Urteil, ohne Zwang zur Rechthaberei» (S. 27). Schön gesagt, ohne Zweifel. Hier redet Muschg nicht mehr von der Schweiz, sondern von einer Utopie. Kultur ist für ihn der Blick auf das Andere im Eigenen. Seine Utopie kulminiert in dem Wunsch, daß die Schweiz eine bescheidene Provinz von Kosmopolis werde, «das Glied einer umfassenden, einer universalen Eidgenossenschaft, eines Bündnisses der Verschiedenen auf Gegenseitigkeit» (ebd.).

Womit er seine Anfangsfrage elegant umgangen hat. Denn es ist nicht einsichtig, warum zur Erreichung dieser Utopie die Schweiz eine Identität braucht. Wozu braucht man diese Utopie an der unsinnigen Frage des Nationalgefühls der Schweizerinnen und Schweizer aufzuhängen? Es gibt keinen Grund. Das Festhalten an der Idee der «Kulturnation» beinhaltet auch den Glauben an eine wie auch immer geartete «kollektive Identität» ihrer Mitglieder. Und mit der Sehnsucht nach «nationaler Identität» nimmt man automatisch auch Aus- und Abgrenzungen in Kauf. Denn wie Frisch gezeigt hat, haben «kollektive Identitäten» nichts mit Selbstbewußtsein, aber viel mit Feindabgrenzung und Gemeinschaftsräumen zu tun. Wie der Historiker Rudolf Walther ausführt,[1] war noch jedes Streben nach «nationaler Identität» zuerst ein Kampfprogramm gegen innere und äußere Feinde. Sich der «nationalen Identität» zu versichern sei immer auf die rechtliche Zurücksetzung, die soziale Isolation, die Vertreibung oder die Ausrottung der Anderen und Fremden hinausgelaufen.

Walther geht am konsequentesten der Frage nach, was «kollektive» beziehungsweise «nationale Identität» bedeuten könnte. Auch er stellt fest, daß bislang noch niemand darzutun vermochte, wer sie wem stifte, wie und wozu. Wenn man aber wisse, wie Nationen erfunden und konstruiert werden mußten, falle es auch nicht schwer, so Walther, sich den Prozeß vorzustellen, «wie ‹kollektive Identitäten› von den Schreibti-

---

1 Walther, Rudolf (1994): Was ist «nationale Identität»? In: Die Zeit, 12. August.

schen der Ideologen und Professoren in die Köpfe der Bürger gelangen». Wie absurd das Konstrukt der nationalen Identität ist, zeigt Walther mit der rhetorischen Frage, ob einer, der Goethe lese, zum Secondhand-Goethe, zum Frankfurter oder zum Sachsen-Weimarer werde. Natürlich werde er es nicht: «Selbst wenn die Bevölkerung einer Stadt nur Goethe läse, würde sie dadurch weder zu einem Verein von Goethes noch zu Kollektiv-Frankfurtern oder Kollektiv-Sachsen-Weimarern, sondern bliebe eine Gruppe von Menschen, die ihre Ich-Identitäten in unterschiedlicher Weise erarbeitet haben. Teile davon mit der Lektüre von klassischer Literatur.» Es ist eine logisch inkonsistente und in ihren praktischen Auswirkungen absurde Annahme, daß Goethe allen post mortem eine gemeinsame Identität vermittelt haben könnte: «Wieviele Goethe auch immer sie lesen mögen, die Unterschiede blieben in den Tausenden von Ich-Identitäten größer als die – über Goethe vermittelten – in etwa gleichen Meinungen und Überzeugungen. Denn *wir* haben keine Identität, die vielen Ich haben (vielleicht) eine gebildet im großen Für-, Mit-, Auf- und Gegeneinander, die man Familie, Freunde, Verein, Sport, Bildung, Betrieb nennt.» Wie wir auch im nächsten Abschnitt noch sehen werden, entsteht Ich-Identität primär in der Auseinandersetzung mit benennbaren Subjekten beziehungsweise existierenden Institutionen und/oder deren Vertretern.

Bei der Betrachtung der Herkunft und Vertriebswege «nationaler Identität» werde aber schnell erkennbar, daß weit und breit weder ein benennbares Subjekt noch eine bestehende Institution als Gegenüber der realen Menschen in Sicht sei. Ausgerechnet beim jungen Gebilde Nation, einer eingebildeten Großformation, werde die Lagerung von «Identität» unterstellt, die Bürgerinnen und Bürger glasweise abzapfen können. Dem widerspricht aber nach Walther die simpelste Erfahrung, daß «Identität» gemacht werden muß. Denn die Umstände, unter denen Regierungen und andere Agenturen es für notwendig halten, «nationale Identitäten» unters Volk zu bringen oder von ihm abzuverlangen, sind so wechselhaft wie die Identitätsangebote selbst. Wie bei jeder «kollektiven Identität» handelt es sich bei der «nationalen Identität» nicht um eine quasinatürliche Quelle, sondern, so Walther, «um ein situativ herstellbares Mittel von Kurpfuschern, das jedem Zweck anzudienen ist. Die Überlagerung von personaler durch ‹nationale› Identität läuft immer auf eine Konditionierung des Individuums für fremdbestimmte Zwecke hinaus.» Die Kollektivierung von Ich-Identität zu «nationaler Identität» ersetze doch nur Identität durch Uniformen und Leihkostüme. Die Gesellschaft mutiere zur Kaserne oder zur Maskerade, wo alle mit dem gleichen Kostüm herumirren. Mit der Behauptung, die «kollektive» oder «nationale Identität» sei für die Menschen absolut unverzichtbar, ist auch eine deutliche Absage an die Moderne und ihren rechtlichen und ethischen Universalismus verbunden. Walther: «Die Vorstellung, moderne Gesellschaften sollten ritualisierte ‹kollektive Identitäten› erhalten oder erzeugen wie ehedem Räuberbanden und Regimenter, Clans und Stämme oder Orden und Stände, setzt einen Bruch mit allem voraus, was an universalistischen Traditionen wirklich geworden ist.» Während die alten Gesellschaften zu ihrer Stabilisierung und zur Integration ihrer Mitglieder auf Traditionsbestände, Religionen, allgemein akzeptierte Werte und Normen zurückgreifen konnten und damit den vielen einzelnen eine fixe Rollenidentität anzudienen vermochten, können moderne Gesellschaften sich nicht mehr auf diese Bindungen und Normen berufen und diese den Individuen als Status oder Rollenidentität einfach überstülpen. Denn seit der Aufklärung seien egalitäre Rechte und Ansprüche des Subjekts rational und verallgemeinerungsfähig nicht mehr zu bestreiten, so daß Positionen, von denen aus dies in religiöser oder politischer Absicht dennoch gefordert werde, zu reaktionären Parteistandpunkten werden. Es ist einleuchtend, daß es niemals Gebilde gegeben habe, die den universalistischen Normen auch nur annähernd entsprochen hätten – am wenigsten herkunftsdefinierte «Nationen». «Nationen» können deshalb keine Grundlage für vernünftige «kollektive Identitäten» abgeben, weil es schlichtweg kein Verfahren gebe, um zu bestimmen, was eine Nation sei. Nach Walther sind «nationale Identitäten» deshalb «projektive Wahnbilder, die Großgruppen von sich selbst und anderen ausbilden, um in deren Windschatten in jeder Hinsicht partikulare Interessen durchzusetzen. Entwicklungspyschologisch handelt es sich um pathologische Regressionsphänomene.» Walthers abschließendes Fazit: «Als Handlungsnormen für die Begründung politischer Ziele haben ‹kollektive Identitäten› eine ebenso erbärmliche wie kriminelle Geschichte und keinerlei rational begründbare und sozial verträgliche Zukunft.»

Dies sollten all jene bedenken, die meinen, unentwegt über «nationale» oder «regionale Identitäten» schreiben zu müssen, ohne sich jemals darüber Gedanken gemacht zu haben, über was sie denn eigentlich schreiben. Das Lamentieren um die «schweizerische Identität» ist jedenfalls kaum mehr auszuhalten. Bei den vielen Bemühungen um die Klärung des «schweizerischen Selbstverständnisses» ist bisher auch nie etwas Substantielles herausgekommen, mit Ausnahme vielleicht von Ben

Vautiers Spruch-Bild: «La Suisse n'existe pas». Doch solange weiterhin so viele davon reden – ohne freilich auch wirklich etwas darüber zu sagen –, kann das Thema «nationale Identität» noch nicht für erledigt gehalten werden. Selbst in linken Zeitungen wird «kollektive» oder «nationale Identität» vielfach als selbstverständlich und oft sogar auch notwendig hingestellt. Über die «kurdische» oder «baskische Identität» wird berichtet, als ob es sich dabei um etwas Konkretes und Meßbares wie die Schuhgröße handeln würde. Angesichts dieser Tatsache ist leider davon auszugehen, daß mir «ethnische» oder «regionale» Identitätsbezeichnungen im Alltag oder in den Medien auch in Zukunft viel Unbehagen bereiten werden. Und sollte mich jemand fragen, was ich denn mit einem Schweizer gemein habe, werde ich mit der vielleicht verunsichernden Gegenfrage antworten: «Und was hast du mit dir gemein?»[1]

> *Sois toi-même. C'est la personne que tu imites le mieux.*
>
> *Bazooka Joe, «Mystic Master of Space & Time»*

2.3 «...und wer bist du?»

Mit den von den einzelnen Fachdisziplinen angebotenen Definitionen für Identität kann ich mich nicht recht anfreunden. Überzeugender zu diesem Thema finde ich Klaus Theweleit. Er ist der Ansicht, daß die Art «Identität», die die meisten irgendwie an ihrem Körper kleben spüren, als ein Kunstprodukt angesehen werden muß, das irgendwo hergestellt und dem einzelnen Körper hinzugefügt oder übergestülpt wird: «eine Folge des Kanons all der Zugriffe auf den Körper und der Eingriffe in

---

[1] Wer sich ausführlich mit der Frage beschäftigen will, wer wir sind, dem sind die 30'000 Buchseiten aus 47 Studien zum Befinden und Selbstverständnis der schweizerischen Gesellschaft und ihrer Glieder, die im Rahmen des Nationalen Forschungsprogramms (NFP) 21 «Kulturelle Vielfalt und nationale Identität» entstanden sind, zu empfehlen. Wer's nicht ganz so genau wissen will, kann mit dem immerhin rund hundertmal weniger umfangreichen Schlußbericht des Programmleiters Kreis vorlieb nehmen. (Vgl. Kreis, Georg (1993): Die Schweiz unterwegs. Schlußbericht des NFP 21 «Kulturelle Vielfalt und nationale Identität». Basel; Frankfurt am Main: Helbing & Lichtenhahn.)

Identität, Nation und Heimat

ihn, die die Gesellschaften formend bereithalten. Wer das ‹Identität› nennen will, soll es tun. Ich will es nicht.»[1]

Theweleit beruft sich auf den Medienforscher Marshall McLuhan, der ohne Wertung feststellt, daß jedes neue Medium eine Ausweitung des Körpers ist und etwas an seinen bisherigen Grenzen auflöst und somit – wie die Auflösung von «Identitäten» immer – Gewalt freisetzt. Was lernen kleine Kinder, wenn sie jemanden im Spiegel sehen? Im Vorgang der Ich-Bildung sagen sie zu dem, was sie zunächst als fremd erkannt haben, «Das bin Ich». Wobei das sich im Spiegel bewegende Bild ja tatsächlich nicht einfach «Ich» sein kann. «‹Ich› ist also eine Zusammensetzung aus dem blickenden und aus dem angeblickten Teil der Person. ‹Ich› ist also etwas, das, im Moment bestimmter Wahrnehmungen, *aus Zweien wird*, aus ‹mir› und einem ‹andern›, wie Lacan sagt» (S. 357). Die Figur Narziß ist nun jemand, der mit diesem «andern» von sich Schwierigkeiten hat. Er ist definiert durch ein Fehlen, weil er es nicht schafft, eins zu werden. Gemäß McLuhan erfinden Menschen äußere Medien, um diesen Zustand des Eins-Sein zu erreichen oder ihm näherzukommen. Medien sind für ihn alles, was als Erweiterung des menschlichen Körpers und seiner Anlagen angesehen werden kann, also beispielsweise das Rad als eine Erweiterung des Fußes, das Buch und der Spiegel als eine Ausweitung des Auges.[2] Theweleit meint, daß McLuhan der Figur des Narziß viel näher ist als Freud, wenn er behauptet, nicht in sich selbst sei Narziß verliebt, sondern in das ausweitende Medium. McLuhan sprach vom Medium als «Massage». Alle Medien massieren uns gehörig durch. Auf der einen Seite weitet die Massage aus, auf der entgegengesetzten Seite betäubt sie. Alle technischen Erweiterungen des

---

1 Theweleit (1988): S. 355. – Da ich dieses Kunstprodukt ebenfalls nicht als «Identität» bezeichnen möchte, erscheint das Wort bei mir in der Regel in Anführungszeichen.

2 Ein weiteres Beispiel, das Theweleit anführt: Da die Renaissancefürsten nicht über körpergroße Spiegel verfügten, bedienten sie sich zur Selbstwahrnehmung und Selbstwerdung zweier anderer Medien: der Entwicklung des symmetrischen Tanzes und der Malerei. Die Bilder der Renaissance hatten Spiegelfunktion. Die Tatsache, daß die Porträtbilder alles mögliche sein durften, nur nicht ähnlich, beweise das. Die Bilder sind in diesem Sinne Spiegel, welche Vorstellungen eines bestimmten «Ich» erzeugten, das dabei war, zu werden. – Der Walk-/Discman – überhaupt alle Tonträger und Abspielgeräte – können in diesem Sinne als eine Erweiterung des Ohres, der Computer als eine Erweiterung des Hirns bzw. Zentralnervensystems, der mit Datenhandschuhen und Sichthelm erfahrbare Cyberspace als eine erstmalige Ausweitung des gesamten Körpers gesehen werden.

menschlichen Körpers funktionieren sowohl als Betäubungs- als auch als Wachstumshelfer. Man kann demnach auf technische Medien auf zwei Arten reagieren: Entweder man verbindet die von ihnen bewirkte Betäubung eines bestimmten Sinnesorgans mit Anästhesien, die im Körper schon vorhanden sind, oder man nutzt die Erweiterung bestimmter Sinnesorgane zur Beseitigung von Anästhesien und nähert sich dadurch einer eigenen Geschichte.[1]

Es stellt sich nun die Frage, warum die technischen Medien in der Regel bei den meisten Menschen die Sinnesorgane betäuben. Warum ist es so schwierig, die Erweiterung der Sinnesorgane zur Beseitigung von Anästhesien zu nutzen? Braucht es gewisse Fähigkeiten dazu? Um diese Fragen zu beantworten, möchte ich zunächst darauf eingehen, wie die Medien auf die einzelnen Menschen wirken bzw. was mit den Zuschauern und Zuschauerinnen bei der Betrachtung von Fernsehbildern geschieht. Nach diesem kurzen Exkurs werde ich wieder auf den Zusammenhang zwischen Medien und Identität zurückkommen.

Die bedeutendsten aktuellen technischen Medien sind ohne Zweifel Film, Kino, Fernsehen, im Sinne von McLuhan alles Erweiterungen unseres wichtigsten Sinnesorgans: des Auges. Seit es diese Medien gibt, wurde auch immer wieder auf deren negativen Folgen hingewiesen. Die Bildungsbürger kritisierten vor allem die vermittelten Inhalte, sahen die Gefahren beispielsweise von Gewaltdarstellungen im Fernsehen in einer unreflektierten Adaption der gezeigten Gewalt durch die Zuschauenden. Verrohung, Verdummung, Vermassung waren und sind die Schlagworte, die diese Kritiker vornehmlich ins Feld führten und weiterhin führen. Bevor aber Fernsehbrutalität gewalttätige Regungen befreit, müssen soziale Isolierung und psychische Verelendung ihr Werk verrichtet haben. Fehlt es an Zuneigung und persönlicher Anerkennung in der Lebenswirklichkeit eines Subjekts, kann es sein, daß die «primären» Erfahrungen durch Medienerfahrung ersetzt werden. Für «elektronische Einsamkeit» und Verschiebungen im Realitätsverhältnis des fernsehenden Subjekts sind aber nicht das Fernsehen, sondern tiefgreifende Veränderungen im Bau der Gesellschaft verantwortlich zu machen. Es sind primär die gesellschaftlichen Verhältnisse und nicht die Brutalos, die Gewalt auslösen.

1 Vgl. Theweleit (1988): S. 366–371.

Identität, Nation und Heimat

Ein prominenter Kritiker des Mediums Fernsehen ist Neil Postman mit seinem Bestseller «Wir amüsieren uns zu Tode». In seinem populären Buch beklagt er den Niedergang des Buchdruck- und den Anbruch des Fernseh-Zeitalters, wobei er explizit nichts gegen das «dumme Zeug» hat, das im Fernsehen gesendet wird. Im Gegenteil, er findet es das beste am Fernsehen, obwohl man ihm dies nicht recht abnehmen will. Sein Interesse gilt der Epistemologie, also jener Wissenschaft, die sich mit den Ursprüngen und der Natur von Wissen und Erkenntnis beschäftigt, und nicht der Ästhetik oder Literaturkritik. Postman ist überzeugt davon, «daß die vom Fernsehen erzeugte Epistemologie nicht nur der auf dem Buchdruck beruhenden unterlegen, sondern daß sie auch gefährlich und vernunftwidrig ist.»[1] Er behauptet, daß eine auf dem Fernsehen beruhende Epistemologie die öffentliche Kommunikation verschmutze und daß die Klarheit und der Wert des öffentlichen Diskurses unter der Vorherrschaft des Fernsehens verkümmern und in Verfall gerieten. Die Menschen, gleich welchen Alters, nehmen nicht mehr die Welt, sondern nur noch Bilder von ihr ernst. Die menschliche Urteilskraft werde massiv eingebüßt. In seinem früheren Bestseller «Das Verschwinden der Kindheit» vertrat er bereits die These, daß das Fernsehen die Trennungslinie zwischen Kindheit und Erwachsenenalter verwische. Die Gründe dafür hängen nach ihm mit der undifferenzierten Zugänglichkeit des Fernsehens zusammen. Das Fernsehen bedürfe keiner Unterweisung, um seine Form zu begreifen, es stelle weder an das Denken noch an das Verhalten komplexe Anforderungen, und es gliedere nicht sein Publikum. Da die neue Medienumwelt jeden gleichzeitig mit derselben Information beliefere, sei es für die elektronischen Medien unmöglich, irgendwelche Geheimnisse zu bewahren, was für Postman aber die zentrale Voraussetzung für Kindheit wäre.[2]

Sicher hat Postman recht, wenn er meint, daß das Fernsehen eine ziemlich primitive Alternative zur linearen sequentiellen Logik des gedruckten Wortes bietet. Auch der Behauptung, daß Bilder und andere visuelle Darstellungen in kognitiver Hinsicht regressiv sind, weil sie vom Betrachter lediglich eine ästhetische Reaktion – im Gegensatz einer ag-

---

1 Postman, Neil (1985): Wir amüsieren uns zu Tode. Urteilsbildung im Zeitalter der Unterhaltungsindustrie. Frankfurt am Main: Fischer (Originalausgabe New York: Viking-Penguin 1985), S. 40.
2 Vgl. ausführlicher Postman, Neil (1983): Das Verschwinden der Kindheit. Frankfurt am Main: Fischer (Originalausgabe New York: Delacorte Press 1982).

gressiven Reaktion auf den Wahrheitsgehalt des gedruckten Wortes – fordern, ist grundsätzlich zuzustimmen. Doch allein aufgrund der Tatsache, daß das Fernsehen in erster Linie ein bildliches und kein sprachliches Medium ist, sollte nicht geschlossen werden, daß das Fernsehen weder besondere Fähigkeiten verlange noch entwickle. Postman sagt, Bilder sprechen unsere Gefühle, nicht unseren Verstand an. In der Tat werden Bilder, kombiniert mit Ton und Musik, von uns viel unmittelbarer und direkter aufgenommen als das gedruckte Wort. Doch das heißt nicht, daß sie uns nicht auch zum Denken auffordern. Es ist einfach eine andere Art zu denken, sehr sprunghaft, assoziativ, direkter und vielleicht weniger logisch. Wir denken weniger in Einzelbildern als vielmehr in Filmsequenzen. Genauso wie sie unser Denken einschläfern können, haben (Fernseh)Bilder doch auch die fantastische Fähigkeit, unseren Körper bzw. unsere Sinnesorgane enorm auszuweiten. McLuhan hielt das Bedürfnis, alle verfügbaren Sinne zu gebrauchen, für ebenso stark wie das Atmen. Dieser Umstand erklärt für ihn unser Verlangen, Radio und Fernsehen dauernd eingeschaltet zu haben. Unser Drang nach dauernder Verwendung dieser Medien ist unabhängig vom «Inhalt» des Programms oder vom persönlichen Innenleben – ein Beweis dafür, daß die Technik ein Teil unseres Körpers ist.

McLuhan betrachtete Filme als nichts anderes als «Dauerreklame» für Lebens- und Verhaltensstile. Jeder regelmäßige MTV-Zuschauer wird kaum etwas anderes behaupten wollen. Wer heute hip sein will, kommt ohne MTV kaum aus. MTV ist Träger eines Lebensstils, der zuerst einmal aus Musik besteht und von da zu allem anderen führt: Filme, Mode, Trends. Die Zuschauer nehmen sich davon, was ihnen gefällt. Wenn ihnen etwas nicht gefällt, schalten sie um.[1]

---

[1] Wobei man auf der Suche nach dem aktuellen Trend ständig einem Phantom nachrennt, und erst noch einem Phantom mit immer kürzer werdendem Verfallsdatum. Dies ist den Kids natürlich schnurz (und den Unternehmern kann's nur recht sein, denn der Markt lebt ja schließlich vom Schaffen dauernd neuer Trends und Bedürfnisse). Die «global Kids» wollen lediglich hip sein und sich gut fühlen. Dafür brauchen sie in erster Linie die richtigen Kleider, eben keine Kaufhauskleider, sondern Markenartikel. Denn erst die Marke schafft «Identität». Eine Jeans aus der Migros kann es nur bringen, wenn sie die richtige Marke hat – und keine Fälschung ist. «Difference is what makes us original.» Der Werbespruch von Levi's bringt es auf den Punkt, auch wenn natürlich heute längst viel mehr Leute in einer 501-Jeans – sei sie nun echt oder gefälscht – rumlaufen als in sonst irgendeiner Hose.

Identität, Nation und Heimat

Auch wenn Postman nicht behauptet, daß die auf dem Fernsehen beruhende Epistemologie alles verschmutze, ist es doch fraglich, ob er auch die Möglichkeit der technischen Medien zur Erweiterung sieht. Gefährlich und am schädlichsten für die öffentliche Integrität findet er das Fernsehen dort, wo es ernsthafte Diskursmodi, also etwa Nachrichten, Politik, Wissenschaft, einverleibt und sie zu Unterhaltungsstrategien bündelt. An dieser Stelle wird deutlich, daß auch er nicht ohne moralisierende Wertung auskommt. Er kritisiert zwar nicht, *was* die Leute sehen, aber *daß* sie sehen, womit er zum Ausdruck bringt, daß er die Mehrheit der Fernsehzuschauer für unfähig hält, bewußt mit dem Medium Fernsehen umzugehen. Die einzige Hoffnung sieht er in einer konsequenten Analyse der Struktur und der Auswirkungen von Information, in einer «Entmystifizierung der Medien». Als verzweifelte Antwort, ein solches Medienbewußtsein zu entwickeln, setzt Postman auf das Massenmedium Schule. Zumindest theoretisch seien die Schulen imstande, sich mit dem Problem auseinanderzusetzen. Offensichtlich traut er gerade Jugendlichen einen vernünftigen Umgang mit dem Fernsehen nicht zu. Bei der Lektüre seiner Bücher gewinnt man generell den Eindruck, daß er vor allem Kinder und junge Leute durch das Medium Fernsehen gefährdet sieht. Gerade sie sind es in erster Linie, die dermaßen auf Medien jeglicher Art angewiesen sind. Sie brauchen diese als Wachstumshelfer, um Ich zu werden (oder als Betäubungshelfer, um nichts zu bleiben). Um alle Sinne zu gebrauchen, ist einem jedes Medium recht. Nochmals: Es geht um das Medium, die Inhalte sind sekundär. Der nie moralisierende McLuhan wußte schon damals, daß diese Entwicklung unaufhaltsam ist, da das Medium eben einfach geschieht und nicht bewußt macht. *Ohne* Medien keine Identität! *Mit* Medien ebenfalls keine Identität! Oder wie McLuhan die Überschrift dieses Unterkapitels – «...und wer bist du?» – beantwortet: «Ich weiß es im Augenblick wirklich selbst kaum – das heißt, ich weiß, wer ich war, als ich heute früh aufstand, aber ich glaube, ich muß seither mehrere Male jemand anderer geworden sein.»[1]

Die Frage, ob Fernsehen gut oder schlecht ist, ist demnach völlig irrelevant. In «Lob des Fernsehens» geht der Film- und Fernsehkritiker Klaus Kreimeier der viel spannenderen Frage nach, was mit uns bei der Betrachtung von (Fernseh)Bildern «geschieht». Werden der Fetischismus

---

1 McLuhan (1969): S. 154.

der Bilder und die Vermarktung unserer Wahrnehmung unser unvermeidliches Schicksal sein oder sind Alternativen zumindest denkbar? Blauäugige Euphorie gegenüber den neuen Medien hält er für ebenso deplaziert wie bildungsschwere Nostalgie (beispielsweise von Neil Postman), denn weder die «positiven» noch die «negativen» Aspekte der elektronischen Kultur seien unaufhaltsam. In der Blickachse des Fernsehkastens, der uns die Welt sichtbar machen, das Unsichtbare und Verborgene enthüllen wolle, liefen wir Gefahr, zu Seh-Behinderten zu werden, weil uns das Übermaß an Sichtbarkeit zu Blinden mache, die zwischen «Wesen» und «Erscheinung» nicht mehr unterscheiden können. «Erst wenn wir in der Lage sind, unsere Seh-Routine zu durchbrechen und die Bedingtheiten des Mediums zu erkennen, werden wir die Television als eine Seh-Schule benutzen können, in der etwas über das Verhältnis des Sichtbaren zum Unsichtbaren zu lernen ist.»[1]

Kreimeier glaubt an die Neigung des Zuschauers, die Bilder *gegen* den Text, die Zusammenhänge *gegen* die ihnen eingepflanzten Sinnkonstrukte zu lesen. Jedes Konzept hingegen, das auf «Bewerten und Einordnen», auf «investigativem Journalismus» und komplexe Sinnvermittlung, auf sozialpädagogische Nachbesserung in Form von warnenden, beschwichtigenden oder tröstenden Moderationstexten setze, müsse angesichts der Montagedramaturgie des Fernsehens kläglich kollabieren (S. 59).

Kreimeier setzt auf den zerstreuten Blick, auf die «diversive Neugier» des Zuschauers. Diese Neugier der Augen habe uns alle im Griff. Sie laure auf das Unerwartete, lasse sich vom Nicht-Vorhersehbaren bestricken und bevorzugt dem Allzuvertrauten gegenüber das Absonderliche, das Schiefe und Schräge, die Panne und das Scheitern (S. 238). Der spezifische Fernsehgenuß liegt nach Kreimeier weniger in der Freiheit, zwischen verschiedenen Programmen auszuwählen, als vielmehr in der fundamentaleren Freiheit, «darüber zu entscheiden, ob wir ‹anwesend› oder ‹abwesend› sein, ob wir uns den Angeboten der Tele-Präsenz oder der unter- oder halbbewußten Präsenz unseres Gedankenstroms und unseren Tagträumen überlassen wollen» (S. 247). Das Abendprogramm kann dadurch zu einer «Brücke in die Nacht und in die der Welt abgewandten Bereiche unserer inneren Existenz werden.» Das Fernsehen helfe unserem Hang zum Träumen und schweifenden Assoziieren. Des-

---

1 Kreimeier (1995): S. 37.

halb sei auf der Seite derer, die unaufhörlich produzieren und senden, die Angst groß, der zerstreute Blick könnte uns zu Abtrünnigen machen und in eine Zone entschweben lassen, in der wir nicht mehr erreichbar sind.

«Der zerstreute Blick ist auch ein böser Blick. Vor allem: er ist unberechenbar, und er hält wenig von Moral. Im Imaginären und Virtuellen, in der Welt der Phantasie und der ungezügelten Wünsche kann der Mensch auf der Couch ganz bei sich selbst sein und seine Präsenz beweisen. Doch wenn die Wirklichkeit, wenn Tatsachen, Sorgen, Lebenshilfen oder die Appelle der Werbung auf ihn eindringen, zieht er sich womöglich aus der Affäre und zappt sich in ein anderes Programm» (S. 259). Kreimeier plädiert im Gegensatz zur heute praktizierten Fernsehkritik und Medienwissenschaft für eine «Programmbeobachtung», die sich selbst, also den Beobachter und den Prozeß des Beobachtens, mit einbezieht. Es gehe nicht darum, die neuen Technologien zu «verbessern», sondern sie kennenzulernen, um genauer bestimmen zu können, wohin die Reise gehe.

Wenn man sich auf die postmoderne These einläßt, daß wir uns auf dem Weg zum Cyberspace befinden, in der die Medienwirklichkeit konkret zum Apriori der Weltwahrnehmung wird, muß man auch weitere fundamentale Veränderungen in Kauf nehmen. Mit dem Eintritt in das Multimedia-Zeitalter verlieren auch einige scheinbar zeitlose Konstanten unserer Kultur wie beispielsweise der Begriff der empirisch objektiven Realität oder die klassische Subjekt-Objekt-Relation ihre Fraglosigkeit. In der Fernsehgesellschaft löst sich das klassische Subjekt zunehmend auf. Eine «einzige Identität» (Hein) ist weder möglich noch gefragt. Der ständige Wandel der Identität ist ein Gebot der Zeit. Man muß dran bleiben, nicht so sehr an den vermittelten Informationen als vielmehr am Medium an sich. Die vermeintlich eigene Identität steht permanent in Verbindung mit den technischen Medien, um dadurch fortlaufend kleine oder größere Anpassungen vornehmen zu können. Das Konstrukt «Identität» ist ein dauerndes Provisorium, das konstant ausgebessert bzw. ganz abgebrochen und wieder neu aufgebaut werden muß. Man ist sozusagen sein Leben lang adoleszent. In der Regel bleibt man unvollständig und schafft es nicht, zu so etwas wie einer «Identität» zu kommen. Eine innere Einheit der Person scheint auf jeden Fall illusionär zu sein, wobei dies nicht unbedingt bedauert werden muß.

Robert Musil hat diesen Umstand in seinem epochalen Roman «Der Mann ohne Eigenschaften» bereits in den dreißiger Jahren auf beklemmende Weise beschrieben: «Was ist alles, was wir tun, andres als eine nervöse Angst, nichts zu sein: von den Vergnügungen angefangen, die keine sind, sondern nur noch Lärm, ein anfeuerndes Geschnatter, um die Zeit totzuschlagen, weil eine dunkle Gewißheit mahnt, daß endlich sie uns totschlagen wird, bis zu den sich übersteigenden Erfindungen, den sinnlosen Geldbergen, die den Geist töten, ob man von ihnen erdrückt oder getragen wird, den angstvoll ungeduldigen Moden des Geistes, den Kleidern, die sich fortwährend verändern, dem Mord, Totschlag, Krieg, in denen sich ein tiefes Mißtrauen gegen das Bestehende und Geschaffene entlädt; was ist alles das andres als die Unruhe eines Mannes, der sich bis zu den Knien aus einem Grab herausschaufelt, dem er doch niemals entrinnen wird, eines Wesens, das niemals ganz dem Nichts entsteigt, sich angstvoll in Gestalten wirft, aber an irgend einer geheimen Stelle, die es selbst kaum ahnt, hinfällig und Nichts ist?»[1]

Rund fünfzig Jahre später schreibt Botho Strauß: «Die Identität, nach der man *sucht*, existiert nicht. Abgesehen von einigen äußeren, behördlichen Erkennungsmerkmalen gibt es nichts, was für die Existenz eines zusammengefaßten Einzelnen spräche. Nicht einmal der Körper ist monolog und mit sich selber eins. Sowenig wie die Meinung ist der Schritt der Füße unabänderlich derselbe; er ist ein Ausdrucksmittel, sehr variabel; und noch der Blutkreislauf stellt sich dar, wechselt Geste und Stil in dem Maße, wie er auf Lebensgewohnheit, Begegnungen und Leistungen reagiert. Unter dem Gesichtspunkt einer schrankenlosen Psychosomatik erzählt jedes Organ heute dies und morgen das. Dieses Ich, beraubt jeder transzendentalen ‹Fremd›-Bestimmung, existiert heute nur noch als offenes Abgeteiltes im Strom unzähliger Ordnungen, Funktionen, Erkenntnisse, Reflexe und Einflüsse, existiert auf soviel verschiedenen Ebenen der wissenschaftlichen und theoretischen Benennungen, in sovielen in sich plausiblen ‹Diskursen›, daß daneben jede Logik und Psycho-Logik des einen und Einzelnen absurd erscheint. Das totale Diesseits enthüllt uns sein pluralistisches Chaos. Es ist die Fülle nicht zusammenpassender, ausschnitthafter Bewegungen, die Fülle mikroskopischer Details aus ganz verschiedenen Wahrnehmungsmustern, in der wir eben noch das Reale vermuten können. Unter solchen Bedingungen

---

1 Musil, Robert (1978): Der Mann ohne Eigenschaften. Bd. 2: Aus dem Nachlaß. Reinbek bei Hamburg: Rowohlt, S. 1745.

nach dem Selbst zu fragen, endet bei dem Schema des Wahnsinnigen, der sich von ‹fremden Wesen› bevölkert und aufgelöst fühlt.»[1]
Offensichtlich war es schon immer schwierig, sich selbst zu werden. Die vielen Medien könnten einem zwar dabei behilflich sein, statt dessen üben sie vielfach einen verwirrenden und lähmenden Einfluß aus. Praxis und Leben werden aufgeschoben. Trotz gegenteiliger Propaganda werden dem Individuum weder Freiheit noch Chancen zur Selbstverwirklichung noch Mobilität zugestanden. Man lebt nicht heute, nimmt aber an allem teil, ist ständig informiert, ist ständig dran am laufenden Betrug, nur um ja nicht eine eigene Möglichkeit zu etwas Eigenem ergreifen zu können. Man hat das Gefühl, etwas mitzukriegen von der Wirklichkeit, ahnt aber insgeheim, daß man im Gegenteil nichts mitbekommt. Weil die Medien eben in aller Regel gezielt auf die Unübersichtlichkeit der Zusammenhänge hinarbeiten. Wie Theweleit an anderer Stelle sagt, hat die kalkulierte Unwirklichkeit, die jeden Abend als Nachricht über die Fernsehschirme läuft, neben dem ständigen Effekt der totalen Desinformation auch die Funktion, eine Unverletzlichkeitsphantasie auf den Fernsehzuschauer zu übertragen. *Der Schirm* arbeitet «an dessen fester Überzeugung, daß die Welt jenseits seines Fernsehschildes – außer wenn er sommers reist – nicht existiert.»[2] Hinter dem elektronischen Schild des Fernsehers ist man selber unsichtbar und verborgen. Den eigenen Reichtum will man mit niemandem teilen, erst recht nicht mit «Fremden». Die Welt wird mit einem Senderstrahl abgetastet. Sie existiert nur noch im Fernsehen, wo sie ganz klein wird.

---

1 Strauß, Botho (1984): Paare, Passanten. München: dtv, S. 175 f.
2 Theweleit, Klaus (1995a): Das Land, das Ausland heißt. Essays, Reden, Interviews zu Politik und Kunst. München: Deutscher Taschenbuch Verlag (dtv 30449), S. 30.

> *If I'm not me, who the hell am I?*
>
> Arnold Schwarzenegger in «Total Recall»

2.4 «Moi, c'est un autre»

Das letzte Unterkapitel über Identität mit dem vom französischen Dichter Arthur Rimbaud entlehnten, wahrlich postmodernen Aphorismus «Moi, c'est un autre» als Überschrift soll eine weitere Annäherung an das doch eher diffuse Thema bringen. Darin werde ich einen meines Erachtens wichtigen Text von Diedrich Diederichsen über aktuelle jugendkulturelle Ästhetik und Revolution zusammenfassen. Wichtig ist dieser Text, weil Diederichsen zum Thema Identität und Nation Dinge zu sagen hat, die von Autoren und Autorinnen, die in schwindelerregender Höhe von Elfenbeintürmen zum gleichen Thema schreiben, in dieser Deutlichkeit in der Regel nicht gesagt werden.

Diedrich Diederichsen – bekannt als Autor über Popmusik aus den Zeitschriften «Sounds» und «Spex» – hat in den letzten Jahren auch Ansätze einer umfassenden Theorie der Dissidenz entwickelt. Seine Hauptfrage ist, «ob es angesichts des zunehmenden Einflusses der Rechten in Theorie, Kultur und auf der Straße nach 1989 noch oder wieder eine Gegenkultur geben kann und welche Rolle der Einfluß schwarzamerikanischer Musik auf deutsche Hörer spielt», wie es im Begleittext zu seinem 1993 erschienenen Sammelband «Freiheit macht arm» heißt. Mir gefallen seine Texte, weil sie gleichzeitig genau, elegant und schön, wenn auch nicht immer leicht verständlich sind.

Im Aufsatz «Tribes and (Communist) Parties – Ziellosigkeit, Reversibilität, Gedankennot»[1] macht sich Diederichsen Gedanken über die Unvollkommenheit des unbezweifelten Gefühls, welches heute unter dem Namen «Betroffenheit» zu Recht einen schlechten Ruf bekommen hat. Zu Recht, weil «private Ängste sich über größeres Elend zwanghaft stülpen wollen, weil sich die eigene Regression nur am offensichtlichen Elend anderer noch sinnhaft wiedererkennen kann, weil kein Mensch mehr glauben kann, daß Morgenzeitungen oder andere Medien uns etwas so verläßlich in uns aufnehmen lassen wie Marmelade und Honig» (S. 97 f.). Diederichsen geht es in seinem Text nicht um Medien – sein

---

1 Vgl. Diederichsen (1993): S. 97–115.

Thema ist die von Peter Weiss zum Kriterium der Widerstandsfähigkeit erhobene Gedankennot, auf die ich gleich eingehen werde –, ich führe diese kurze Äußerung lediglich als weiteren Beleg für die spätestens seit McLuhan bekannte Weisheit an, daß man von den Medien beinahe nichts aufnehmen kann. Auf der anderen Seite der Betroffenheit sieht er die nicht minder dümmere Reaktion, nur ja nie von irgend etwas wie auch immer ergriffen zu werden. Für ihn ist diese Reaktion, die sich heutzutage auch immer mehr in Texten ausbreitet, die glauben, nur noch ahnungslos oder satirisch sein zu können, ein Symptom einer Verdrängung, Verdrängung eben genau der erwähnten Gedankennot.

Jede genuin linke Position, so Diederichsen, habe nichts außer die von Peter Weiss in der «Ästhetik des Widerstands» formulierte *Gedankennot*. Links wäre nach Diederichsen endlos ambig im Denken, ohne Aufschub im Handeln, rechts wäre mythisch fixiert und bewegungslos im Denken, endlos strategisch im Handeln. In der Rechten gebe es keine Gedankennot, da das rechte Denken immer nur taktisch oder strategisch sei. Es kenne keine Erfahrungen des Kampfgrundes. Weil der Rechte sein Denken und sein Handeln restlos entzweit habe, sei er in der Regel sowieso ein zufriedener Mensch, der lange lebe wie der Mops im Paletot. «Die linke Gedankennot zeigt sich nicht als Not auf der gedanklichen Ebene, aber sie findet nicht zu Formulierungen, sie ist prozessual, nicht resultativ und zeigt sich nur auf der habituellen Ebene oder in der Zerrissenheit des Stils» (S. 106), weswegen Linke auch so selten schön schreiben können. Statt dessen nehme sie, so Diederichsen, die zwei Formen Dummheit und Angeberei an. Dumm im Sinne von lebensunklug sei der Linke, weil es von außen keinen Unterschied mache zwischen einem, der aus moralischen Gründen keine Karriere machen wolle, und einem, der dazu unfähig sei. Diese Identifikation mit dem Versager sei typisch für das linke Verhalten. «Dieses Defizit an Macht, das im Verzicht auf Erfolg seine Ursache hat, strebt aber auch zu jenem anderen auffälligen linken Verhalten, der Angeberei, Besserwisserei, Rechthaberei, das sich auf der argumentativen Ebene zurückholen will, was es gesellschaftlich verpaßt hat» (S. 107). Diese beiden Verhalten sind in der Tat viel beobachtbar. Ganz so unangenehm und aussichtslos ist dieses Verhalten allerdings nicht, «denn es ist strukturell, und Strukturen sind nur gefährlich, wenn sie unerkannt prägen und regulieren» (ebd.). Man müsse sich nur über seine linken strukturellen Eigenschaften wie «Gedankennot, Reversibilität, Selbstkritik, Praxisbezug und eine gewisse aus Gedankennot entstandene Lebensunklugheit» bewußt sein, wenn man sich denn wünschenswerterweise wieder organisiere. Träumen allein nütze nichts. Als einstweilen mysteriöse Alternative zum Glauben an einen Gott, und sei es eine Theorie oder Vernunft und ihren Todestrieb, sieht Diederichsen den Groove, der als Modell oder Metapher auch für das Innenleben mit dem inneren Disput dienen könnte. Denn es sei ja wichtig, daß dieser sich nicht als Überzeugung verfestige, die Diederichsen als die perfideste unter den Selbsttäuschungen betrachtet und die seiner Ansicht nach Gegenstand psychiatrischer Behandlung sein sollte. «Der Groove ist nicht harmonisch, er zwingt nicht zur Synchronisierung, er ist polyrhythmisch und in der Lage, Dissonanzen aufzunehmen, ohne sie aufzulösen. Wir sind noch in der Metapher, aber der Hinweis sei erlaubt, daß in der populären Musik der Gegenwart, in und an allem, was an ihr neu ist, der Groove die Dissonanz, das Gegenmodell zur christlichen Subjektivität, an der die Linke solange litt, offenbar in Lust umwandeln kann» (S. 109).

HipHop, die Musik unserer Zeit,[1] ist für Diederichsen ein ziemlich abhörsicheres Kommunikationssystem, das weder bekennt noch protestierend, betroffen, beschwerend zur Macht spricht, sondern nur zu seinesgleichen. «Wer sich ihm anschließt, braucht nicht mehr anzugeben oder dumm, im eben beschriebenen Sinne, zu sein: Es sei denn, die ganze Angeberei und Dummheit tendierte immer schon dazu, in Jive überzugehen, dann gibt es eine Beziehung zwischen den strukturellen Merkmalen des Linken und der günstigsten Auslegung des neueren Tribalismus» (S. 111). (Selbstbezogene Tribes sieht Diederichsen als ein

---

1 Inzwischen hat HipHop Konkurrenz bekommen. Mitte der neunziger Jahre ist Techno die Musik «unserer Zeit», zumindest eine der wichtigsten Strömungen. Die beiden Musikkulte setzen sich relativ scharf gegeneinander ab. Es gibt aber auch Gemeinsamkeiten: Auch beim Techno bemüht sich eine kleine Avantgarde von DJs um die Fortentwicklung des «musikalischen Weltgeistes», weshalb auch vom Techno gesagt werden kann, daß diese Musik ebenfalls nur zu seinesgleichen spricht. Wie der deutsche Garage-House-DJ und Journalist Ulf Poschardt meint, ist diese «rein geistig gemachte Musik nur für den Körper bestimmt: den des Ravers, der Raverin, auch für den des Kollektivs – für die Party aller mit allen.» Vgl. Poschardt, Ulf (1995): Das Paradies und der musikalische Weltgeist. DJ Culture zwischen Pop, Underground und Avantgarde. In: WoZ, Nr. 18, 5. Mai, S. 21–23.
– In seiner Dissertation versucht Poschardt, den DJ als weltgeschichtliches Subjekt auszuweisen, das vom Mischpult aus die Revolution der Menschheit bringen wird. Von der DJ-Kultur die Weltrevolution zu erwarten, scheint mir allerdings etwas dick aufgetragen zu sein. Witzig ist seine Vision allemal. Vgl. Poschardt, Ulf (1995): DJ-Culture. Hamburg: Rogner & Bernhard bei Zweitausendeins.

Identität, Nation und Heimat

Modell alternativer Globalität gegen die verordnete panische Globalität der unkontrollierbaren, katastrophalen Systemik, die alle öffentlichen Reden durchzieht.) Es reiche nicht, wenn die Linke mit sich selbst spreche, wenn sie sich in ihrer Differenz genieße. Denn so bleibe sie natürlich wirkungslos, wo es doch darum ginge, institutionelle Macht und Medienmacht strukturell zu brechen.

Nach diesem kleinen Exkurs komme ich jetzt zu jenem Text von Diederichsen, den ich an dieser Stelle eigentlich behandeln will, ein Text mit dem vielversprechenden Titel «The kids are not alright, Vol. IV – Oder doch? Identität, Nation, Differenz, Gefühle, Kritik und der ganze andere Scheiß»[1]. Es handelt sich um die fast völlig überarbeitete Fassung des erstmals 1992 in «Spex» erschienenen Aufsatzes über jugendkulturelle Ästhetik und Revolte in den neunziger Jahren, der zu zahlreichen Kontroversen Anlaß gab. In dieser ersten Version meinte er, daß die Tatsache, daß HipHop nicht nur für Hedonisten und Spießer unangenehme Inhalte transportiere, sondern auch für Linke und alle, die in Jugend- und Gegenkulturen eine politische Perspektive gesehen haben, zum Abschied vom Konzept der rebellischen Jugendkultur mit allen angegliederten Unter-Ideen wie Pop, Underground, Dissidenz, Tribalismus, Revolte, Abgrenzung etc. zwinge. Seit HipHop- und Rap-Slogans wie «Black Nation» in Europa mit «Nation» übersetzt würden, seit die alten Kriterien für Befreiung wie der Tabubruch, das spontane Ereignis (Konzert, Trip, Rave, Festival), der Rausch umstandslos von den Nazis übernommen werden können, und es für Kids wie für Intellektuelle hip ist, rechts zu sein, hätten die in den Jugendkulturen liegenden Momente von Revolte und Dissidenz einen gefährlichen Charakter erhalten.

Diederichsen weist auf die vielen Gefahren hin, afro-amerikanische Populärkultur bruchlos in «falsche europäische Gefühle»[2] zu übersetzen. Er sieht eindeutige Unterschiede zwischen beispielsweise den 5%ern, einer tribalistischen Elitetruppe des Black Nationalism, und Skins in Deutschland, obwohl auch bei diesen alle typischen Erkennungszeichen eines jugendkulturellen Tribes – wenn auch nur in der denkbar rudimentärsten und unentwickeltsten Form – vorhanden sind, ohne dabei aber den ausgiebigen Gebrauch von Nations von HipHop und anderen Communities verharmlosen oder ignorieren zu wollen. Für

---

1 Vgl. Diederichsen (1993): S. 253–283.
2 Was Diederichsen damit meint, wird im folgenden noch klar werden.

ihn hängt eine Maßnahme wie «Erziehung» oder «Identitätsbildung» aber immer vom Kontext ab, in dem sie stattfindet. «Identität und Familie sind Waffen, böse Waffen, aber es gibt Lagen, wo man sie einsetzen muß. Es hilft nur Identität, wo Identität herrscht» (S. 256).

Das Konzept Jugend ist eine amerikanische Erfindung der fünfziger Jahre. Obwohl der kapitalistische Aspekt diesem Konzept nie verlorengegangen ist, gelang es ihm, in einem progressiven und begrenzt antikapitalistischen Sinne geschichtsmächtig zu werden. Zur gleichen Zeit entstand das Konzept Bürgerrechtsbewegung der amerikanischen Schwarzen. Beiden Konzepten gemeinsam ist das Auftauchen neuer historischer Subjekte. Es gibt einen Zusammenhang zwischen schwarzer amerikanischer Kultur und amerikanischer Jugendkultur. Die Kategorie Jugend wird wie die Kategorie «Rasse» einerseits als Zuschreibung, Entmündigung und Zwang eingesetzt, andererseits um Forderungen zu formulieren. Beide «leisten das, was Identitäten leisten können: Sie sind wie Baseballschläger und werden in der Regel von der Macht benutzt, aber wenn das der Fall ist, ist man auch gezwungen, sich mit ihnen zu wehren» (S. 263 f.). Unter komplett anderen Voraussetzungen haben demnach Jugendliche und Rassismus-Opfer gewisse Erfahrungen gemeinsam, gegen die sie sich mit Identität bewaffnen. Diederichsen rechtfertigt für Leute, welche im höchsten Maß Komplexität ausgesetzt sind – beispielsweise für Ghettobewohner, deren Alltag in der Tat der komplizierteste, da ungeordnetste und durch Rassismus noch zusätzlich übercodierte ist –, den Einsatz von Identität: «Identität betrachte ich als Waffe, die dort, wo eine gewisse Form von Gewalt (u. a. Identität) herrscht, also Zugangsberechtigung zu Kultur und Kapital verteilt, zur Selbstbewaffnung unerläßlich ist. Nicht immer zu verhindern ist dabei der Exzeß, also entweder ein übertriebener Glaube an diese Identität oder der Verlust des Unterscheidungsvermögens zwischen rassistisch zugewiesener und ‹selbstbestimmter› Identität» (S. 265). Rassismus sei nämlich alles andere als eine Reduktion. Im Gegenteil. Er stellt der eigenen diffusen Selbstbeschreibung eine zweite öffentliche Spiegelung zur Seite, die sich nicht abschütteln läßt. Diederichsen vergleicht diese Belästigung mit dem, was Jugendlichen in der Pubertät geschieht: «wenn der unklaren Selbstbeschreibung plötzlich von außen andere Zuschreibungen hinzugefügt werden und sich nicht abschütteln lassen» (ebd.).

Bei Jugendaufständen und Rassenunruhen gehe es demnach nicht um die Injektion von Unordnung in ein ordentliches System, sondern umgekehrt um die Überwindung der unordentlichen Komplexität. «Dieses

Umstülpen der inneren unbewältigten Komplexität und also Unordnung schafft in einem eine Ordnung, die der Identität ähnlich sieht. Die innere Unordnung wird beim gelungenen Aufstand den herrschenden Verhältnissen zugemutet» (S. 266). Die Grenze zwischen jugendkultureller Identität und bürgerlich-souveränem Komplexitätsgenuß liegt in der Zugangsmöglichkeit zu Bildung und anderen Distanzierungsmöglichkeiten, die letzteren die Komplexität bewältigen helfen. Diese können die höhere Komplexität der frei gewählten Verhältnisse genießen, die Künste, den Widerspruch, das Ins-Blaue-Leben der Bohemiens. Wenn nun von jenen, meist von im kulturellen Konkurrenzkampf sich bedroht fühlenden Fraktionen der Kulturbourgeoisie – Diederichsen nennt Syberberg und seine deutschnationalen Anhänger sowie die Feinde des Datenüberflusses und die Kulturökologen – vermehrt wieder nach Reduktion und Identität geschrien werde, entstehe Kultur-Faschismus. Bezeichnenderweise kommen für deren Bewaffnung keine künstlichen Identitäten in Frage wie bei den Rassismus-Opfern, sondern nur alte nationale Mythen. Es ist nach Diederichsen «die reaktionäre Bewaffnung derer, die Angst um ihre Verfügungsgewalt um kulturelle Mittel oder ihre Partizipation an der Definitonsmacht haben und gleichzeitig in der gegenwärtigen Situation sich berechtigte Hoffnung machen, mit ihren alten Identitäts-Waffen wieder Macht zu erringen» (S. 267). Phänomene wie die Ost-Skins lassen sich als Zusammentreffen von jugendlich betriebener Identitätskonstruktion mit der sekundären, bürgerlichen und faschistoiden Identitätskonstruktion verstehen. Diederichsen meint: «Wer ohne primäre Not Identität verlangt, stiftet oder verehrt, ist ein Faschist. Da, wo Identitäten ohne primäre Not angehäuft werden, hat jemand etwas vor. Und zwar nichts Gutes» (S. 268).

Dies alles hat Konsequenzen für die Pop-Musik, in der schon immer die Gleichzeitigkeit großer emotionaler Vertrautheit und Unverständnis, Fremdheit und Sprachprobleme für die Bedingungen ihrer globalen Verbreitung charakteristisch war. Im Empfinden dieser Spannung stiftete die Differenz Verbindung, und im günstigsten Fall hieß das, «durch global verbundene Differenzen von Jugendlichen und Marginalisierten eine einheitlich/unterschiedliche Koalition gegen Segregation und Ausblendung von Weltausbeutungszusammenhängen zu gründen» (S. 271). Dabei konnte man zwar nicht hoffen, daß sich die Beteiligten über Klassen-, Bildungs- und Segregationsgrenzen hinweg verstehen, aber zumindest, daß sie sich nicht bekämpfen. Diese Hoffnung muß heute wenn nicht ganz aufgegeben, so zumindest relativiert werden. Denn wer «in einer

Heimat in der Postmoderne

Kultur lebt, wo die Künstlichkeit und Konstruierbarkeit von Identitäten Alltag ist und keine Linke, sondern nur Rechte noch an Person, Autor, Familie, Verantwortung, Authentizität etc. glauben, für den ist es auch kein Problem, sich einen relativen, strategischen Rahmen für eine Nation zu konstruieren. Nur daß man darüber nicht mehr mit Pop kommunizieren kann und schon gar nicht über die Domäne des Pops: Gefühle. Als Gefühl kann das Wort ‹Nation› natürlich nur falsch ankommen (ganz abgesehen davon, daß es bei vielen HipHoppern auch falsch gemeint ist)» (S. 277).

Was bedeutet das für die Gefühle? Gefühle indizieren nach Diederichsen richtig und falsch viel schneller als Analysen. Jugendlichen, denen Analysen nicht zur Verfügung stehen, verhelfen sie zu schneller, überlegener Kommunikation. Auf die der Pop-Musik immanente Funktion, «handlungsfähig zu machen, zu bündeln, was zu komplex im Teenagerhirn hin und her wabbert», könne man sich heute eben nicht mehr verlassen, denn «Gefühle sind heute wieder potentiell faschistisch, auch wenn man bei kaum einer täglichen Entscheidung auf sie verzichten kann» (S. 278). Eine wahrlich gewagte Aussage von Diederichsen, Gefühle als potentiell faschistisch zu bezeichnen. Ich kann ihm da leider nichts entgegenhalten, und ich teile seine Meinung, wenn er sagt, Gefühle müssen wieder zum Problem werden. Diederichsen entwirft ein mögliches Szenario, was übrig bleiben könnte, «wenn man an all das nicht mehr glaubt, ohne blindwütig vergessen zu wollen, daß, wie und warum man daran geglaubt hat. Leer, frei und friedlich schweben über den erloschenen Vulkanen der Beat-Musik» (ebd.). Eine, wie mir scheint, gar nicht so unangenehme Alternative zur Idylle der Pop-Musik.

Um nun doch noch so etwas wie eine Definition von Identität und eine Zusammenfassung dieses Kapitels anzubieten, beziehe ich mich nochmals auf Klaus Theweleit, der in einem neueren Vortrag über die Mauer als nationales Massensymbol der Deutschen Identität folgendermaßen umschrieb: «Identität = ich stimme überein mit einem *anderen* Körper.»[1] Die sogenannte Identitätsbildung bzw. Zugehörigkeitsgefühle setzen nach ihm immer an der Haut an. Im Säugling entsteht Identität als Körpergefühl, und zwar nach dem Grad der Anziehung und Abstoßung durch die Körper, die ihn halten und nähren oder eben abhalten und nicht nähren. Wenn die umgebenden Körper ihn abwehren, ihn in Kälte,

---

[1] Theweleit (1995a): S. 16. – Mehr von Theweleit dann in Kapitel 4.3. Man kann sich jetzt schon darauf freuen.

Identität, Nation und Heimat

Geschrei und diffusem Schmerz verkümmern lassen, dann bilden sich keine oder nur rudimentäre Wahrnehmungen einer Selbst-Übereinstimmung heraus. Um ein einzelner, abgetrennter Körper werden zu können, muß man nach Theweleit von einem anderen Körper aufgenommen, angenommen und belebt worden sein. Dieser Körper wird ohne Einverleibungshilfen und die damit verbundene Gewalt gegen andere auskommen.

«Wenn die Fähigkeit zur weiteren Differenzierung von Körpern und Gegenständen beim Kind hinzukommt, die Fähigkeit zur emotionalen Bewertung der verschiedenen Körper, die Fähigkeit zur Nein-Position, wächst langsam ein Kern, der ‹Ich› genannt werden kann. Der menschliche Körper bewegt sich dabei in einem Rhythmus von Übereinstimmungs- und Abstoßungsgefühlen. Wo die primäre Übereinstimmung mit anderen Körpern, wo die frühen Identitätskerne aus der Symbiose mit nährenden, schützenden, haltenden Körpern gefehlt haben, wird Identität, die aus einer eigenen, aus einer ‹selbst-gelebten› Geschichte kommt, schwer entstehen können. Der *sich selbst fremd bleibende Körper* ist dann angewiesen auf Identitätsformen, die außerhalb seiner existieren: auf gesellschaftliche, auf übergestülpte Identitäten, nach deren Formen und Normen er lernen kann, sich zu ‹verhalten›» (ebd.). Solche Überstülpungsangebote von außen für die massenhaft vorkommenden einzelnen mit den nicht-zu-Ende-geborenen Körpern sind beispielsweise die Nation, die Rasse oder andere «Massensymbole der Nation», wie Canetti sie bezeichnet. Die gefährliche Rückseite des Vorgangs des «Aufnahme-Erlebens»: «Jeder Aufnahme (= ‹ich gehöre zu›) entspricht auf der anderen Seite eine Abspaltung (‹ich gehöre *nicht* zu›; oder ‹der da/die da gehören *nicht* zu›)» (ebd.). Theweleit liefert damit für mich eine einleuchtende Erklärung für den Fremdenhaß. Er rückt damit auch in die Nähe von Frisch, der ja ebenfalls Chauvinismus als Gegenteil von Selbstbewußtsein erklärt hat.

Ähnlich wie Theweleit argumentiert auch der amerikanische Publizist Leon Wieseltier in seinem erfrischenden Artikel «Against Identity: Wider das Identitätsgetue», den ich abschließend zitiere, da er nochmals die wichtigsten Aspekte dieses Kapitels auf witzige Weise anspricht.[1] Wieseltier ist der Meinung, daß die Suche nach der Identität nur die Sucht nach Abgrenzung, Konformität und Einfalt ist. Er plädiert für eine Viel-

---

1 Wieseltier, Leon (1995): Against Identity: Wider das Identitätsgetue. In: Die Zeit, Nr. 7, 17. Februar.

falt von Identitäten, denn die Wahrheit liege im Plural. Für ihn ist Identität «ein Euphemismus für Konformität. In ihr bekundet sich das Verlangen, subsumiert zu werden, der Wunsch, in erster Linie durch ein gemeinsames Merkmal gekannt und erkannt zu werden.» Weil die Definition des Individuums, die sich aus der Identität ergibt, nicht zuletzt eine Negativdefinition ist, ist Identität in hohem Maße gesellschaftlich, aber nicht sehr gesellig. Denn die Selbstdefinition betrifft nicht nur das, was man ist, sondern immer auch das, was man nicht ist. Eine solche Definition von Gleichsein kann von den anderen fast nur als Zurückweisung empfunden werden. «Identität ist Isolation; eine Doktrin der Abkehr, sie feiert die Unüberwindlichkeit.» Doch weil Isolation nie vollständig sein kann, dauert es glücklicherweise nie lange, bis Identität zu Loyalität degradiert wird. Zugehörigkeit ist für Wieseltier keine Erfahrung: «Sie ist Ersatz für eine Erfahrung. Wo der Gottesglaube abhanden gekommen ist, besteht immer noch die religiöse Identität. Wo das Bett kalt und leer ist, besteht immer noch die sexuelle Identität. Wo die Worte der Väter vergessen sind, besteht immer noch die ethnische Identität. Je schmächtiger die Identität, desto lauter gebärdet sie sich.» Wieseltier trifft sich mit Diederichsen in der Meinung, daß es unverschämt wäre, die Kritik an der Identität Menschen vorzuhalten, deren Existenz bedroht ist. Denn es sind genau jene Merkmale der Identität, die einem in guten Zeiten auf den Wecker gehen können, welche die gesellschaftlichen und psychologischen Voraussetzungen für Widerstand sind. Also etwa das Martialische, das Pochen auf Solidarität, der Verzicht auf individuelle Entwicklung zugunsten der Entwicklung des Kollektivs, das Vertrauen in symbolisches Handeln.

Die religiöse, die sexuelle, die ethnische Identität soll uns vergessen machen, daß jedes Erbe Zufall ist. An die Stelle eines Gefühls von Zufälligkeit setzt sie ein Gefühl der Notwendigkeit. Dieses Gefühl ist nach Wieseltier aber nicht notwendig, denn es ist keine Schande, zufällig zu sein. Das Wissen darum, daß man auch etwas anderes als ein Mann/eine Frau oder ein Jude/eine Jüdin (oder ein Schweizer/eine Schweizerin) sein könnte, flößt Nachsicht mit den vielen Dingen ein, die man auch hätte sein können. Trotzdem kann Identität ein Gefühl wohliger Innerlichkeit vermitteln, aber dieses Gefühl wird von außen vermittelt: «Ich bin meiner Familie, meinem Volk weder fern noch fremd, aber wir sind auch nicht eins. Ich muß sie von draußen hereinholen, wenn ich sie aus einem besseren Grund lieben soll als dem, daß es sich zufällig ergeben hat. Daß es sich so ergeben hat, ist ein armseliger Grund für Liebe.»

Identität, Nation und Heimat

Für Wieseltier besteht die große Lockung der Identität in der Lockung der Ganzheit. Identität verspricht, die Bruckstücke eines Lebens zu verknüpfen und aus ihnen ein einheitliches, sinnvolles Leben zu machen, woraus eine psychische und ästhetische Befriedigung erwachse. Doch gibt es wirklich nichts Schlimmeres als ein Leben, das sich nicht zu einem Sinn rundet? Wieseltiers Antwort: «Das Grausamste, was man Menschen heute antun kann, ist, sie dazu zu bringen, sich ihrer Komplexität zu schämen. (...) Vielfalt bedeutet Komplexität. Identität hingegen bedeutet Einfalt. Wer die Vielfalt ernst nimmt, erkennt, daß Identität eine Illusion ist.» Darum sieht Wieseltier einen großen Widerspruch darin, wenn Verfechter der Identität gleichzeitig die Vielfalt verfechten. Das geht für ihn nicht auf. Die Multikulturalisten würden Amerika mißverstehen, wenn sie erwidern, daß Amerika eine multikulturelle Gesellschaft aus monokulturellen Menschen sei. Nicht die multikulturelle Gesellschaft ist Amerikas große Leistung, so Wieseltier, sondern das multikulturelle Individuum! Genau vor diesem multikulturellen Individuum würden sich Tribalisten und Traditionalisten gleichermaßen fürchten. «Identität verspricht Einzigkeit, aber das ist ein falsches Versprechen.» Denn wenn die Unterschiede zwischen Individuen und Gruppen tatsächlich so unüberbrückbar wären, wie die Multikulturalisten behaupten, wäre logischerweise auch der Multikulturalismus nicht möglich. «Jeder Mensch säße in der eigenen Subjektivität gefangen. Es würde totales Schweigen herrschen oder totaler Krieg.» Wer auf Authentizität pocht, ist reaktionär. Denn dieser ärmliche Maßstab zur Beurteilung einer Idee, eines Kunstwerks, einer Politik sagt zwar etwas über Herkunft, doch Herkunft verbürgt noch nicht Gehalt. Das Anti-Ideal Authentizität besagt: «Was gewesen ist, muß sein. Das ist Götzendienst an den Ursprüngen.» Denn die Unabänderlichkeit der eigenen Ursprünge macht die Beurteilung des eigenen Handelns nicht überflüssig.[1]

1 Zum Thema Multikulturalismus verweise ich auch auf den ähnlich argumentierenden Artikel des Erziehungswissenschaftlers Frank-Olaf Radtke. Er kritisiert das Konzept der «interkulturellen Erziehung», weil es mit der Wahl und Thematisierung kultureller und ethnischer Unterscheidungskategorien entgegen seiner deklarierten Ziele zu einer Perpetuierung und (Re-)Vitalisierung der Konfliktlinien zwischen Ethnien beitrage. Indem der Multikulturalismus das alte nationalstaatliche Denken innergesellschaftlich bloß vervielfache, Ethnizität und kulturelle Identität als Konstrukt, Einteilungskriterium und zulässige Differenzmarkierung aber unbesehen übernehme, bestehe die Gefahr, daß die Unterscheidungsmuster zusätzlich gestützt und in der Gesellschaft als Diskriminierungsressourcen eingesetzt würden. Die offensive Forderung nach ethnischen Curricula führe in die

Wie die Welt ist auch das Selbst weder völlig stabil noch völlig unstabil. Man sollte nach Wieseltier die Flexion der Identität würdigen, sie sei nichts Geringes. Die Identität werde immer mißtrauisch auf die Selbstlosigkeit blicken, wobei Selbstlosigkeit nicht bedeute, daß man sich selbst nicht kenne, sondern lediglich, daß man aus sich selbst nach draußen gezogen worden sei. «Selbstlosigkeit ist die Selbstverneinung der Starken. Reinheit ist das Gegenteil von Integrität. Nur jemand, der eine Identität besitzt, kann verstehen, warum jemand den Wunsch haben könnte, sie los zu sein.»

Falle der Selbstethnisierung und könne zu seiner sich selbst erfüllenden Prophezeiung ethnischer Diskriminierung und Benachteiligung werden. Vgl. Radtke, Franz-Olaf (1992): Multikulturalismus und Erziehung. Ein erziehungswissenschaftlicher Versuch über die Behauptung: «Wir leben in einer multikulturellen Gesellschaft». In: Brähler, Rainer u. Peter Dudek (Hrsg.): Fremde – Heimat. Neuer Nationalismus versus interkulturelles Lernen. Probleme politischer Bildungsarbeit. Frankfurt am Main: Verl. für Interkulturelle Kommunikation, S. 185–208.

3 Natur, Landschaft und Simulation

Bilder von Heimat sind oft mit Bildern von Natur gekoppelt. Doch was meinen wir eigentlich, wenn wir von Natur reden? Im folgenden geht es um die beiden stark verwandten Begriffe Natur und Landschaft, die nachhaltig unsere Heimatauffassung beeinflussen. Ich werde mich also zuerst mit dem Phänomen Natur/ Landschaft und dem Gebrauch dieser Worte in der heutigen Zeit auseinandersetzen. In einem weiteren Unterkapitel werde ich nochmals auf die immer noch weit verbreitete Meinung eines angeblichen Einflusses von Raum/Natur auf den Menschen eingehen. Am Beispiel des sogenannten «Schweizerheimwehs» werde ich zeigen, zu welchen absurden Auswüchsen es führt, wenn man an die Erdgebundenheit des Menschen glaubt. Ich werde dieses Thema auf ziemlich ironische und sarkastische Weise angehen, da es meines Erachtens keine ernsthafte Behandlung zuläßt. In Anlehnung an Edgar Reitz' Fernsehfilme «Heimat» und «Die Zweite Heimat» werde ich danach aufzuzeigen versuchen, was das Besondere der Lebensweise von Bauern ist, die in der Regel ihr Leben lang an den gleichen Ort «gebunden» sind. Daß diese «Ortsgebundenheit» jedoch nichts mit Geodeterminismus zu tun hat, sollte in diesem Unterkapitel einsichtig werden. Wenn weiter unten Reitz davon redet, daß der Bauer ohne jede Wahl an Ort und Zeit gebunden lebe, dann meint er damit nicht auch die Umkehrung; daß also die besonderen Lebensgewohnheiten oder gar die Mentalität der Bauern vom Raum, Ort oder Boden bestimmt wären, auf dem sie leben. Das von Reitz sehr subjektiv gefärbte und ansatzweise in der Tat verklärende Bild der Landbewohner übernehme ich jedoch lediglich, weil es auf sehr anschauliche Weise die Unterschiede zwischen der bäuerlichen Dialektkultur und der Emigrantenkultur illustriert. Es soll auf keinen Fall als «objektive» Darstellung der Lebensweise der Bauern und Bäuerinnen aufgefaßt werden.

Es ist nun aber trotzdem von Interesse, wie die Utopie Landschaft weiterhin dazu verwendet werden kann, um sich die Welt ästhetisch anzueignen. Im letzten Teil dieses Kapitels werde ich daher zunächst auf die insbesondere durch die virtuellen Medien Fernsehen und Cyberspace veränderten Wahrnehmungsbedingungen der Menschen eingehen. Abschließend werde ich mich mit der vom Geographie-Didaktiker Jürgen Hasse in seinem Buch «Heimat und Landschaft» aufgeworfenen Frage auseinandersetzen, welche Bedeutung Natur- und Landschaftsutopien in der Postmoderne für den Prozeß der Konstruktion von Heimat nach wie vor haben können.

3.1 Die Rede von «Natur» und «Landschaft»

Unser Naturverhältnis ist ambivalent. Seit der Aufklärung haben wir einerseits ein sachliches, auf Nützlichkeit bezogenes und ausbeuterisches Naturverhältnis, andererseits ein verklärend-romantisches Naturverhältnis, das die Versöhnung von Mensch und Natur sucht. Diese widersprüchlichen Haltungen sind sehr nützlich, denn mit deren Kombination wird die eine zur Ausrede der anderen. Doch die zu Legitimationszwekken benutzte Natur ist reine Mystifikation. Trotzdem ist es eine Tatsache, daß idyllisch gezeichnete Bilder einer äußeren Natur unter den Elementen der Heimat oft an erster Stelle genannt werden.

Das Phänomen, Natur als Landschaft schön zu finden, ist schon früh entwickelt worden. Die Veröffentlichungen des Naturwissenschaftlers Ernst Haeckel um die Jahrhundertwende haben die Vorstellungen von Natur als «künstlerisch schaffend» erheblich befördert. Gröning und Wolschke weisen auf die Wirkung der für die damalige Zeit sehr seltenen fotografischen Abbildungen in der Literatur, die erstmals einem größeren Publikum zugänglich waren. «Es wäre nicht verwunderlich, wenn dadurch Vorstellungen entscheidend geprägt worden wären, die Natur sei – selbst in Dimensionen, in denen das menschliche Auge nicht mehr ohne technische Hilfsmittel differenziert wahrnehmen kann – schöpferisch im Sinne des Schönen tätig.»[1]

Solche Vorstellungen von einer im Sinne des Schönen tätigen Natur sind nach wie vor aktuell. Ebenso Vorstellungen von einer Natur «an sich». Oft wird vorausgesetzt, der Mensch könne die Natur so erkennen, wie sie «an sich» sei. Dabei bleibt unreflektiert, daß die Naturwissenschaft wie die menschliche Wahrnehmung von ihrem gesellschaftlichen und kulturellen Hintergrund geprägt ist. Auch die experimentelle Na-

---

1 Gröning, Gert u. Joachim Wolschke-Bulmahn (1986): Die Liebe zur Landschaft. Teil I: Natur in Bewegung. Zur Bedeutung natur- und freiraumorientierter Bewegungen der ersten Hälfte des 20. Jahrhunderts für die Entwicklung der Freiraumplanung. München: Minerva Publikation (= Arbeiten zur sozialwissenschaftlich orientierten Freiraumplanung 7), S. 110.

Natur, Landschaft und Simulation

turwissenschaft weiß, daß je nach Anordnung der Natur in Experimenten die Erkenntnisse über die Beschaffenheit der Natur verschieden ausfallen. Es ist also nicht davon auszugehen, daß die Natur das Gegebene und das in Gesetzmäßigkeiten zu fassende sei. «Vielmehr unterwirft der Mensch die Natur bestimmten vom gesellschaftlichen und kulturellen Umfeld geprägten Ordnungssystemen», wie der Politologe Rolf Cantzen ausführt.[1]

In einer Textsammlung zur Konstitution und Rezeption von Natur als Landschaft versuchen die beiden Herausgeber Gröning und Herlyn die Frage zu beantworten, wie sich Landschaft aus der Natur herausbildet und unter welchen gesellschaftlichen und individuellen Bedingungen das Landschaftserlebnis gelingen kann.[2]

Von der wissenschaftlichen Literatur wird Landschaft unter zwei grundverschiedenen wissenschaftstheoretischen Ansätzen diskutiert:
1. Die naturwissenschaftliche Landschaftsbetrachtung (zum Beispiel Landschaftsökologie), die die naturräumlichen und ökosystematischen Einheiten aufzuspüren sucht, welche das landschaftliche Gesamtgefüge gliedern.
2. Die geisteswissenschaftliche Landschaftsbetrachtung (zum Beispiel Landschaftsästhetik), die die Wahrnehmungs- und Bewertungsmodalitäten menschlicher Landschaftserfahrung erforscht.

Der sozialwissenschaftliche Ansatz scheint aus zwei Gründen vernachlässigt zu werden. Erstens hat die städtische Umwelt mit ihrer größeren Dichte von Nutzungskonflikten die Sozialwissenschaftler stärker herausgefordert. Zweitens ist es in der Sache selbst begründet, «denn ‹Landschaft wird nicht in der Welt vorgefunden, die Welt wird vielmehr in eine Landschaft verwandelt, sobald sie sich der ästhetischen Erfahrung erschließt.›»[3] Im Kontrast zu den in der Geographie vorherrschenden Versuchen objektiv bestimmbarer Begriffsbildungen handelt es sich um

---

1 Cantzen, Rolf (1987): Weniger Staat – mehr Gesellschaft. Freiheit – Ökologie – Anarchismus. Frankfurt am Main: Fischer, S. 180.
2 Gröning, Gert u. Ulfert Herlyn (Hrsg.) (1990): Landschaftswahrnehmung und Landschaftserfahrung. Texte zur Konstitution und Rezeption von Natur als Landschaft. München: Minerva Publikation. – Im folgenden beziehe ich mich auf ihre Einleitung (S. 7–21).
3 Lobsien, Eckhard (1981): Landschaft in Texten. Zur Geschichte und Phänomenologie der literarischen Beschreibung. Stuttgart, S. 1, zitiert nach Gröning/Herlyn (1990): S. 11.

einen subjektiven Ansatz, dessen Gegenstand nicht der physikalische Raum in seiner vermeintlich «objektiven Realität» ist, sondern der Raum, wie er sich im Erleben und Handeln erschließt.

Die erste zentrale Voraussetzung zur Konstitution von Landschaft sind tiefgreifende gesellschaftliche Veränderungen. Erst im Gefolge der Industrialisierung können massenhaft sogenannte Landschaftserlebnisse gemacht werden und oft genug als Verdrängung der sie erzeugenden zivilisatorischen Prozesse eingesetzt werden. Neben den gesellschaftlichen Veränderungen liegen Voraussetzungen für die Konstitution von Natur als Landschaft in der subjektiven Verfassung der Menschen selbst. Entscheidend dabei ist nicht der Charakter des Objektes, sondern der Standpunkt, von dem aus Natur wahrgenommen und interpretiert wird. Die Landschaft wird mit der aufkommenden Stadt konstituiert, «insofern erst städtisches Leben jene innere und äußere Distanz schafft, aus der heraus das Erlebnis der Natur als Landschaft möglich werden kann.»[1] Hauptvoraussetzung für Landschaftswahrnehmungen war die touristische Erschließung der Natur, wobei sich mit zunehmendem Entwicklungsstand westlicher Gesellschaften das Bedürfnis nach Landschaftserlebnissen zu steigern schien.

Der bedeutende Soziologe und Philosoph Bahrdt geht in einem Essay, der ebenfalls in der Textsammlung von Gröning und Herlyn enthalten ist,[2] der Frage nach, was wir meinen, wenn wir von Natur reden.

Er beginnt mit einer Aufzählung einiger typischer geschichtlicher Naturbegriffe (ohne Anspruch auf eine umfassende Kulturgeschichte des Naturbegriffs):
1. Der Naturbegriff der sogenannten «Naturvölker». Diese leben nicht in unproblematischer Einheit mit der Natur. Sie sind allenfalls Stiefkinder einer Natur, gegen deren Launen sie sich ständig mit bescheidenen kulturellen Artefakten, Gedanken und Symbolen verteidigen müssen.
2. Auch beim Weltbild des Alten Testaments wird man «Natur» in unserem Sinne nicht entdecken, wohl aber Vorstellungen, die in unsere Naturvorstellungen eingegangen sind. Was wir heute «Natur» nennen, ist nach der Vorstellung der Genesis zwar von Gott geschaffen.

---

1 Gröning/Herlyn (1990): S. 15.
2 Bahrdt, Hans Paul (1974): «Natur» und Landschaft als kulturspezifische Deutungsmuster für Teile unserer Außenwelt. In: Gröning/Herlyn (Hrsg.) (1990): S. 81–104.

Gott ist aber nicht Teil der von ihm geschaffenen Welt. Der Mensch als Teil der Schöpfung hat von vornherein eine Sonderstellung. Sein Privileg ist es, sich die Erde untertan zu machen. Weil er schuldig geworden ist, ist er freilich aus dem Paradies vertrieben. Damit ist ein Band zwischen ihm und allen anderen Lebewesen zerschnitten. «Als Herr und zugleich als Ausgestoßener in einem entgötterten Diesseits (...) erlebt er sich bereits in einer Distanz zu all dem, was wir heute ‹Natur› nennen» (S. 85).

3. In der allgemeinen Kultur der christlichen Völker finden wir ein Schwanken zwischen dem Extrem der äußersten Askese und dem Extrem der offenherzigsten Lebensbejahung. Doch wahrscheinlich tritt erst in der Neuzeit der Gedanke auf, in der Natur selbst eine eigenständige moralische Instanz zu sehen und sie gegen einen durch Kultur oder Aberglauben korrumpierten Geist auszuspielen.

4. Im aufklärerischen Denken gibt es keine eindeutige Naturauffassung. Die Natur verwandelt sich in ein System von Denkmodellen und Methoden für die Forschung. Zugleich ist sie auch moralische Instanz und Gegenstand der Sehnsucht. «In der frühen Neuzeit beginnt sich das Leiden an bestimmten kulturellen und sozialen Zuständen (...) auch als ein allgemeines ‹Unbehagen in der Kultur› und ‹Leiden an der Gesellschaft überhaupt› zu artikulieren. Die ‹Natur› jedoch ist die Lehrmeisterin, die sagt, wie die Menschen eigentlich zu leben haben» (S. 88). Der Rekurs auf angeblich ursprüngliche Zustände ist die Legitimationsform für progressive Veränderungen in der Gesellschaft.

In der bürgerlichen Gesellschaft werden auf der Grundlage der hervorragenden Kenntnis der Naturgesetzlichkeiten die außermenschliche und die menschliche Welt und das Verhältnis beider zueinander verändert. Man tut sich schwer damit, diese veränderte Ordnung näher zu bestimmen. Einerseits hält sich das säkularisierte bürgerliche Zeitalter an christliche Überlieferungen, andererseits ist man nicht mehr ganz bereit, die Ordnung in all ihren Details für eine Schöpfungsordnung zu halten. Die Natur stellt sich in der Vielfalt der Erscheinungen als die Entfaltung von wenigen waltenden Prinzipien dar. «Man flüchtet in Unklarheiten, Verschwommenheiten und redet vorläufig einmal von einer ‹Natur›, von der man Ehrfurcht haben müsse» (S. 93).

Doch der Naturkult des bürgerlichen Zeitalters lenkt von der Erkenntnis ab, daß die negativen Folgen der rationalen technischen Weltbeherrschung – Bahrdt spricht von einer Dialektik der technischen Rationalität, die neue irrationale Felder dort erzeugt, wo vorher zwar nicht gerade Rationalität, aber stabile Gewohnheit und Vertrautheit bestanden hat – nicht ohne Eingriffe in die Gesellschaftsordnung in den Griff zu bekommen sind. Zudem lenkt er davon ab, daß diese Folgen für Gesundheit und Lebensgefühl recht unterschiedlich je nach Stellung in der Gesellschaft sind. Es sind zuerst die privilegierten Schichten, die ihre Häuser mit Gärten umgeben und deren Wohnviertel am Stadtwald oder am Park liegen.

Es findet nun aber bedenklicherweise ein ideologischer Mißbrauch der Begriffe Natur und Natürlichkeit statt. «‹Natürlich› ist nicht nur Wald und Flur, sondern auch der Bauer, wenn man eine konservative Agrarpolitik treibt. ‹Natürlich› ist alles, was so alt ist, daß es den Anschein der Ursprünglichkeit hat, z. B. das Eigentum, obwohl Rousseau gerade in der Entstehung von Eigentum den Abschied der Menschheit vom Naturzustand gesehen hatte. ‹Natürlich›, d. h. berechtigt sind die Rangunterschiede der sozialen Schichten, der Statusunterschied von Mann und Frau, da sie angeblich auf verschiedenen Naturanlagen beruhen. ‹Natürlich› ist es, daß die stärkere Rasse die schwächere besiegt» (S. 95). Mit dem Begriff «Natur» artikulierte das bürgerliche Zeitalter einen Teil seines schlechten Gewissens. Um mit diesem schlechten Gewissen dennoch leben zu können, hat man ihm einen abgegrenzten Wirkungsbereich zugewiesen, um dafür in anderen Lebensbereichen einen freien Rücken zu behalten. Im Freizeitbereich wurde der «heilen Natur» der geziemende Tribut entrichtet. In der Fabrik und im Büro war die Natur jedoch längst der technischen Rationalität geopfert worden. Dort hätte die Klage einsetzen können. Doch die zivilisationskritische Klage, die zum Ritual bürgerlicher Bildung gehört, hatte ihren Platz im unverbindlichen Freizeitbereich.

Der Geograph Gerhard Hard hat sich immer wieder mit dem Phänomen Natur und dem Gebrauch dieses Wortes auseinandergesetzt. In einem neueren Artikel[1] nennt er Natur ein «Fahnenwort», worunter er einen stimulierenden Signifikanten versteht, unter dem sich durch die Reduktion seines Wortinhalts auf das wenig- bis nichtssagende, aber expressiv und emotional sehr ansprechende Gemeinsame Heterogenstes sammeln kann. Man kann empirisch feststellen, was nun das Gemeinsame der vielen Naturen ist, die in der sozialen Kommunikation zirkulie-

---

[1] Hard, Gerhard u. Frauke Kruckemeyer (1993): Die vielen Stadtnaturen – Über Naturschutz in der Stadt. In: Koenigs, Tom (Hrsg.): Urbane Natur in Frankfurt am Main. Frankfurt am Main; New York: Campus-Verlag, S. 60–69.

ren. Man bekommt dann folgendes Bild: «‹Die› Natur ist eher schön als häßlich, eher ländlich als städtisch, eher harmonisch als dissonant, eher ein ästhetisches als ein politisches (oder technisches oder ökonomisches) Phänomen; sie ist etwas Gutes und hat viel mit Glück und sogar mit Liebe, Ganzheit und Fülle zu tun. Überhaupt stehen ‹Natur› und ‹Landschaft› sich sehr nah – ‹Landschaft› ist wohl die wirkungsvollste moderne Verschlüsselung dessen, was uns (wie wir spontan meinen) Natur sein und geben kann» (S. 61). Mit «Landschaft» wird in der Regel eine ländlich-vorindustrielle Schönheit assoziiert, ein gutes Leben in Frieden, Freiheit und Fülle und insbesondere auch ein Phantasma (das heißt Schema des Erlebens und Fühlens) der Geborgenheit. Hard macht aber einen bedeutsamen Unterschied der Natur zur Landschaft aus: Die Natur erscheine uns mächtiger und allumfassender, aber zugleich auch als störbar und bedroht, worin Hard einen eklatanten Widerspruch sieht. Die Natur erscheine uns, ganz ähnlich wie die Landschaft, als etwas Nahes, Vertrautes, ja Persönliches und Intimes (und sei sogar von Konnotationen der Geborgenheit und Heimatlichkeit umgeben), suggeriere aber zugleich «Sehnsucht» und «Ferne». «‹Natur› evoziert, ähnlich wie ‹Landschaft›, sozusagen eine ferne Heimat. Anders gesagt, die Natur strotzt einerseits von Wurzelgefühl, Mütterlichkeit und Nestwärme, evoziert andererseits aber auch Einsamkeit, Freiheit, Weite, ja Unendlichkeit. Offenbar enthält ‹Natur› begriffsgefühlsmäßig (...) zwei polare psychische Bodensätze: Einerseits das bodenständige Wurzelglück im Mutterschoß, andererseits aber auch so etwas wie das nomadische Gefühl männlichen Abenteuerns (...): Und all das ist in der Poesie der Werbung ebenso sichtbar wie noch in den abstrakten Reden unserer Philosophen» (S. 61).

Das «Gemeinsame», was uns die Rede von der «Natur» suggeriere, liege also nicht darin, was inhaltlich beschrieben werde, sondern in einer Anpreisung. «Natur» fungiere als ein Appell und Anpreiser zu einem unbestimmt-vieldeutig schillernden Guten, Wahren und Schönen. Die gemeinsame Natur stellt also gewissermaßen einen unspezifischen Idealisierungsapparat dar und kommt vor allem in expressiver und kommunikativer Rede vor, das heißt wenn es in erster Linie mehr darum geht, die Angesprochenen zu beeinflussen sowie Kontakt und Wir-Gefühl herzustellen, als darum, die Wirklichkeit zu beschreiben.

Damit wissen wir aber immer noch nicht, was «Natur» oder eine (bzw. die) «Landschaft» ist. Es war wiederum Gerhard Hard, der bereits Ende der sechziger Jahre zeigte, daß die alte und offenbar immer wieder neu gestellte Frage «Was ist eine Landschaft» als Frage nach einem «Objekt» gar nicht lösbar ist.[1] Ohne den Gebrauch des Wortes Landschaft grundsätzlich in Frage stellen zu wollen, ging es Hard in erster Linie darum, die Gefahren und Möglichkeiten der Situation aufzuzeigen, wenn der Geograph aus dem kommunikativen Umgang mit dem Wort Landschaft in den Zustand der Reflexion darüber verfällt. Denn dieser unbefangene Geograph interessiere sich plötzlich nicht mehr nur für die Information, die mit der sprachlichen Sequenz verbunden sei, sondern plötzlich und nur noch für die Symbole, den zeichenhaften Trägern dieser Information, ohne sich bewußt zu sein, daß im extrakommunikativen Umgang die Worte in gewissem Sinne selbst wieder Dinge und Strukturen werden. Da er jedoch auf diese Situation von Berufs wegen in der Regel nicht vorbereitet sei, reagiere er spontan und unvoreingenommen auf den sprachlichen Gegenstand. Genau darin liegt nach Hard aber das Problem. Denn der Geograph verstieg sich allein aufgrund der muttersprachlichen Existenz der Wörter «Landschaft» und «landschaftlich» sowie dem Glauben, daß einem Substantiv doch auch ein real existierendes Objekt entsprechen müsse, zur Behauptung, daß ««Landschaft› ‹ein konkretes Forschungsobjekt› und als solches ‹der Gegenstand der Geographie› sei» (S. 70).

Wenn aber Hypostasierungen sprachlicher Zeichen in der Alltagswelt absolute Lebensnotwendigkeiten sind, weil es sich in einer transzendentalen Atmosphäre, in der man hinter jedem Semantem der Sprache nach dessen Wortinhalt fragen würde, nur schwer bzw. kaum leben läßt, sind

---

1 Vgl. Hard, Gerhard (1970b): «Was ist eine Landschaft?» Über Etymologie als Denkform in der geographischen Literatur. In: Bartels, Dietrich (Hrsg.): Wirtschafts- und Sozialgeographie. Köln/Berlin: Kiepenheuer & Witsch (= Neue Wiss. Bibliothek 35), S. 66–84. – Ausführlicher behandelt Hard das Thema «Landschaft als Umwelt des Menschen» in seiner Habilitation. Vgl. Hard, Gerhard (1970): Die «Landschaft» der Sprache und die «Landschaft» der Geographen. Semantische und forschungslogische Studien. Bonn: Ferd. Dümmlers Verlag (= Colloquium Geographicum; 11). In einem weiteren Beitrag faßt Hard die wichtigsten Ergebnisse seiner Originalarbeit zusammen und deckt all die ästhetischen, politischen, planerischen, wissenschaftlichen und didaktischen Utopien auf, die sich seit dem Mittelalter im Wort Landschaft angereichert haben. Vgl. Hard, Gerhard (1982): Landschaft als wissenschaftlicher Begriff und als gestaltete Umwelt des Menschen. In: Altner, Günter (Hrsg.): Biologie für den Menschen: eine Vortragsreihe in Gelnhausen und Frankfurt am Main. Frankfurt am Main: Kramer (= Aufsätze und Reden der Senckenbergischen Naturforschenden Gesellschaft 31), S. 113–146.

Vergegenständlichungen in der Methodologie und Forschungslogik nach Hard ein kapitaler Denkfehler. Als geographischer Methodologe sollte man sich, um nicht in die Falle der Metaphysik zu geraten, bewußt sein, daß eine Bedeutung kein Ding, der Inhalt eines materiellen Zeichengebildes ein gedanklicher und kein materieller Gegenstand ist. «Aus einem ‹sprachlichen Gegenstand› ein Metaphysikum zu machen: das ist aber vielleicht das eindruckvollste Exempel für das, was man ‹Hypostasierung durch das Wort› genannt hat» (S. 72). Das Verfahren, aus dem «Landschaftsbegriff» des unvoreingenommenen Menschen die geographische Landschaft zu sublimieren, hält Hard deshalb für aussichtslos, weil es schlechthin kein Mittel gebe, aus Bedeutungen Dinge, aus Wortinhalten einer Primärsprache Objekte für die Wissenschaft zu machen. Die «Landschaft» sei im wesentlichen ein sprachlich tradierter Bestandteil unserer primären Weltauffassung. Dieser Wortinhalt habe auf den Wegen der «Etymologie als Denkform» und über die Berufung auf das Primärerlebnis viele semantische Züge auf viele der geographischen Landschaftsbegriffe vererbt. Gefährlich sei es, wenn man die «Objekte» aus der Welt des «Zuhandenen» in unkontrollierter Weise mit denen der Wissenschaft kurzschließe.

Hard will die Frage «Was ist eine Landschaft» metasprachlich verstehen. Das heißt, die Erörterung dieser Frage ist, wenn sie nicht nur etwas sprachlich festsetzen will, sondern auch etwas sachlich feststellen will – was ja fast immer ihr Anspruch war –, nur dann sinnvoll, wenn sie auf einen geistigen und sprachlichen anstatt auf einen materiellen Gegenstand zielt. Dadurch wird diese Frage mit sprachwissenschaftlichen Mitteln befriedigend beantwortbar. Der Gewinn durch diesen Vorschlag ist aber auch mit einigen Verlusten verbunden. Es tauchen nämlich plötzlich neue Fragen auf, die vorher nicht bestanden oder ganz einfach als gelöst betrachtet werden konnten, beispielsweise die Frage nach dem konkreten Forschungsgegenstand der Geographie oder die Frage nach ihrer Einheit. Beide Fragen hatten ja gerade in der «Landschaft» eine befriedigende Antwort gefunden. Die erste Frage entschärft Hard mit dem Hinweis, daß jede realgegenständliche Bestimmung des Gegenstands einer Wissenschaft weder sinnvoll noch möglich ist. Die zweite Frage bleibt nach Hard eine unbeantwortete Frage.

Durch diesen Hinweis von Hard wird die erste Frage für mich jedoch nur unwesentlich gemildert. Im Gegenteil. Wenn man Hards Vorschlag konsequent zu Ende denkt, bleibt als Forschungsgegenstand jeder Wissenschaft nur noch die Sprache selber. Als einzig legitime Wissenschaften blieben die Sprachwissenschaften (Semantik, Semiologie, Etymologie usw.) übrig. Auch wenn es für den engagierten Hermeneutiker Hard nur sinnhaltige Phänomene der Lebenswelt gibt – für ihn ist die ganze Welt ein Text bzw. ein Manuskript –, bezieht sich sein Vorschlag freilich hauptsächlich auf bedeutungsgeladene Wörter wie eben beispielsweise «Natur» und «Landschaft» – Schlüssel- bzw. Fahnenwörter, wie er sie nennt. Es käme ja kaum jemand auf die Idee zu fragen «Was ist ein Schuttfächer» oder «Was ist ein Nunataker», weil es sich dabei um geographische Begriffe handelt, die einen mehr oder weniger eindeutigen Wortinhalt aufweisen. Während bei diesen Wörtern der denotative Aspekt überwiegt, bekommen Wörter wie Natur, Landschaft oder Heimat ihre Bedeutung nicht durch ein konkretes Objekt, auf das sie sich beziehen, sondern eben durch die Konnotationen, die sie andeuten und hervorrufen.

Zudem sind nicht für alle Hypostasierungen die Konsequenzen so dramatisch wie bei den von Hard genannten Beispielen. So gibt es glücklicherweise keinen Forschungsansatz der Geographie, der auf dem Schuttfächer oder Nunataker als Forschungsobjekt aufbaut, weshalb der naive Gebrauch dieser Wörter nicht dermaßen verhängnisvoll ist. In ihnen ist also nicht gleich auch eine spezifische Weltsicht bzw. eine ganz bestimmte Sicht der Dinge enthalten. Gleichwohl ist das Fragen nach wenig aufgeladenen Wörtern keine Spur sinnvoller wie das gegenständliche Fragen nach bedeutungsschweren Wörtern, die als Forschungsobjekte einer Wissenschaft herhalten sollen. Die erste Frage von Hard bleibt für mich deshalb nach wie vor akut: Mit welchem konkreten Forschungsgegenstand sollen sich Geographinnen und Geographen denn beschäftigen, wenn sie sich für metasprachliche Fragestellungen nicht interessieren?

3.2 Vom Schweizerheimweh

Ich habe bereits mehrfach darauf hingewiesen, daß die Ansicht eines vermeintlichen Zusammenhangs zwischen Raum/Natur und Mensch nach wie vor stark verbreitet ist. Diese Meinung gipfelt in der unheimlichen Behauptung, daß der äußeren Natur eine gewisse seelische Formkraft eigen sei, die unabhängig von den gesellschaftlichen Verhältnissen das Heimatgefühl hervorbringe. Die seltsamsten Erklärungen werden als Beweise für diese Behauptung herangezogen. So wird verschiedentlich darauf hingewiesen, daß vor allem bei in den Alpen wohnenden Menschen eine ausgeprägte Heimatliebe festgestellt werden könne, obwohl diese oft relativ arm seien. In den reichen Städten des Flachlandes hingegen sei diese Heimatliebe viel weniger stark ausgeprägt, also müsse sie doch irgendwie mit den «Kräften der Bergwelt» zusammenhängen. Ebenfalls als Beweis wird oft das im 18. und zu Beginn des 19. Jahrhunderts bekannte sogenannte «Schweizerheimweh» angeführt.[1] Diese von Ärzten an in fremden Diensten stehenden Schweizergarden und ihren Angehörigen diagnostizierte Krankheit taucht in vielen Beschreibungen der Schweiz zu dieser Zeit auf. Eine der frühesten und originellsten ist die physische Erklärung des Naturlehre- und Mathematikprofessors Johann Jakob Scheuchzer aus dem Jahre 1746.[2] Scheuchzer bezieht sich in seiner Abhandlung auf die vielzitierte, 1678 in Basel erschienene Dissertation «De Nostalgia oder Heimwehe» von Joh. Hofer. Darin wird diese Krankheit als *Nostalgia* bezeichnet. Dieses Wort ist zusammengesetzt aus *nostos*, was eine Wiederkunft ins Vaterland, und *algos*, was Traurigkeit und Schmerz bedeutet. Anders als Hofer, der die ganze Schuld dieser Krankheit auf eine verworrene Einbildung legt, erklärt Scheuchzer die Krankheit durch die Höhenunterschiede zwischen der Schweiz und den niedrigen Ländern: «Wir Schweizer bewohnen (...) den obersten Gipfel von Europa, atmen deswegen in uns eine reine, dünne, subtile Luft welche wir auch selbst durch unsere Landes-Speisen und -Getränke, so eben dieselbige Luft enthalten, in uns essen und trinken; gewöhnen unsere Leiber also, sonderlich, wenn wir bergige Orte inne haben, daß sie nicht stark gedrückt werden, und bei gleich starker Gegendrückung der inneren, in unsern Äderlein sich aufhaltenden Luft, der Kreislauf des Gebläts und Einfluß der Geister ohne Hinderung zu der Menschen Gesundheit ihren ordentlichen Fortgang haben. Kommen wir in andere, fremde, niedrige Länder, so steht über uns eine höhere Luft,

---

[1] Heute hat sich für die pathologische Form des Heimwehs die Bezeichnung «nostalgische Reaktion» eingebürgert. Vgl. zum Beispiel das kurze Kapitel «Die nostalgische Reaktion», S. 102–104, in: Pfeiffer, Wolfgang M. (1994): Transkulturelle Psychiatrie. Ergebnisse und Probleme. Stuttgart; New York: Georg Thieme Verlag.

[2] Vgl. Scheuchzer, Johann Jakob (1961a): Von dem Heimwehe. In: Egli, Emil (Hrsg.): Erlebte Landschaft. Die Heimat im Denken und Dasein der Schweizer. Eine landeskundliche Anthologie. Zürich (etc.): Artemis Verlag, S. 312–318 (ursprünglich aus der ‹Naturgeschichte des Schweizerlandes›, Ausgabe 1746).

welche ihre schwerere Drückkraft auf unsere Leiber um so viel leichter ausübt, weil die innere Luft, welche wir mit uns gebracht, wegen ihrer größeren Dünnung nicht genug widerstehen kann» (S. 313 f.). Symptome dieser Krankheit sind nach Ansicht von Scheuchzer eine «Bangigkeit des Herzens», Verlangen nach dem Vaterland, Niedergeschlagenheit, Schlaf- und Ruhelosigkeit, hitziges oder kaltes Fieber. Als Mittel rät er den insbesondere in niederländischen und französischen Diensten an langwierigen Fiebern darniederliegenden Soldaten die Heimreise (oder zumindest die Hoffnung auf eine baldige Heimreise zu wecken) oder, wenn der Kranke an einem Ort ist, wo es in der Nähe einen hohen Berg oder Turm hat, «so beliebe man ihm dorthin sein Quartier zu verändern, damit er eine leichtere, nicht so schwer auf ihn drückende Luft in sich schlucken könne» (S. 315). Oder wenn dies unmöglich ist, empfiehlt er Arzneien, welche zusammengepreßte Luft enthalten (zum Beispiel Salpeter, Schieß- oder Büchsenpulver, Most oder «noch nicht verjäsenes Bier»).[1]

Für Scheuchzer ist klar, daß die Schweizer unter allen europäischen Völkern «die reinste und subtilste Luft» genießen: «Wir wissen ja, daß unser Land den obersten Gipfel von Europa macht, und hiermit andere Länder unter uns liegen; wie kann's denn sein, daß wir die gröbere und diese die reinere Luft haben? Besitzen die Schweizer das oberste Land Europas, so wird die darauf stehende Luft sie nicht so stark drücken können wie andere, welche niedrigere Orte innehaben: folglich wird die in ihren Leibern, Adern und Geblüte sich befindende Luft weniger Widerstand in ihrer Ausdehn-Kraft (Vi elastica) finden, sondern wenn sie von den Tälern müssen in die Höhe steigen, wie denn die höckerige Lands-Art viel Auf- und Abwärtssteigen erfordert. Ist dem also, so wird die Bewegung des Geblüts und aller übrigen Säfte und sinnlichen Geister, in deren Richtigkeit unsere Gesundheit besteht, besser fortgehen, alle Scheidungen der unnützen oder überflüssigen Teile einen ungehinderten Fortgang haben; und überdies die Leiber selbst an Gestalt größer und stärker werden. Aber auch in solchen großen, gesunden, starken schweizerischen Leibern können aus jetzt gebrachten Gründen dumme

---

1 Wo sind die Statistiker, die den Zusammenhang überprüfen wollen, ob die im Ausland bzw. die im Flachland lebenden Schweizer und Schweizerinnen mehr Bier trinken als die Gebirgsbewohner und -bewohnerinnen? Für einen tatsächlich feststellbaren Zusammenhang hätten sie hier eine mögliche Begründung.

Natur, Landschaft und Simulation

und ungeschickte Gemüter nicht wohnen, sondern ins Gegenteil kluge, heitere, zu allerhand Hirn-Arbeit geschickte Gedanken.»[1]

Solche Sätze sind doch reinster Balsam für das schwer angekratzte schweizerische Selbstbewußtsein. Hier haben wir es schwarz auf weiß, warum wir in Europa so einzigartig sind, warum wir nicht nur die Gesündesten und Stärksten, sondern auch die Klügsten sind. Die unverrückbaren Alpen bleiben, wo sie waren und wirken weiterhin wohltuend auf unsere Gesundheit und Seele. Oh wunderbare Kraft der Alpen!

Doch wenn man an die Erdverwurzelung des Menschen glaubt, müssen leider Gottes auch die eher unangenehmen Dinge damit erklärt werden können, zum Beispiel der Zusammenhang zwischen konservativer Denkweise und durchschnittlicher Höhe der Kantone, der ja bei fast jeder eidgenössischen Abstimmung offen zu Tage tritt. Beinahe wäre man geneigt, ein neues geographisches Grundaxiom aufzustellen: Je höher desto konservativer! (Die in der Regel fast nirgends in dieser Deutlichkeit ausfallenden konservativen Abstimmungsresultate im tiefgelegenen Kanton Aargau wären dann die Ausnahme, die die Regel bestätigt.) Ist es vielleicht tatsächlich die im Vergleich zum Flachland subtilere Luft der Alpen, die für diesen Zusammenhang verantwortlich ist? Was, wenn aufgrund der schicksalhaften Verbundenheit der schweizerischen Bevölkerung mit den Alpen ihre rückständige Denkart effektiv mit der in der Tat beachtlichen durchschnittlichen Höhe der Schweiz von rund 1200 Metern korrespondieren würde? Wenn also neben Scheuchzer auch die ganze Horde der hauptsächlich männlichen Literaten und Geographen recht hätten, die bis zum heutigen Tag mit pseudowissenschaftlichen Theorien die Position der «menschlichen Erdverbundenheit» propagieren? Was, wenn das «Schweizerblut» wirklich ein Produkt von tektonisch-geologischen Faktoren wäre, das heißt des Bodenprofils und der Landschaftsbeschaffenheit, wie das etwa der Zürcher Geograph Emil Egli zeit seines Lebens behauptete?[2]

---

[1] Scheuchzer, Johann Jakob (1961b): Von der Schweizer Leibs- und Gemüts-Beschaffenheit. In: Egli (Hrsg.): S. 325.

[2] Er hat Scheuchzers Ideen am konsequentesten weitergezogen. Bei ihm heißt es dann: «Es ist möglich, die Schweiz zu zerstören, nicht aber sie auszulöschen. Schweizerisches Denken müßte immer wieder aus ihrer Landschaft entstehen» (Egli, Emil (1975): Mensch und Landschaft. Kulturgeographische Aufsätze und Reden: zum 70. Geburtstag von Emil Egli am 24. Juli 1975. Zürich: Artemis Verlag, S. 17.).

Die Biologisierung des angeblichen Naturzusammenhanges kommt schon in der Wahl der Sprache zum Ausdruck. Da wird von «Verwurzelung», «Pflanze Mensch», «erdräumlichem Organismus», «pflanzenhaftem Charakter» und dergleichen gesprochen.[1] Der Mensch wird nicht als gesellschaftliches Wesen, sondern nur als ein mit Vernunft begabtes Naturwesen angesehen. In nicht wenigen Texten wird das Bild eines komplett vom Raum bzw. von der Natur determinierten Menschen vermittelt. Die Bedeutung sozialer Positionen für die Verwirklichung oder Verhinderung bestimmter Tätigkeiten wird in der Regel vernachlässigt, und die «Formkräfte» der Sozialisation werden – wenn überhaupt – nur sekundär berücksichtigt.

Ich möchte nochmals den Marxisten Lange zu Wort kommen lassen. Seine Kritik des Biologismus finde ich – insbesondere auf das angeblich dermaßen starke Heimatgefühl der (Schweizer) Gebirgsbewohner bezogen – absolut lesenswert, obwohl bzw. gerade weil sie in strengster marxistischer Terminologie daherkommt. Für ihn ist dieses Heimatgefühl lediglich Produkt der kleinbürgerlichen Lebensweise. Weil die natürlichen Bedingungen im Gebirge (starke Höhenunterschiede, verminderte Bodenqualität) den Einsatz von Maschinen und eine entsprechende Arbeitsteilung erschwert haben, war auch der gesellschaftliche Fortschritt nur minim. Diesem primitiven Entwicklungsstand der Produktivkräfte entsprachen die Verhältnisse der kleinen Warenproduktion, in der

---

1 Aus verschiedenen Artikeln und Büchern von Emil Egli, der geradezu als Prototyp des klassischen Landschaftsgeographen bezeichnet werden kann, hat H.-D. Schultz eine ansehnliche Anzahl Beispiele von Biologismen dieser Art gesammelt und zusammengestellt. Vgl. das Kapitel 9.5 «Erdbild als Schicksal» (E. Egli): Zur Konservativität des geographischen Landschaftsdenkens, S. 412–420, in: Schultz, Hans-Dietrich (1980): Die deutschsprachige Geographie von 1800 bis 1970. Ein Beitrag zur Geschichte und ihrer Methodologie. Berlin: Selbstverlag des Geographischen Instituts der Freien Universität Berlin = Abhandlungen des Geographischen Instituts Anthropogeographie; 29). – Daß der sonst so kritische Schultz in einem neueren Artikel schreibt, Egli habe auf geradezu einzigartige Weise die Motive des klassischen Landschaftsparadigmas zusammengefaßt, «ohne eines deutsch-völkischen Zungenschlags aus der Vergangenheit verdächtig zu sein», ist für mich doch recht überraschend (Schultz, Hans-Dietrich (1993): Vom Aufbruch in die Moderne zur Angst vor dem Untergang. Leitbilder der Geographie und des Geographieunterrichts in historisch-didaktischer Reflexion. In: Kattenstedt, Heyno (Hrsg.): «Grenz-Überschreitung». Festschrift zum 70. Geburtstag von Manfred Büttner. Bochum: Universitätsverlag Dr. N. Brockmeyer, S. 107.) Was denn noch muß man nach Ansicht von Schultz schreiben, um in diesen Verdacht zu kommen?

die manuelle Arbeit vorherrscht. Die Beziehungen der Bergbauern zu ihrer Umwelt waren besonders intensiv, weil sich in ihr durch die körperlich schwere Arbeit ein hohes Maß an Mühe objektivierte. Zugleich blieb ihr Gesichtskreis wegen der kulturellen Abgeschiedenheit lokal beschränkt. Diese Menschen lebten in einer engen Umwelt, deren äußere Gestalt sich im Laufe eines Lebens nur unwesentlich änderte. Ihre Beziehungen zur Umwelt waren deshalb besonders kontinuierlich und auf einen engen Raum konzentriert. Um die ganz bestimmte Position der «Urschweizer» gegenüber der gesellschaftlichen Entwicklung zu beschreiben, bedient sich Lange eines Zitats von Friedrich Engels: «Sie waren arm, aber rein von Sitten, dumm, aber fromm und wohlgefällig vor dem Herrn, brutal, aber breit von Schultern und hatten wenig Gehirn, aber viel Wade. Von Zeit zu Zeit wurden ihrer zuviel, und dann ging die junge Mannschaft ‹reislaufen›, d. h. ließ sich in fremde Kriegsdienste anwerben, wo sie mit der unverbrüchlichsten Treue an ihrer Fahne hielt, mochte kommen, was da wolle. Man kann den Schweizern nur nachsagen, daß sie sich mit der größten Gewissenhaftigkeit für ihren Sold haben totschlagen lassen.»[1] Besonders geeignet gewesen seien sie dafür, sich als Büttel der Reaktion zu betätigen, weil das ihrer Stellung zur historischen Entwicklung des eigenen Landes entsprochen habe.

Aus der Traum! Nichts mehr mit groß, gesund und stark, klug heiter und geschickt. Jetzt sehen wir, wohin die verglichen mit anderen Ländern stärkere Reliefenergie in der Schweiz tatsächlich führte: um sich als Büttel der Reaktion zu betätigen. Und heute? Wer in Europa will noch etwas mit der Schweiz und ihrer Bevölkerung zu tun haben? Das Traumland Schweiz hat im Ausland enorm viel von seiner einstigen Anziehungskraft verloren, und das nicht erst seit dem Skandal um das Nazigold auf Schweizer Banken. Es macht wahrlich keinen besonders guten Eindruck mehr, «Schweizer» zu sein. Seit Herbst 1996, als die eigentlich schon lang bekannte unrühmliche Rolle des Finanzplatzes Schweiz in der Kriegs- und unmittelbaren Nachkriegszeit plötzlich durch die ganze Weltpresse getragen wurde, bestimmen zunehmend Schlagzeilen wie «Aasgeier im Herzen Europas» («Weltwoche»), «Böses Erbe in den Tresoren» («Stern») oder «Hitlers willige Hehler» («Spiegel») das Bild der Schweiz im In- und Ausland.

---

1 Engels, Friedrich (1959): Der Schweizer Bürgerkrieg. In: MEW. Bd. 4. Berlin: Dietz Verlag, S. 393, zitiert nach Lange (1975²): S. 101 f.

Auch für ausländische Urlauber ist die Schweiz zunehmend unattraktiv geworden, denn diese haben offensichtlich ihren Marx und Engels gut gelesen. Wie anders ließe sich der massive Rückgang von ausländischen Feriengästen in der Schweiz erklären? Da kann der Berg noch lange rufen. Die Reisenden nehmen lieber die Depressionen auf Meereshöhe in Kauf, dafür kann ihnen niemand nachsagen, sie hätten in der rückständigen Schweiz Urlaub gemacht. Und ausgerechnet Engels ist es, der für das «helvetische Malaise» verantwortlich ist. Das dürfte manche «heimatwachen» Patrioten und Patriotinnen besonders ärgern. Längst verblichen ist der von Scheuchzer hochgepriesene Ruf unserer Lande, die «ein Trost- und Heilhaus der Kranken sein können, denen unsere Luft vielerlei von langwährenden Verstopfungen entstandene Krankheiten hinwegnehmen kann.»[1]

Das Bild, das Engels von unseren Vorfahren entwirft, ist wahrlich nicht gerade schmeichelhaft. Für Lange ist klar, daß dieses unwürdige Knechtschaftsverhältnis zwischen Mensch und Umwelt der entwickelten Arbeiterklasse keine Maßstäbe setzen konnte. «Es wurde durch die trotz alledem fortschreitende Entwicklung der Zivilisation erschüttert und im Bergland der DDR im Ergebnis der sozialistischen Revolution endgültig begraben.»[2] Angesichts des weiter real existierenden Berglandes der DDR stellte Lange lakonisch die Frage, wo wohl ihre «Formkraft» geblieben sein mochte. Tja, in der Schweiz gab es eben nie eine sozialistische Revolution, die dieses Knechtschaftsverhältnis hätte erschüttern können. Kann es sein, daß gerade darum die Berge in der Schweiz ihre Formkraft erhalten konnten?

3.3 Der «innere Bauer» als schöpferisches Gegenprinzip zur Welt

Die Kritik an unserem Naturverhältnis und an der Verknüpfung von Landschaft und Heimat ist ohne Zweifel angebracht und auch berechtigt. Doch gerade ihre Nüchternheit ist mir andererseits nicht immer ganz geheuer. Was kann das schöne Wort Heimat dafür, wenn all die

---

1 Scheuchzer (1961a): S. 316.
2 Lange (1975): S. 102.

mit ihm verbundenen guten Gefühle im Laufe der Zeit Böses erfahren haben? Unterschiede zwischen Leuten, die auf dem «Land» – damit meine ich nicht die monotonen, leblosen Agglomerationsgemeinden im «Grünen» – und Leuten, die in städtischen Lebenskontexten aufgewachsen sind, können nicht einfach von der Hand gewiesen werden. Es muß etwas dran sein an der bäuerlichen Lebensweise, sonst gäbe es kaum so viele Stadtflüchtige, die das Leben auf dem Land versuchen wollen, ganz unabhängig davon, ob es auch tatsächlich gelingt. Nicht zuletzt seit ich Edgar Reitz' Film «Heimat» gesehen habe, weiß ich etwas von dieser immer mehr verlorengegangenen Lebensweise. Reitz hat diesen Film freilich nicht gemacht, um den Titel zu illustrieren, sondern er hat ihn «Heimat» genannt, weil dieses Wort nicht übersetzbar ist, das damit verbundene Gefühl aber allgemein menschlich ist. Für ihn ist das die einzige Form der Identität mit einer Kultur, die er akzeptiert. Er hält das Wort an sich auch für unschuldig. Und nur weil reaktionäre Volkstümler und Nazis dieses Wort benutzt haben, solle man den Begriff nicht einfach als ideologisch abtun. Im Gegenteil, gerade diese Tatsache verbiete es, das Wort diesen Leuten zu überlassen. Für Reitz bezeichnet Heimat eine Realität, eine reale Erfahrung.

Spätestens jetzt ist es angebracht, kurz auf die Inhalte der Filme «Heimat» und «Die Zweite Heimat» zu verweisen. «Heimat» ist keine Familienchronik. Die einzelnen Geschichten bzw. elf Kapitel dieser romanartigen Erzählung beschreiben Momentaufnahmen aus dem fiktiven Hunsrückdorf Schabbach. Die Serie zeigt die Leute, die die Heimat noch nicht verlassen haben. Nach Reitz selber geht es nicht darum, «‹dieses Jahrhundert am Beispiel eines Dorfes› zu schildern, sondern umgekehrt, die zum Teil rätselhaften, zum Teil derb-komischen, zum Teil aber auch völlig unseriösen Geschehnisse so absolut zu setzen, daß man deswegen unwillkürlich nach der übrigen Welt fragt.»[1] Das Gefühl von Heimat als Lebensgefühl vermittelt Reitz nicht allein mit immer wieder neuen landschaftlichen Eindrücken vom Hunsrück. Er weiß, daß Heimat auch immer «ein kindlicher Radius von Erfahrungen» ist, identisch ist mit der ewigen Wiederkehr von Schauplätzen und Orten, die für alles mögliche herhalten müssen. Das sind seine filmischen Realitäten. Selber hätte Reitz seinen Film gerne mit folgenden Worten angesagt: «Die Geschichte erzählt Ihnen Begebenheiten aus sechs Jahrzehnten unseres Jahrhun-

---

1 Reitz, Edgar (1993): Drehort Heimat: Arbeitsnotizen und Zukunftsentwürfe. Hrsg. von Michael Töteberg. Frankfurt am Main: Verl. der Autoren, S. 9.

derts, und Sie werden dabei miterleben, wie diese Menschen versucht haben, in ihrem Leben glücklich zu werden, wie es ihnen Momente lang gelingt, wie es ihnen aber auch nicht gelingt, und erleben Sie, wie ein Jahrhundert das Leben von Menschen ermöglicht und verschlissen hat, und erleben Sie auch, daß die großen Themen dieser Welt nicht die wichtigen sind, wenn man sich mit dem Gedanken konfrontiert, daß das Leben, auch wenn es achtzig Jahre währt, sehr kurz ist» (S. 132).

Während es Reitz in «Heimat» darum geht, das traditionelle Familienleben in einem kleinen deutschen Dorf zu schildern, das sowohl in der Mentalität als auch in den Lebensgewohnheiten noch archaische Züge trägt, beschäftigt sich «Die Zweite Heimat» mit den Menschen, die ihr Glück in Großstädten suchen und ihre persönliche Heimat neu bestimmen wollen. Sie sind auf der Suche nach «Wahlverwandtschaften»: «Das Verlangen nach neuen Freiheiten bestimmt ihr Leben. Sie wollen ihre Berufe, ihre Freundeskreise, ihren Aufenthalt, ihre Partnerschaften, ihre Tagesläufe und ihren geistigen Horizont freier bestimmen, als das ihre Eltern noch gewollt haben. Sie rebellieren gegen die Traditionen ihrer Herkunfts-Familien. Sie empfinden ihr Leben als eine Suche nach Sinn» (S. 136). Anstelle der Dorf-Welt tritt die Welt der Städte. In dieser Welt ist Individualität gefragt. Nur die persönliche Leistung zählt, sei es im Geschäftsleben, in den Büros oder an den Universitäten. Weil die Welt der Städte international ist, kann auch Heimat überall sein. «Die ‹Zweite Heimat› ist der selbstgeschaffene, ganz persönliche Lebensraum. Sie ist nicht mehr an feste Orte gebunden, ja nicht einmal mehr an lebenslange Beziehungen» (S. 137). Die «Zweite Heimat» entsteht in der *Zeit* statt an einem *Ort*. Doch auch in dieser Welt suchen die Figuren der Geschichte etwas «Festes», sei es der Beruf, die Kinder, gemeinsame politische Überzeugungen, die Liebe, ein Ideal, die Musik, die Freundschaft. An die Stelle der verlorenen Familie tritt die Clique, in denen die Liebe zu den Anfängen kultiviert wird. Cliquen enthalten ein Element der «Zweiten Kindheit». Deren Geschichten sind ebenso verbindlich wie Familiengeschichten. Die «Zweite Heimat» erzählt eine solche Cliquengeschichte.

In seinem Produktionstagebuch zu «Heimat» stellt sich Edgar Reitz die zentrale Frage, was der Unterschied ist zwischen Leuten, die die Heimat verlassen und denen, die dort bleiben. Im folgenden werde ich seine sehr subjektiven Ausführungen dazu kurz wiedergeben. Es kann dabei freilich nicht darum gehen, eine wissenschaftlich fundierte und differenzierte Beschreibung dieser beiden unterschiedlichen Kulturen zu

Natur, Landschaft und Simulation

geben. Dennoch werde ich mich im folgenden auf Reitz' ohne Zweifel sehr subjektive Darstellung sowohl der «Bauern» als auch der «Emigranten» abstützen, da es mir an dieser Stelle nur darum geht, auf die wesentlichen Unterschiede dieser beiden Kulturen hinzuweisen. Und diese Unterschiede, die letztendlich auch für die unterschiedlichen Heimatvorstellungen ausschlaggebend sind, hat Reitz auf komprimierte Weise dargestellt, obwohl – oder vielleicht gerade weil – er dabei teilweise sehr plakativ ist.

Reitz meint, als Kinder gebe es noch wenige Unterschiede zwischen denen, die bleiben, und denen, die gehen. Man werde in eine Welt hineingeboren, in der alles schon vorhanden sei, und womit man zurecht kommen müsse. Die Orientierungen seien fest und klar. Es gehe darum, Anerkennung und Achtung, vielleicht sogar Liebe bei denen zu erwerben, mit denen man täglich umzugehen habe: der Familie, den Nachbarn, dem Dorf und den Menschen aus den benachbarten Dörfern.

Die Bauern befänden sich zusätzlich seit Generationen an bestimmten Orten. Für den Bauer wäre es absurd und unvorstellbar, woanders als dort zu leben, wo er seine Äcker hat, wo auch das Haus steht und die Familie lebt, die zur Hilfe bei allen Arbeiten und Aktivitäten verpflichtet ist. «Der Bauer lebt gebunden an Ort und Zeit ohne jede Wahl. Das gilt für ihn auch dann noch, wenn er Kunstdünger, Insektizide und Maschinen einsetzt» (S. 33). Eine Tatsache, die auch mit dem Argument der alles ergreifenden Globalisierung nicht vom Tisch ist. Es gibt, so Reitz, nur wenige Werte, die der Bauer versteht und auf die er sich beruft: der Hof, das Land, der Besitz an Maschinen, Hilfsmitteln, vor allem aber die Familie und ihre Arbeitskraft. Weil ein Bauer nie denken könnte, daß er auf all dies verzichten könnte, denke er auch nicht über sich selbst als Person nach in dem Sinne, wie es der Städter mache. Er stellt sich nie die Frage «Was bin *ich* wert?» Das ganze Leben spielt sich an einem Ort ab: «Wenn hier etwas Neues erfunden, etwas Schönes gemacht, veranstaltet oder sogar gefeiert wird, weiß man, wem zuliebe man es tut, wessen Achtung man braucht, um leben zu können. Dabei bleibt es völlig gleichgültig, ob das außerhalb des Lebensraumes noch verstanden oder geschätzt wird. Diese Kultur ist so vielfältig wie die Dialekte, die gesprochen werden, die es ja auch nur geben konnte, weil die anderen Gegenden, die andere Dialekte sprechen, fast gleichgültig sind» (S. 34). Reitz meint, daß in diesem Milieu und in solchen festen Orientierungen überall auf der Erde die bäuerlichen Kulturen entstanden seien.

Dies ist wie erwähnt eine freilich stark verallgemeinernde Feststellung ohne wissenschaftlichen Hintergrund. Trotzdem sind seine Ausführungen von großer Eindringlichkeit, vielleicht gerade weil sie nicht den Anspruch von Wissenschaftlichkeit beanspruchen. Auch die noch folgenden Eröterungen über die bäuerliche Dialektkultur und die Emigrantenkultur müssen als rein subjektive Einschätzungen von Reitz gelesen werden. Für die einen mögen sie pauschal und fragwürdig sein, für die anderen aber umso nachvollzieh- und erfahrbarer. Die wissenschaftlich beschriebene Wirklichkeit mag zwar genau sein, aber sie ist nicht sinnlich. Und ohne direkte Sinnlichkeit bleibt die Wirklichkeit – so präzise sie analysiert sein mag – für den Menschen nicht greif- und erlebbar.[1]

Zurück zur Frage nach dem Unterschied zwischen jenen, die bleiben, und solchen, die die Heimat verlassen. Wer das bäuerliche Milieu verläßt, kann nichts von dem mitnehmen, was das Lebensgefühl und den Lebensinhalt des Bauern und seiner Familie ausmacht. Die einzige Möglichkeit und Hoffnung zum Überleben sieht er *in sich selbst*: «Er ist gezwungen, sich selbst als Wert zu setzen, in sich selbst eine Energie oder eine Ware zu sehen, die man in der Welt verkaufen kann, um davon zu leben» (S. 36). Nach Reitz war es aber nicht nur die Not, die die Leute aus dem Dorf getrieben hat, sondern auch die Kunde, die man von Glückskarrieren erhalten hat. Nach Vorstellungen der Dörfler sind aber Reichtum und Ansehen ganz andere Werte, als das, was die Weggeher draußen erwerben. Bei der individuellen Karriere, die diese machen, geht es um die bemerkenswerte Leistung des einzelnen. Es entsteht eine neue, zweite Kultur auf der Welt: die Kultur der Emigranten. Unter ihnen ist das Individuelle, das Selbstwertgefühl Grundmaxime. «Eine neue Gesellschaft von Menschen, die nur sich selbst als Ware anzubieten haben und so Konkurrenz auf Leben und Tod treiben» (S. 38). Diese Kultur, die sich vor allem am Beispiel Amerika gut zeigen lasse, wolle nur noch expandieren und betreibe auf allen Gebieten Konkurrenz. Wer ihre überregionale Sprache der Konkurrenz nicht spreche, gehe unter. Gegen diese Entwicklung hätte Reitz nichts einzuwenden, wenn der

---

1 Natürlich ist mir bewußt, daß die «Sozialwissenschaft» ein eigener Erfahrungsstil mit eigener Sprache und entsprechenden Methoden ist, der sich von anderen Erfahrungsstilen wie «Kunst» oder «Politik» wesentlich zu unterscheiden hat. Der Wissenschaft geht es um Analyse, nicht um Einfühlsamkeit. Wie in der Einleitung darauf hingewiesen, ist jedoch ein wichtiger Anspruch meiner Arbeit, die Trennung zwischen Wissenschaft und Kunst, zwischen akademischem Diskurs und Alltagssprache zumindest ansatzweise aufzuheben.

Amerikanismus nicht überall die ursprüngliche bäuerliche Dialektkultur zerstören würde. Da dieser aber immer neue ausgedehntere Märkte brauche, seien die Landbewohner gezwungen, an der internationalen Emigrantenkultur teilzunehmen bzw. sie zumindest zu konsumieren.

Reitz glaubt, daß es eines Tages diese bäuerliche Dialektkultur nirgends auf der Welt mehr geben werde. Doch unendlich viel von dieser Vergangenheit lebe auch in der Welt der Weggegangenen weiter, «als Kraft, als Gesundheit, als angeborene Fähigkeit, Arbeit und Not zu ertragen, aber auch als Erinnerung, oft als Melancholie und Heimweh» (S. 39). Andere Kräfte hingegen nehme die Emigrantenkultur nicht in sich auf: die ländliche Fähigkeit, sich zu bescheiden, das Verhältnis zur Natur, die persönliche Demut. Diese Fähigkeit, die sich nur über Generationen hinaus positiv auswirke, nämlich zu überleben, passe nicht in das Leben der Superindividuen, welche die neue Kultur verlange.

Reitz zweifelt sehr, ob Heimkehr möglich sei, ob es möglich sei, die Kraft vom «inneren Bauer» als ein schöpferisches Gegenprinzip zur Welt, wie es Alexander Kluge formuliert, zu benutzen, wenn man im freien Wettbewerb umherschwimme. Die alternative Landwirtschaft der Alternativbewegung ist für Reitz eine heimatlose Landwirtschaft. «Es ist der sentimentale Versuch, individuell aus dem Verhalten des Großstadtmenschen heraus Bauer zu sein. Wenn man sich dabei einbildet ohne Konkurrenzverhalten zu handeln, täuscht man sich. Die Träume vom Landleben sind keine Heimkehr, sondern Verschleierung der Gefühle aus Sehnsucht» (S. 41).

Bezüglich der Vernunft als internationales Kommunikationssystem meint Reitz, daß im bäuerlichen System nicht die Sprache der Vernunft das Verbindende ist. Diese Sprache erweist sich als das beste Mittel zur Kommunikation zwischen Individualitäten und konkurrenzierenden Geschäftsleuten. An der Vernunft geschult, so Reitz, ist der Intellektuelle wirklich heimatlos, wie dies ihm auch die Nazis vorgeworfen haben. Auch viele Bauern haben diesen Affekt gegen die Intellektuellen. Die Sprache der Bauern unterscheidet sich von der Sprache der Konkurrenz. Nicht dadurch, daß sie durch einen Dialekt gekennzeichnet ist. Es ist mehr das innere Dialektverhalten, die Art und Weise, in der der Gestus und Tonfall ein Sprachtheater erzeugt, das viel mehr vermittelt als nur den Inhalt. Das Vaterland als erweiterte Heimat beispielsweise war für die Bauern immer eine irrationale Größe. Weil die Vertreter der liberalistisch-rationalen Demokratie nicht ihre Sprache sprechen, konnte und kann sie ihnen auch nie ein Heimatgefühl vermitteln. Auf dem Lande ist der Fremde als Heimatloser nach der Auffassung von Reitz jemand, «dem man nicht trauen kann, weil er kein Land besitzt. Er gehört deswegen nicht dazu» (S. 42). Das Element der Fremdenfeindlichkeit steckt auch im Antisemitismus auf dem Lande, der so alt ist wie in den Städten, aber weniger aggressiv, dafür permanent. Weil die Händler mit den Worten abstrakt umgehen, und weil die Juden als Händler auftreten, gehören sie nicht dazu.

Man täuscht sich aber, wenn man meint, die Gefühle in der Welt der Bauerndörfer seien einfach. Das waren sie nie, weil die Beziehungen nicht auf einfache Begriffe gebracht werden konnten. Wenn man das Dorfleben nach Gegensätzlichkeit der Gefühle untersucht, war es schon immer ambivalent. «Die bäuerliche ist gerade nicht die Welt, in der man zwischen gut und böse, Liebe und Haß, arm und reich, stark und schwach, Held und Bösewicht, Angst und Vertrauen und ähnlichen gegensätzlichen Werten unterscheiden kann» (S. 43). Nach Reitz wird man auf der Suche nach dem einfachen, eindeutigen Gefühl, von dem Weggegangene meinen, es wäre das Verlorene, Ländliche, Bäuerliche, in dieser Welt nicht fündig. Weil die Welt der Weggeher nichts Festes enthält, wird die verlassene Heimat von den Emigranten als dieses, ihren Sicherheitsbedürfnissen entsprechende «Feste» angesehen. Die Heimat wird als unveränderbar betrachtet, die Eltern werden unsterblich, das Haus und die umgebende Natur werden von den Heimwehgeplagten in der Phantasie eingefroren. «Nostalgie sucht den Stillstand in allen verlassenen Dingen und ist untröstlich über jedes Anzeichen von Neuerung» (S. 45).

In einem späteren Eintrag seines Produktionstagebuchs zählt Reitz nochmals all die Tugenden der Hunsrück-Dörfer auf, Landschaft und Haus und Tiere und permanente Anwesenheit und diese unvergeßliche Treue, weil sie an dem festhält, was man geschaffen hat, weil sie eine Welt für Kinder schafft, in der die Kinder wirklich glücklich sein können. «Dieses Eingekuscheltsein, selbst wenn man sich Feind ist, selbst wenn man Nachbarschaftsstreitigkeiten und Dorftratsch auszuhalten hat, dennoch wie unter den Fittichen einer Glucke unter diesen Schieferdächern zu leben, mit einem Vater, einem Großvater, der ein Schmied ist, der täglich in seine Schmiede geht und Pferde und Kühe beschlägt und glühendes Eisen formt. Menschen, die etwas können, Handwerke, die sie ausüben, wirklich beherrschen und wissen, wie man etwas wachsen läßt auf den Feldern, die mit den Tieren nicht sentimental umgehen und sie dennoch richtig behandeln, diese Welt, in der man eigentlich nichts anderes tut als leben und wo jeder Tag darin besteht, es auf irgendeine Weise richtig zu machen, und wo man sich daran orientiert, daß man weiß, was richtig ist, und wo man auch erkennen kann, daß das, was man getan hat, richtig oder falsch ist, und wo man mit jedem Nachbarn darüber sprechen kann und sagen kann, das hast du richtig gemacht, und das hast du falsch gemacht, und das wirst du das nächste Mal anders tun, und wo man die Individualität seiner Kinder respektiert und wo man weiß, dieses Kind ist anders als das Kind, und dieses Kind ist dafür geeignet und dafür nicht geeignet, und dieses Kind wird bei uns bleiben und wird so sein wie wir, und dieses Kind wird uns verlassen und weggehen und nicht mehr wiederkommen» (S. 72).

In diesem Zitat ist viel drin, was schon an anderer Stelle gesagt wurde, nur schöner und genauer. Man kann natürlich sagen, das mag ja tatsächlich mal so gewesen sein, doch wer solches schreibt, muß ein hoffnungsloser Nostalgiker sein, weil die Zeiten sich nun mal einfach geändert haben. Ein Einwand, der zweifelsfrei berechtigt sein mag, und Reitz wäre wahrscheinlich der letzte, der ihn bestreiten würde. Doch Liebeserklärungen – und das eben Geschriebene kann nicht anders denn als Liebeserklärung gelesen werden – sind in der Regel vielfach sehr pathetisch und idealisierend. Also seien wir nachsichtig und werfen Reitz nicht sentimentale Heimattümelei vor, denn diese Welt hat es – zumindest für Reitz, der selber aus dem Hunsrück kommt – so gegeben. Und zum Teil ahnt man in den Gesichtern der Bauern auch heute noch etwas von ihr. Selbst die Parabolantenne auf dem Haus des Bergbauern heißt noch nicht, daß darin nicht noch Leute leben, wie sie Reitz beschreibt. Es handelt sich zwar freilich um eine zunehmend vom Aussterben bedrohte Welt, doch die Sehnsucht nach ihr und den mit ihr verbundenen Werten scheint allgegenwärtig zu sein.

Früher, so Reitz, seien wir alle Bauern gewesen, nur sei die Erinnerung daran bei vielen ausgelöscht. Wir mobilen Bewohner unbestimmter Orte bräuchten für unsere Geschichten neue, transportable Beweisstücke – zum Beispiel Filmbilder oder andere Bilder, die wir mitnehmen könnten. Auf besondere Weise sei dies der Film, der, umfassender als Beweis, alle sinnlichen Wahrnehmungen zugleich bewegt, in Bild und Ton und Zeit die Geschichten beweist. Ein Film kann uns, so Reitz, in alle Teile der Welt folgen und uns das verlorene Dorf ersetzen. Reitz ist der Ansicht, daß wir aufhören sollten zu glauben, daß Bilder direkt etwas erzählen: «Wenn ich nichts weiter zu erzählen habe als das, was ich sehe oder vorzeige, erzähle ich nichts. Wenn ich nichts sehe, keine Bilder mache, während ich erzähle, erzähle ich nichts. Wenn ich mich von den sichtbaren Dingen nicht würdig trenne, Schmerzen des Abschieds vermeide, dann wird die Wand, die das Leben vom Tod trennt, immer dicker, dann schreitet die Geschichte voran, indem sie ihr Gedächtnis verschließt, wie man die Ohren verschließen kann. Die Wegwerfgesellschaft umgibt sich, ohne es zu wissen, mit den Geistern der weggeworfenen Dinge, die an uns Rache nehmen werden. Film kann ein Mittel der Versöhnung mit diesen Geistern sein.»[1]

Genau aus diesem Grund üben seine Filme für viele Zuschauende einen dermaßen starken Sog aus. Diesem Sog kann sich kaum entziehen, wer sich mit sich und seiner eigenen Geschichte auseinandersetzt. An anderer Stelle hat Reitz diesen Sog folgendermaßen umschrieben: «Ich glaube, der Sog entsteht nicht durch den Film, sondern durch die eigenen Erinnerungen, die der Film mobilisiert. Also der Zuschauer wird angeregt, seinen eigenen Lebensfilm dabei zu betrachten. Das ist ja auch eigentlich der Zeitgewinn, der darin steckt. Wenn ich einen Film wie die *Zweite Heimat* ansehe und vier Tage ins Kino gehe, dann erlebe ich in diesen vier Tagen zehn Jahre – zehn Jahre eigenen Lebens. Jeder, der im Saal sitzt, sieht hier aber, selbst wenn es tausend Menschen sind, einen anderen Film. Es ist der eigene Lebensfilm, der mitläuft.»[2]

Kritiker haben Reitz vorgeworfen, daß er von einem rückwärtsgewandten Heimatbegriff ausgehe und somit in der traditionellen Heimatdarstellung verfangen bliebe. Einziger Unterschied zwischen «Heimat» und den klassischen Heimatfilmen sei, daß der Einbruch des Fremden nicht verhindert und der glückliche Urzustand nicht wiederhergestellt werde. Mit dem Niedergang der bäuerlichen Kultur in der Dorfgemeinschaft, wo jeder jeden kenne, gehe für ihn etwas verloren, dem nichts Gleichwertiges folge: Heimat. Es gehe ihm nur um Trauerarbeit, bei welcher der Blick sich in der Retrospektive verliere.

Nur aufgrund der Tatsache, daß Reitz etwas darstellt, das es in dieser Form heute nicht mehr gibt, ihm auch zu unterstellen, er unterstütze mit diesem Film konservative Tendenzen, ja, sein Werk sei reaktionär und er selbst verfalle «faschistischen Ideen»[3], wenn er sage, das Denken werde völlig durch Gemeinschaft ersetzt, ist meiner Ansicht nach mehr als un-

1 Reitz (1985): S. 11.
2 Rauh, Reinhold (1993): Edgar Reitz. Film als Heimat. München: Wilhelm Heyne Verlag, S. 277.
3 Siehe beispielsweise Weiss (1988): S. 11.

angebracht und dürfte wohl gerade Reitz, der wahrlich nichts mit Faschismus am Hut hat, hart treffen. Nicht minder unangebracht ist auch jene Kritik, die dem Film enthistorisierende und beschönigende Wirkung unterstellt. Martin Swales hat triftige Einwände gegen diese von linker Seite hervorgebrachte Kritik. Er weist darauf hin, daß es sich bei «Heimat» «nicht so sehr um ein Aussparen des Politischen handelt, sondern vielmehr um ein Nachspüren der psychologischen und kulturellen Bedingungen, die das Heraufkommen bestimmter politischer Ideologien ermöglichen. Es geht Edgar Reitz nicht hauptsächlich darum, historische Ereignisse zu schildern und zu beurteilen, sondern darum, den Nährboden jener Ereignisse zu verstehen.»[1] Für Swales geht dieser Film mit filmisch-bildhafter Konsequenz den Gründen und Ursachen geschichtlicher Ereignisse nach. Deshalb mythisiere «Heimat» nicht die deutsche Geschichte, wie ihm das vorgeworfen werde, sondern setze sich im Gegenteil intensiv mit dieser auseinander.

Das ist ja gerade die große Kunst von Reitz, daß er nicht einfach die großen weltgeschichtlichen Ereignisse dieses Jahrhunderts erzählen will, sondern in der Darstellung eines kleinen, provinziellen Erlebnisbereichs einer Bauernfamilie Alltägliches und Historisches auf derart raffinierte und kunstvolle Weise vermischt, daß dadurch erst Geschichte erfahrbar gemacht wird. Die großen Ereignisse werden durchwegs symbolisch dargestellt. Das Gros der Zuschauerinnen und Zuschauer scheint die symbolische Aussage des Films verstanden zu haben. Der Film «Heimat» spricht nicht deshalb ein breites Publikum an, weil er konservative Tendenzen aufweist, sondern er spricht die Leute an, weil er offensichtlich «kollektive Erinnerungen» spiegelt und weil viele Menschen eigene Lebenserfahrungen in diesem Film wiedererkennen. Was anscheinend viele vermeintlich Linke nicht verstehen wollen: Die Beschäftigung mit angeblich konservativen Werten, also Heimat, muß nicht unbedingt mit politischem Konservatismus zusammenfallen.

---

1 Swales, Martin (1992): Symbolik der Wirklichkeit. Zum Film Heimat. In: Görner, Rüdiger (Hrsg.): Heimat im Wort: die Problematik eines Begriffs im 19. und 20. Jahrhundert. München: iudicium verlag GmbH (= Publications of the Institute of Germanic Studies 51), S. 127.

3.4 Schwierigkeiten der Wahrnehmung

Im folgenden geht es mir um die Fragen, wie die Umwelt heutzutage im Zeitalter beschleunigter Zeit wahrgenommen wird, und wie trotz den stark veränderten menschlichen Wahrnehmungsbedingungen das Natur- und Landschaftserlebnis gelingen kann. Heute geschieht die Wahrnehmung in erster Linie über die Augen. Die ursprüngliche Vielfalt des Erlebens mit allen Sinnen ist weitgehend verkümmert. Das Reich der Sinne schwindet zunehmend dahin. Die Welt wird nur noch mit den eigenen Augen aus sich heraus wahrgenommen. Durch die neuen Medien Film und Fernsehen werden die bisherigen Determinanten Raum und Zeit angetastet. Wir können scheinbar problemlos aus den determinierten Netzen der Perspektive ausbrechen. Sie fesseln uns nicht mehr an ihre statischen Normen. «Wir sind zu Filmmenschen geworden. Wir denken nicht mehr in Einzelbildern, sondern in Sequenzen. Filmschnitte, scheinbar etwas ganz und gar Artifizielles im Kontinuum der Zeit, bereiten uns keine Verständnisschwierigkeiten. Schnelle Orts- und Themenwechsel haben wir bereitwillig in unsere Logik der Wahrnehmung aufgenommen. Raum und Zeit werden verfügbar, wenn Tokio auf Rom geschnitten wird. Im Film wird Geschwindigkeit ja in viel größerem Maße von den Schnitten bestimmt als von der Bewegung der Akteure.»[1] Für die Architektin Hilde Léon und den Ingenieur Konrad Wohlhage ist das Fernsehen der bedeutendste Leerraum. Ein Raum im Raum, der die gesamte Kultur verändert hat. Im Fernsehen verschwindet der dauerhafte Raum zugunsten von kurzlebigen Zuständen, Momentaufnahmen, Sequenzen. Der Raum wird durch Licht und Projektion entmaterialisiert. Neue Gesetze bestimmen sein Bild: jene des Films und der Verflüchtigung. Raum gibt nicht mehr nur den Rahmen für Bewegung ab, er wird selbst zur Aktion.

Die sinnliche Wahrnehmung wird immer mehr durch eine technische Wahrnehmung abgelöst. Der Mensch erfaßt die Umwelt nicht mehr sinnlich, sondern sieht sie immer mehr nur noch in der Fernseh-Illusionslandschaft. Das virtuelle Medium Fernsehen bestimmt mehr und mehr unsere Sichtweisen, Empfindungen und das Bewußtsein und die Vorstellungskraft. Die Vielgestaltigkeit der Welt wird auf der Oberfläche

---

1 Léon, Hilde u. Konrad Wohlhage (1987): Fragment, Leerraum, Geschwindigkeit und das Bild der klassischen Stadt. In: Bauwelt, Heft 36 (Stadtbauwelt 95), S. 1337.

eines Bildschirms fixiert. Unsere Wahrnehmungen sind zersplittert, wodurch wir auch zunehmend die Fähigkeit verlieren, uns über längere Zeit auf eine einzige Sache zu konzentrieren. Ein Umstand, auf den auch der Philosoph und Kulturkritiker Paul Virilio weist. Er glaubt, daß schon bald die von den Multimedia-Netzen Abhängigen, die Net-Junkies, Webaholics und alle nur erdenklichen Cyberpunks an IAD (Internet Addiction Desorder) leiden werden. Ihr Gedächtnis werde zu einem Trödelladen, einem Speicher, der mit Massen von allen möglichen, völlig ungeordneten, schlecht erhaltenen Bildern und abgenutzten Symbolen vollgestopft sei. Schon jetzt würden kleine Kinder, die von frühesten Kindesbeinen an geradezu zwangsweise vor dem Bildschirm kleben, an Hyperaktivität leiden, die durch eine Funktionsstörung des Gehirns verursacht würde. Diese führe dazu, daß bei Kindern immer häufiger unkoordinierte Handlungen, schwere Konzentrationsprobleme sowie plötzliche und unkontrollierte motorische Ausbrüche zu beobachten seien.[1]

Was sich wirklich verändert durch die Fernsehbilder, spielt sich in unseren Köpfen und in unserem Nervensystem ab. Der Medientheoretiker McLuhan stellte bereits in den sechziger Jahren Zusammenhänge zwischen Medien, Körper und Wahrnehmung her, die aus heutiger Sicht geradezu als prophetisch bezeichnet werden müssen. In seinem 1964 erschienenen Buch «Understanding Media» stellte er unter anderem die These auf, «daß durch die zunehmende Mechanisierung der verschiedenen Körperorgane seit der Erfindung des Buchdrucks das gesellschaftliche Leben zu brutal und überreizt geworden ist, um vom Zentralnervensystem noch ertragen werden zu können.»[2] Angesichts der Plausibilität dieser These kann man sich heute nur noch wundern, warum sie damals die Gemüter dermaßen erregt hatte. Natürlich ist diese These beunruhigend. Ich will sie im folgenden noch etwas ausführen. Sie beruht auf dem weiter oben auch schon erwähnten Narziß-Mythos, der nach McLuhan eben nicht besagt, daß Narziß sich in irgend etwas, das er als sein Selbst betrachtete, verliebt hat, sondern den Umstand umschreibt, daß Menschen sofort von jeder Ausweitung ihrer selbst in ei-

---

1 Virilio, Paul (1997): Körperverlust in der entwirklichten Welt. Verkümmert unser Gedächtnis zu einem ungeordneten Trödelladen? In: Tages-Anzeiger, 4. August, S. 43.
2 McLuhan, Marshall (1995): Die magischen Kanäle. Understanding Media. Dresden; Basel: Verlag der Kunst (erstmals McGraw Hill 1964) (= Fundus Bücher 127), S. 76 f.

nem anderen Stoff als dem menschlichen – im Falle des Narziß-Mythos dem eigenen Spiegelbild im Wasser – fasziniert sind.

Des weiteren meint McLuhan, daß der Mensch gezwungen ist, die verschiedenen Teile seines Körpers in einer Art Selbstamputation auszuweiten. Jede Ausweitung unseres Körpers durch ein neues Medium führt durch die Verstärkung eines gesonderten Organs oder Sinnes zu intensiverer Wirkung, die das Zentralnervensystem nur mit Betäubung oder Blockierung der Wahrnehmung ertragen kann. Das Zentralnervensystem antwortet auf jede starke Stimulierung bzw. Erregung eines einzigen, erweiterten, isolierten oder «amputierten» Sinnes mit allgemeiner Betäubung. Das ist nach McLuhan die eigentliche Bedeutung des Narziß-Mythos: Das Spiegelbild des jungen Mannes ist eine Selbstamputation oder eine durch Reizwirkung hervorgerufene Ausweitung. «Als Gegenreizmittel verursacht das Abbild eine generelle Betäubung oder Schockwirkung, die jede Erkenntnis unmöglich macht. Selbstamputation schließt Selbsterkenntnis aus» (S. 75).

Dieses Prinzip der Selbstamputation, die das Zentralnervensystem sofort vom Druck befreit, wendet McLuhan auch auf den Ursprung der Kommunikationsmedien an, von der Sprache bis zum Computer. Was immer die Funktion des Zentralnervensystems stört, muß unterdrückt, lokalisiert oder abgetrennt werden, was sogar bis zur völligen Entfernung des «kränkenden» Organs führen kann.[1] Der Körper als eine Gruppe lebenserhaltender und schützender Organe des Zentralnervensystems hat die Funktion, als Stoßdämpfer für plötzlich auftretende Reizveränderungen in der natürlichen und sozialen Umwelt zu wirken. Eine Therapie versteht McLuhan als ein Gegenreizmittel, welches dafür sorgt, daß das Gleichgewicht der Körperorgane, die wie erwähnt die Aufgabe haben, das Zentralnervensystem zu schützen, wieder hergestellt wird. Einerseits werden Vergnügen wie Sport, Unterhaltung und Alkohol als Gegenreizmittel eingesetzt, andererseits dient Beruhigung dem Entfernen von störenden Reizen. Sowohl Vergnügen wie Beruhigung haben dasselbe Ziel: die Wiederherstellung eines ausgeglichenen Zustandes für das Zentralnervensystem.

---

1   Liefert McLuhan hiermit nicht auch einen möglichen Ansatzpunkt zur Erklärung der sich in der heutigen Zeit immer mehr verbreitenden Magersucht bzw. Bulimie? Die Reizüberflutung ist so groß geworden, daß der Mensch das physische bzw. fleischliche Gewebe des Körpers dabei tatsächlich abzutrennen versucht.

Natur, Landschaft und Simulation

McLuhan sieht also jede Erfindung oder neue Technik als eine Ausweitung oder Selbstamputation des natürlichen Körpers an. Und jede solche Ausweitung verlangt gleichzeitig ein neues Verhältnis oder Gleichgewicht der anderen Körperorgane und Ausweitungen der Körper untereinander. Jedes neue Medium beeinflußt als Erweiterung und Beschleunigung des Sinneslebens sofort die gesamte Sinnesorganisation. Nach McLuhan gibt es keine Möglichkeit, sich gegen das neue Verhältnis der Zuordnung der Sinne oder gegen die «Schließung» der Sinne als Folge der Fernsehbilder zu sträuben. «Aber die Wirkung der Aufnahme von Fernsehbildern wird von Kultur zu Kultur verschieden sein, je nach der vorliegenden Zuordnung der Sinne in der betreffenden Kultur» (S. 79). Wenn wir irgendeine Erweiterung unserer selbst in technischer Form sehen, verwenden oder wahrnehmen, schließen wir sie notwendigerweise auch ein. Beim Radiohören oder Lesen einer bedruckten Seite werden diese Ausweitungen unserer Selbst in unser persönliches System aufgenommen. Gleichzeitig machen wir die «Schließung» oder die Verdrängung der Wahrnehmung, die darauf automatisch folgt, mit. Bei normaler Verwendung seiner technischen Mittel bzw. seines vielseitig erweiterten Körpers wird der Mensch physiologisch dauernd durch sie verändert. Seinerseits findet er immer wieder neue Wege, seine Technik zu verändern. In der Technik der Elektrizität gilt das Prinzip der Betäubung wie in jeder anderen Technik auch. «Wir müssen unser Zentralnervensystem betäuben, wenn es erweitert oder exponiert wird, oder wir gehen zugrunde» (S. 82).

Es wird wohl niemand bezweifeln, daß in der heutigen Gesellschaft das Wahrnehmungsvermögen der Leute wie nie zuvor beansprucht und belastet wird. Was aber geschieht, wenn durch die technisch scheinbar unbegrenzt mögliche Beschleunigung der Information die Wahrnehmungsprozesse der Menschen in bisher nie bekanntem Ausmaß verändert werden? Wenn man sich mit dieser Frage beschäftigt, wird man um den französischen Soziologen und Gesellschaftstheoretiker Jean Baudrillard kaum herumkommen. Baudrillard definiert als eigentliche Wahrnehmungsebene nur noch die «Simulation». Er anerkennt zwar einen Unterschied zwischen einem inszenierten und einem «wirklichen» Ereignis, doch dieser Unterschied ist einerlei. Das heißt, daß die Bilder sowohl des inszenierten als auch des «wirklichen» (und ebenfalls inszenierten) Ereignisses denselben Sinn im Gedächtnis des Sehenden beschreiben. Eine Folge davon ist das Verschwinden der Geschichte. Es kann nicht mehr wahrgenommen werden, was ein Ereignis im historischen Sinne ist. Es wird egal, aus welchen Gründen irgendwas irgendwann geschah. Gründe und Folgen von Handlungen sind ohne Zusammenhang. Die Bilder stehen nicht mehr in erkennbarem Unterschied zur «wirklichen» Welt, sondern treten an ihre Stelle. Unter «Simulation» versteht Baudrillard demnach die Methode der Verwechslung als Produktionsweise von gesellschaftlicher Wirklichkeit.

Der Politologe Wieland Elfferding sieht es als Baudrillards großen Verdienst an, schon frühzeitig erkannt zu haben, daß die «Simulationen» der Bildschirmmedien das Modell der Wahrnehmung liefern, das sich allmählich in allen Lebensbereichen durchsetzt.[1] Die Welt ist voller Simulationen. Als Beispiel nennt Elfferding etwa die im Rahmen historischer Dorfverschönerungen betriebenen Rekonstruktionen. Die Kritik an der Simulation von Geschichte bzw. an der Frage, ob diese Rekonstruktionen «echt» sind oder nicht, stachelt lediglich den Hunger nach «echterer» Simulation an, stellt diese selbst jedoch nicht in Frage. Ähnlich verhalte es sich mit der Natur: «Das ökologische Verlangen nach Naturerhaltung hat, in seiner anfänglichen Naivität, den Abgrund geöffnet, in dem jeder gegenwärtige Naturzustand als Produkt vergangener Zerstörungen und somit als relativ verschwindet. Die Konzerne bieten von sich aus brandneue Biotope und ‹Naturlandschaften› an, wo sie Natur zu zerstören beabsichtigen. In wessen Namen sollte man etwas dagegen tun, daß die Leute die hybriden Naturlandschaften häufig schöner finden als den alten Zustand? Je mehr der ökologische Standpunkt auf einer ‹wahren› Natur besteht, desto mehr verwandelt sich die Ökologie in eine reine Simulation der Natur.»

Nach Elfferding werde die Theorie der Simulation oft als Aussage über ein Ersetzen der einen Wirklichkeit durch eine andere, die Medienwirklichkeit mißverstanden. Einen solchen Unsinn behaupte Baudrillard jedoch nicht. Bei ihm bezeichne Simulation das unter der Wirkung der neuen Medien veränderte Verhältnis zur Welt, das zugleich die Dominanzverhältnisse zwischen Natur, Ökonomie und Politik in Frage stellt. Es geht um die Substituierung des Realen durch Zeichen des Realen. «Das Fernsehen stellt die Welt nicht dar, sondern zwingt diese, in seiner Sprache zu sprechen.» Das *Angeschlossensein* ist für Baudrillard die typische Beziehung der Menschen in den Netzwerken der Bildschirmkommunikation. Dies sei aber keine Objektbeziehung mehr, in

---

1 Elfferding, Wieland (1991): Die Zukunft der endlosen Simulation? In: WoZ, Nr. 13, 28. März, S. 7.

Natur, Landschaft und Simulation

der ein Realimaginäres kritisch gegen sein Bild gehalten werden könnte, «sondern eine Zirkulation von Bildern und ‹Zeichen› gemäß der Logik des kleinsten Unterschieds.» Weil sich gemäß Elfferding alle noch im Diskurs der Krise bewegen, demgemäß dann die Ökonomie gegen die Ideologie revoltiere, warte die Linke immer noch auf den Aufstand der Realität gegen die Zeichen und Bilder: der sozialstrukturellen Eigenheit des Staatssozialismus gegen die «Marktwirtschaft», der Armut im Osten gegen das Versprechen des Reichtums im Westen etc. Was aber, wenn «sich das Verhältnis der Menschen zur sogenannten Realität, ihre Lebensweise unter der Hand verändert hätte, so daß sie nicht mehr einen historisch gewonnenen Maßstab anlegen, sondern von Version zu Version eines Lebens wandern, das, wie in der Werbung, eben *das* Leben ist?»

Baudrillard meint, daß die Wirkung der Simulationsmaschinen auf der Lust am Unterschied beruht. Sie reizen dazu an, zum nächsten Bild und zur nächsten Bedeutung überzugehen. Der Unterschied werde zwar im Rausch des geradeeinmal Neuen *durchlebt*, nicht aber festgehalten oder gar zum Gegensatz geschärft. Mit jeglicher Ehrfurcht, welche die alten ideologischen Mächte umgebe, sei es ebenso vorbei wie mit aller Distanz, welche Kritik begründe, so Baudrillard. Hier äußert Elfferding aber seine Zweifel. Er teilt Baudrillards Meinung nicht, daß alle Unterschiede vernichtet werden. Sie würden lediglich ständig eingeebnet, um reproduziert zu werden. Deshalb meint er, daß eine Theorie der neuen Medien als Simulationsmaschinen das Verhältnis von Simulation und Ideologie, von serialer Auflösung aller Dualismen und deren Reproduktion erklären müsse. Elfferding schlägt zwei Strategien vor: gegen die Phantasmen der Weltherrschaft und des Krieges eine auf die Logik der ständigen Verwechslung und des Austausches der Gegensätze gestützte Strategie und gegen den Totalitarismus der Kommunikation, gegen die Wiederkehr des Gleichen durch die Übermacht der Bilder eine Politik der Unterbrechung, der Verweigerung und des Ausstiegs. Er ist sich jedoch nicht sicher, ob sich diese beiden Strategien zu einer Politisierung der Autonomisierung der Sinne gegenüber den Videomaschinen verbinden lassen.

Mit dem Verschwinden der Geschichte und der Übersättigung des menschlichen Wahrnehmungsvermögens beschäftigt sich auch Ingrid

Krau in ihrem Beitrag «Das Unsichtbare als Verlust des Sichtbaren».[1] Auch sie bezieht sich in ihren Ausführungen auf Baudrillard. Denn dieser sehe das Stattfinden von Geschichte an das menschliche Wahrnehmungsvermögen gebunden, das an das konkrete Handeln im Bereich sinnlicher Erfahrungen angelagert sei und darüber in Erinnerung gerufen werden könne. «Eine gewisse Langsamkeit (d. h. eine Geschwindigkeit, doch nicht zu viel), eine gewisse Distanz, doch nicht zu viel, und eine gewisse ‹Befreiung› (eine Kraft zu Bruch und Veränderung), doch nicht zu viel, sind notwendig, damit sich jene Art von Kondensation und Kristallisation herstellt, die für die Ereignisse bezeichnend ist, die man Geschichte nennt, und jene Art zusammenhängender Entfaltung von Ursachen und Wirkungen, die man Wirklichkeit nennt.»[2]

Da nun aber, wie oben schon ausgeführt wurde, die Verarbeitungskapazität der menschlichen Wahrnehmung ständig überstrapaziert werde, würden wir in diesem neuen radikal umgestülpten Alltag untergehen und in der Diesseitigkeit des Hier und Jetzt ersticken, über das hinaus nichts mehr führe. Noch einmal Baudrillard: «Die Geschichte kommt nicht mehr dazu, sich abzuspielen, ... sie verpufft in ihrer unmittelbaren Wirkung und erschöpft sich in ihren eigenen Schaueffekten, sie fällt auf sich selbst zurück und implodiert in Aktualität ... unvermeidlich erlahmt ihr Sinn» (ebd.).

Lückenlose Inszenierungen von Scheinwelten gab es aber auch schon in der Vergangenheit. Doch was Baudrillard beschreibt, ist ein Dauerzustand, der jenseits des Realen erreicht wird. Die heute erreichte Perfektion der Simulation hat, so Krau, «mit Hilfe der Technik in allen Ausdrucksbereichen der Kultur eine Qualität erreicht, in der jede Frage nach dem realen Zustand, um dessen Erhellung es mit Hilfe der Wissenschaft und Künste ging, ausgelöscht ist» (S. 267). Das Prinzip der Sichtbarkeit des Historischen als Überlagerungen in der Abfolge von Entstehen, Veränderung, Vergehen ist heutzutage aufgegeben. Geschichtliche Bezüge existieren nur noch als erstarrtes Ritual der Visualisierung im öffentlich umbauten Raum. Es werden Plagiate geschaffen, um das unsichtbar

---

1 Vgl. Krau, Ingrid (1985): Das Unsichtbare als Verlust des Sichtbaren. In: Bauwelt, Nr. 36 (Stadtbauwelt 87), S. 265–274.
2 Baudrillard, Jean (1984): Das Jahr 2000 wird nicht stattfinden. Nach der Geschichte: Herrschaft der Simulation? In: Spuren. Zeitschrift für Kunst und Gesellschaft, Nr. 6, Mai/Juni, S. 21–30, zitiert nach Krau (1985): S. 266.

Gewordene wiederzubeleben.[1] Doch die überperfekte Simulation des Realen ist lediglich ein Beweis dafür, daß die fehlerfreie Rekonstruktion alle Spuren von Geschichtlichkeit vertrieben hat. Das Plagiat ist das Eigentliche, das Original, das wir sehen wollen: «die Verdoppelung der heutigen Zeit, mit der wir Wahrnehmungs-, Vorstellungs- und Differenzierungsvermögen besetzen, ohne zu merken, daß sich nur das Heute im Historischen spiegelt» (S. 265). Das Plagiat überläßt nichts dem Vorstellungsvermögen, weil es die Zeit vergessen machen will.

Um jedoch eine Erscheinung zu erkennen, braucht man Erinnerungen an andere Erscheinungen. Krau spricht vom *Bildgedächtnis*, seiner wichtigen Funktion im Prozeß des Erinnerns. Erinnerungen beruhen auf komplexen Informationen, die über Ohr, Auge, Nase, Tastsinn gewonnen wurden. Die Impulse des Auges spielen dabei für unsere Wahrnehmungsfähigkeit eine bedeutende Rolle. «Das Auge und der Wahrnehmungsprozeß sind selektiv: Wahrnehmen, mit dem Fundus des Vorerfahrenen Vergleichen, Interpretieren, eine Sicht Entwerfen, Handeln konstituieren die subjektive Wirklichkeit, die Beziehung zu den Dingen. Wahrnehmen ist also eine aktive Beziehung des Subjekts zum Objekt. Sich erinnern ist sowohl Voraussetzung als auch Folge dieser Arbeit» (S. 269).

Um wieder eine Geschichtlichkeit in unserem Denken herstellen zu können, schließt Krau, bräuchten wir ein neues Verhältnis zu Zeit. Erst damit könnte das Projekt der Moderne als Behauptung gegenüber der bedrohlichen Zukunft fortgesetzt werden. Krau fordert, den blindgläubig als Fortschritt definierten «ständigen Bruch mit der Vergangenheit als kontinuierliche Erneuerung» durch ein sichtendes Verhältnis zum Vergangenen zu ersetzen.

Nun hat Flusser aber gezeigt, wie ich im Kapitel «Heimat und Cyberspace» ausgeführt habe, daß wir nicht mehr historisch – also in Prozessen –, sondern zunehmend relational denken sollten. Das hieße, daß es in unserem Denken keine Zeitachsen mehr geben würde. Wir würden dann immer im «Stehenden Jetzt» leben. Bezogen auf unsere Wahrnehmung hieße das, daß sich die «Wirklichkeit» nicht mehr durch das sozial und historisch bedingte Wahrnehmen herstellen würde. Denn wenn wir nicht mehr historisch denken, wird in unserem Wahrnehmen auch keine Geschichtlichkeit mehr hergestellt werden können.

---

1 Abschreckendes Beispiel dafür ist etwa der bekannte Römerberg in Frankfurt am Main.

Heimat in der Postmoderne

Sowohl Krau als auch Flusser gehen von massiven Veränderungen der Wahrnehmungsbedingungen aus, ausgelöst insbesondere durch die Medien Fernsehen und Cyberspace. Doch während Krau diese Veränderungen als Verlust beschreibt, betrachtet sie Flusser eher als Gewinn. Daß ich persönlich eher zur pessimistischen Diagnose von Krau als zur euphorischen Utopie von Flusser tendiere, liegt wahrscheinlich daran, daß ich offenbar über zu wenig Phantasie verfüge, um mir vorstellen zu können, wie ein Leben im «Stehenden Jetzt» aussehen könnte. Tatsache bleibt, daß – wie Alexander Kluge eindrücklich gezeigt hat – die Gegenwart immer mehr zur dominierenden Zeit wird, welche alle anderen Zeiten beherrschen wird. «Das Prinzip Gegenwart wütet gegenüber dem Prinzip Hoffnung und sämtlichen Illusionen der Vergangenheit», wie es Kluge formuliert hat. Indem die Moderne geschäftig von Neuerung zu Neuerung eilt, leitet sie den Verlust des Zeitbewußtseins selbst ein. Das sozial und historisch bedingte Wahrnehmen weicht immer mehr einem Wahrnehmen, das zwischen der «wirklichen» Welt und den Bildern nicht mehr unterscheiden kann. Unsere Wahrnehmungsweise wird mehr und mehr vom virtuellen Medium Fernsehen bestimmt. Und wie McLuhan gezeigt hat, gibt es keine Möglichkeit, sich gegen die «Schließung» der Sinne als Folge der Fernsehbilder zu sträuben. Der Triumph der Echtzeit über den realen Raum und die Geosphäre wird nicht mehr aufzuhalten sein. Davon muß man ausgehen.

Wie kann nun heute angesichts dieser radikal veränderten Wahrnehmungsbedingungen dennoch das Landschaftserlebnis gelingen? Welche Bedeutung können Natur- und Landschaftsutopien für den Prozeß der Konstruktion von Heimat haben? Mit diesen Fragen beschäftigt sich der Geographie-Didaktiker und Erziehungswissenschaftler Jürgen Hasse. Er meint, daß die emotionale Rede von Heimat heute zwar kaum noch aktuell sei, «ihre *Sprache* dagegen erlebt nicht zuletzt hinter dem Vorzeichen postmoderner Ästhetik eine Intensivierung!»[1] Auch im digitalen Zeitalter *erleben* die Menschen ihre Lebensumwelt und stehen in einem ästhetischen Verhältnis zu ihr. Für diese emotionalisierte (Heimat-)Beziehung ist und bleibt die Landschaft ein unverzichtbarer Stoff. Aus ihr wird herausgelesen, was in die Heimat hineingeschrieben wurde. Gemäß Hasse bilden Heimat, Landschaft, Identifikation, Fiktion, Bild, Politik und Ideologie eine Wirkungseinheit, die gegenwärtig die Kultur der post-

---

1 Hasse (1993): S. 14.

modernisierten Gesellschaft mitgestaltet. In dieser Gesellschaft erfüllen Medien der Warenästhetik Aufgaben der Identitätsbestimmung und Heimatverheißung. Die Landschaft ist für Hasse ein gigantischer Verschiebebahnhof identitätsstiftender Fiktionen. Da die virtuelle Realität die Menschen von einem dinglich-materiellen Substrat von Erfahrung emanzipiert, stellt Hasse die Frage, ob sich das Problem der Heimat in der Verabschiedung einer unabdingbar geglaubten Abhängigkeit der menschlichen Erfahrung von der materiellen Existenz der Dinge nicht von selbst erledigt.

Nach Ansicht von Hasse ist in der aktuellen Landschaftsplanung und Architektur ein Trend zur Ästhetisierung, also zur sinnlichen Hervorhebung mit den Mitteln der Kunst, unübersehbar. Das Ornament erlangt im Augenblick höchster ökologischer Labilität und sozialer Fraktalisierung einen enormen Aufschwung. Diese Entwicklung provoziert Kritik. Von *erpreßter Versöhnung* und *Vortäuschung von Heimat* etwa spricht Gerard Raulet.[1] Kritisiert wird nicht die Ästhetisierung der Dinge und der Umwelt an sich, sondern deren Wirkung, die in der Ermächtigung der Illusion aufgeht. Das Ästhetische führt eben nicht zur ästhetischen Erfahrung, sondern zum anästhetischen Abschied von der Erfahrung.

Auch Landschaft ist kein wissenschaftlich exakt abzugrenzender Begriff. Deshalb ist er – ähnlich wie Heimat – vielfach codierbar. Als Daseins- und Identifikationshorizont bzw. als emotionalisierte Mensch-Umwelt-Beziehung kommt Heimat ins Spiel. «Landschaft ist ein allegorisches Moment von Heimat, von Suche nach Sinn und Identität schlechthin» (S. 21). Gegenstand und Ziel dieser Identifikation sind Natur*idealisierungen*, die den Schein der Versöhnung mit Natur atmosphärisch vermitteln können. Es ist nicht Natur schlechthin, die den Stoff bereitstellen kann, aus dem Landschaft werden kann. Die Physiognomie der Naturdinge muß den Schein einer (verlorenen) versöhnten Natur zu offenbaren vermögen, damit deren hervorgerufenen Atmosphären identifikationswürdig erscheinen. Doch wie auch immer wir Landschaft betrachten, bleiben wir unserem modernen Bewußtsein verbunden, selbst oder gerade wenn wir es etwa in der Identifikation mit der Fiktion der idealisierten Landschaft zur Erzeugung von Heimat hinter uns lassen wollen. «Für die zahllos zu Tode gekommenen Dinge der Natur hat *diese* Heimatlandschaft keinen Platz» (S. 22).

1 Raulet, Gerard (1987): Natur und Ornament: zur Erzeugung von Heimat. Darmstadt; Neuwied: Luchterhand, S. 136, zitiert nach Hasse (1993): S. 20.

Die oben erwähnte Diagnose vom Ästhetisierungsrausch untermauert Hasse mit einigen Beispielen, läßt sie jedoch nicht in ihrem radikalen Kulturpessimismus stehen. Als Fiktionen, die an Umweltstrukturen gebunden sind, die allen zugänglich sind, erwähnt er die Beispiele Gärten, Center-Parcs, Euro-Disney und Werbung. Des weiteren beschreibt er zwei futuristische Planungen, die den Bogen historischer Aktualität und individueller Erfahrbarkeit überspannen und zwischen science fiction und dinglich-materieller Welt angesiedelt sind: synthetisch hergestellte Umwelten. Es handelt sich konkret um die beiden in Japan entworfenen Visionen extraterrestrischer Stationen und unterirdischer urbaner Systeme, mit denen Hasse zeigen kann, daß infolge der Anwendung neuer Technologien auch neue Maßstäbe für die «Erreichbarkeit» von Heimat über die *technische Reproduktion von Natur* gesetzt werden können. Der Trend zur technischen Reproduktion einer heimatfähigen besseren Welt ist für ihn überall dort unübersehbar, wo als Folge der industriegesellschaftlichen Nutzung der Natur deren Verwundungen ästhetisch nur noch um den Preis der Verlusterfahrung und der Verwundung des eigenen Leibes verarbeitet werden können.[1]

Im folgenden beziehe ich mich auf sein erstes Beispiel der «großen und kleinen Gärten», um zu zeigen, wie heutzutage Landschaft und Heimat zu einem Amalgam zusammenfließen und welche Rolle dies in der Beziehung zwischen Individuum und Gesellschaft spielt. In der Gestaltung von Gärten findet der Zusammenhang zwischen Heimat und Landschaft einen unmittelbaren Ausdruck, denn im Garten eröffnet sich die Chance der unmittelbaren Gestaltung. Im Garten wird die Landschaft machbar. Der Garten wird zu einer Arena mimetischer Prozesse. Mit den Stoffen der Natur und den Mitteln der Technik wird Heimat zur Darstellung gebracht. Nach Hasse stellt sich uns im Garten «ein mimetischer Nachvollzug der Landschaft dar, der eine Allegorie der Heimat ist» (S. 28). Dabei interessiert sich Hasse weniger für Einzelheiten oder spezielle Aspekte in der Gestaltung von Gärten, als vielmehr für den *all-*

---

[1] Ein weiteres Beispiel einer künstlich hergestellten Umwelt ist das «Projekt Eden», das in Cornwall entstehen soll. Dieses Eden soll das größte Treibhaus der Welt werden. In einer ausgedienten Lehmgrube soll sich auf einer Länge von anderthalb Kilometern und mit einer Spannweite von bis zu 120 Metern dieses Treibhaus hinziehen, unter dessen Dach vier verschiedene Klimazonen geschaffen werden, wobei Tiere ausgeschlossen sein werden. Vgl. Nonnenmacher, Peter (1997): Ein künstliches Paradies – doch ohne Schlangen. In: Tages-Anzeiger, 5. April, S. 5.

gemeinen Prozeß der mimetischen Umweltgestaltung. In Anlehnung an Wulf braucht Hasse den Begriff der «Mimesis» als ästhetische Kategorie und versteht sie als eine nachschaffende und darin zugleich verändernde Kraft, die auf «Verschönerung» und «Verbesserung» abzielt.[1]

Mimesis als gestaltende Nachahmung ist ein höchst kreativer Prozeß. Man kann sie als einen Weg begreifen, auf dem sich der Mensch der Umwelt, anderen Menschen, aber auch kulturellen Gegenständen ähnlich macht, um sie dadurch in sich aufzunehmen. Mit Hilfe des Sehens werden symbolisch strukturierte Bilder nachgeschaffen und mit Hilfe der Einbildungskraft in die innere Bilderwelt des Betrachters aufgenommen. Um das Bild in der Umwelt überhaupt wahrnehmen zu können, muß zuerst der Widerstand des mechanischen Sehens gebrochen werden. Danach können auch Mehrdeutigkeiten wahrgenommen werden. Es sollen sich Begegnungen ereignen, die die Qualität des Neuen beanspruchen können. «Im Zuge dieser Auseinandersetzung mit Bildern werden Beziehungen zu inneren Bilderwelten hergestellt und diese umgestaltet, erweitert und zum Beispiel korrigiert. Mimesis vollzieht sich im Medium des Scheins, aber auch die angeeigneten ‹äußeren› Bilder sind nichts als Schein. Somit liegt in der mimetischen Aneignung von Bildern ein subversives Potential» (S. 34). Mit subversivem Potential ist gemeint, daß bis dahin gültige Grenzziehungen unterlaufen werden können. Mimesis ermöglicht, jene Risse und Brüche zwischen Zentren und Peripherien wahrnehmen zu können, die hinter dem schönen Schein postmoderner Ästhetisierungen zum Verschwinden gebracht wurden.

Was damit gemeint sein könnte, beschreibt der Literaturredaktor Wilfried F. Schoeller.[2] Weil in Zukunft Riesenagglomerate unsere Städte ersetzen, die Fragmente des sozialen und moralischen Lebens sein werden, glaubt Schoeller, daß das Wort Heimat für die globale Mehrheit bald nur noch aus der Bitternis der Trennung, der Flucht, des Exils und der Entwurzelung zu entziffern ist. Wenn nun aber die Unbehaustheit schon zwangsläufig und unvermeidlich ist, kommt es darauf an, sich in dieser einzurichten. «Zwischen den Schandflecken der Fremde, an den

---

1 Wulf, Christoph (1989): Mimesis. In: Gebauer, Gunter u. Dietmar Kamper u.a. (Hrsg.): Historische Anthropologie. Zum Problem der Humanwissenschaften heute oder Versuche einer Neubegründung. Reinbek bei Hamburg: Rowohlt (= Rowohlts Enzyklopädie 486), S. 92, zitiert nach Hasse (1993): S. 32.

2 Schoeller, Wilfried F. (1996): Die Rückkehr des Flaneurs. In: du, Nr. 11, November, S. 86–87.

Normstrecken der Plattenbau-Silos, auf den Routen der Schlafzonen, im Irrgang der nicht bestimmten Reviere könnte der Flaneur wieder auferstehen. Als Passant der Ränder, im Nirgendwo, zu dem Fahrplan und Verkehrsverbund kaum hinführen. Eine andere Schrift ist zu entdecken. Keine eingesessenen Mythen halten das Gelände besetzt. Weit herum, zwischen Flughafen und antiquarischer Altstadt, nur irreguläre Zone» (S. 87). Der Flaneur könnte sich der andersartigen Dynamik preisgeben, die von den Räumen ohne Eigenschaften ausgeht, vom Präsens, das keinen Plan verrät, vom Labyrinth des Jetzt. Es gelte ein Gefühl zu entwickeln für die anonyme Zugehörigkeit zu allem, was vom Geschmack, vom Nutzen, vom Sinn wegstrebt. Wir könnten lernen, mit den Brüchen umzugehen, die zur prägenden Erfahrung werden, wenn sich die Stadt schon an die Vorstadt ausliefert. Der an der Peripherie wieder auferstandene Flaneur könnte «unserer Erfahrung mit dem Fremden aufhelfen. In den Surrealismus einüben. Rimbauds Behauptung, daß ich ein anderer sei, zur Existenz verhelfen. Wenigstens die Bereitschaft des Auges für die Bruckstücke stärken. Das könnte auf eine ethische Vorschule der Anteilnahme hinauslaufen» (ebd.). Der Flaneur könnte uns nach Schoeller sogar in die Schwierigkeit einüben, die das Wort Multikultur macht.

Die von Schoeller beschriebene Flanerie kommt meines Erachtens sehr nah an Hasses Vorstellung von Mimesis als Quelle des Widerstands, als Trägerin von Hoffnungen. Dieser subversive virtuelle Weg trifft nun aber auf eine informationstechnologische Verfassung gegenwärtig entwickelter gesellschaftlicher Austauschbeziehungen zwischen den Menschen, die selber vom Schein lebt.

Um diese Verfassung zu beschreiben, greift Hasse ebenfalls auf Baudrillard zurück. Wie bereits gesagt, sind für Baudrillard Bilder zur Ware geworden, ohne daß ihnen irgendein Wahrheitsanspruch standhalten könnte. Deswegen bedürfen die Bilder auch nicht mehr einer archaisch gedachten Referenz-Wirklichkeit, denn alle Bilder stützen sich nur noch auf die *Vor*-Bilder anderer Bilder. Weil nun die Logik der Bilder uns zweifellos einer Sphäre aussetzt, in der die Abstraktionen (von uns selbst) uns selbst in der eigenen Leibhaftigkeit vergessen machen, können wir uns diesem Risiko bzw. dieser Gefahr gleichwohl nur im selben Medium entgegenstellen: im Medium des Scheins. Deshalb kann Mimesis zur Trägerin von Hoffnungen werden, weil sie Chancen zu einem nicht-instrumentellen Umgang mit dem Anderen und der Welt gewähren kann, «indem das Besondere gegenüber dem Universellen geschützt und den Dingen und Menschen Schonung gewährt wird», wie es Wulf formuliert.[1]

Auch wenn die Utopie einer «ersten», «authentischen» oder «unberührten» Natur zu den «Großen Erzählungen» gehört, von denen wir uns – wie schon in der Einleitung gesagt – zu Recht verabschieden sollten, bringt doch jeder Garten nach Hasse einen mimetischen Prozeß zum Ausdruck, der selber nicht ohne Kontemplation und auch nicht ohne Imagination zu denken ist. Es ist also nicht davon auszugehen, daß das allgemeine Wissen um die Natur als sozial konstituierte die Kontemplation und Imagination notgedrungen be- oder verhindern muß. Für das imaginative Naturverhältnis, das Anspielungen auf mögliche Beziehungen zur Natur liefern soll, dürften gemäß Hasse sogar experimentelle Formen der Gartengestaltung – zum Beispiel mit Müll und Abfall gestaltete Gärten – in den Blick kommen. Die Kontemplation mag nur dem im Wege stehen, der des Phantasmas der «heilen» Natur bedarf. Wenn wir uns auf das Spiel mit dem Schein einlassen, müssen wir uns ihm nicht mehr in klassisch moderner Manier widersetzen, sondern wir könnten auch auf ihn bauen (S. 42).

Es ist also einerlei, wer welche Bilder von Landschaften auf den erstellten «Bühnen» (zum Beispiel Center-Parcs) findet und inkraftsetzt. Die Codierung der noch so vorstrukturierten Bilder ist formaler Art und inhaltlich völlig leer. Wenn mit Hilfe der Einbildungskraft der Nutzer diese Bilder Türen öffnen können, wäre letztlich auch Mimesis *möglich*. Im Medium des Imaginären könnte dann die vorgegebene Bühne neu besetzt werden. «Sie könnte schließlich jener Spiel-Raum werden, der uns jene Ästhetik alphabetisierend zurückgeben könnte, die auf dem Weg in die Risikogesellschaft in der Anästhetik des schönen Scheins (z. B. im Center-Parc selber) aufginge» (S. 47).

Grundsätzlich sieht also Hasse zumindest die Möglichkeit eines Landschaftserlebnisses, trotz des tiefgreifenden Wandels des menschlichen Wahrnehmungsvermögens, den wir bereits mitmachen. Das Allgemeine, das in den von Hasse beschriebenen Beispielen zugrundeliegt, «ist die *Einführung einer neuen Distanz* zu einer Welt der Erfahrungen und Erlebnisse, die noch in der Gegenwart mit dem Glauben an eine unmittelbar erfahrbare, originale, dinglich-materielle Welt fest verbunden ist» (S. 74). Die sich ankündigende Dimension ist nach Hasse eine

---

1 Wulf (1989): S. 121, zitiert nach Hasse (1993): S. 35.

Intensivierung aller Lebensäußerungen, die räumlich der Konzentration auf einen *Punkt* gleichkommt. Auch Hasse ist also der Ansicht, daß der anthropologisch-geographische Raum zunehmend schwindet zugunsten einer einfachen Sehsteigerung, wie es Virilio nennt. Der Raum «schrumpft, weil er mit jedem Schritt der technisch-instrumentellen Aneignung weiter vom Menschen und seinen *leiblichen* Erfahrungsmöglichkeiten entfernt wird. Es bleiben zeitgebundene Intensitäten ohne Zeit, denn auch die Zeit wird gelöst aus ihrer lebenspraktischen Verwurzelung, wird rückgebunden an das Erfordernis der Apparate» (S. 75). Es kündigt sich jene «Ästhetik des Verschwindens» (Virilio) an, die die in ihrer Erscheinung endlos vervielfältigte Natur und Umwelt tendenziell verschlingen wird. Nicht in ihrer Stofflichkeit, aber in ihrer sinnlichen Erlebbarkeit.

Im Zeitalter von virtueller Realität – hier verstanden als eine computererzeugte dreidimensionale Welt – ist es möglich, daß die letzte utopische Bindung von Landschaft als Allegorie von Heimat, die noch an eine physische Existenz geomorphologischer, klimatischer und belebter Teile der Erdoberfläche rückgebunden sein mußte, definitiv verschwindet und daß schließlich, wie es Baudrillard prophezeit, «nach den Handlungen der Menschen auch deren Utopien in einem einzigen Punkt fahlen Leuchtens» implodieren (S. 76).

Im letzten Abschnitt seines Buches formuliert Hasse Ansatzpunkte für eine Aktualisierung von Heimat und Landschaft, die deutlich machen sollen, welche Bewegungsspielräume sich für die Individuen im Prozeß der ästhetischen Produktion und Reproduktion von Natur aus den Strukturen der Lebenswelt im Moment einer alle gesellschaftliche Bereiche erfassenden Flexibilisierung anbieten. In der Postmoderne könnte die Landschaft als Utopie einer besseren Welt und Allegorie von Heimat «in seismographischer Aufmerksamkeit als ‹Registrierfläche› dieser postmodernen Schwankungen, Brüche und Widersprüche abgetastet werden. (...) Heimat und Landschaft sind Utopien, die nur in einer riskanten Gratwanderung eigene Handlungshorizonte aufscheinen lassen können. Die Möglichkeit des Scheiterns gehört zu ihrem Wesen!» (S. 85 f.).

Wenn man davon ausgeht, daß sich in Zukunft die regionalen, nationalen und globalen Gegensätze eher verschärfen, werden sich die wesentlichen Heimatfragen je nach Lebenskontext ganz unterschiedlich stellen: in Ostafrika als Überlebensfrage, in Westdeutschland als Frage der ausgleichenden Wohlstandssicherung. Die globale Differenz ist so groß, daß sie oft nur noch über die Indifferenz erträglich gemacht werden kann. «Nicht zuletzt darin findet der aktuelle Boom postmoderner Anästhetisierungen in der Ersten Welt seine Funktion: in der Erzeugung von Heimat, die nur unter der Bedingung der Anästhetisierung ihrer Rückseite – der Ästhetik des Grauens ‹am anderen Ende› der Welt – ihr Bild sauberzuhalten vermag» (S. 87).

Als globale Aufgabe stellt sich nach Hasse die Vermittlung extrem auseinanderliegender Weltbilder und materieller Welten. Eine wichtige Aufgabe liegt dabei darin, das Nahe und das Ferne *in der Welt* und *in uns* einander vermitteln zu können, das Selbst- und Fremdsehen neu zu erlernen. Nur wenn wir auch hinter die schönen Bilder der Heimat-Landschaften sehen können, kann jene Heimat-Utopie ermöglicht werden, die gerade im Hinausgehen und Heimkehren ihr Potential hat. Gegen die Heimat des zufriedenen Bürgers kann der «Abenteurer mit Heimathafen» gesetzt werden, der sich die Ungleichzeitigkeiten des Weltgeschehens zumuten kann, weil er um seine nicht nur räumlich gemeinte Herkunft weiß. Sobald das offiziell Ausgeschlossene ins Bild gesetzt wird, begännen die Bilder der Heimat zu flimmern. Das ist eine in letzter Instanz mimetische Aufgabe der Kunst, die ihren Platz hauptsächlich in der Lebens- und Wahrnehmungspraxis der Leute hätte. «Es wird im Zeitalter der Simulakren und der Vorherrschaft des Scheins nur *eine* Strategie der Entgegnung geben – die des Scheins. In diesem Medium vermögen die Grenzen zwischen Erster und Dritter Welt aufgehoben zu werden, nicht ökonomisch zwar, aber in der Wahrnehmung» (S. 89 f.).

Hasse setzt auf die «fatale Strategie» von Baudrillard, die eine Strategie der Beschleunigung ist, welche auf die andere Seite des Ziels gelangen will. Auf unsere Wahrnehmung bezogen heißt das, daß die Subversivität unserer Wahrnehmungsfähigkeit bzw. unserer ästhetischen Rationalität in diesem Sinne schneller voranschreiten und unsere Sensibilität nachhaltiger und radikaler herausfordern müßte als die Neuen Medien der Unterhaltungsindustrie das von uns erwarten.

Wahrscheinlich wird es wirklich die einzige Strategie sein, um der Ästhetik des Verschwindens zu entgehen, wenn wir uns auf das Spiel mit dem Schein einlassen. Hasse präzisiert diese Idee mit einem letzten Beispiel aus der Werbung: die bekannte «skandalöse Werbung» des Benetton-Fotografen Toscani. Dieser benutzt mit Vorliebe jene Katastrophenbilder, die üblicherweise den Nachrichtenmeldern vorbehalten sind. Als skandalös wird nun aber nicht das Bild als Vorschein einer Wirklichkeit empfunden, sondern die Tatsache, daß dieses Bild öffentlich präsentiert wird, und zwar im Kontext der Werbung. Mit dieser Werbestrategie hat nach Hasses Ansicht Benetton die Baudrillardsche Fatalität erreicht. «Alle Welt streitet sich über etwas, daß nicht oder nicht *so* Werbung sein dürfe, ist schockiert über die Darstellung von Elend, ohne noch ‹hinter› dem Empfinden des Schocks die Radikalität dieser Werbung zu bemerken. In der Überschreitung von Grenzen, Grenzen der gewissen Werbe- ‹Normalität› und Grenzen der ästhetischen Beteiligung von Menschen an einer Werbeaktion wird Realität schließlich weniger *hergestellt* als vielmehr *herausgefordert*. Das Spiel ist in der Werbung aufgegangen. Es muß auch auf anderen gesellschaftlichen Bühnen in Szene gesetzt werden können!» (S. 93 f.).

Das nächste Kapitel wird wieder etwas gemächlicher und im wahrsten Sinne des Wortes gemütlicher daherkommen. Es behandelt eine weitere mögliche, sehr oft genannte Heimat: die Wohnung bzw. das Eigenheim.

4 Intimität, Wohnung und Heimat

Für den Kulturphilosophen und Medientheoretiker Vilém Flusser ist der Mensch ein wohnendes, aber nicht beheimatetes Wesen. Das heißt, der Mensch muß wohnen, um sein zu können, weil erst die Wohnung und ihre Gewohnheiten ihm erlauben, die Geräusche der Welt in Informationen umzuarbeiten und die Welt wahrzunehmen. «Das menschliche Dasein ist ein Pendeln zwischen Wohnung und Welt, zwischen Privatem und Öffentlichem, es ist ein Privatisieren von Öffentlichem und ein Publizieren von Privatem. (...) Wer nicht wohnt, kann weder die Welt einfangen noch in sie springen: er ist bewußtlos.»[1] Wohnen kann der Mensch, so Flusser, überall, er ist wie die Ratte – kosmopolitisch. Heimaten sind entstanden, als der Ackerbau und die Viehzucht den Menschen geographisch verankert haben. Die Industrierevolution hat dann einen Großteil der heimatlich verankerten Menschen aus dem Boden gerissen und um Maschinen herumgruppiert. Doch diese Gruppen blieben geographisch gebunden. Mit der Informationsrevolution, die als Befreiung geographischer Gebundenheit betrachtet werden kann, werden Städte überflüssig. «Die Periode der Heimat ist daran, überwunden zu werden» (S. 42 f.).

Die Wohnung wird bei Flusser zur übergeordneten Metapher von Heimat. Sie ist nicht physisch zu verstehen. Heimaten sind für Flusser Wohnungen, in denen die Gewohnheiten zu geheimen Codes verschlüsselt wurden. Die Gewohnheiten wurden dort geheiligt. Der Beheimatete ist somit in ein Netz gesponnen, das ihn mit den Menschen und Dingen der Heimat auf geheimnisvolle Weise verbindet. Wobei diese Codes nicht aus bewußten Regeln, sondern hauptsächlich aus unbewußten Gewohnheiten gesponnen sind. Sobald die Geheimcodes bewußt werden, sind seine Regeln nicht mehr heilig, sondern banal. Deshalb ist ein heimatloser Einwanderer, der diese Codes zuerst bewußt erlernen muß, für den bereits Beheimateten dermaßen unheimlich: «weil er das dem Beheimateten Heilige als Banales bloßlegt» (S. 44). Er wird gehaßt, weil er die Schönheit der Heimat als verkitschte Hübschheit ausweist. Es kommt zu einem polemischen Dialog, der entweder in Pogromen oder

---

1 Flusser, Vilém (1987): Heimat und Heimatlosigkeit: Das brasilianische Beispiel. In: Dericum, Christa u. Philipp Wambolt (Hrsg.): Heimat und Heimatlosigkeit. Berlin: Karin Kramer Verlag, S. 42.

in der Veränderung der Heimat oder in der Befreiung der Beheimateten aus ihren Bindungen mündet.

Flusser machte diese Erfahrungen, als er in den fünfziger Jahren nach Brasilien auswanderte. In Brasilien konnte sich die Kreativität des Heimatlosen wie nirgends sonst entfalten, weil es nicht darum ging, einen bestehenden Kern um ein mitgebrachtes Neues zu bereichern, sondern darum, überhaupt erst einen Kern zu bilden. Er war frei, sich seine Nächsten zu wählen und er erkannte, was den Patriotismus so verheerend macht: «daß er aufgelegte menschliche Bindungen heiligt und daher die frei auf sich genommenen hintanstellt. Daß er die Familienverwandtschaft über die Wahlverwandtschaft stellt, die echt oder ideologisch biologische über Freundschaft und Liebe» (S. 46). Flusser hatte die Freiheit von geographischer Bindung aufgegeben, und es begannen in ihm Zweifel zu entstehen, ob in der gegenwärtigen informatischen Revolution nicht jede geographische Verbundenheit reaktionär sei.

Flusser ist am Versuch, einen künftigen geheimen Code, eine erst zu gründende brasilianische Heimat zu weben – also am Verwandeln von Abenteuer in Gewohnheit und dem Heiligen der Gewohnheit – gescheitert. 1972 verließ er Brasilien, als er erkannte, daß die neu geschaffene Heimat wie ein gigantischer, technisch fortgeschrittener Apparat aussah, der in Borniertheit, Fanatismus und patriotischen Vorurteilen keiner europäischen Heimat nachstand. Doch die Enttäuschung mit Brasilien war für ihn auch die Entdeckung, «daß jede Heimat, sei man in sie durch Geburt geworfen, sei man an ihrer Synthese engagiert, nichts ist als Sakralisation von Banalem. Daß Heimat nichts ist als eine von Geheimnissen umwobene Wohnung» (S. 49). Auch entdeckte er für sich, daß man es ablehnen muß, an dieser Mystifikation von Gewohnheiten teilzunehmen, wenn man die in Leiden erworbene Freiheit der Heimatlosigkeit erhalten will. Denn wer aus der Heimat vertrieben wird, der leidet.[1] Das heißt, man soll, wo auch immer man ist, die dort aufgenommenen Bindungen aufrechterhalten, denn man ist für seine hiesigen Mitmenschen verantwortlich, wie diese für einen verantwortlich sind. An anderen Orten hat man wieder andere Bindungen aufzunehmen und in diese Bindungen die Erfahrungen am bisherigen Ort einzubauen. Daher ist für

---

1 Flusser mußte nach dem Zweiten Weltkrieg seine Heimat Prag verlassen, wobei sein Verlassen auf makabre Art erleichtert war. Alle Menschen, an die er gebunden war, kamen um, die Juden in Auschwitz, die Tschechen im Widerstand, die Deutschen in Rußland.

Intimität, Wohnung und Heimat

Flusser die in der Heimatlosigkeit gewonnene Freiheit gerade nicht Philanthropie, Kosmopolitismus oder Humanismus, sondern es ist die Freiheit der Verantwortung für den «nächsten». Wird das Geheimnis der Heimat, das im Unbewußten ankert, als Banalität durch Vertriebenwerden gelüftet, «öffnet sich ein anderes, ‹sublimeres›, nämlich das des freien, verantwortungsvollen Daseins mit anderen. Sollte die Epoche der Heimaten vorüber sein, dann ist ein bewußteres, vorurteilsloseres, offeneres Leben zu erwarten» (S. 49 f.).

Während Flusser in seinem Essay Grundsätzliches über Heimat und Heimatlosigkeit sagte, wozu er die Metapher der Wohnung brauchte, wird es im folgenden auf der einen Seite um die «Beziehung als Heimat», auf der anderen Seite um die «Wohnung als Heimat» gehen. Aus naheliegenden Gründen sind diese beiden Heimaten eng miteinander verknüpft. Auf der Ebene der Intimität ist die Paarbeziehung wohl die bedeutungsvollste Metapher für Heimat. Das Nest für das Paar ist die Wohnung oder das Eigenheim, welche auf einer übergeordneten Ebene wiederum sehr häufig als Metaphern für Heimat dienen.

Im gleich anschließenden Abschnitt werde ich zunächst Richard Sennetts Thesen über das «Prinzip Intimität» erörtern. Die heutige Gesellschaft wird von diesem Prinzip weitgehend bestimmt oder wie es Sennett formuliert: tyrannisiert. Daß dem so ist, kommt insbesondere auch in den meisten Fernsehproduktionen – speziell in den Heimatfilmen und -serien – zum Ausdruck. Es gibt wohl keine erfolgreiche Fortsetzungsserie, die nicht die unmittelbaren Lebensumstände ihrer Protagonisten in den Mittelpunkt stellt. Die gesellschaftlichen Verhältnisse und die übergeordneten Machtstrukturen bleiben in der Regel ausgeblendet (mit Ausnahme vielleicht der Dauerserie «Lindenstraße», in der immer auch aktuelle gesellschaftspolitische Fragen thematisiert werden, soweit sich diese in irgendeiner Weise mit den Schicksalen der Protagonisten verknüpfen lassen).

Daß das zweisame Glück zum natürlichen Paradigma von Heimat geworden ist, zeigt sich auch daran, wie die meisten Menschen wohnen bzw. wohnen wollen. Viele sehnen sich nach dem Wohnen in einem Eigenheim, weil dort das Ideal der Intimität am besten gelebt werden kann. Doch sehr oft kann gerade im Eigenheim die Privatheit des Glücks nicht gefunden werden. Denn allein mit dem Besitz eines Eigenheims werden nicht automatisch auch all die damit in Verbindung gebrachten Wünsche und Hoffnungen – zum Beispiel nach Geborgenheit – befriedigt. Damit eine Wohnung zur wirklichen Heimat werden kann, braucht es – wie es Alexander Mitscherlich sagt – vor allem mitmenschliche Beziehungen bzw. eine offene Anteilnahme am Leben. Mitscherlichs bereits 1965 angestellten Überlegungen über die Wohnung als Heimat werde ich am Ende des ersten Abschnitts erörtern.

Im zweiten Unterkapitel beschäftige ich mich mit dem nostalgisch-folkloristischen Zeitgeist, der vor allem in und an den Wohnungen seinen Ausdruck findet. Bei der Fetischisierung von Heimat mit Versatzstücken der Gemütlichkeit, die vorwiegend einer früheren, bäuerlichen Alltagswelt entliehen sind, geht es um die rückwärtsgewandte Sehnsucht nach dörflicher Idylle. Eine rustikale Inneneinrichtung soll das vermitteln, was im Zuge der Industrialisierung und Verstädterung verloren gegangen ist: Heimat. Daß dieses Bedürfnis mit übertriebenem Wohn-Fetischismus nur schwer befriedigt werden kann, liegt unter anderem daran, daß die in den Objekten enthaltene Geschichte nicht mitgeliefert wird bzw. eben nicht die des Bewohners bzw. der Bewohnerin ist. Die rustikalen «Heimatidyllen» sind oft so aufdringlich, daß eigene Interpretationen ausgeschlossen sind. Heimat kann weder gebaut noch gekauft werden. Auch die Flucht ins Ausland, etwa ins Piemont, in die Toskana oder nach Südfrankreich, verspricht nur selten die Erfüllung des Traums vom zweisamen Glück, wie ich in einem weiteren Abschnitt darlegen werden. Daß Heimat hierzulande nur schwer gefunden werden kann, liegt also nicht so sehr an den gesichtslosen Agglomerationslandschaften, die auf zynische Weise oft gerade das Resultat solcher Sehnsüchte sind, sondern vielmehr am Umstand, daß es sich sowohl beim Prinzip Intimität als auch beim Prinzip Dorf um Illusionen handelt, die aufgrund eines veränderten Zeitcharakters von uns gar nicht mehr ausgehalten werden können. Ich bin mir aber bewußt, daß sich im privaten Bereich nun mal die meisten Dinge abspielen, die die Leute wirklich angehen. Deshalb wird das Paar auch in Zukunft von allergrößter Bedeutung sein. Doch wie schwierig es ist, ein Paar zu werden, das mehr als nur aus einer Person besteht, hat Klaus Theweleit in seinem Buch der Könige beschrieben. In einem das Kapitel abschließenden Exkurs werde ich Teile seiner umfangreichen Ausführungen zum Thema Paarbeziehungen zusammenfassen.

Intimität, Wohnung und Heimat

4.1 Trautes Heim – Glück allein?

Viele Fernsehanstalten scheinen den beruhigenden Effekt von Heimat zu kennen und bringen immer wieder alte Heimatfilme in ihren Programmen, wohlwissend, daß diese in der Regel immer noch sehr hohe Einschaltquoten versprechen. Daneben werden aber auch neue Heimatserien produziert, zum Beispiel «Der Bergdoktor», «Die Hütte am See», «Im Schatten der Gipfel», «Wildbach» und «Die Direktorin» oder die bereits schon zu den Klassikern zu zählende «Schwarzwaldklinik». Heimatserien sind es, weil ihre Geschichten in den typischen, schon für den klassischen, traditionellen Heimatfilm hauptsächlich herhaltenden bekannten Regionen – also vom Hochgebirge über Heide- und Moorlandschaften bis zum Schwarzwald – angesiedelt sind. Dies kann kein Zufall sein. Auch wenn bei diesen Serien die Örtlichkeiten nicht zentral sind, sondern es vor allem um die Darstellung von Problemen aus dem zwischenmenschlichen Bereich geht, wird die Landschaft doch immer wieder gezielt eingesetzt. Dann nämlich, wenn sich die Probleme, die nie länger als während der üblichen 45 bis maximal 60 Minuten Sendezeit abgehandelt werden müssen, gelöst haben und am Ende eine glückliche, harmonische Beziehung gezeigt wird. Das private Glück wird noch gesteigert, indem das Paar in die richtige Umgebung gesetzt und gleichzeitig die Schönheit der Landschaft gepriesen wird, womit die höchste erreichbare Stufe von Intimität suggeriert wird. Die Landschaft gibt den passenden Rahmen für das individuelle Gefühl. Das Landleben wird zum Heimatidyll verklärt. Es geht also in erster Linie darum, die Intimität als höchstes Ziel menschlichen Strebens zu zeigen. Um die Intimität noch zu sublimieren, wird sie zudem in der passenden Umgebung angesiedelt.[1]

Allgemein kann gesagt werden, daß die Heimatserien, wie auch die meisten anderen Fortsetzungsserien, eigentlich nur ein Thema haben: zwischenmenschliche Beziehungen.[2] All diese Serien scheinen nach dem

---

1 Norbert Mecklenburg meint sogar, daß der Fernsehfilm – in paradoxem Gegensatz zu seinen zentralistisch-großstädtischen Produktionsbedingungen – «heute sogar das wohl am meisten verbreitete Medium der Regionalität» ist. (Mecklenburg, Norbert (1982): Erzählte Provinz. Regionalismus und Moderne im Roman. Königstein/Taunus: Athenäum, S. 11.)

2 Dasselbe läßt sich übrigens auch auf die Heftchen-Heimatromane übertragen, die ebenfalls eine konstante Popularität aufweisen. Vgl. dazu Kap. 5.1.

gleichen Rezept gemacht zu werden. Der Leitfaden, der sich durch die Fernsehserien zieht, sind die alltäglichen Probleme – sprich: Beziehungsprobleme – der ständigen Darsteller und Darstellerinnen. Diese Beziehungsgeschichten werden in der Regel mit einer mehr oder weniger spannenden Geschichte aufgepeppt, in die die Hauptpersonen der jeweiligen Serie involviert sind. Die Zutaten stammen aus dem Arsenal des Dramatischen, also etwa Liebe, Sehnsucht, Verliebtheit, Eifersucht, Haß, Ehrgeiz, Habgier, Krankheit, Intrigen, Betrug, Trennung, Scheidungskinder, Happy-End. Das Muster bleibt sich gleich, und die vermittelte Botschaft ist relativ banal: In allen Beziehungen gibt es Probleme, doch die dargestellten Probleme finden immer eine Lösung. Dem problembefrachteten Alltagsleben wird die Erfüllung im privaten Glück entgegengestellt. Das höchste Glück auf Erden ist in einem intimen Erleben einer Zweierbeziehung zu finden. Die Intimität wird als souveränes Prinzip postuliert, das über allen anderen Prinzipien steht.

Wenn aber eine Gesellschaft – wie Richard Sennett in seinem vor rund 20 Jahren erschienenen und inzwischen zum Klassiker gewordenem Buch «Die Tyrannei der Intimität» ausführt –, wenn also eine Gesellschaft alles auf ein allgemeines, souveränes Prinzip, in diesem Fall also Intimität, bezieht, wird diese Gesellschaft von diesem Prinzip tyrannisiert.[1] Denn die Intimität rückt die zwischenmenschlichen Beziehungen in eine bestimmte Perspektive und formuliert in bezug auf sie eine ganz bestimmte Erwartung. «Intimität läuft auf die Lokalisierung der menschlichen Erfahrung, ihre Beschränkung auf die nächste Umgebung hinaus, dergestalt, daß die unmittelbaren Lebensumstände eine überragende Bedeutung gewinnen» (S. 380). Genau diese überragende Bedeutung der unmittelbaren Lebensumstände stellen die Heimatfilme und -serien in besonderem Maße in den Vordergrund.

Nun, wie Sennett weiter zeigt, setzen die Menschen einander unter Druck, die Barrieren von Sitte, Regel und Gestik, die der Freimütigkeit und Offenheit entgegenstehen, aus dem Weg zu räumen, je weiter die Lokalisierung fortschreitet. Sie glauben, Nähe erzeuge auch Wärme, und streben nach einer intensiven Geselligkeit (auch das ein Thema in fast jedem Heimatfilm). Doch diese Erwartung wird enttäuscht, denn je näher die Menschen einander kommen, desto ungeselliger, schmerzhafter, de-

---

1 Sennett, Richard (1983): Verfall und Ende des öffentlichen Lebens. Die Tyrannei der Intimität. Frankfurt am Main: S. Fischer (erstmals New York: Alfred A. Knopf, Jnc. 1977), S. 379.

struktiver werden ihre Beziehungen zueinander. Warum das zwischenmenschliche Erleben zu dieser unbeabsichtigten Destruktivität führt, versucht Sennett mit Narzißmustheorien zu begreifen.[1] Unter Narzißmus versteht er «eine Selbstbezogenheit, die nicht mehr zu erkennen vermag, was zur Sphäre des Selbst und der Selbst-Gratifikation gehört und was nicht» (S. 21). Weil der Narziß sich ständig die Frage nach der Relevanz anderer Menschen oder äußerer Handlungen für sein Selbst stellt, wird die klare Wahrnehmung der Personen und Handlungen getrübt. Doch seltsamerweise blockiert gerade die Versenkung ins eigene Selbst die Erfüllung der Bedürfnisse dieses Selbst. Jedesmal wenn eine Person ihr Ziel erreicht hat oder mit einer Person Kontakt aufnimmt, wird sich das sichere Gefühl einstellen, daß es nicht das sei, was sie eigentlich wollte. Und da der Rückzug aus der Außenwelt und die gleichzeitige Suche nach einer aus dem Innern gespeisten Bestimmung dessen, «wer ich bin», zwar Schmerz, aber keine verheerende Krankheit verursacht, wird der Narzißmus nicht die Bedingungen erzeugen, die zu seiner Überwindung führen könnten. Nach Sennett strukturieren der Narzißmus sowie der Markt der Selbstoffenbarungen und Selbstmanifestationen Verhältnisse, unter denen der intime Ausdruck von Gefühlen destruktiv werden muß. Aufgrund der Annahme, Intimität gründe in einer Tauschbeziehung (erzähl mir was Persönliches von dir, dann offenbare ich dir im Gegenzug etwas Intimes von mir), kommt es zu einer nicht endenden Suche nach Gratifikation. Gleichzeitig kann das Selbst aber nicht zulassen, daß diese Gratifikation wirklich eintritt, denn wenn zwei Menschen die Offenbarungen ausgehen, «dann geht auch allzu oft die ganze Beziehung zu Ende. Sie ist erschöpft, denn ‹es gibt nichts mehr zu

---

[1] Für die Erklärung der Strukturen, nach denen Menschen Bedeutung durch Repräsentation herstellen – eine Konstante in Sennetts theoretischer Arbeit –, haben sich die Narzißmustheorien jedoch nicht als sehr produktiv erwiesen. Sennetts Zugang hat sich ziemlich verändert, und er versucht heute, den Prozeß der Repräsentation durch die Untersuchung der emotionalen Struktur diskursiver Rationalität zu erklären. Dies mag seltsam klingen. Doch da es in diesen Prozessen tatsächlich um Zeitformen, um Rhetorik geht, hält er es für fruchtbar, zunächst den Prozeß der diskursiven Rationalität zu verstehen. In seiner jetzigen Arbeit interessiert sich Sennett für die Art, in der Ritual und rationales Denken zwei dissonante Versuche sind, dasselbe zu tun, nämlich menschliche Bedürfnisse zu repräsentieren, und dafür, daß sie in Konflikt zueinander stehen. – Vgl. Sennett, Richard (1992): Der Widerstand der Ästhetik. Interview mit Richard Sennett von Karl Hoffmann. In: Beermann, Wilhelm, Michael Dreyer u. Karl Hoffmann (Hrsg.): Fünf Interviews zur Veränderung des Sozialen. Stuttgart: Factor, S. 33–56.

sagen›; jede Person betrachtet die andere als ‹selbstverständlich›. Langeweile ist die notwendige Konsequenz einer Intimität, die als Tausch funktioniert» (S. 23).

Sennett glaubt, daß die Niederlage, die die Intimität der Geselligkeit zufügt, das Resultat eines langen historischen Prozesses ist, in dessen Verlauf sich das, was man als Natur des Menschen bezeichnen könnte, in jene individuelle, instabile, auf sich selbst bezogene Erscheinung umgeformt hat, die «Persönlichkeit» genannt wird. Genau an diesem Punkt, an dem das Selbst, jene geheimnisvolle Kraft, zum Maßstab der gesellschaftlichen Beziehungen und zum Grundprinzip der Gesellschaft wurde, setzte nach Sennett der Verfall der öffentlichen Sphäre, in der es noch nichtpersonale Bedeutung und ein nichtpersonales Handeln gab, ein. Diese Verdrängung der öffentlichen Sphäre zusammen mit dem Glauben an den Wert direkter zwischenmenschlicher Beziehungen auf der Ebene der Intimität verstellte den Blick für zwei wesentliche Bereiche der gesellschaftlichen Realität: für den Bereich von Macht und Herrschaft und für den architektonischen Raum. «Der Lokalismus und die lokale Autonomie werden zum politischen Credo, als nähmen Machtverhältnisse um so menschlichere Züge an, je intimer der Raum ist, in dem sie wahrgenommen werden. Dabei entwickeln sich die tatsächlichen Machtstrukturen immer mehr zu einem internationalen System. Die Gemeinschaft wird zu einer Waffe gegen die Gesellschaft, als deren großer Mangel nun ihre Anonymität gilt» (S. 381). Die Angst vor der Anonymität zerstört auch die Qualitäten der (Groß)stadt. Denn sie ist das Instrument nichtpersonalen Lebens schlechthin, die Gußform, in der Menschen, Interessen, Geschmacksrichtungen in ihrer ganzen Komplexität und Vielfalt zusammenfließen und gesellschaftlich erfahrbar werden. Der Rückzug der Leute in ihre hübschen, säuberlichen Gärten, in denen sie sich über die Schrecken von London oder New York unterhalten, ist für Sennett «die Rückkehr ins Stammesleben». Urbane Erfahrungen sind selten geworden und werden nur noch von einer kleinen Gruppe von Menschen gemacht, die sich zudem noch den Vorwurf des Snobismus gefallen lassen müssen. «Dabei ist gerade die Wertschätzung, die man der intimen Beziehung zuerkennt, schuld daran, daß die Möglichkeiten einer zivilisierten Existenz, in der die Menschen an der Vielfalt von Erfahrung Gefallen finden und sogar Bereicherung aus ihr ziehen, einzig dem Wohlhabenden und Gebildeten offenstehen. In diesem Sinne ist die Besessenheit von der Intimität das Kennzeichen einer unzivilisierten Gesellschaft» (S. 382).

Intimität, Wohnung und Heimat

Für die Architektur hat Eduard Führ Sennetts Gedanken aufgenommen. Nach ihm ist die Privatheit des Glücks heute «im Bewußtsein vieler Menschen zum selbstverständlichen Paradigma von Heimat geworden. Die Privatheit der Familienwohnung, aber auch die Privatheit des Kiez werden angestrebt. Bei Heimat denkt man an ein Dorf und auch die Großstadt wird zu einem Dorf eskamotiert, wenn man dann noch über Quartier, Kiez, Siedlung spricht. Man versucht, die Geborgenheit der Kleingruppen und die Vertrautheit der kleinen Umgebung zurückzuholen in die Großstadt.»[1] Führ verlangt deshalb von der Architektur die Zerstörung der Privatheit. Führ fordert zudem öffentliche Anonymität, womit er nicht Kontaktarmut meint (Hochhausstädte), sondern die Anonymität in den sozialen Kontakten, die Möglichkeit, nur begrenzte Teile der eigenen Person in die jeweilige Beziehung einzubringen. Diese Anonymität weise den Zwang zur Intimität ab.

Führs Forderungen haben freilich keine guten Erfolgsaussichten. Selbst wenn es sicher manche Architekten gibt, die seinen Thesen zustimmen, wer sollte denn für deren Umsetzung sorgen? Gegen das positive Vorurteil, daß das Wohnen im Eigenheim die befriedigendste und erstrebenswerteste Wohnform ist, hat es jede Kritik schwer. Für viele ist und bleibt das Wohnen in den eigenen vier Wänden die beliebteste Wohnform. Das Eigenheim gilt als etwas gesamtgesellschaftlich Erwünschtes, und seit Einführung eines Verfassungsartikels im Jahre 1972 und Verabschiedung eines Bundesgesetzes 1974 ist die Förderung des Wohneigentums sogar ein gesellschaftspolitisches Ziel. Mit der Vorstellung vom Eigenheim verbindet sich für viele Menschen ein Stück Utopie. Es steht für den räumlichen Kontext, in dem sie sich ein erfülltes harmonisches Leben vorstellen. Das Eigenheim gilt als Inbegriff des Privaten. Als räumlicher Kontext ist es nicht selten sogar die Vorbedingung des privaten Glücks. Das Ideal der Intimität scheint nirgends besser gelebt werden zu können als in einem eigenen Haus. Offensichtlich traut man nur dem Eigenheim die vielfältigen positiven Wirkungen auf die seelische Befindlichkeit und das Zusammenleben zu. Der Soziologie-Professor Jean-Pierre Junker bringt es auf den Punkt: «Hinter dem Wunsch nach einem Eigenheim stehen häufig andere Wünsche; Wünsche nach Geborgenheit, familiärer Eintracht oder was immer einem als Inbegriff eines guten Lebens erscheint. Dinge jedenfalls, die man nicht

---

1 Führ (1985b): S. 30.

besitzen kann und folglich auch nicht kaufen. Was nun zur Attraktivität des Eigenheims beitragen dürfte, ist die (gelegentlich ganz offenkundige) Vorstellung, diese positiven Dinge würden durch das Eigenheim gewährleistet, seien gewissermaßen im Kaufpreis enthalten. Dadurch treten die naheliegendsten Nachteile in den Hintergrund.»[1]

Alexander Mitscherlich meinte bereits 1965, daß es genügend Gründe gebe, über uns in unseren Wohnungen den Kopf zu schütteln.[2] Seiner Meinung nach sind nicht schöne Möbel, weiche Teppiche, große Zimmer, helle Fenster usw. für eine Steigerung des bloßen Hausens zum genußvoll heimatlichen Wohnen unerläßlich, sondern die menschlichen Beziehungen, die an einen Ort geknüpft sind. Er wagt die Definition, daß eine Wohnung durch eine Verzahnung mit der menschlichen Umwelt «zur wirklichen Heimat wird und es bleibt, solange es nicht nur Gewohnheiten sind, die mich in sie zurückführen, sondern die lebendige Unabgeschlossenheit mitmenschlicher Beziehungen, die Fortsetzung des gemeinsamen Erfahrens, Lernens, mit anderen Worten: eine noch offene Anteilnahme am Leben» (S. 125 f.). An Orten, wo man diese Mitmenschlichkeit finde, entstehe so etwas wie eine «gemütliche Atmosphäre», wobei er aber auf keinen Fall die «Exzesse der organisierten Gemütlichkeit», diese «urdeutschen Seelenwallungen» verteidigen will. Nötig seien aber dauerhafte Beziehungen zu Menschen und Dingen. Diese würden auch die eigene Identität verstärken. Oberflächliche Objektbeziehungen, rasch auswechselbar wie sie sind, hinterlassen hingegen nur flüchtige Spuren. Statt einer Identität entwickle sich deshalb nur eine flache Identität bzw. eine sogenannte Momentpersönlichkeit.

---

1 Junker, Jean-Pierre (1990): Das Eigenheim. In: von Aarburg, Hans-Peter u. Kathrin Oester (Hrsg.): Wohnen. Zur Dialektik von Intimität und Öffentlichkeit. Diskussionsbeiträge zum Thema Wohnen. Freiburg: Universitätsverlag Freiburg Schweiz (= Studia Ethnographica Friburgensia 16), S. 76. – Wie das erhoffte private Glück im Eigenheim bald in eine Tyrannei der Intimität umschlagen kann, beschreibt Thomas Vaterlaus im selben Buch in seinem Beitrag «Nach dem Eigenheim kommt die Scheidung» (S. 78–84). Er spricht von Scheidungs-Architektur und stellt fest, daß es Einfamilienhäuser gibt, die wie geschaffen für den Ehekrach zu sein scheinen. Eheprobleme in anonymer Wohnlandschaft: auch das ein Indiz, welches für Sennetts Thesen spricht.

2 Vgl. Mitscherlich, Alexander (1970): Die Unwirtlichkeit unserer Städte. Anstiftung zum Unfrieden. Frankfurt am Main: Suhrkamp (erstmals 1965), 9. Auflage, insbesondere das Kapitel «Konfession zur Nahwelt. Was macht eine Wohnung zur Heimat?», S. 123–139.

Intimität, Wohnung und Heimat

Der von Sennett demontierte Glaube an befriedigende zwischenmenschliche Beziehungen als primäre Voraussetzung zur Beheimatung ist bei Mitscherlich noch unverkennbar, wobei aber schon er darunter nicht den glücklosen Versuch versteht, aus Sauberkeit und Ordnung Glück zu gewinnen. Auch meint er nicht das zweisame Glück in einer, wie er es nennt, unendlich häufig vorkommenden pathologischen Wohnform: dem Wohn-Fetischismus. Dieser Wohn-Fetischismus und die Perversion der Ordnungssucht treten überall dort auf, wo die Affektbeziehungen des Menschen massiv gestört wurden und wo anstelle eines geliebten lebendigen Menschen ein Attribut, eben ein Fetisch tritt. Nur allzu oft schlage deshalb die blitzende Sauberkeit in Tyrannei um. Für den Psychologen Mitscherlich ist klar, was die Entfaltung menschlicher Freundlichkeit im engen Kreis der Familie fördert oder nachdrücklich hindert: «Die Vorbehandlung, die wir alle erfahren haben, die erzieherische Formung, der Affekthabitus in der eigenen Kindheit kann wie selbstverständlich eine glückliche Beheimatung oder ebenso selbstverständlich und definitiv ein höchst ungemütliches Daheim erzeugen» (S. 132). Denn ein Fetischist wird kaum seinen Fetisch wieder gegen ein lebendiges Liebesobjekt eintauschen. Im Gegenteil: «Er schafft von neuem, was ihm in der Kindheit aus der Identifizierung mit den erwachsenen Leitfiguren erstrebenswert schien: er erzieht einen neuen Fetischisten» (ebd.).

Diese mittelbürgerliche Perfektion, diese Engigkeit, Rigidität und Penibilität dem Meublement gegenüber hat eine ihrer aktivsten Motivationen in diesem engen Eingeklemmtsein, und zwar deshalb, «weil das kindliche Autonomiestreben frühzeitig in der räumlichen Enge dem aus rationalen und irrationalen Elementen gemischten Ordnungszwang zum Opfer gefallen ist» (ebd.). Nochmals Mitscherlichs bedenkenswertes Resümee: «Wohn-Fetischismus, übertriebene Haushaltspflege schafft Ungemütlichkeit, ist eine zu unser aller Unglück in eine Tugend umgedeutete Krankheit: die Krankheit nämlich, mit menschlichen Kontakten nicht ins Klare zu kommen und statt dessen reine Böden zu schaffen» (S. 133).

Nach Mitscherlich läßt sich ein gutes Wohnklima nur dort erreichen, wo zwei Bedürfnissen genügt werden kann: «dem *Kontaktbedürfnis* der zusammen Hausenden – in einer heruntergekommenen, aber ursprünglich guten Sprachfloskel: dem geselligen Beisammensein – und zugleich dem *Bedürfnis nach Alleinsein*» (S. 136). Er knüpft somit die Kunst des Wohnens sowohl an die seelische Verfassung der Bewohner als auch an vernünftige Räumlichkeiten. Den Wunsch des Individuums nach einem «Eigenheim» als Identitätsstütze hält er für irrational und für eine aufwendige Form der Asozialität. Die Wohnung werde somit nicht zuerst unter dem Gesichtspunkt der kultur- und lebensnotwendigen Funktionen gesehen, sondern der Struktur unserer Gesellschaft entsprechend entweder unter Ausbeutungs- oder unter Prestigegesichtspunkten; die Wohnung demonstriere Herrschaft und Status. Resultat seien Villen-Vororte, aber auch ihre ärmeren Nachbarn, Siedlungsblocks, Reihenhäuser, die sich antistädtisch, gesichtslos ins Land hineinfressen. Daher fordert Mitscherlich die Einschränkung des privaten Eigentumsrechtes an städtischem Grund und Boden, die Enteignung im öffentlichen Interesse. Dem Wachsen der Vorstädte korrespondiere die Langeweile, die Langeweile der Monotonie. «Von Kontrasterfahrung der Natur ist der Einfamilienhausbewohner für gewöhnlich so weit entfernt wie das Huhn des Hühnerhofs von der freien Flugbahn» (S. 59).

Gegen den Wohnungsbau in Richtung leeres Leben nimmt auch der Schweizer Architekt Rolf Keller Stellung, dessen 1977 gebautes Seldwyla, eine dörfliche Siedlung bestehend aus zusammen mit den Bewohnern individuell gestalteten Häusern in der Nähe von Zürich, nicht nur auf uneingeschränktes Lob stieß.[1] Er meint, daß in der Charta von Athen (1933) der Generalangriff des Fortschritts gegen Stadt und Dorf, Straße und Platz, Geborgenheit und Gemüt erfolgte. Damals sei der Samen für die heutige kaputte Umwelt gelegt worden. Aus diesem Samen sei weltweit eine Saat aufgegangen, die Wahnvorstellungen der Planer und Architekten beinhaltete und die zu einem Verrat am Leben führten. Unabhängig von der Stilart, von Corbusier über Rossi bis zu Bofill, herrsche – trotz Vorzeigen prächtiger Isometrie- und Fassadenbilder – «ein baulicher Konformismus als Variante des Totalitarismus, nur geht er ohne Terror vor sich» (S. 94). Keller zweifelt an der Lernfähigkeit der Architektengilde, die nach wie vor eine Architektur fordere, die die Individualität überwinde. Eine solche Architektur ohne jegliche Sinnlichkeit lasse grundlegende menschliche Bedürfnisse unbefriedigt. Und wenn es mal sinnliche Architektur gebe, sei ihr bestimmt die billige und deshalb stumpfe Kritik des Puritaners sicher, der sie als Kitsch taxiere. Für Keller bedeutet Heimat die Sehnsucht nach Identität, unter der er die Übereinstimmung mit sich und seiner Umgebung versteht, «der Zu-

---

[1] Vgl. Keller, Rolf (1985): Lebens- und Heimatverlust als Folge des baulichen Konformismus. In: Führ (Hrsg.) (1985a): S. 93–95.

stand, in dem man sich seiner selbst gewiß ist und in dem das ‹Es› zu einem ‹Du› wird. Ohne Identität und Identifizierung kann man nicht eigentlich leben» (ebd.). Damit sich die Menschen in einer Zeit der Entindividualisierung orientieren können, erachtet es Keller als wichtigste Aufgabe, den Häusern ein eigenes, unverwechselbares Gesicht zu geben. Für ihn war die Moderne ein Angriff auf das Gemüt. Seiner Ansicht nach bräuchten wir «*jene* postmoderne Architektur, die dem Menschen 1. *atmosphärisch dichtere Wohnformen* gibt, in denen er sich vor der Kälte behaupten kann, 2. *Nischen*, in denen er alte Lebensqualität wieder finden kann, 3. Wohnorte mit einem *Hausgefühl* anstelle eines Etagengefühls, 4. wiedererkennbare, *unverwechselbare Elemente* und 5. ein *Segment Erde*, einen Lebensort, in der er hineinwachsen und wo er Spuren hinterlassen kann» (S. 95).

Ob allerdings mit der Überwindung der Gesichtslosigkeit der einzelnen Häuser diese Ziele erreicht werden können, ist mehr als fraglich. Doch angesichts tatsächlich immer monotoner werdenden unzusammenhängender Häuseransammlungen in Agglomerationen und vorstädtischen Unorten haben Kellers Ansprüche und Erwartungen an die moderne Architektur nach wie vor ihre Berechtigung, auch wenn sie ästhetische Puristen als reaktionär einstufen mögen.

Die Leute richten sich alt ein, umgeben sich mit Möbeln einer schon Jahrhunderte vergangenen Zeit, die sie überhaupt nichts angeht und sind allein dadurch schon verlogen, dachte ich.

Thomas Bernhard, Holzfällen. Eine Erregung

4.2 Das Gestern im Heute

Wie wird mit der Tatsache von unterschiedlichen Zeitschichten umgegangen? Mitscherlich hat auf den übertriebenen Wohn-Fetischismus hingewiesen. Und bereits im Kapitel über die Unheimlichkeit der Zeit (1.3.1) ist angedeutet worden, daß Heimat mit vermeintlichen Requisiten der Gemütlichkeit fetischisiert werde, wobei die Objekte hauptsächlich einer traditionellen, bäuerlichen Wohnkultur entliehen sind, die als nostalgisches Vorbild herangezogen wird. Dabei geht es nicht um die

Objekte an sich oder um deren vordergründige Gebrauchswerte, sondern lediglich um die in ihnen verkörperte Idee. Die Fetischisierung geschieht einerseits an und außerhalb der Häuser (etwa Chaletbauweise), andererseits auch in den Wohnungen selber (Bauernmöbel, Spinnräder, Arbeitsgeräte als Wandschmuck usw.). Die Symbolik ist durchwegs der Bergwelt, ihrer Bevölkerung und Arbeitsweisen entliehen, wie sie seit dem 18. Jahrhundert in unseren Köpfen als klassische Projektionen zirkulieren. Die Alpen und ihre Bewohnerinnen und Bewohner gelten als Symbol für das Ursprüngliche und Unverdorbene. Aus dem geschichtlichen Fundus unvergänglicher Werte und ihren Symbolen kann man sich schamlos bedienen, ohne sich fragen zu müssen, was es denn nun tatsächlich mit jenen Traditionen auf sich hat. Für die Konsumentinnen und Konsumenten solcher Symbole genügt die Idee der traditionellen Wohnkultur als liebenswerte heile Welt. Dabei hat sich etwas Eigenartiges ereignet: Das Bild des Städters von der Bergwelt ist längst zum Selbstbild der Bewohner der Alpen geworden. Ein «verstädtertes Berggebiet hat sich in einer Art Selbstverklärung den nostalgischen Zeitgeist der Industriekultur selber zu eigen gemacht», schreibt der Volkskundler Thomas Antonietti in seinem Beitrag «Die Wohnung als Heimat».[1]

Am Beispiel der bäuerlichen Wohnkultur des Wallis versucht Antonietti, die Widersprüche zwischen Sein und Schein aufzuzeigen. Die qualitativen Werte früheren Wohnens waren alles andere als gut. Das Raumprogramm der alten Walliser Wohnung war mit Küche und Stube sowie ein bis zwei zusätzlichen Kammern eher bescheiden. Die Arbeit in der meist fensterlosen Küche war durch Dunkelheit, Durchzug, Ruß und Rauch geprägt. Einrichtung und Gerätschaft beschränkten sich fast nur auf Kochen und Milchverarbeitung; gewohnt wurde in der Küche nicht. Auch die Einrichtung der Stube bot keine individuelle Gestaltungsfreiheit. Die Stube mußte vor allem funktional sein. In der Stube wurde gewohnt, geschlafen, gegessen, gearbeitet. Jeglicher Komfort fehlte. Der Wandschmuck war ausschließlich religiösen Motiven vorbehalten und als Selbstzweck unbekannt. In der Stube finden sich dennoch die meisten konnotativen Bedeutungsträger, die heute industriell angefertigt werden, denn auch die Kammer war äußerst spartanisch eingerichtet. Auch die Rauheit der grob gehobelten Lärchenholzbalken von Wänden und Boden verwies auf die Beschränktheit bäuerlicher Wohnkultur. An-

1 Antonietti, Thomas (1990): Die Wohnung als Heimat. In: von Aarburg u. Oester (Hrsg.) (1990): S. 121.

tonietti zeigt zudem auf, daß das, was als bäuerliche Wohnung bezeichnet wird, alles andere als eine in sich geschlossene Stileinheit bildet: Umfunktion, Anpassung und Reparatur sind Konstanten auch der traditionellen Wohnung. «So prägt noch heute das Ineinandergehen von Zeitschichten (eine ‹Ungleichzeitigkeit des Gleichzeitigen›) die Wohneinrichtung älterer Leute im Berggebiet: das TV-Gerät steht wie selbstverständlich neben dem ererbten Familienstück, und neben Öldruck und Pilgerandenken schmücken nun auch Farbfotos mit den Enkelkindern die Stubenwand» (S. 126). Die Wohnkultur in den Bergregionen blieb aufgrund einer ökonomischen Marginalisierung bis weit ins 20. Jahrhundert hinein auf die beschriebenen traditionellen Kulturelemente fixiert, während sich städtische Schichten diese Elemente schon früh zur Kompensation von Verlusterfahrungen angeeignet hatten und ihr Heimatgefühl in gekaufter Rustikalität festzumachen suchten.

Es stellt sich die Frage, warum eine Wohnung als «heimelig» empfunden wird, die in ihrer Beschränkung aufs Wesentlichste der romantischen Vorstellung von der «guten alten Zeit» so wenig entspricht. Dazu Antonietti: «Sicher geht es auch beim Phänomen ‹rustikales Wohnen› wie so oft bei nostalgisch-folkloristischen Zeiterscheinungen um eine Art gesellschaftliche Psychohygiene, um die Bewältigung von Umbruchsituationen und Zukunftsängsten, kurz: um die Vermittlung von ‹Heimat›» (S. 127). Des weiteren meint er, daß die nüchterne Sachlichkeit moderner Einrichtungsstile das Bedürfnis nach mehr Wohnlichkeit nur unzureichend zu befriedigen vermag, und er hält deshalb die Flucht zurück ins Einfamilienhaus, ins rustikale Interieur für den individualisierten Versuch, für Augenblicke der Unwirtlichkeit der Umwelt zu entgehen. Die Versatzstücke einer vermeintlich widerspruchsfreien früheren Alltagswelt sollen die Kompliziertheit heutiger Verhältnisse abbauen. Doch das Bedürfnis nach Ausgleich und Rückschau kann mit dem Aufbau einer harmlosen Gegenwelt aus bäuerlichem Mobiliar kaum befriedigt werden, weil die Vorliebe für diese Objekte doch eher als Symptom denn als tatsächlicher Ersatz für jenes Manko bezeichnet werden muß.

Der Frage, mit welcher Bauweise man den Kategorien Heimat und Identität gerecht werden kann, geht auch Martin Kieren in seinem Beitrag «Kann man Heimat bauen?» nach.[1] Kieren vermutet, daß der Gebrauch des Begriffes «Regionalismus» in der Architektur als Garant für

---

1 Kieren, Martin (1985): Kann man Heimat bauen? – Einige Fragen zum Regionalismus. In: Führ (Hrsg.) (1985a): S. 67–70.

das überschaubare oder selbst produzierte Bewußtsein herhalten soll. Doch das genügt ihm noch nicht als Antwort. Die Frage nach einer für eine Region typischen Architektur führt ihn zur Frage nach der traditionellen Bauweise. Doch was ist die Tradition eines Ortes? Wenn Tradition von den Bewohnern des Ortes bestimmt ist, führt auch diese Frage nicht weiter. Denn aufgrund der zunehmenden Mobilität des Großteils der Bevölkerung seit der Industrialisierung ist es kaum noch bestimmbar, wer «ursprünglich» zu einem Ort gehört, und wer nicht. Kieren: «Alle in einer bestimmten Region ansässigen Menschen haben doch eine eigene Geschichte und es wäre hier zu fragen, wann denn diese Region, ein bestimmter Ort, zu ihrer eigenen Geschichte beiträgt, in welcher Beziehung also Tradition und Ort zueinander stehen» (S. 68). Er fragt sich zu Recht, ob wir einen Menschen, der sich sein Haus nach seinen Vorstellungen baut, und liefen diese den theoretischen und ästhetischen Vorstellungen noch so zuwider, am Bau dieses Hauses hindern dürfen. Dabei will er nicht die Frage nach der traditionellen Bauweise verharmlosen, nur ist es ihm ziemlich egal, ob neue Häuser die wichtigsten Merkmale regionalen Bauens erfüllen (zum Beispiel verputzt oder mit Gebälk versehen werden) bzw. sich an topographische Gegebenheiten anpassen (zum Beispiel, daß die Dachneigung dem zwei Kilometer entfernten Hügel entspricht). Denn wenn die Menschen schon bereit und in der Lage sind, die Landschaft mit angeblich typischen Gebäudetypen zu zerstören, indem sie jeglichen akademischen Harmoniegesetzen hakenschlagend entkommen, so ist ihr Bewußtsein allemal bereit, das auch zu akzeptieren. Jeder Produzent von Theorien sollte sich immer wieder überlegen, «wieweit er bereit und in der Lage ist, von sich selbst, bei der Erörterung diverser Theorien, zu abstrahieren von seiner eigenen sozialen Lage und welchen Erfahrungen er da eigentlich nachgeht und wem sie nützen» (S. 69). Denn das akademische Geplänkel werde sowieso nur in den Städten aufgenommen bzw. dort, wo es den Städter bereits aufs Land gezogen habe.

Die Sehnsucht des Städters nach dem Land ist so alt wie die Großstadt selbst. Es ist der Städter, der den Mythos von der Unzerstörtheit der Natur und der Landschaft begründet. Kieren kommt zu ähnlichen Schlüssen wie Antonietti: «Das, was wir heute häufig als Tradition einer Landschaft, eines Landstrichs, einer Region bezeichnen, ist schon so von den Vorstellungen des Städters durchdrungen, daß die Fadenscheinigkeit des Begriffes sich in ihr Gegenteil verkehrt: das, worauf man sich angeblich beruft, wird schlichtweg ignoriert, nämlich die Tradition der Zerstörung durch Ausbeutung des Landes durch die Stadt» (ebd.). Die Landschaft oder das, was von ihr übrig ist, ist durch die Arbeit an ihr so oft verändert und kultiviert worden, daß es «die Landschaft» in der uns meist idealisiert erscheinenden Form, sozusagen im Rohzustand, gar nicht mehr gibt. Zudem werde ignoriert, daß die kulturellen Vorstellungen von dem, was Tradition ist bzw. zu sein hat, immer in den Städten ausgebrütet werden: von den Kultur- und Sittenwächtern der Nation, oder denen, die sich dafür halten. Dieser Trend ist nicht neu. Adolf Loos hat ihn bereits 1914 beschrieben: «Statt aber die neuesten errungenschaften unserer kultur und unseres geisteslebens, statt unsere neuen erfindungen und erfahrungen auf das land hinauszubringen, versuchen es die heimatkünstler, die ländliche bauweise in die stadt heineinzutragen. Die bauernhäuser erscheinen diesen herren exotisch, was sie mit malerisch umschreiben. Malerisch erscheinen die kleidung der bauern, ihr hausrat und ihre häuser nur uns. Die bauern selbst kommen sich gar nicht malerisch vor, auch ihre häuser sind es für sie nicht. Sie haben auch nie malerisch gebaut. Aber die statdtarchitekten tun es nun nicht mehr anders. Malerisch sind unregelmäßige fenster, malerisch die rauhe, die angeschlagene wand, malerisch die alten dachziegel. Und dies wird in der stadt nach den geboten der heimatkunst alles imitiert» (ebd.).

Ganz zutreffend ist diese Beschreibung allerdings nicht mehr. In die Stadt wird nicht unbedingt eine ländliche Bauweise hineingetragen, vielmehr werden städtische Wohnungen und solche in vorstädtischen Agglomerationen mit Versatzstücken einer vemeintlich rustikalen Wohnkultur eingerichtet. Das Phänomen betrifft also mehr das Interieur als die Außenarchitektur. Denn äußerlich sehen die meisten Einfamilienhäuser mehr oder weniger gleich aus, auch wenn tatsächlich jedes anders ist. Wie Antonietti gezeigt hat, läuft der Prozeß heute auch zunehmend in die umgekehrte Richtung. Die Bewohner einer längst verstädterten Landschaft bzw. Bergwelt haben das nostalgische Bild, das sich die Städter von dem Leben auf dem Land machen, zu ihrem eigenen gemacht. In einer Art doppelten Umkehrung werden heute die ursprünglich von Städtern übernommenen Elemente einer angeblich bäuerlichen Wohnkultur von den Bewohnern der Bergwelt wieder adaptiert. Gebaut werden vorgeblich rustikale Wohnhäuser, die so eingerichtet werden, wie man sich vorstellt, daß sie einst möbliert waren. Der heutige technisierte und industrialisierte Bauer sucht genau wie der Städter seine verlorene Idealwelt – in der guten alten Bauernzeit. Der Zirkel ist geschlossen: Der Trend hat seinen anfänglichen Ursprungsort erreicht. Deshalb gleichen sich heute viele Bergdörfer auf geradezu frappante Weise. Denn das bereits Vorgefundene bzw. Typische ist schon unter «falschen» Bedingungen entstanden, um überhaupt «echt» zu sein. Und zudem wenden sich die neuen Häuser gerade mit ihrer Ähnlichkeit gegen ihren Bezugspunkt «Ort», den zu kennen sie eigentlich vorgeben. Nochmals Kieren: «Der Örtlichkeit fällt dabei die Aufgabe zu, (als Mythos) das zu ersetzen, was anscheinend verlorenging (wenn es jemals zu ‹orten› war), nämlich die sog. Identität» (S. 70). Es verwundert nicht, wenn dieses Bedürfnis nach Identität mit jenen kümmerlichen Versatzstücken nur bedingt befriedigt werden kann.

Bleibt natürlich: die Liebe (zum Körper, zum Verstand, zum Geist der Geliebten). Oder jedenfalls die Sehnsucht, die Begierde, das Begehren, das Wünschen, das Verlangen, das Plangen. Ist aber manchmal eine anstrengende Heimat, le désir. *In Paris gibt es* eine Passage du désir.

Niklaus Meienberg, Verschiedene Heimaten

4.3 Das Ende jeder Illusion

Triste Agglomerationsgemeinden und gesichtslose Einfamilienhaussiedlungen in verwirrenden Landschaften geistern nicht grundlos immer wieder auch durch die Literatur der letzten Jahrzehnte. Als besonders bedrückendes und beklemmendes Beispiel einer solchen Vorstadtbeschreibung möchte ich an dieser Stelle Rolf-Dieter Brinkmann zitieren, der mit unheimlich scharfem Blick die häßliche Wirklichkeit beschrieb, die er Zeit seines kurzen Lebens mit seiner Sprache angriff und bekämpfte: «Ich ging eine dieser schmalen, sauberen Asphaltstraßen entlang, wirklich der sauberste Asphalt, den man sich vorstellen kann, und kam zu einer Abzweigung. Ich blickte wieder die gleiche schmale, gerade gezogene Straße entlang, und alles totenstill. Vor jedem Fenster waren die Rolläden heruntergelassen, einschließlich der kleinen viereckigen Toilettenfensterchen. Niemand war mehr zu sehen. Jenseits der weiß ausgeleuchteten Kreuzung begann ein brachliegendes, Unkraut überwuchertes Feld. Im nächsten Frühjahr werden dort bereits weitere endlose Reihen gleichförmiger sauberer kleiner Häuschen stehen, abends um halb zehn total verrammelt, und phantomhaft schmale Straßenstücke weiß in den von Schwärmen flatternder blinder Nachtfalter durchschwirrten Dunkelheit ausgeleuchtet, und alle toten, bewegungslosen Jahre fangen hier noch einmal von vorne an, in diesen menschlichen Brutstätten von Recht, Ordnung, fixiert zu starrer Wirklichkeit, und die heißt hier immer Rolläden, die selbst vor den Toilettenfensterchen um halb zehn abends runtergelassen sind, eine leblose Stille hängt über Briefmarkenalben und Münzsammlungen, und eine pelzige Hand streift lautlos über die dunkle, braune Holztäfelung, aufgespießte Schmetterlinge im gewundenen Treppenaufgang, der Familiendreck.»[1]

Wer möchte da noch vom Eigenheim als Heimat reden? Das Haus wird als Metapher für Eingeschlossenheit und Lebensverlust dargestellt, die vermeintliche Idylle als existentielle Erstarrung dechiffriert, gelebtes Leben als Lebenssimulation überführt.

Oder gibt es da etwa doch noch einen Ausweg? Einen Rettungsring zur Erhaltung der Wohnung als Heimat? Ja, ich weiß schon, was jetzt viele denken mögen: Daß Heimat im Eigenheim nicht gefunden werden kann, liege allein an der falschen Umgebung. Es kommt eben auch darauf an, wo das Eigenheim steht. Die hiesigen Agglomerationslandschaften seien deshalb so trostlos, öde und tot, weil es den «biederen Schweizern» an der richtigen Lebenseinstellung fehle. Vor lauter ängstlicher Vorsorge für sich und die Kinder bleibe das Leben buchstäblich auf der Strecke. Andernorts wisse man hingegen noch, das Leben zu genießen. Zum Beispiel im sinnenfrohen Süden. Fast in jedem Hirn nördlich der Alpen spukt die Vorstellung von kaum mehr zu überbietender Lebendigkeit südlicher Länder. In der Tat gibt es nicht wenige Heimatflüchtige bzw. Heimatsüchtige, die ihr Land Richtung Süden verlassen haben, um dort ihren persönlichen Traum vom Eigenheim doch noch zu erfüllen. Zuerst war es die Toskana, dann kam Südfrankreich, und jetzt ist das Piemont in. Wie Michael Bahnert in einem Artikel schreibt, waren darunter viele Aussteiger und Freiberufler mit dem Wunsch, ihre Idealwelt zu leben. Viele waren Frührentner in der Absicht, noch ein wenig das eigene Leben zu genießen. «Solche, denen die Toskana zu teuer, die Provence zu französisch und Spanien zu weit weg war. Die meisten kamen

---

1 Brinkmann, Rolf-Dieter (1987): Erkundungen für die Präzisierung des Gefühls für einen Aufstand: Träume. Aufstände / Gewalt / Morde. REISE ZEIT MAGAZIN. Die Story ist schnell erzählt. (Tagebuch). Reinbek bei Hamburg: Rowohlt, S. 33 f.

aus Mietwohnungen, diesen Brutstätten für Träume. Die letzten 20 Jahre haben sie damit zugebracht, alles auf später zu verschieben. Im Piemont, wo das Später zum Jetzt wurde, kam das Nichts zuerst.»[1] Die meisten haben die Schweiz verlassen, weil es im Piemont billiger ist, zu einem Eigenheim zu gelangen, und weil sie Mühe hatten mit der «Schweizer Mentalität». Doch kaum sind sie dort, wo alles neu und ganz anders sein soll, halten sie sich aneinander fest, und dann ist es wieder wie in der Schweiz. Satellitenschüsseln und deutsche Programme werden wieder existentiell. Allmählich helvetisiert sich die Landschaft. Den Agglomerations- und Mietwohnungsflüchtigen scheint der Mief, dem sie so gerne entfliehen wollen, buchstäblich an den Fersen zu heften. Das Leben will auch in der Fremde nicht recht gelingen.

Um das Ganze nochmals kurz zusammenzufassen: Es gibt also den Traum vom privaten Glück auf der Ebene der Intimität. Dieser Traum scheint am besten in einem Eigenheim erfüllt werden zu können. Dieses Wohnideal wird zusätzlich noch mit weiteren Sehnsüchten kombiniert und sublimiert. Man will nicht einfach nur ein Eigenheim im Grünen, sondern auch in Einklang mit der Natur leben. In den oft rustikal aufgemachten Einfamilienhäusern seit Ende der 60er Jahre spiegeln sich rückwärtsgewandte Sehnsüchte nach einer Dorfidylle und einer arkadisch ländlichen Vergangenheit. Es handelt sich dabei um die Kombination zweier Illusionen: die Illusion der Intimität und die Illusion des Dorfes, was nach Alexander Kluge das gleiche ist, wie er an folgendem Gedankenspiel zu zeigen versucht: «Man kann sich eine Welt, bestehend aus Dörfern vorstellen, die Welt selber als Dorf. Das Kennzeichen davon wäre, die absolute Vorherrschaft der Intimität. Jeder sorgt für jeden, jeder überwacht jeden. Man kann die Illusion davon durch universelles Fernsehen rekonstruieren, die Wirklichkeit davon läßt sich durch überhaupt nichts wieder-erwecken. Das Prinzip des Dorfes tragen wir Menschen inzwischen *in uns*. Es handelt sich um eine Illusion insofern, als kaum ein moderner Mensch das mit dem Dorf verbundene Zeitgefühl *wirklich* aushalten könnte. (...) Das Prinzip Dorf oder Intimität hat sich, was das gleiche ist, binnen knapp 100 Jahren, vielleicht auch erst seit 50 Jahren, für Westeuropa aus einer allmächtigen Gegenwart in die Bestandteile Vergangenheit und Zukunftshoffnung aufgelöst.»[2] Wir haben

---

1 Bahnert, Michael (1994): Im Trüffelland formiert sich eine Schweizerkolonie. In: Die Weltwoche, Nr. 38, 22. September, S. 81.
2 Kluge (1985): S. 28.

das Prinzip der Intimität (bzw. des Dorfes) dermaßen internalisiert, daß wir gar nicht merken, daß es sich bei den heutigen Dörfern eigentlich auch nur um dezentralisierte städtische Einrichtungen handelt, in denen ebenfalls längst ein ganz anderes Zeitgefühl vorherrscht als das vermeintlich mit dem Dorf verbundene. Die Zeiten sind nicht nur in den Städten dramatisch geworden. Es herrscht die Allmacht der totalen Gegenwart. Die Illusionen Intimität und Dorf, die in den Eigenheimen materialisiert werden, können demnach das erhoffte Glück nicht bringen, weil sie aufgrund eines veränderten Zeitcharakters für den heutigen Menschen gar nicht mehr aushaltbar sind.

Auf die diversen «Zentralisierungsschübe», die immer mit Verlust von Überschaubarkeit und Zukunftsangst verbunden sind, reagieren die Menschen mehrheitlich entweder mit «Individualisierung» oder seltener mit «Aktivierung eines entstandenen Freiraumes» (zum Beispiel Bürgerinitiativen und Nachbarschaftsgruppen), wie Frieder Stöckle die beiden Gegenbewegungen benennt. Doch der Ausbau der Innenwelt, die Abschottung nach außen, bei gleichzeitiger Intensivierung des «privaten Bereichs» bleiben letztlich aus genannten Gründen unbefriedigend: «Privatheit bringt die ersehnte Entlastung nicht, Privatheit wird zur jederzeit bedrohten Nische, zur Enklave, auf der man sich nie sicher sein kann. Nicht selten kommt daher auch aus dieser Richtung der Ruf nach der Sicherheit bietenden Ordnungsmacht. Für die Privatheit funktionieren die traditionellen Normen (Ruhe, Ordnung, Sicherheit) gleichsam automatisch; sie sind die institutionellen ‹Außenleistungen›, auf die man Anspruch hat, für die man schließlich Steuern bezahlt.»[1]

Sennetts Lobgesang auf die Öffentlichkeit mag zwar in einigen Ohren schön klingen, doch die meisten Menschen werden dafür kein Gehör haben. Die Qualitäten der Öffentlichkeit, verstanden als Form des sozialen Lebens mit Fremden, werden von immer weniger Leuten als solche wahrgenommen. Die Öffentlichkeit hat im Leben der Menschen nie die Bedeutung, die man ihr immer wieder gerne zuschreibt. Was die Menschen wirklich angeht, spielt sich nun mal mehrheitlich im privaten Bereich ab. Das öffentliche Leben hat sich zudem immer mehr von den klassischen öffentlichen Räumen wie Straße, Park und Platz in virtuelle

---

1 Stöckle, Frieder (1984): Heimat heute. Probleme der Sozialisation und Identitätsbildung im Rahmen eines regionalgeschichtlichen Unterrichts. In: Knoch, Peter u. Thomas Leeb (Hrsg.): Heimat oder Region? Grundzüge einer Didaktik der Regionalgeschichte. Frankfurt am Main: Diesterweg, S. 20 f.

Räume verschoben: den Raum elektronischer Medien. Das Interesse an der Öffentlichkeit schwindet zunehmend. Sennett hat recht, wenn er meint, daß sich die Leute heutzutage wie nie zuvor mit ihrer individuellen Lebensgeschichte befassen. Und an der Öffentlichkeit interessieren sie sich insbesondere für Privatpersonen, anstatt die tatsächlichen gesellschaftlichen Verhältnisse zu betrachten. Bei einem Politiker oder einer Politikerin sieht man vor allem auf deren Charakter, urteilt über deren Handlungen oft allein aufgrund ihrer Sympathie und Glaubwürdigkeit. Die politische Öffentlichkeit wird durch eine private Vorstellungswelt überlagert. Gemäß Sennett wird durch das übermäßige Interesse an Personen verschleiert, daß der Klassenbegriff in der fortgeschrittenen Industriegesellschaft nach wir vor bedeutend ist. Folge der Angst vor der Anonymität der Öffentlichkeit ist der Verfall der urbanen Räume. Man zieht sich mehr und mehr ins Private zurück.

Was daran falsch ist, hat Edgar Reitz schon 1973 in einem Interview formuliert und sich auch gleich eine List ausgedacht, wie es für die wirklichen Lebenszusammenhänge dennoch eine Öffentlichkeit geben könnte: «Im ‹privaten› Bereich stecken die meisten Dinge, die für die Leute eigentlich das Wichtigste sind. Scheinbar nur spielen sich in den sogenannten öffentlichen Bereichen alle jene Dinge ab, die die Menschen angehen; wovon gesagt wird, daß es für alle wichtig ist. Aber daß das Wesentliche ausgelassen wird, spüren die Leute nicht. Man kann aber sagen: es ist falsch, daß sich das eigentliche Leben hinter verschlossenen Türen abspielt. Denn dann wird ‹abgeschlossen› gelebt, dann sind die Gefühle, die Leidenschaften unpolitisch. Nun ist der Haken, daß es für wirkliche Lebenszusammenhänge keine Öffentlichkeit gibt: Sie haben keinen Markt – Lebensinhalte werden so gut wie nirgends gehandelt. Ein bißchen gibt es diesen Handel dennoch, zum Beispiel in Büchern, hin und wieder auch in Filmen. Man müßte eine List anwenden – also mit Themen anfangen, die aus der ‹Privatsphäre› Gelungenes vermitteln, zum Beispiel Erfolge. Es gibt ja unzählige kleine private Erfolge, und die Welt würde ja gar nicht mehr existieren, wenn die Leute nicht auf Ideen kämen, wie man trotzdem leben kann. Wenn dies vorhandene Phantasiepotential sich in Filmen mitteilen würde, könnte ich annehmen, daß so etwas wie Courage entsteht.»[1] Meiner Ansicht nach ist ihm diese List

---

1 Edgar Reitz im Gespräch mit Barbara Bronnen, in: Bronnen, Barbara u. Corinna Brocher (1973): Die Filmemacher. Zur neuen deutschen Produktion nach Oberhausen. Gütersloh: Bertelsmann, S. 109, zitiert nach Schacht, Daniel Alexander

Intimität, Wohnung und Heimat

in seinen beiden Großproduktionen «Heimat» und «Die Zweite Heimat» gelungen. Er bringt die tatsächlichen Lebenszusammenhänge an die Öffentlichkeit. Doch Reitz' Filme sind Ausnahmen. Viele Filme – nicht nur Heimatfilme aus den fünfziger Jahren – funktionieren eher bewußtseinsverdrängend. Und es sind nirgends Anzeichen sichtbar, daß der private Bereich politischer wird. Im Gegenteil. Die Individualisierung und Isolierung scheinen sich immer mehr auszubreiten. Und die Einzelnen wissen immer weniger über sich und ihre konkrete Lebenswelt.[1]

Das bisher Gesagte mag jetzt sicher wie ein Pamphlet gegen jegliche Intimität aussehen. Es geht mir aber um alles andere als um eine Verteufelung von Intimität. Auch wenn mir die Intimität suspekt bleibt, will ich einfach nicht glauben, daß sich zwei Menschen trotz aller Liebe nie wirklich verstehen können. Wenn's auch nicht immer einfach ist, kann man doch nur immer wieder versuchen, in einer sogenannten Paarbeziehung auszukommen bzw. die Mißverständnisse so angenehm wie möglich zu gestalten. Denn was gibt es Schöneres, als eine Person glücklich zu machen und selbst dabei glücklich zu sein? Ich müßte leugnen, wenn nicht auch ich von der Sehnsucht nach Intimität, in welcher der offene Ausdruck von Gefühlen möglich ist, beseelt wäre. Ich vermute, es handelt sich bei der Intimität um eine der hartnäckigsten Illu-

---

(1991): Fluchtpunkt Provinz. Der Neue Heimatfilm zwischen 1968 und 1972. Münster: MAkS Publikationen (= Film- und Fernsehwissenschaftliche Arbeiten), S. 279. – Schacht, der in seinem Buch die Frage nach dem potentiellen Publikum der Neuen Heimatfilme zu klären sucht, ist der Ansicht, daß vor dem Hintergrund von Reitz' Überlegungen der «konkrete Charakter der engeren Lebenswelt hervorragende Bedeutung» erhält (ebd.). Er ist sich aber nicht sicher, ob ein höherer Grad an Bestimmtheit in der Darstellung der engeren Lebenswelt gegenüber der geringeren Bestimmtheit des erwarteten Klischees tatsächlich das Bedürfnis des Zuschauers nach Selbstbestätigung irritieren könnte. Schacht fragt sich, ob der Zuschauer eine seinen Klischees zuwiderlaufende Bestimmtheit überhaupt als Irritation bemerken oder ob diese irritierende Wahrnehmung nicht vielmehr zum Abbruch des Zuschauens führen würde. Dies kann eine Erklärung dafür sein, daß die «Zweite Heimat» nicht mehr derart viele Zuschauer erreichte. Die Leute wollen nicht zu direkt mit ihrer eigenen Lebenssituation konfrontiert werden.

1 Botho Strauß, der konservative Revolutionär, beschrieb in Odeon, 1990, diesen Zustand ziemlich treffend: «Manche glauben, sie seien müd, weil sie bereits zuviel wüßten, wohl aber sind sie müd, weil sie nur die Unzahl der Dinge bemerken, ihre herkömmliche Einheit aber nicht. Daher können sie nicht mehr recht unterscheiden, und all das Gleich-Zeitige wird ihnen dann auch gleichgültig.» Zitiert nach Class, Thomas u. Michael Palm (1991): Der Freiraum ist imaginär. In: Garten + Landschaft, Heft 1, S. 15.

sionen, von der sich kaum jemand freiwillig trennen wird. Und selbst der engagierte Visionär Virilio sieht in der Wiederentdeckung der Bedeutung des Paares die Chance, das menschliche Zusammenleben in den Städten zu retten.

> *Eins und eins, das macht zwei*
> *Ein Herz ist immer dabei*
> *Und wenn Du Glück hast*
> *Dann sind es zwei.*
>
> Hildegard Knef, Eins und eins, das macht zwei

4.4 Exkurs: Von der Schwierigkeit, zu zweit bis 2 zu zählen

Warum es dermaßen schwierig ist, zu einer eigenen Geschichte zu kommen und – damit zusammenhängend – ein Paar zu werden und zu bleiben, hat Klaus Theweleit in einem rund 300seitigen Exkurs in seinem ersten Band «Buch der Könige» beschrieben.[1] Ich erlaube mir, an dieser Stelle Teile dieses Kapitels, das mir gewisse Einsichten in tatsächliche Verhältnisse eröffnet hat, die zwar einersseits schmerzhaft, andererseits aber auf eigentümliche Weise auch sehr belebend waren, ebenfalls als Exkurs wiederzugeben. Für mich gehört Theweleit zu den phantasievollsten Wissenschaftlern unserer Zeit. Er ist und bleibt für mich das Vorbild im Schreiben von (wissenschaftlichen) Texten, wie sie mir selber vorschweben: ohne jegliche schwülstige akademische Begrifflichkeit, konkret und sinnlich. Seine Bücher verhelfen mir immer wieder zu jenem kaum zu beschreibenden Gefühl, das man hat, wenn man zum ersten Mal von Dingen hört, die man zwar selber bereits erahnte und ge-

---

1 Vgl. das Kapitel «Schwierigkeiten der Geschichte». In: Theweleit, Klaus (1988): Buch der Könige. Bd. 1: Orpheus und Eurydike. Frankfurt am Main: Stroemfeld/Roter Stern, S. 196–511. – Natürlich geht es nicht nur in diesem Kapitel um Paarbeziehungen. Ganz allgemein untersucht Theweleit in den bisher erschienenen Bänden Paarbeziehungen von Künstlermännern.

fühlsmäßig schon wußte, ohne sie aber selber in dieser Präzision schreiben zu können.[1]

Ausgehend von der Theorie des New Yorker Psychologen Lloyd deMause, der immer wieder gleich ablaufende politische Rhythmen in der Amtszeit von amerikanischen Präsidenten festgestellt hat, konstatiert Theweleit ähnliche Zyklen im Paarungsverhalten der meisten Leute: «Die sog. ‹Beziehungen› haben ihren Honeymoon, ihre Cracking Phase, ihre paranoide Zusammenbruchsphase und dann knallt es: im Beziehungsblackout, aus dem ein Teil als Ü, das andere als klinikreifer Klumpen hervorgeht, als Bündel 0 auf der Suche nach neuer Verbindung» (S. 229).[2] Die Dauer des Vorgangs hängt von der Anzahl wirklicher Wechselmöglichkeiten ab, von der Anzahl Leute, die man in einem bestimmten Zeitraum trifft. Theweleit meint, daß sich so etwas wie statistische Mittelwerte für einzelne verschiedene Lebensweisen angeben las-

---

1 Über seine Schreibweise hat sich Theweleit kürzlich in einem Gespräch mit Elisabeth Bronfen geäußert. Vgl. Theweleit, Klaus u. Elisabeth Bronfen (1995b): Im Gespräch. Kunst schafft Tod schafft Kunst. In: WELTWOCHESupplement, Nr. 2, Februar, S. 28-31. Er versuche, den Rahmen der Denkbedingungen sukzessive zu entwickeln und wenn möglich auch gar nicht auszuformulieren, sondern die Denkbewegung an bestimmten Punkten abzubrechen, mit einer neuen Geschichte anzusetzen: in einer Art additivem Textblockverfahren, in dem das Zusammensetzen auch die Mitarbeit des Lesers voraussetzt. Denken und Schreiben seien zwei sehr unterschiedliche Tätigkeiten. Das Schreiben bestehe darin, dem Text einen bestimmten Körper zu geben, von dem er denkt, daß er sich in einer bestimmten Weise mit dem des Lesers verbinde. Das läuft beim Schreiben übers Ohr, ein imaginäres Sprechen, in Sätze, Klänge, Rhythmen umgeformt. Damit ist Theweleit beim Schreiben beschäftigt und nicht mit irgendwelchen kompatiblen oder inkompatiblen Systemen, aus denen er hinaus will. Die Systeme an sich interessieren ihn weniger als das Verlassen der Systeme. Er möchte einen Text schreiben, der vom Sehen kommt, und daß die Leserschaft das mitbekommt, ganz gleich, welches System er dafür verletzen muß. Meiner Ansicht nach gelingt ihm das ausgezeichnet. Im folgenden werde ich sehr viel zitieren und nur wenig paraphrasieren, damit man zumindest ansatzweise etwas von seinem Schreibstil mitbekommt.

2 Das «Ü» bedeutet Überlebender und geht auf Elias Canetti zurück, der in «Masse und Macht» diese Figur eingeführt hat. Er sagt, daß es nur den Getöteten gegeben ist, menschlich zu bleiben. Die Überlebenden verschmelzen notwendig mit dem Töter, mit einer mörderischen Figur. Die Lust des Übrigbleibenden besteht im Zurücklassen anderer. «Komprimiert: übrig Bleiben schlägt um in den Wunsch, Einziger zu sein, den Moment des Überlebens zu suchen, ihn zu wiederholen und von ihm abhängig zu werden» (Theweleit [1988]: S. 205).

sen dürften. Bei Studenten wird es schneller sein als bei festen Angestellten etwa.

Auch politische Gruppen halten nie länger als zweieinhalb Jahre. Es ist nach Theweleit leicht zu sehen, wie politische Bewegungen seit Mitte der sechziger Jahre nach einer Phase gut zweijähriger fieberhafter Aktivität als Massenphänomene zerfallen. (Dieser Prozeß ist bei Gruppen mit einem fest umgrenzten Arbeitsgebiet – zum Beispiel Aktion 3. Welt und ähnliche Gruppierungen – nicht zu sehen.) Der Zweieinhalb-Jahresrhythmus gilt also nur für Gruppen, die neben ihrem nach außen gerichteten politischen Grund insbesondere aus dem Grund aufgesucht werden, das eigene Leben umzustülpen. Noch viel mehr aus diesem Grund werden Zweierbeziehungen aufgesucht. Hier kommt man «auf etwas Reales: auf so etwas wie eine in *Zeiträumen* ausdrückbare psychische Beweglichkeit hier herumlaufender, in irgend einer Weise ‹aus dem System fallender› Einzelpersonen. Auf so etwas wie den Mittelwert ihrer *Bindungsfähigkeiten*. Den Mittelwert ihrer *Frustrationstoleranzen*. Den Mittelwert der Dauer, den bestimmte Gefühle bei ihnen haben. Davon abhängig den Mittelwert, wie lange sie bestimmte *Gedanken* denken; den Mittelwert der Zeit, die sie brauchen, andere Personen für sich zu gebrauchen oder auszusaugen. Den Mittelwert der Zeit, die sie brauchen, sich selber umzubauen oder den Prozeß des Selbstumbaus als ‹zu schwierig› abzubrechen» (S. 232).

Die Steuerung des Bevölkerungsverhaltens durch die Medien läuft auf die öffentliche Abschaffung von Geschichte hinaus. Dies hat Folgen für die Geschichtsschreibung. «Wenn die Geschichte selber in der Veröffentlichung bestimmter zyklischer Abläufe besteht (in der Beschreibung künstlich hergestellter Talsohlen und erfundener Hochkonjunkturen und dem Abfilmen von Leuten bei der Tätigkeit des Veröffentlichens), was soll Geschichtsschreibung da noch geschichtsschreiben?» (S. 235). Eine wahrlich berechtigte Frage. Vor allem: Was kann man als Einzelner dagegen tun? Theweleit sieht die Möglichkeit der aufmerksamen Wahrnehmung im Zustand einer politischen Gruppe oder der Entwicklung eines Paares, daß man einen Blick dafür kriegt, wie man unter solchen Verhältnissen funktioniert, «daß man eine Erfahrung solcher Abläufe bekäme; eine andere Art von Konstanz entwickelte im Umgang mit dem, was einem wert ist und lieb (...) anstelle dessen gibt es fast ausnahmslos das Spiel der Zuschreibung von Fehlern; die Ritualisierung von sog. Kritik und Selbstkritik; Schuldzuschreibungen, Schuldvorwürfe» (S. 235). Diese ritualisierte Geschichtsvernichtung geschieht keineswegs aus Dummheit. «Das Geschichtsloch ist so beliebt, weil es die *Wiederholung* zuläßt, die blinde Wiederholung. Man ist nicht vom Fleck gekommen, man will es noch einmal versuchen. Noch einmal mit derselben Methode (man hätte sonst Unrecht gehabt)» (S. 236). Schnell ist man in einer Gruppe, die gleich strukturiert ist, wie die, aus der man soeben ausgebrochen ist. Schnell «ist eine neue ‹Beziehung› da, die sich nach zwei weiteren Jahren herausgestellt haben wird als exakter Ableger / Ablegerin der vorigen; dieselben Kräche ... dieselben Vorwürfe ... zum achten Mal in seinem Leben hört man dieselben Sätze von den eigenen Mängeln ... die elfte exakte Beschreibung, was für ein Arsch man sei ... und glaubt sie genausowenig, wie die Male zuvor. Der Arsch ist der / die andere ...» (S. 236).

Wer kennt sie nicht, die bei geringfügigstem Anlaß immer gleich ablaufenden Rollenspiele, die mit verstandesorientierten Reaktionen nichts mehr zu tun haben. Die braven Konventionen und vernünftigen Abmachungen über ein geregeltes Zusammenleben werden bedeutungslos. Dafür werden tief im Bewußtsein eingelagerte Mythen reaktiviert. Das normierte Verhalten kippt in Verhaltensmuster, die nach dem Streit für keinen der beiden Beteiligten mehr nachvollziehbar sind. Auf der einen Seite brechen Haß, Wut und Zerstörungslust eruptiv hervor, auf der anderen Seite schlägt Liebe in Gefühlskälte und Herzlosigkeit um. Dabei geht es auf beiden Seiten immer um die Position des Rechthabenden.

Mit Recht und Unrecht, Beweis und Gegenbeweis, Argument und Gegenargument wird nicht nur in jedem Beziehungskrieg, sondern auch in jeder politischen, in jeder wissenschaftlichen Diskussion, in jedem Familienstreit, im Sport und ungehindert gegenüber den Kindern Krieg geführt, «getrickst, geschummelt, geschoben, wird die Liebe eingeklagt, an der Lage der Dinge gedreht, bis sie ‹passen›, bis man sich, unausweichlich, in der Position des Rechts befindet, in dieser allerschäbigsten Gaunerposition, denn was ist leichter in der Kausalwelt, als Gründe ins Feld zu führen: Gründe für dies, Gründe für jenes, Beweise, sogenannte Tatsachen, das kam ja mit der Muttermilch, daß das ein reines Machtspiel ist.»[1]

Merkwürdigerweise können und wollen fast nur Frauen jemanden finden, der einen nicht benutzt, eine Sprosse weiter zu kommen auf der Ü-Leiter. Männer sehen gerne einen fallen, während sie eins weiter rük-

---

1 Theweleit (1995a): S. 36.

ken im Ü-Game. Man braucht mindestens eine andere Person, der man glaubt, was diese an einem selber sieht und hört, um aus diesen blinden Zyklen herauszukommen. «Die ‹eingefleischte› Abneigung, bei sich selbst den Ablauf bestimmter Verhaltensrhythmen wahrzunehmen, kann man als Gradmesser nehmen für die Schärfe der Verletzungen, die die einzelnen aus den scheiternden Anläufen, sich zu verändern, davontragen.»[1] Eine Regel, die bei diesen Auseinandersetzungen an den Umschaltpunkten in den Beziehungsrhythmen von einer Phase auf eine andere zur Anwendung gelangt, ist die gezielte Personenverwechslung. «Ein alter Konflikt wird an der aktuellen Person, mit der man zu tun hat, belebt; ohne zu wissen, wieso, wird man mit Aggressionen eines Ausmaßes überhäuft, an dessen Zustandekommen man überwiegend unschuldig ist. Stellvertretend wird man zu Mus gemacht, vernichtet (oder macht selbst zu Mus); die Vorwürfe erscheinen in Form rationalen und begründeten Arguments; aber man sitzt dort anstelle einer anderen, früheren, ungreifbaren Person, an der all das schon einmal (scheiternd, negativ) abgelaufen ist und für die man aktuell Prügel bezieht» (S. 240).

Rekonstruieren kann man die Geschichte solcher Zusammenbrüche später nicht mehr, weil man bei der Rekonstruktion nicht mehr derselbe wie bei der Auseinandersetzung ist, und auch die angesprochene Person nicht mehr dieselbe ist. Die traurige Geschichte dieser schmerzenden Momente verschwindet in der Wunde ungerechter Verletzungen und wird gelöscht. Außer «es ist noch ein bißchen Liebe übrig und man nimmt dem anderen ein bißchen ab vom Bericht, wie übel man wirklich war. Nur wo eine Scham bleibt, entsteht Geschichte. Die Scham erlaubt einen Zugang zu dem, was wirklich ablief unter Leuten» (ebd.). Nur wer sich schämen kann über das, was er getan hat, über Dinge, die Menschen in seiner Nähe getan haben, bekommt Zugang zu einer eigenen Geschichte und auch Zugang zur Geschichte von anderen. An anderer Stelle hat Theweleit diese Sätze geschrieben: «Wer dies Gefühl der Scham nicht kennt (es handelt sich um eine Auflösung des Körpers, eine Selbstverschmelzung – der Körper vergeht in einem heißen Flimmern und baut sich neu und ‹gereinigt› wieder zusammen), wer diese halluzinatorische Anerkennung der Schönheit des Daseins der anderen, vor deren Schönheit man sich schämt, nicht kennt, bleibt von der Wahrneh-

1 Theweleit (1988): S. 238.

mung der Daseinsweise anderer Menschen so gut wie hoffnungslos ausgeschlossen.»[1]

Wie funktioniert Wachsen? Der einzige Maßstab scheint eine immer höhere Position zu sein, die man erreichen kann am Pol Ü, wobei jede neue Stufe Ü unempfindlicher und unempfänglicher für die Lebensäußerungen anderer macht.[2] Es gibt aber auch Umstände (zum Beispiel zwei Jahre Knast, zwei Jahre Psychoanalyse, zwei Jahre Psychiatrie, zwei Jahre in einer Redaktion, in einem Alkoholismus, in einer Starre), die einem helfen können, Einschnitte im Lebenslauf in etwas anderes zu transformieren als in Schritte auf der Ü-Leiter, wobei nicht jede Form des Bruchs in Verwandlungen führt. Eine Verwandlung geht nicht reibungslos und ohne Kampf vor sich. Die Krankheit ist die erlaubteste unter den Arten der Übertretung. Sie ist sogar der vorgeschriebene Weg des Bruchs. Heraus kommt man als «der / die Alte: als jemand mit gelöschtem Gedächtnis; als jemand mit einer *Dauernarkose* an der Stelle jenes Schmerzes, der einen hinauswarf aus dem Linearvollzug des Lebens in Lohnabhängigkeit» (S. 246). Theweleit nennt das den Anästhesie-Pol. Auch an diesem Pol einer Betäubung, den die Leute bei zu stark werdenden Beziehungsschmerzen aufsuchen, der auch durch gesellschaftliche Techniken oder Medikamente verordnet werden kann, wird Geschichte gelöscht.

Die Analytikerin Alice Miller hat nach Theweleit eine für die Geschichtsschreibung entscheidende Figur eingeführt: *«Das brave Kind»*, das dadurch gekennzeichnet ist, daß es sein Leben lang nicht aufhört, die Gefühle seiner Eltern anstelle seiner eigenen zu haben, daß es sein Leben lang ferngehalten wurde vom Leben eines eigenen Lebens. Das Kind ist Opfer «elterlich-erzieherischer und anderer staatlicher Strategien zur Verhinderung der Wahrnehmung, daß kein einziges der Gefühle, die dich, dein irgendwie ‹Inneres› bevölkern, deins ist» (S. 252). Das Kind ist ahnungslos. Der Moment, wo es feststellen würde, daß die Eltern Teufel sind, ist der Moment seiner Hinrichtung. Die Drohung der Eltern ge-

---

1 Theweleit (1995a): S. 33 f.
2 Mit POLE bezeichnet Theweleit Punkte, an denen etwas sich sammelt, überschneidet, verdichtet. Als eine Kraft, eine Intention, eine Spannung, eine Strahlung, als etwas, von dem Wellen ausgehen und empfangen werden, als etwas, das in der Lage ist, eine Resistenz zu entwickeln demgegenüber, was er als «Rhythmen» beschrieb, «Rhythmen einer industriell erzeugten Nicht-Geschichte, die unsere ungeschichtlichen Körper am Laufen halten in der Illusion, es laufe etwas und wir selber wären irgendwie im Gang» (Theweleit [1988]: S. 388).

schieht durch Liebesentzug oder direkter durch Prügel. Denn die Eltern drohen die ganze Zeit einerseits damit, daß das Kind sie umbringe, wenn es versuche, auszubrechen und eine eigene Geschichte zu entwickeln, und andererseits damit, das Kind selbst umzubringen, wenn es nicht gehorche. Das Kind lebt von nun an in der Angst, die Liebe der Eltern zu verlieren, wobei es nicht erkennen kann, daß es diese Liebe schon längst verloren oder nie besessen hat. Ein für jeden Geschichtsschreiber eminent wichtiger Satz für den Zugang zur Geschichte bzw. Nichtgeschichte der Leute. «Daß viele Menschen, die von ihren materiellen Umständen her relativ ‹frei› sein könnten, zwangsweise vom Eintritt in die eigene Geschichte absehen, sagt der Satz; daß sie verurteilt sind, in fremden Geschichten zu agieren; daß sie ihren Körper bloß *herleihen* für *Geschichte, die sich vollzieht*; daß sie verurteilt dazu sind, *Stoff* der Geschichte zu sein» (S. 256). Zum Anästhesie-Pol kommt der Amnesie-Pol, der Pol des Gedächtnisverlusts. Neben den eigenen Gefühlen müssen auch die Gefühle der anderen zu einem Ort der Nichtwahrnehmung weggeleitet werden. Womit «braves Kind» eine extrem isolierte Position ist und sich somit zur Ausübung der meisten Berufe eignet. «Braves Kind strampelt sich darin ab, die MACHT zu schonen, von dieser ständig mißbraucht zu werden, und verbraucht alle Energien dafür, das Gefühl der Verlassenheit nicht aufkommen zu lassen, in der es doch lebt. Die dumpfe Ahnung, irgendwie unter einer durchsichtigen Gummihaut zu stecken, durch die man nicht hindurchkommt ins ‹Reale›, in einer Kapsel, unter einem Gallert, in einem gläsernen Raum, die so viele Menschen haben, ist alles andere als aus der Luft gegriffen» (S. 259).[1]

Zum Verwirrspiel, zur Selbstentzweiung der einzelnen Person gehört der Bruch zwischen zwei Generationen und gehört mindestens einmal ein Paradigmenwechsel innerhalb derselben Generation. Diese Brüche sind nötig für die Aufpfropfung äußerer Rhythmen in die Lebensabläufe. Der sichere Effekt dieser Brüche ist, «daß jeder jeden, der 15 Jahre älter oder jünger ist als er selber für einen perfekten Quatschkopf hält. 15 Jahre lang ist das Cholesterin in der Butter verantwortlich für den Herzinfarkt. Dann steht es 20 Jahre lang an der Spitze der Mittel, die die

---

[1] Ob man diese Überlegungen für sich zuläßt oder nicht, ob man sie zutreffend findet oder bescheuert, hängt nach Theweleit übrigens nicht von ihrer Überzeugungskraft ab oder von ihrer intellektuellen Begründbarkeit; ebensowenig von der Brillanz der Einsprüche gegen sie. «Sie leben oder sterben einfach dadurch, daß sie in einen einschlagen oder nicht» (S. 264).

Intimität, Wohnung und Heimat

Arterien beweglich halten. Trink Kaffee und du lebst länger; haha, du hast Kaffee getrunken, jetzt mußt du sterben. Während ein Kongreß noch das Salz verdammt, ist der nächste schon in Vorbereitung, der klar machen wird, welch großer Fehler es war, jahrelang sich ungesalzen zu vernichten» (S. 268). Theweleit behauptet damit nicht, daß alles wiederkehrt, doch reinszeniert wird es: «eine industrielle Produktion von Geschichts- und Geschichten-Rhythmen, kalkulierbar, berechenbar, voraussagbar und einfach zu betreiben, denn BRAVES KIND glaubt alles, frißt alles und spuckt alles aus wie vorgeschrieben: das kritischste Zeug wie das angepaßteste» (S. 269). Die Rhythmen der Geschichtslosigkeit bieten dem braven Kind Schutz. Jeden Tag werden einem von den Medien milliardenweise die Gründe fürs eigene Verhalten abgegeben: «ein ungeheurer Wortschwall an Geschichtsvernichtung, der sich unaufhörlich in die dafür vorgesehenen Container ergießt: die Beziehungscontainer, die Geschlechterdifferenz, die Generationsdifferenz (die Geschichte verschlucken und Schweigen verstärken)» (S. 274). Es wird ununterbrochen dafür gesorgt, daß man immer genau weiß, was man zu halten hat, von dem, was läuft. Man wird keine Sekunde allein gelassen. Kontroll-Orte sorgen dafür, daß die Leute sich nicht abkoppeln vom laufenden Scheiß. Was man bekommt, ist die diffuse Teilnahme am laufenden Kram anstelle von Geschichte.

Aus einer präzisen Beschreibung der Familie als Organismus – in einem Brief von Kafka an seine Schwester[1] – entnimmt Theweleit, daß die Gewohnheit der Eltern, das Kind mit sich zu verwechseln, als Vorbild der Personenverwechslung in den Auseinandersetzungen der Liebespaare angesehen werden könnten. Paar- oder Gruppenbeziehungen, von denen man eine totale Veränderung des eigenen Lebens erwartet, werden als ebenso «tierische Organismen» aufgesucht, mit dem Versuch, vielleicht diesmal ein menschliches Verhältnis daraus zu machen. Da das Merkmal des «Organismus» die totale Unkenntlichkeit aller Mitglieder füreinander ist, sieht man gerade deshalb «die Menschen in den ‹Organismen› unaufhörlich reden; der Dauerstrom von Wörtern als Zeichen symbiotischer Leute; sie sprechen, weil nie ein Wort je irgendwo

---

[1] Theweleit nimmt in den Sätzen Kafkas ein «ohnmächtig genaues Schweben mitten in Tatsachen, das mit überwachen Sinnen die eigene Lage wahrnimmt wie die der angesprochenen Person und im Aufzeichnen umschlägt in Schönheit» wahr. Wer sie selbst liest, kann dies nur bestätigen.

ankam. (Und wiederholen dies Nicht-Ankommen im Aussuchen der Ohren, an die sie sich richten» (S. 325).

Ab Mitte der sechziger Jahre sieht Theweleit einen Umschnitt, einen möglichen Wandel der Rhythmisierungen. Es begann zu wimmeln, und Theweleit glaubte, daß Deutschland aufhöre, ein Land von Mördern zu sein. Doch schon nach drei Jahren erlosch der Glanz wieder. Die Gesichter waren bereits wieder unzugänglich in Verletzungen oder im Ausdruck konspirativer Überlegenheit. Genau wie in den dreißiger Jahren, als nicht etwa Hitler und Stalin, sondern die «Linke» selber sich durch Denunziation zerstört hatte, wiederholte sich 1970 diese Selbstvernichtung. «Wie unter Zwang, auch ohne Macht einer Komintern, wurde das jetzt re-inszeniert (eine Art negativer Geschichtsschreibung mit den eigenen Körpern). Die Genickschüsse fielen verbal oder durch Auslöschung deiner Person aus der Wahrnehmung der Genossen» (S. 427). Im Gegensatz zu den Mächtigen, denen ihr fieses Handeln relativ leicht zu entlarven ist, hält Theweleit den «revolutionären» Diskurs für viel unehrlicher, «weil er so tut, als spräche er aus verfolgter Wahrheit, der Wahrheit der Unterdrückten» (S. 429). Jeder Versuch, ehrlich und damit geschichtlich zu sprechen, ist aufgegeben, wenn «Wahrheit» eine PRAWDA ist (Prawda zur Gitarre oder zur MP, Prawda auf dem Fahrrad, Waldrettungsprawda oder Prawda für Nica usw.). Das Entscheidende wäre, die ehrliche Rede zu einer genauen Rede werden zu lassen. Erst so wird sie zu einer Zustandsbeschreibung, mit der man sich verbinden kann oder nicht. Wenn das nicht reicht, «dann wird es auch nicht reichen, an Abzugshebeln zu fummeln, Parteigebäude vom Dock zu lassen, die Frau zum vierten Mal zu wechseln» (ebd.).

Ich bin mit Theweleit nur scheinbar vom Thema abgedriftet. Wir waren die ganze Zeit sehr nah dran, was vielleicht in der doch starken Kürzung nicht immer klar deutlich wurde. Zurück zum Versuch, in einer Paarbeziehung auszukommen: «Der Anlauf, zu zweit bis 2 zu zählen zu versuchen (...), setzt der *Unendlichkeit* ein Ende. Unendlichkeit des Geredes, das aus Furcht vor sich selber nach Parteiform ruft; Unendlichkeit undeutlicher Erfahrungen, die von der Liebe zu Zwängen den Ausbruch der Deutlichkeit erhoffen (wie traditionelle Normalos den Ausbruch des Lebens vom Krieg) ... endlose Unendlichkeitsverfahren manngeborener Instanzen und Institutionen; – Frau ist endlich; Frauen sind endlich» (S. 431). Was sich Theweleit für sich wünscht: «Überlebender selber, wünsche ich, jemand zu sein, in dem ein Übrig*gebliebener* überwiegt, mit dem es irgendwie *weitergeht* (S. 432). Und: «Alles macht weiter ist der Tod – alles geht weiter, die Schönheit: der Überfluß, der um die Erde weht und seine Speicher – (auch wenn die Orte des künstlichen Mangels, die gezielte Vernichtung des Überflusses und die Auslöschung seiner Geschichte ‹den Ton› anzugeben scheinen)» (S. 459).

Schöne, gelungene Sätze, um dieses Kapitel abzuschließen. Was aber nicht heißt, daß die Fortsetzung in Theweleits Exkurs uninteressant wäre. Es folgen noch sehr spannende Unterkapitel zu den Themen Psychoklassen, Medienklassen, Macht und der Ungehorsam der Phänomene, Architekturen und Körpercodes.

5 Berauschende Heimat

Bisher haben wir gesehen, daß es so viele Heimaten gibt, wie es Menschen gibt. Heimat läßt, wie beinahe nichts Vergleichbares, eine Fülle unterschiedlichster Interpretationen zu. Allerdings gibt es eine wichtige Ausnahme. Autoren, die von marxistisch-leninistischen Positionen ausgehen, stimmen grundsätzlich überein bei der Definition von Heimat. Wie wir schon in Kapitel 1.3.3 gesehen haben, ist für den Marxisten Günther Lange Heimat eine rational bestimmbare, objektiv-reale gesellschaftliche Erscheinung. Heimat existiert lediglich als Beziehung ganz bestimmter sozialer Menschengruppen zu ihrer sinnlichen Umwelt, und zwar auf einer gegebenen Stufe der historischen Entwicklung unter bestimmten, positiv zu bewertenden natürlichen und gesellschaftlichen Umständen. Das sozialistische Heimatbewußtsein muß durch Bildung und Erziehung vermittelt werden. Es gilt, den irreführenden Schein an der Obefläche der Dinge zu eliminieren. Das unmittelbare, spontane Erkennen und Erleben muß mit der tiefen theoretischen Erkenntnis, die sich nie spontan einstellen kann, zu einer Einheit verschmolzen werden. Soziale Gefühle sind nur durch eine langwierige Erziehung und Auseinandersetzung zu gewinnen. Im Überschwang der Gefühle darf aber nie vergessen werden, «ob die gegebene Umwelt auch den tiefverstandenen sozialen Grundinteressen *angemessen* ist.»[1] Eine für Lange entscheidende Frage. Denn: «Die sentimentale Heimattümelei des Kleinbürgers liefert noch immer den Beweis dafür, daß man von solchen Gefühlen übermannt werden kann. Im Sozialismus läuft das stets auf eine lokalpatriotische Beschränktheit hinaus. Unter kapitalistischen Verhältnissen dient die Heimattümelei dazu, die Köpfe von werktätigen Menschen mit Illusionen zu vernebeln, damit sie von ihren bürgerlichen ‹Heimatfreunden› politisch unterdrückt, in Kriege gehetzt und auch in Friedenszeiten ausgebeutet und korrumpiert werden können» (ebd.).

Eine unmißverständliche Warnung an alle, die sich an solchen Formeln berauschen wollen. Das sozialistische Menschenmodell läßt keine schwärmerischen Anwandlungen zu. Jegliche kleinbürgerlichen Gefühle sind zu verachten. Im folgenden geht es mir darum, aufzuzeigen, welche bürgerlichen «Heimatfreunde» welchen schon immer kapitalistisch gewesenen bzw. inzwischen kapitalistisch gewordenen Kleinbürgern und Kleinbürgerinnen zu welchen Räuschen verhelfen wollen.

1 Lange (1975): S. 19.

5.1 Das Geschäft mit Heimat

Gleichzeitig mit der Ideologisierung des Heimatbegriffs in der zweiten Hälfte des letzten Jahrhunderts nahm auch die Kommerzialisierung von Heimat ihren Lauf. Seit dieser Zeit werden die Menschen systematisch mit ganz unterschiedlich gearteten, ideologisch geladenen Versatzstükken und Symbolen von Heimat überschüttet, die neben der damit beabsichtigten Systemstabilisierung auch deren vermeintliches Bedürfnis nach Identität oder heimatlichen Gefühlen befriedigen sollten. Die dem «unbefriedigten Bürger» angebotenen Ersatzwerte taten offensichtlich lange Zeit gute Dienste. So konnte beispielsweise mit dem Ersatzwert «Heimatliebe» das menschliche Bedürfnis nach Sicherheit, Aktivität und Identität in einem Lebensraum auf die Anpassung an ein größeres Territorium «Vaterland» kanalisiert werden, wie dies Ina-Maria Greverus in ihrem Buch «Auf der Suche nach Heimat» beschreibt. Durch diese Zuordnung war gleichzeitig der territoriale Aspekt der Besitzverteidigung «Heimat» zur Vaterlandsverteidigung hin mobilisierbar. Diese Ideologie versprach dem Individuum Identität, falls es sich dem System einordnete.[1]

Und was verspricht heute dem Individuum noch «Identität»? Die immergleichen Inszenierungen von angeblicher Regionalkultur geben nicht mehr viel her. Jubiläumsanlässe, Märkte, Altstadt- und Quartierfeste und regionale Sitten sind zwar nach wie vor beliebt, aber eigentlich nur noch Inszenierungen der Fremdenverkehrsvereine. Die Leute nehmen an ihnen trotzdem gern teil, hauptsächlich aus Vergnügungsgründen. Die Versprechungen bezüglich Identitätsstiftung können aber nicht mehr eingehalten werden, und werden wahrscheinlich auch von niemandem mehr erwartet. Wer solche Anlässe als Identitätshelfer heutzutage noch ernst nimmt oder gar braucht, ist hoffnungslos verloren. Die Ideologisierung von Heimat dient heute vorwiegend nur noch kommerziellen Interessen. Die angebotenen Ersatzwerte sind von einer Mehrheit ihrer Verbraucher und Verbraucherinnen leicht zu durchschauen und können ihre beruhigenden und berauschenden Funktionen nur mehr schwer erfüllen. Viele Ersatzheimaten verlieren zunehmend an Bedeutung oder haben bereits abgedankt.

---

1 Vgl. Greverus (1979): S. 9.

Berauschende Heimat

Auf der politischen Bühne hat der Begriff Heimat vor allem bei rechtskonservativen Kreisen Eingang gefunden. Als vermeintlich unmodernes Wort findet es sonst praktisch in keinem Parteiprogramm statt. In der Schweiz hat der SVP-Mann Christoph Blocher den Begriff Heimat für sich in Anspruch genommen und auf verdrehte Weise besetzt: Alle Parteien, die sich für den EU-Beitritt stark machen, nennt er kurzerhand «Heimatmüde». Mit seiner Botschaft spricht er vor allem jene an, die Heimat mit Nation gleichsetzen und Angst haben, diese an das «Technokrateneuropa» zu verlieren. Er schürt damit die Angst der Leute vor dem Ausland und dem Fremden überhaupt.

Doch heimatliche Gefühle keimen auch noch aus anderen Ritzen der Gesellschaft, wie Martin Beglinger in einem Artikel im Nachrichtenmagazin «FACTS» zum bemerkenswerten Wertewandel von Heimat feststellt.[1] Er meint, daß die Schweiz so etwas wie eine Renaissance des Heimatgefühls sowie von traditionellen Bräuchen erlebe. Heimat boome in vielen Köpfen und ebenso vielen Schaufenstern. In der Vermarktung von Heimat ist niemand so versiert wie der Unternehmer Michel Jordi, der seine Branche «Ethno-Fever» nennt. Mit dem postmodern gestylten Heimatgeist – Edelweiß und Bernhardiner auf Uhren, Kühe auf Hosenträgern und Krawatten, Enziane auf Schuhen und Socken – setzt er jährlich 30 Millionen Franken um, mit steigender Tendenz. Beglinger weist auch auf ein weiteres Phänomen als Indiz für neuentdeckte Heimatgefühle hin: auf die rasante Zunahme der Museen. Seit Beginn der siebziger Jahre habe sich die Anzahl der Museen von 350 auf 830 mehr als verdoppelt, die Mehrheit davon Regional-, Heimat- und Dorfmuseen.

Das Geschäft mit Heimat blüht. Nichts scheint sich so gut auszubeuten wie die Sehnsucht nach heiler Welt, wie auch die hohen Auflagen von Heftromanen zeigen, wobei in jüngster Zeit reihum diverse Heftromane eingestampft wurden. Die Gesamtauflage aller Romanhefte dürfte nach Angaben des branchenführenden Bastei-Verlags aber immer noch bei etwa 250 bis 300 Millionen liegen. Davon werden jeweils rund zehn Prozent in Österreich und der Schweiz vertrieben. Diese immense Zahl bezieht sich nicht nur auf Heimatromane, sondern beinhaltet auch alle Krimis, Western-, Abenteuer-, Science-fiction-, Grusel-, Arzt- und Liebesromane. Der Heimatroman hat aber innerhalb des Romanheftspektrums nach wie vor eine wichtige Bedeutung. Die Auflagen halten sich

---

1 Vgl. Beglinger, Martin (1995): Heimat. Jenseits von Blut und Boden. In: FACTS, Nr. 30, 27. Juli, S. 14–19.

sehr konstant. Ihr Anteil am Gesamtgeschäft wird vom Bastei-Verlag auf knapp 20 Prozent geschätzt. Seit der Ausstrahlung der gleichnamigen Serie ist «Der Bergdoktor» bei Bastei absoluter Marktführer. Geprüfte Auflagen sind deshalb nicht erhältlich, weil bei diesem Genre der Verkaufserlös wichtiger ist als der Anzeigenerlös.

Neben den sieben Heimatromanen von Bastei werden auf dem Markt noch fünf Heimatromane vom Martin Kelter Verlag in Hamburg herausgegeben. Dessen Vertriebsleitung geht unter Berücksichtigung der Phasenauslieferung und der Endvermarktung in Sammelbänden[1] von einer hochgerechneten Auflage der Heimatromane von 26'208'000 gedruckten Exemplaren aus, was ca. 16 Prozent der gesamten Romanheft-Auflage ausmacht, die vom Kelter Verlag also wesentlich tiefer eingeschätzt wird als vom Bastei-Verlag. Spitzenreiter beim Kelter Verlag sind Arztromane, gefolgt von Liebes- und Mutter/Kind-Romanen.

Einzig von der Verlags-Union Pabel-Moewig KG, die inzwischen ihre Heftroman-Produktion schlagartig eingestellt hat, nachdem sie vom Heinrich Bauer Verlag übernommen wurde, war noch für Ende 1994 eine genaue Aufstellung der Einzeltitel der sogenannten Frauenroman-Kombination erhältlich. Ende 1994 wies der Verlag für dieses Segment wöchentlich insgesamt 381'500 verkaufte Exemplare aus. Wobei die Auflage für die einzelnen Hefte mit Heimatthemen zwischen 31'500 für den «Edelweiß Bergroman» und 41'000 für «Heimatklänge-Auslese» schwankten. Zusammen erreichten die Hefte mit Heimatthemen eine Auflage von wöchentlich 145'000. Spitzenreiter in der Frauenroman-Kombination bei Pabel war aber nicht ein Heimatroman, sondern «Mutterherz» mit 46'500 verkauften Exemplaren.[2]

Das sind natürlich Auflagen, von denen namhafte Autorinnen und Autoren der Belletristik, die selbst im «Literarischen Quartett» bespro-

---

[1] Ein Heimatroman wird beispielsweise in einer Auflage von 40'000 Exemplaren als Einzelheft gedruckt und ausgeliefert. Davon kommen 30'000 wieder zurück und geraten nun in die sogenannte Phasenauslieferung in verschiedene Gebiete. Davon kommen vielleicht wieder 10'000 zurück und werden schließlich in Sammelbänden nochmals vermarktet. Zieht man die einzelnen Auflagen zusammen, kommt man auf eine Gesamtauflage von 80'000 für einen ursprünglich 40'000fach gedruckten Roman. Aus diesem Grund weichen auch die von den Verlagen angegebenen Auflagenhöhen dermaßen stark voneinander ab.

[2] Für die Angaben über die Auflagen der Heimatheftromane danke ich Herrn R. de Vries vom Martin Kelter Verlag, Rolf Schmitz vom Bastei Verlag, Holger Martens vom Cora Verlag und Rainer Groß vom Pabel Verlag.

Berauschende Heimat

chen werden, nur träumen können. Wie läßt sich dieses Phänomen erklären? Die Groschenroman-Autorin Renate Tintelnot, die pro Woche ein Heft à 64 Seiten liefert, meint, je mehr der Trend zur Einsamkeit, zu diesen Kleinfamilienhochhäusern sei, desto mehr steige das Bedürfnis nach Gefühlen, nach gelebten Dingen. Ohne Zweifel könne gesagt werden, daß Heftromane bei vielen Menschen das Bedürfnis nach Harmonie und dem Sieg des Guten befriedigen. Zu ihrem Schreibstil meint Tintelnot, daß ein Heftroman von Adjektiven lebe, weshalb sie einen üppigen, verschwenderischen Umgang mit Adjektiven pflege. Die für Trivialliteratur charakteristische Häufung von Adjektiven wird ja auch immer wieder von Germanisten festgestellt, obwohl heute Heftroman-Autoren vielfach auf Formulierungen wie «sie hob ihre blauen Augen zum Himmel» zugunsten von «sie blickte nach oben» verzichten. Die Figuren der Heftromane seien Archetypen aus der klassischen Stegreifkomödie, der commedia dell'arte des 16. bis 18. Jahrhunderts. Es gebe immer die gleichen Figuren. Tintelnot vergleicht es mit der Ziehung der Lottozahlen. Man kenne zwar alle Zahlen, wisse aber doch nie, welche sechs gezogen werden. Im Heftroman sei das genau dasselbe, obwohl der geübte Leser natürlich wisse, welche Personen am Schluß zusammen kommen und welche nicht: «Der Zufall bringt das Heldenpaar zueinander und das Schicksal treibt's wieder auseinander, und am rosenumkränzten Traualtar finden sie sich dann wieder zusammen.»[1]

---

[1] Zitiert aus einem Interview im Dokumentarfilm von Räfle, Claus (1990): Kitsch as Kitsch can. Hommage an die Geschmacklosigkeit. Berlin: LOOK! Filmproduktion (ausgestrahlt am 31. Oktober 1994, SPlus). Nach Tintelnot kommen übrigens die Leserinnen und Leser aus der Mittelschicht, weil sie sich in den Heftromanen wiederfinden bzw. weil diese deren Ideologie spiegeln. Die Unterschicht lese gar nicht, die gebe sich mit den Überschriften aus der Bild-Zeitung zufrieden. – Im selben Dokumentarfilm kommt auch der Drehbuchautor der Schwarzwaldklinik, Herbert Lichtenfeld, zu Wort. Die Serie, die Einschaltquoten bis zu 70 Prozent erreichte, entzweite die Gemüter, weil sich in ihr die klinisch saubere Moral der Handelnden mit der scheinbaren Makellosigkeit der Natur zu einem kitschig-verklärten Genrebild der Wirklichkeit verdichtete. Solche Kritik veranlaßt Lichtenfeld zu einer ironischen Stellungnahme. Er sagt, man müsse davon ausgehen, daß 80 Prozent der Deutschen blöd seien, weil sie diese Serie lieben. Die restlichen 20 Prozent lesen Böll, Grass und Martin Walser, diesen zwar in letzter Zeit auch nicht mehr so häufig. Er schreibe demnach für die 80 Prozent Idioten in Deutschland. Lichtenfeld meint, daß es sich bei der Schwarzwaldklinik eigentlich um verfilmte Groschenromane handelt. Klar werde am Schluß jeder Serie der Konflikt gelöst, doch dazwischen darf der Zuschauer schon im Ungewissen bleiben, wie es ausgehen wird.

Auch für die Volkskundlerin Maria Present, die 52 Heimatromane inhaltsanalytisch untersuchte, geht es in den Heimat-Heftromanen primär «nicht um Bauern, Mägde, Wilderer, Jäger, Sennerinnen, sondern darum, wer mit wem zusammenkommt und dies möglichst hindernisreich – ein Hürdenlauf zur allmächtiggewaltigen Liebe. Es sind Liebesromane, die sich ein Mäntelchen aus ‹Alpenglühen›, ‹Lederhosen›, ‹Jodeln› und ‹Wilddieberei› umgehängt haben.»[1] Ähnlich wie in den Heimatfilmen ist die Heimat des Heftromans klar umrissen. Sie birgt nichts Unerwartetes und bietet nichts Neues, wohl weil, so Present, das Altbewährte doch immer das Beste ist. Die Handlung spielt vorzugsweise in einem kleinen Bergdorf, die Protagonisten üben alle mit dem bäuerlichen Milieu in Verbindung gebrachte Berufe aus: Bauer, Knecht, Magd, Sennerin usw. Heimat ist nur im ländlichen Milieu möglich. «Da Heimat sich ausschließlich auf dem Lande abspielt, kann Stadt auch nie Heimat sein. Die Stadt ist nach wie vor bekannt für ihre Verderbtheit, und jeder, der aus ihr zurückkehrt, atmet befreit die Heimatluft ein» (S. 33). Nach Present sind die Heftchenromane nicht innovativ im Sinne kreativer Utopie, sondern durchdacht systemstabilisierend, weil sie Vergangenes unablässig verlängern. «Sie sind ein einziges Entgegenkommen gegenüber vorgefaßten Meinungen, eine Bestätigung des Vorhandenen. Sie erzählen dem Leser das, was er ohnehin weiß und überdies noch das, was er sich wünscht, nämlich Glück, Liebe, Zufriedenheit ohne ökonomische Existenzängste» (S. 2). Gerade in der Überschaubarkeit und Eindimensionalität der Handlungsabläufe vermutet Present den großen Reiz der Heftromane. Der Heftroman erfüllt bereits bestehende Erwartungen. «Der Roman bietet etwas, das das Leben nicht zu bieten hat: eine simple Struktur, schicksalhafte Problemlösung, klare Tugendverteilung. Die Reduktion der Wirklichkeit ermöglicht Orientierung nebst Bestätigung» (S. 143). Die Heftromane propagieren eine Machbarkeit des Glücks auf der Basis von Fügsamkeit und Gehorsam.

Man kann sich freilich fragen, was mit Heimatromanheften, Berg- und Heimatserien sowie Volksmusik-Schlager-Sendungen, die ebenfalls

---

1 Present, Maria (1993): Wohlfeiles heimatliches Waldesrauschen. Inhaltsanalyse und Textkritik der Heimat-Heftromane. Wien: Institut für Volkskunde der Universität Wien (= Veröffentlichungen des Instituts für Volkskunde der Universität Wien 15), S. 3. – Present beschäftigt sich in ihrer unterhaltsamen Arbeit weniger mit dem bei der Leserschaft vorrangigen «Wer mit wem zu welchem Ende», sondern hauptsächlich mit diesem umgehängten Mäntelchen.

hoch im Kurs stehen, politisch bezweckt wird. Gemäß Alex Demirovic wird beispielsweise mit volkstümlichen Musiksendungen («Musig-Plausch», «Heimatmelodie», «Volkstümliche Hitparade», «Musikantenstadl» etc.) versucht, die Vorstellung eines einheitlichen Volkes zu erzeugen. Solche Sendungen bearbeiten die hör- und sehwilligen Bevölkerungsgruppen zu einem bestimmten Musik- und Fernsehgeschmack, der sie in einen Gegensatz zu sogenannt hochkulturellen, also intellektuell anspruchsvollen Musikarten bringt. Auf diese Weise würde die Subalternität des Publikums bestärkt werden: «In einer demokratischen Gesellschaft wirklich gefährlich ist, daß sie ihm darüber hinaus auch das Gefühl vermitteln, die Kultur des gesamten Kollektivs, des homogenen Volkes zu vertreten und zu praktizieren – gefährlich ist dies wegen nationalistischen und völkischen Konsequenzen.»[1] Demirovic schließt einen Zusammenhang mit der Zunahme solcher Sendungen und den Entscheidungen der Wähler und Wählerinnen für nationalistische und rechtsextremistische Parteien nicht aus.

Das Thema Heimat verkauft sich in unserer Fernsehgesellschaft nun mal am besten als Folklore, Volkstümelei und verpackt in alte Heimatfilme und neue Heimatserien voller antiquierter Klischees. Zur Erzeugung von Heimat hat der Film eine enorme Bedeutung. Godards Aussage, daß Filme öffentliche Verkehrsmittel sind, die Gefühle transportieren, trifft für Heimatfilme in besonderem Maße zu. Die geballte Ladung an Gefühlen, die mit diesen Filmen transportiert werden, sind dabei an Bilder gekoppelt, die die Beförderung am reibungslosesten garantieren sollen. Es sind dies insbesondere Bilder von Gebirgslandschaften. Aber auch andere, meist «unberührte» Naturlandschaften scheinen sich dazu sehr gut zu eignen. Man kann die These aufstellen, daß sowohl mit den alten Heimatfilmen der fünfziger und sechziger Jahre als auch neueren Serienproduktionen versucht wird, die Vorstellungen von Heimat auf ganz bestimmte Bilder zu kanalisieren. Im Kampf um Zuschauerquoten und Werbegelder ist der Heimatbonus auf jeden Fall ein nicht zu unterschätzender Faktor. Dazu ein Statement von Josef Föhlen, dem Leiter der ZDF-Redaktion Reihen und Serien: «Die Zuschauer sehen serielle

---

[1] Demirovic, Alex (1992): Ein Volk wird inszeniert. Populismus und Fernsehunterhaltung. In: WoZ, Nr. 50, 11. Dezember, S. 16.

Liebesdramen und Familienidyllen lieber in vertrauter Umgebung als in unbekannter Ambiente der Importware aus Übersee.»[1]

Zu untersuchen wäre, welche Bilder für die Heimatvermittlung in Frage kommen und weshalb sich gewisse Bilder dafür besser eignen als andere. Ob die Vermittlung von Heimat durch die klassischen Heimatfilme und neueren Heimatserien tatsächlich funktioniert, kann zumindest bezweifelt werden. In der Regel haften sie zu sehr am Sichtbaren und bleiben daher seltsam leer und wirkungslos.[2] Eine Neudurchleuchtung des Heimatbegriffs ist vom Fernsehen sicherlich nicht zu erwarten, mit Ausnahme der Mammutserien «Heimat» und «Die Zweite Heimat» von Edgar Reitz. Auf seine Überlegungen zum Thema Film, Abschied und Heimat werde ich im folgenden nochmals kurz eingehen. Reitz beherrscht die seltene Kunst, mit Bildern Geschichten zu erzählen. Reitz' Filmbilder, die nach seiner eigenen Aussage keinem «künstlerischen Anspruch» folgen, sind deshalb so bewegend, weil sie sich nie zwischen die Geschichte und den Zuschauer stellen.

Für Reitz handelt Film vom Unsichtbaren, indem er manisch Sichtbares abbildet, nach Sichtbarem schreit, wobei immer nur die Schauplätze sichtbar sind, die Personen der Handlung. Die Handlung an sich ist unsichtbar. «Es gibt keine sichtbaren Geschichten. Sie existieren nur an den Nahtstellen zwischen den Bildern. Nicht nur im Film, auch im Leben.»[3] Darum täuscht sich der Actionfilm trotz aller seiner Bemühungen über diesen Sachverhalt. Auch die aufwendigsten Inszenierungen von Bewegung, Verfolgung, Schlägereien, Stunts, Schlachten, Bränden, Zerstörung, Sex-Szenen bleiben ohne Wirkung, wenn wir den Schmerz, die

---

1 Zitiert nach Thelen, Beatrice (1993): Die Fernsehanstalten rufen zum Alpsegen. In: SonntagsZeitung, 29. August, S. 54.

2 Der Schweizer Film der Schaffensperioden 1929–1964 beispielsweise hat das intime Zusammengehören von Tradition, Landschaft und Mensch nie wirklich unter die Lupe genommen, sondern lediglich ritualisiert, wie Werner Wider festhält. «Er war vielmehr ein Transporter von Mythen und Ideologien, die sich der Erforschungen in den Weg stellten, als daß er sich an die Veröffentlichung der Realitäten gemacht hätte, die sie unterschlagen.» Aus diesem Grund sei der Schweizer Film über die Propaganda des Natürlichen eigentlich nie ganz hinausgekommen. Erst ein Film wie Messidor (Alain Tanner, 1978) habe das reaktionäre Bild einer gottgeschaffenen Schweiz durch die Reportage der von Menschen geschaffenen und dem Menschen feindlichen Schweizer Zivilisation ersetzt. Vgl. Wider, Werner (1981): Der Schweizer Film 1929–1964. Bd. 1: Die Schweiz als Ritual. Zürich: Limmat Verlag, S. 58 f. und S. 163.

3 Reitz (1985): S. 9.

Angst, die Lust der Betroffenen nicht erzählt bekommen. «Pornofilme sind so unerotisch, weil sie hoffnungslos am Sichtbaren haften, wo doch gerade Lust etwas gänzlich Unsichtbares ist» (ebd.).

Das größte Filmthema ist für Reitz Abschied. «Wenn Dinge und Menschen aus unserer sinnlichen Wahrnehmung entschwinden, wenn sie weggehen, sterben, oder wir gehen weg, oder die Zeit nimmt sie uns weg, so entsteht ein Schmerz; der Schmerz, der aus der Hoffnungslosigkeit entsteht, uns die Dinge aneignen zu können, sie lieben, benutzen oder besitzen zu können» (ebd.). Im Prozeß des Abschiednehmens, in diesem Übertritt aus der sinnlichen Beziehung in die Erinnerungsbeziehung, treten die Dinge in unser Gedächtnis über. Sie werden Teil eines Raum- und Zeit-Verhältnisses, dessen Teil auch wir sind. Dabei entstehen die Legenden und Geschichten, «die Bilder, die getrennt von den Menschen weiterleben, so wie die Wunde, die ohne Körper weiterexistiert» (S. 10). Der Film, der immer auch etwas mit Abschied zu tun hat, «handelt von Dingen und Menschen, die unserer sinnlichen Wahrnehmung entschwinden, von diesem Schmerz, den jede gute Filmaufnahme wiedergibt und auslöst. Dieses Licht, diese Anordnung im Raum, diese Bewegung im Gesicht! etc. sagen wir, wenn wir in den Bildern etwas Unwiederbringliches abgebildet sehen. Abschied auch wegen der zeitlichen Distanz, die selbst ein aktueller Bericht im Fernsehen von den Ereignissen noch schafft» (ebd.).

An anderer Stelle schrieb Reitz, Grundmotiv für jede künstlerische Aktivität sei es, dem Flüchtigen Bestand zu verleihen. Während die ewigen Themen oder die «Wahrheiten» eher Sache der Philosophie als der Kunst sind, ist das Thema der Kunst das zerbrechliche Leben. Die Filmkunst, deren eigene Faszination es ist, mit Hilfe der Kamera bewegtes Leben zu konservieren, soll nach der Vorstellung von Reitz die Augenblicke des Lebens beschreiben, die Geschichte der Sekunden erzählen. Film kann Zeit wiederholbar machen. Reitz' Credo und Liebeserklärung an das Leben: «Jeder Künstler kämpft mit seiner Arbeit gegen die Vergänglichkeit. In unserem Gedächtnis zerfällt die Vergangenheit in lauter Facetten und Bruchstücke, Fragmente der Erinnerung. Das vergangene Leben ist ein Scherbenhaufen in unserer Seele. Der Künstler baut aus diesen Scherben ein neues Leben. Letztlich ist dies der Grund, warum ich Filme mache: Aus Liebe zum Leben.»[1]

---

1 Reitz (1993): S. 269.

> *«Die Schweiz ist wunderschön.»*
> *Wir fassen das nicht nur als Kompliment auf, wir sind davon überzeugt. Wenn wir den Satz hören, denken wir nicht nur an Landschaftliches, sondern an ein Ganzes, und wenn schon an Landschaftliches, so erscheint uns auch diese Landschaft als Leistung.*
>
> Peter Bichsel, Des Schweizers Schweiz

5.2 Mythen der Schweiz

In der Schweiz sind die Alpen der Naturmythos schlechthin. Entdeckt und regelrecht erfunden wurden sie zu Beginn des 18. Jahrhunderts von den Engländern (und nicht von den Schweizern), die sie als touristisches Paradies deklarierten. Bis zu diesem Zeitpunkt waren die Alpen der Inbegriff von bedrohlich, wild und barbarisch. In jener Zeit, als die Natur und das Natürliche als Ideal entdeckt wurden, wurden auch die Alpen als heiler und unverbildeter Bezirk eingerichtet. Die Alpen wurden zum Sinnbild von unberührter Natur, ihre Bewohner und Bewohnerinnen zum Prototyp des naturverbundenen Menschen. Ein weiterer bürgerlicher Mythos mit stark antistädtischen Elementen entstand.

Seit Ende des letzten Jahrhunderts und insbesondere seit 1945 wurde von offizieller Seite ein touristisches Konzept entwickelt, in dem die Schweiz als ein ewiges «Heidiland» dargestellt wird, ein perfektes Land, in dem es nur Berge und urige Leute gibt. Mythen wurden etabliert und die «mythologisierende Verhunzung von Heimat, Landschaft und Natur» nahm ihren Lauf. Wie wir bereits gesehen haben, sind Mythen extrem beständig. Ein Mythos ist deshalb nicht zu erledigen, weil es sich dabei um eine Wirklichkeit handelt, gegen die mit Aufklärung nicht anzukommen ist. Deshalb läßt sich der Mythos Alpen auch heute noch so gut verkaufen.

Am Beispiel, wie der bekannte französische Reiseführer *Guide Bleu* das Reiseland Spanien darstellt, beschreibt Roland Barthes auf eindrückliche Weise, weshalb welchen Landschaften ästhetische Existenz verliehen wird.[1] Obwohl es an dieser Stelle freilich nicht um Spanien

---

1 Barthes (1964): S. 59.

geht, gebe ich Barthes' Gedanken zu diesem Reiseführer hier wieder, weil sie meiner Meinung nach auch für die Mythenbildung in der Schweiz zutreffend sind. Für den Blauen Führer ist jede Landschaft malerisch, die uneben ist. Nach Barthes begegnet man hier der bürgerlichen Rangerhöhung des Gebirges wieder, dem alten Alpenmythos, der aus dem 19. Jahrhundert stammt. Für Barthes wirkt dieser Mythos immer wie eine bastardhafte Mischung von Naturismus und Puritanismus: Erholung durch die reine Luft, moralische Ideen beim Anblick der Gipfel, der Aufstieg als Bürgertugend usw. Die Ebene findet – wenn überhaupt – nur dann Eingang in den Blauen Führer, wenn von ihr gesagt werden könne, sie sei fruchtbar. «Nur das Gebirge, die Schlucht, der Engpaß und der Wildbach haben Zugang zum Pantheon des Reisens, sicher deshalb, weil sie eine Moral der Mühe und der Einsamkeit zu stützen scheinen» (ebd.). Demzufolge kann Barthes feststellen, daß die Mythologie dieses Reiseführers aus jener historischen Epoche des letzten Jahrhunderts stammt, als die Bourgeoisie eine ganz neue Euphorie genoß, welche «darin bestand, die Mühe zu *kaufen* und deren Tugend zu bewahren, ohne ihre Last auf sich nehmen zu müssen» (ebd.). Was eine Landschaft interessant mache, sei also auf sehr logische, wenn auch sehr dumme Weise ihre Unwirtlichkeit, ihr Mangel an Weite oder Menschlichkeit, ihre so sehr im Gegensatz zum Glück des Reisens stehende Unzugänglichkeit und Vertikalität.

Die Menschen verschwinden zugunsten der Denkmäler. Im Blauen Führer erscheinen sie nur als «Typen». Diese Typologie dient dazu, die tatsächlichen Lebensbedingungen der Bevölkerung, der Klassen und der Berufe zu verschleiern. Die Menschen existieren für den Blauen Führer nur in den Zügen, «wo sie eine dritte ‹gemischte› Klasse bevölkern. Im übrigen sind sie nur dekorativ, sie bilden ein anmutiges (kostenloses) romantisches Dekor, das dazu bestimmt ist, das Wesentliche des Landes zu umgeben: seine Monumente» (S. 60). Der Blaue Führer gibt deshalb keine Antworten auf Fragen, die sich ein moderner Reisender stellen mag, der ein Land durchquert. «Die Auswahl der Denkmäler beseitigt die Wirklichkeit der Erde und zugleich die der Menschen, sie berücksichtigt nichts Gegenwärtiges, das heißt Geschichtliches, und dadurch wird das Denkmal selbst unentzifferbar und somit stumpfsinnig. Der Blaue Führer selber wird durch eine Operation, die er mit jeder Mystifizierung gemeinsam hat, zum Gegenteil dessen, was zu sein er verkündet, zu einem Instrument der Blendung. Indem er die Geographie reduziert auf die Beschreibung der unbewohnten Welt der Monumente, hält er fest an einer Mythologie, die von einem Teil der Bourgeoisie selbst längst überholt ist» (S. 61). Der Blaue Führer ist somit bei einer veralteten Mythologie stehengeblieben, bei einer Mythologie, die die religiöse Kunst als zentralen Wert der Kultur postulierte, andererseits ihre Reichtümer, ihre Schätze nur als eine trostreiche Speicherung von Waren betrachtete, was sich in der Schaffung von Museen zeige. In dieses Verhalten setzte sich nach Barthes eine doppelte Forderung um: «über ein kulturelles, so weit wie möglich ausgedehntes Alibi verfügen, und doch dieses Alibi im Netz eines berechenbaren und rezeptiven Systems halten, so daß man in jedem Augenblick das Unsagbare buchhalterisch erfassen kann» (S. 62).

Auch die Alpen sind ein großartiger Alibi-Mythos, freilich nicht ein kultureller, sondern ein ursprünglich natürlicher. Der klassische Typ, der in der Regel für die «Schweizer» gebraucht wird, ist der «Älpler», der als die Verkörperung des naturnahen Menschen schlechthin gilt. Freilich ist die Schweiz kein Land von Älplern, aber sie stellt sich als solches dar und wird vielfach – nicht nur von Touristen – auch als solches wahrgenommen. Die Schweiz verfügt über die Alpen, ja, vielfach wird sogar die Schweiz mit den Alpen gleichgesetzt, obwohl die Schweiz nur unter anderem auch ein Alpenland ist und auch andere Länder Alpenländer sind. Und weil es sich bei Mythen um Wirklichkeiten handelt, die kaum erledigt werden können, geht die Zerstörung des Mythos Alpen nur schleichend voran. In einem Essay beschreibt Iso Camartin, worin der eigentliche Mythos der Alpen liegt, ihr nicht zu erledigendes Stück: «daß wir mit unserer Angst um ein bißchen Menschenleben ganz ungefragt sind und ganz unbemerkt bleiben.»[1] Als elfjähriger Ministrant erlebte er einst in den Urneralpen, von den begleitenden Erwachsenen allein zurückgelassen, diese Angst. Erst später habe er bei der Lektüre von Georg Simmels Essay über «Die Alpen» begriffen, was er damals erlebt hatte. Dort las er von der Firnlandschaft, wo «kein Pulsschlag des Lebens mehr besteht», von der dumpfen Wucht schrankenlos aufgetürmter Materie und wo es heißt: «In dieser Entferntheit vom Leben liegt vielleicht das letzte Geheimnis des Eindrucks der Hochalpen.» Im Vergleich zu jener Lebensfeindlichkeit der Materie, der jeder naherücke, der sich in den Hochalpen einmal verloren und vergessen glaubte, habe alles, was immer einem Alpenbewohner in späterer Zeit an mythologischem

---

[1] Camartin, Iso (1995): Mythos Alpen. In: unizürich. Magazin der Universität Zürich, Nr. 2, S. 7.

Material und an Bergmagie begegnet sein mag, kein Schwergewicht. Für Camartin hat die Tatsache, daß es diese Grenze zum anderen als immensen Raum gebe, in den man hineingeraten könne, um die Aufhebung der Zeit und des eigenen Lebensgefühls zu erfahren, seltsame Folgen: «Man möchte diesen Raum für ewige Zeiten bewahren, ohne ihn je wieder betreten zu müssen» (ebd.). Auch das ist typisch für Mythen: das Bewahren, das Unveränderliche, das Zeitlose.

Natürlich gab es auch in der Schweiz Leute, die sich an die Dekonstruktion der Mythen machte. Neben den Alpen war die Schweiz selbst einer der eindruckvollsten Mythen überhaupt.[1] Schon wenige Jahre nach dem Zweiten Weltkrieg entstand insbesondere unter Schriftstellern eine Gegenbewegung, die die Schweiz und ihr Bild zu hinterfragen begann. Der Höhepunkt der Auseinandersetzung fand in den sechziger und frühen siebziger Jahren statt. Neben Max Frisch müssen Peter Bichsel, Paul Nizon und Kurt Marti als prominenteste Kritiker dieser Generation von Schriftstellern genannt werden. Diese Autoren rechneten mit dem Staat Schweiz, ihrer Politik und ihrem offiziellen Bild ab, das durch die außergewöhnliche Situation des Landes im Zweiten Weltkrieg etabliert worden war. Rückhalt suchten diese Autoren in der Region, dem kleineren Ort, an dem sie Heimat zu finden glaubten. Sie richteten sich also nicht gegen Heimat überhaupt, sondern suchten auch nach neuen Definitionen, bemühten sich um konstruktive Lösungsvorschläge für anstehende Probleme. Von ihren Gegnern wurde ihnen jegliche Heimatliebe abgesprochen. Nicht selten bezeichnete man sie als Nestbeschmutzer. Frisch beispielsweise suchte sein Leben lang die Auseinandersetzung, die aber von offizieller Seite niemand wollte. Die einzige Reaktion war Ablehnung. Über Mythen wollen deren Hersteller offensichtlich nicht sprechen. Man will einzig an ihnen festhalten. Mit Rationalität allein ist ihnen deshalb nicht beizukommen.

Als ausgesprochen beharrlicher Mythos und eigentliches Symbol der «authentischen Folklore» in der Schweiz gilt die bald 200jährige Tradition der Unspunnenfeste. 1805 fand unterhalb der Burg Unspunnen bei Wilderswil das erste «Fest der Schweizerischen Alphirten» statt. Das damalige politische Ziel, die Wiedervereinigung von Stadt und Land darzustellen, wurde zwar klar verfehlt. Zwei Jahre zuvor hatte der fünf Jahre lang eigenständige Kanton «Oberland» sich wieder der Stadt Bern

---

1 Vgl. dazu vor allem die Ausführungen in Kapitel 2.2.

unterwerfen müssen. Das Fest war die Inszenierung des Triumphes der Herren aus Bern über die Provinz und der Startschuß zum eigentlichen Fremdenverkehr im Berner Oberland. Doch schon damals ging es nicht um die Darstellung der urtümlichen Volkskultur. Es war schon 1805 als Touristenattraktion entworfen worden und begründete die Kommerzialisierung und Ideologisierung der Schweizer Folklore, wie der Volksmusik-Spezialist Christian Seiler darlegt: «Die städtischen Kulturdesigner simulierten ländliche Naivität, verklärten das Landleben und hielten die Landbevölkerung dazu an, sich selbst zu verklären. Zwischen Realität und Folklore entstand ein Riß, der mit patriotischem Kitt verschmiert wurde.»[1] Unspunnen wurde zum Symbol für alles, was die Schweizer Volkskultur auch heute noch für sich reklamiert: Freiheit, Wahrheit, Demokratie, gesundes Volk, Heimat, Urwüchsigkeit, Bodenständigkeit usw., usf. Nach Seiler dient also eine Handvoll handgefertigter Klischees «als Fundament für den Schweizerischen Patriotismus, wo er am lautesten ist», wobei es keine Rolle spielte, daß sich die Grundlage der unspunnenmäßigen Selbstdarstellung (Schweizer = Älpler) ständig änderte. «In den Kulissen des Brauchtums inszeniert sich also eine entfremdete, aber längst nicht mehr schweigende Mehrheit. Sie läßt sich von politischen Würdenträgern die eigene Wichtigkeit attestieren und formuliert daraus eine moralische Position, ein ‹gutes Schweizertum› im Gegensatz zum kulturellen Landesverrat.»

Unter dem Motto «Unsere Schweiz am Unspunnenfest» fand 1993 das 8. Schweizerische Trachten- und Alphirtenfest statt. Daran teil nahmen Volkstanzgruppen, Schwinger, Jodler, Männerchöre, Alphornbläser, Fahnenschwinger, Steinstößer und andere Folkloregruppen. Allein von den rund 30'000 Mitgliedern der 1926 gegründeten Schweizerischen Trachtenvereinigung wirkten 3800 Aktive mit.

Der damalige Bundespräsident Adolf Ogi hielt die Ansprache. Er meinte die Kultur der Bauern, Älpler und der Hirten sei nicht bedroht, wie dies die Schöpfer des Festes um 1800 befürchtet hatten. Sie sei lebendig wie je, wie allein schon die Anwesenheit der insgesamt gegen 13'000 Aktiven beweise. Ogi nutzte den Anlaß, um auf die Notwendigkeit des damals bevorstehenden Gatt-Beitritts und der ebenfalls zur Abstimmung anstehenden Einführung der Mehrwertsteuer aufmerksam zu

---

[1] Seiler, Christian (1993): Die Tradition aus der Retorte. Der Unspunnen-Geist: Politischer Langzeiterfolg eines Folklorekonzepts. In: Die Weltwoche, Nr. 35, 2. September, S. 56.

machen. Beide Anliegen wurden übrigens später vom Volk gutgeheißen. Für seine Rede erhielt Ogi aber von den Anwesenden nur wenig Beifall. Auch Buhrufe mischten sich unter das verhaltene Klatschen. Seine wie immer an Fortschrittsgläubigkeit überschäumende, pathetisch vorgetragene Rede – «es lebe unsere Schweiz am Unspunnenfest und in der Zukunft!» – verhallte scheinbar ungehört in den Bergen des Berner Oberlandes. Der während der Rede über dem Festplatz fliegende Helikopter weckte bei den Zuschauerinnen und Zuschauern mehr Interesse.[1] Offensichtlich läßt sich allein mit Pathos und Anbiederung der kaum größer sein könnende Widerspruch zwischen Gatt und Älpler nicht aufheben. Die Mehrheit der Anwesenden ließ sich von Ogi jedenfalls nicht blenden. Für die meisten Mitglieder solcher Vereine sind solche Feste eine ernst gemeinte Demonstration für das Bewahren des Unveränderbaren, weshalb sie auch kein Gehör haben für Vorschläge, die die Grundfesten ihres Selbstverständnisses erschüttern könnten. Sie haben viel zu verlieren, auch wenn sie nicht wissen, daß sie es längst verloren haben.

5.3 Volksmusik und «falsche» Gefühle

Hierzulande ist und bleibt die kommerziell erfolgreichste Kulturform nach außen die Volksmusik. Nach innen dient sie als eine der wichtigsten Identitätsfabriken. Und wie an anderer Stelle bereits ausgeführt, steht alles, was nur irgendwie für eine eigene Identität gebraucht werden oder zu einer eigenen Geschichte führen könnte, unter größter kommerzieller und politischer Kontrolle. Wie mit kaum etwas anderem wird so viel Mißbrauch begangen wie mit der Volksmusik. Christian Seiler zeigt in seinem Buch «Verkaufte Volksmusik», wie unter dem Deckmantel der Volksnähe Politik und Geld gemacht werden, wie von alerten Geschäftemachern das kulturelle Erbe aufs Schamloseste vermarktet wird.[2]

---

1 Nachzusehen und -hören auf der vielleicht immer noch im TV-Shop des Schweizer Fernsehens erhältlichen Videokassette: SF DRS (1993): 8. Schweizerisches Trachten- und Alphirtenfest, Unspunnen 1993. Zürich: SF DRS (ausgestrahlt am 5. September, SF DRS).
2 Seiler, Christian (1994): Verkaufte Volksmusik. Die heikle Gratwanderung der Schweizer Folklore. Zürich: Weltwoche-ABC-Verlag.

Auch die (Schweizer) Folklore ist ein Mythos. Gemäß Roland Barthes entzieht der Mythos dem Objekt, von dem er spricht, jede Geschichte. Geschichte wird in Natur verwandelt. Im Mythos verlieren die Dinge die Erinnerung an ihre Herstellung. Von der Volksmusik weiß niemand, wann sie entstanden ist. Sie ist da, das genügt. Es sind die Volksmusikverbände, die strengstens über sie wachen wie die Henne über ihr Ei. Mittels der Verbandsmacht sind deren Vertreter dazu ermächtigt, über echte und falsche Volksmusik, über Zugehörigkeit und Nicht-Zugehörigkeit zu entscheiden. Sie sorgen dafür, daß die Volksmusik für alle Ewigkeit gleich bleibt. Doch selbstverständlich hat auch das Ursprüngliche seinen Ursprung und seine Geschichte. Volksmusik ist nicht statisch. Es gibt auch nicht die «Volksmusik» an sich und schon gar nicht eine «schweizerische Volksmusik». Im Vorwort zu Seilers Buch stellt Peter Rüedi gar die gewagte Behauptung auf, Volksmusik sei grundsätzlich nicht konservativ. «Was freilich nicht meint, sie wäre, wo sie am kreativsten ist, nicht eines Schutzes würdig und bedürftig. Nur ist sie als Vorlage zu schützen und nicht als Resultat oder Produkt. Zu schützen sind die schwindenden Freiräume, in denen sie ihre anarchistische Kraft entfalten kann, nicht sie selbst. Sie ist nicht zu bewahren, es sei denn, wie das Leben selbst, durch Verwandlung.»[1]

In Rüedis Worten attackiert Seilers Buch «die auf Normierung bedachte, straff durchorganisierte Verwaltung der Volksmusik durch die Verbände und befaßt sich mit der Verwandlung der Idealisierung in Ideologie und mit deren Folgen: der Instrumentalisierung der Volksmusik durch reaktionäre Politik» und es erkennt und benennt «die wahre Bedrohung, das Verschwinden der Volksmusik in den Plastikparodien, welche das Fernsehen als ‹Volksmusik› ausgibt» (S. 11). Lassen wir uns also auf diese Angriffe ein![2]

Für Seiler ist bereits die Tatsache, *daß* Volksmusik gemacht wird, *wo*, und *von wem*, eine politische Aussage. Und die ständig repetierte Erklärung der Volksmusik-Verbände, man verstehe sich als gänzlich unpolitisch, ist natürlich politisch. Denn allein schon der Name Volksmusik kann nicht unverdächtig sein, weil die Nationalsozialisten auch semantisch ganze Arbeit geleistet haben. Sie versahen den Begriff Volk mit ih-

---

1 Rüedi, Peter (1994): Die Enteignung des Volksvermögens. Vorwort. In: Seiler (1994): S. 10.
2 Im folgenden beziehe ich mich auf das zweite Kapitel seines Buches, in welchem er sich den «Zusammenhängen» widmet (S. 81–130).

rem mörderischen Rassestempel und machten ihn für die Gegenwart nahezu gebrauchsunfähig. «Die Volksmusik hat daher das Starthandicap, daß sie in einer Reihe von mißbrauchten Begriffen wie ‹Heimat› oder ‹Vaterland› steht, die sich nicht ohne ideologische Vorbehandlung lesen lassen» (S. 83). Weil die Volksmusik nie nur Spielarten des kulturellen Lebens bezeichne, sondern immer auch Mißbrauchsmöglichkeiten signalisiere, sei es unmöglich, damit ein politisches Neutrum zu meinen.

Für Seiler ist es kein Zufall, wenn sich Aushängeschilder aus Politik und Folklore fortwährend der gegenseitigen Wertschätzung versichern, sondern Programm. Während die zahlreichen Volksmusik-Verbände bei jeder Gelegenheit ihre eidgenössische Verwurzelung beschwören, lauscht der Staat den Klängen der zur Staatsreligion aufgeschwungenen Folklore mit zufriedenem Nicken. Seiler zitiert aus einer Rede von Bundesrat von Steiger, der dem Jodel und dem Jodelgesang einen umso größer werdenden Wert zuschreibt, «je mehr Jazz, exotische Töne und Rhythmen im Schweizerland erschallen». Denn das Herz wolle noch etwas anderes als solche exotischen Klänge hören. Der Jodel und der Jodelgesang sei immer noch das, was die Schweizer an ihre Freiheit mahne. Der philosophisch-politische Jokerbegriff «Freiheit» muß, so Seiler, immer dann herhalten, «wenn im Grunde nicht Freiheit, sondern Absonderung gemeint ist: Freiheit von ausländischer ‹Musik›, Freiheit von Exotik, Freiheit von fremder Kultur, von Ausländern, Asylanten und ähnlichem Gelichter» (S. 86).

Um das Recht auf Ausgrenzung alles Neuen geht es auch, wenn das Wort Authentizität oder Echtheit in Anschlag gebracht wird. Das Argument der Echtheit wird immer dann vorgebracht, wenn es um Wert und Unwert einer Kultur geht. Das Echtheitszertifikat wird zu einer politischen Losung. Folkloreorganisationen verschwägern sich mit Festwiesen-Politikern und übertragen ihren musikalischen Maßstab auf die benachbarten Lebensbereiche. Sie geben sich die Hand, um gemeinsam zu definieren, welche Volksmusik als echt zu gelten hat. Echt ist alles, was es zu bewahren gilt. Es ist in der Tat beängstigend, wie Seiler schreibt, darüber nachzudenken, was passieren würde, wenn die Politik die Grundsätze der Schweizer Folklore so ernst nähme wie die Folklore die Grundsätze der Schweizer Politik. «So regte zum Beispiel der Bernisch-Kantonale Jodelverband an, ‹in unserm herrlichen Fortschritt des Schweizerischen Jodelgesanges alles Unschweizerische erbarmungslos auszumerzen›» (S. 96).

Heimat in der Postmoderne

Die Frage, was Volksmusik sei, ist deshalb problematisch, weil kaum eine Volksmusik-Definition ohne Metaphysik, Naturphilosophie und Vererbungstheorien auskommt. Von dort stammen nach Seiler die meisten jener Volksmusiktheorien, die diffus daherkommen, weil sie den Gegenstand ihrer Forschung nicht einfangen, sondern abrichten wollen. Ein Musiklexikon beispielsweise meint, das Volkslied spiegle in Text und Melodie die Wesensart eines Volkes, des Stammes, des Gebietes, in dem es vorwiegend angesiedelt sei, und bedient sich dabei des Mythos eines einheitlichen Volksempfindens, das bekanntlich immer «gesund» ist.

Wir treffen also auch hier, wie nicht anders zu erwarten, auf dasselbe unheimliche Vokabular, wie wir es auch in der Debatte über Raum und Heimat angetroffen haben. Doch Regionalismen dienen der Volksmusik höchstens noch als Ornament, als Inhalt haben sie längst ausgedient. Darum nennen sich seit kurzem auch die Zillertaler Schürzenjäger nur noch Schürzenjäger. Seiler meint, daß die aktuellen Volksmusik-Definitionen in der Regel deshalb antiquiert klingen, weil sie die massenmediale Verbreitung von Musik über die ganze Welt ausblenden. In den meisten Definitionen erscheint Volksmusik als Negativabdruck von allem, was zu fassen ist. Weil ihre Grenzen dort beginnen, wo die Reviere der anderen aufhören, sind Grenzkonflikte unvermeidbar. Die sogenannte Volksmusik tut so, als ob sie von den veränderten Voraussetzungen für den Genuß von Musik, für deren Komposition, Einstudierung und Anwendung durch die technischen Neuerungen nicht betroffen sei. Dabei ist die Anonymität von Volksmusik, die von Musikwissenschaftlern oft als Kriterium herangezogen wird, längst nur noch in den seltensten Fällen gewährleistet. Umgekehrt bedient sich die Popmusik immer häufiger traditioneller Melodien, deren Schöpfer unbekannt sind. So klingt die Forderung, daß Interpreten «aus dem Volk» stammen, für Seiler wie eine «verkappte Proletenverordnung» (S. 109).

Für ihn ist es kein Zufall, wenn Volksmusik in Form und Inhalt retrospektiv ist und in belüfteteren Bereichen wieder mit hilflosen Breitband-Definitionen hantiert wird, wie etwa Sepp Trütschs Aussage «Volksmusik ist, was dem Volk gefällt» aufs Deutlichste beweist. Zusammenfassend meint Seiler, daß sich die Volksmusik längst vom Ort, wo ihre Krippe stand, verabschiedet hat, und der Begriff tauge höchstens noch für eine historische oder politische Diskussion, könne aber im Ernst keine scharf abgegrenzte Musik mehr bezeichnen. Darum gibt es auch keine Schweizer Volksmusik. Jede Musik ist die Summe ihrer Einflüsse.

Berauschende Heimat

Da können die nationalpatriotischen Brauchtumshüter noch so laut reklamieren. Es gibt nichts, daß ausschließlich aus schweizerischen Rohmaterialien bestünde. Das soll kein Vorwurf sein und auch kein Minderwertigkeitsattest, im Gegenteil: «Es ist beruhigend und sympathisch, daß wenigstens die Musik der Welt sich nicht um Grenzen schert, daß sie sich vielleicht regional färben läßt, aber überall in der Welt Verwandte hat, deren Sprache sie spricht» (S. 112).[1]

Weiter geht Seiler der Frage nach, wie wirklich die Folklore ist. Auch hier spricht er eine klare Sprache. Das Verbandsjodeln ist für ihn die Rache der Heilen Welt an der Wirklichkeit. All die vielen sogenannten Jodellieder bzw. Volkslieder mit Jodelrefrain «überbieten sich an Debilität, Falschheit und Kryptofaschismus», sind «hohl und stereotyp». Die Themen sind seit hundert Jahren die gleichen. «Sie besingen das Landleben aus der Sicht des Städters, reproduzieren sinnlose Phrasen vom glücklichen Bergbewohner, beschwören eine ‹gute alte Zeit›, die es nie gegeben hat, und blenden die Gegenwart aus» (S. 115). Landschaftszerstörung oder der dramatische Wandel des Bauernstandes werde in den Liedern ebensowenig besungen wie der ökologische Kriegszustand oder der touristische Overkill. Der Jodelverband wacht strengstens darüber, was ein schweizerischer Jodel ist. Genauso wie all die vielen Vereine, Vereinigungen, Zentralorgane und Vereinsgazetten generell über das schweizerische Brauchtum wachen.

Abschließend befaßt sich Seiler mit der Frage nach den Kosten der Volksmusik. Als der deutsche Schlager im Verlauf der siebziger Jahre sanft entschlief, wurde die Renaissance der Volksmusik eingeleitet. Und zwar vom Münchner Medienmanager Hans R. Beierlein, der 1986 den

---

[1] Hier trifft sich Seiler mit dem Volkskundler Wolfgang Kos. Dessen Ansicht nach decken sich die kollektiven Gefühle, die rund um populäre Lieder enstehen, immer seltener mit Abstammungs- und Schicksalsgemeinschaften. Der einzelne agiere zunehmend als kultureller und sozialer Wechselwähler, der Milieubindungen nach den offenen Regeln der Erlebnisgesellschaft eingehe. Der aktive Teil liege dabei in der persönlichen Auswahl von Identitätsattributen, mit denen man dem Alltagsleben Form und Sinn gebe. Das Bemerkenswerte dabei sei nun aber, «daß auch der fragmentierte Konsummensch nicht darauf verzichten will, sich in bestimmten Liedern wiederzuerkennen. Sie verweisen auch ihn auf mentale Prädispositionen und Kontinuitäten über die Zeiten hinweg. Es gilt wohl weiterhin, daß es für alle Menschen bestimmte Schlüssellieder gibt, bei denen man das Gefühl hat, sie schon längst zu kennen und zu bewohnen. Echte Tradition und symbolisch eingesetzte Archaik werden dabei zunehmend ununterscheidbar.» Vgl. Kos (1993): S. 42–45.

«Grand Prix der Volksmusik» basierend auf dem seit 1981 erfolgreichen «Musikantenstadl» des ORF gründete. Der Grand Prix wurde zum Riesenerfolg. Die «Volksmusik Superhits» schlugen gleich drei Fliegen auf einen Schlag: «Sie versorgten, erstens, ihr Millionenpublikum mit den obligaten Träumen von der heilen Welt. Sie erzählten, zweitens – eingepackt in flottes, ‹lüpfiges› Humtata – von dreckigen Unterhosen und scharfen Bauernsweibern. So zeichneten sie die Realität unserer Haushalte aus nächster Nähe, nämlich von innen, und vermitteln ein gestochen scharfes Bild vom Humor- und Romantik-, also Lebensverständnis dieser Gesellschaft» (S. 120 f.). Drittens machte dieses Konzept ein paar ausgewählte Exponenten der Volkstümelei zu vielfachen Millionären, allen voran natürlich Hans R. Beierlein, der inzwischen einen Marktanteil von mehr als dreißig Prozent am gesamten Volksmusik-Geschäft hält.

Dieser plazierte sein geniales Marketingkonzept nicht etwa in ein ideologisches Vakuum, sondern ließ verlauten, Volksmusik sei «eine hochpolitische Angelegenheit, keine Revolutionsmusik, sondern die konservativste überhaupt», ein «Teil der Entwicklung eines gesunden Nationalgefühls» (S. 121). Womit er nach Seiler genau den pfälzischen Jargon des Kohl-Zeitalters traf. Seiler zitiert den Kritiker Georg Seesslen, der feststellt, daß das Volkstümliche ganz offensichtlich in seiner je technisch und medial avanciertesten Form einen Höhepunkt jeweils dort erreicht, «wo sich die gesellschaftlichen Umbauprozesse, ein Verlust an ‹sittlicher› Geborgenheit, ein ökonomischer Modernisierungsschub mit all seiner Produktion von Gewinnern und Verlierern, kurz ein Verlust von ‹Heimat› ereignet hat» (S. 121 f.).

Beierlein etablierte im Alleingang eine umfassende Kultur des Unechten. Das Privatfernsehen zog nach und erfand neue Sendegefässe samt Stars. Das Konzept ging für alle Beteiligten auf. «Die Fernsehanstalten köderten Zuschauer und steigerten die Schwachsinns-Frequenz von 86 volkstümlichen Unterhaltungssendungen, die im Jahr 1990 augestrahlt worden waren, auf 126 im Jahr 1991, 178 im Jahr darauf und – laut ARD-Pressedienst — mutmaßliche 250 im Jahr 1993» (S. 124). Womit allerdings der Kulminationspunkt erreicht war. Seither sind diverse Volksmusik-Sendungen der Einschaltquotenregelung zum Opfer gefallen. Der Boom ist abgeflaut.

Wie aus Seilers Ausführungen deutlich hervorgegangen ist, wird mit der volkstümlichen Musik an ureigenste Gefühle gerührt. Der riesige kommerzielle Erfolg ließe sich sonst kaum erklären, wobei diese Bedürfnisse natürlich zum Teil auch erst geweckt wurden. Es ist auch nicht damit getan zu sagen, daß diese Art von Musik falsch oder unecht ist. Wie der Schlagzeuger von «Attwenger», Markus Binder, zynisch bemerkt, ist der «Musikantenstadl» durchaus «authentisch»: «In kaum einer medialen Veranstaltung (außer vielleicht den Game-Shows der privaten Fernsehprogramme werden Schäbigkeit, Dummheit und Verlogenheit des Publikums so überzeugend dar- und ausgestellt wie in den bekannten volkstümlichen Unterhaltungssendungen» (S. 123 f.).

Man sollte jedoch nicht bei der Verurteilung der Leute, die offensichtlich diese Musik genießen, stehen bleiben. In der Regel wird eben jeder Geschmack bzw. Genuß, der einem nicht zugänglich ist, immer neidisch angesehen und dementsprechend als Deformationssymptom gelesen. Volksmusik transportiert aber offensichtlich für Millionen von Leuten jene Gefühle, die für andere Millionen von Leuten vielleicht die Popmusik transportiert. Auch von der Volksmusik kann man sagen, daß sie die unordentliche Komplexität zu reduzieren hilft. Und was Diederichsen zu potentiell «faschistischen Gefühlen» in der Popmusik feststellte, gilt erst recht für die volkstümliche Unterhaltungsmusik. Während die «Kulturbourgeosie» die Komplexität dank besseren Zugangsmöglichkeiten zu Bildung und weiteren Distanzierungsmöglichkeiten bewältigen kann, sind die Kleinbürger und -bürgerinnen auf andere Dinge angewiesen, zum Beispiel auf die in den simplifizierenden Liedtexten angebotenen Botschaften. Was anderes als der Ruf nach Reduktion drücken die volkstümlichen Lieder aus? Auch damit kann so etwas wie Ordnung geschaft werden, die oft sogar mit Identität verwechselt wird. In der Volksmusik kommt es zum unheilvollen Zusammentreffen von bürgerlich-faschistoider Identitätskonstruktion, die in den Liedtexten angeboten wird, mit der von Kleinbürgern und bürgerinnen betriebenen unvollständigen, diffusen und «falschen» Identitätskonstruktion. Es ist keine «gute Identität», weil sie ausschließlich auf Abgrenzung basiert. Um nochmals den Kritiker Georg Seeslen zu zitieren: «Häßlichkeit und Dummheit (...) werden mit solch trotzigem Stolz in der ‹Volksmusik› vorgetragen, daß sie zur eigentlichen Botschaft des Genres geworden sind. Die aufgedunsenen und geröteten Gesichter der Musiker sprechen eine eindeutige Sprache: Wir wissen, daß wir zuviel fressen und zuviel saufen; (...) wir sind hemmungslos sentimental und im nächsten Augenblick brutal; wir sind strohdumm, aber wir finden immer noch jemanden, der noch dümmer ist, als wir, und über den lachen wir dann» (S. 121). Selbstverständlich würde dies nie ein Exponent der Volksmusikbranche zugeben, ganz abgesehen davon, daß man diese Aussage niemandem zutrauen würde. Aber neben der von Demirovic konstatierten gefährlichen Vorstellung eines einheitlichen Volkes, das mit solchen Sendungen erzeugt wird, geht es in der Tat um diese billigen Identitätsangebote, die einzig und allein auf Abgrenzung beruhen. Und offensichtlich gibt es genügend Leute, die auf diese Angebote ansprechen.

Bei der Volksmusik geht es nicht darum, Verbindung zu stiften. Im Gegenteil. Für Leute, die noch an Person, Familie, Heile Welt, Reinheit, Authentizität usw. glauben, ist es, um nochmals Diederichsen zu zitieren, «auch kein Problem, sich einen relativen, strategischen Rahmen für eine Nation zu konstruieren» (S. 277). Das oft als Synonym zu Nation verwendete Wort «Volk» als Gefühl kann natürlich beim Millionenpublikum der Volksmusik nur falsch ankommen, weil es nur falsch gemeint sein kann. Vielleicht versteht man jetzt, warum Diederichsen schreibt, daß Gefühle heute wieder potentiell faschistisch sind.[1]

5.4 Kein Rausch ohne Kater

All die Inszenierungen von Authentizität und Reinheit scheinen auf geradezu perfide Weise immer wieder nur eines zu beweisen: daß es authentische Heimaten nicht mehr gibt. Dies ist keine neue, sondern weitverbreitete Ansicht, zumindest unter postmodernen Wissenschaftlern. David Morley und Kevin Robins schreiben beispielsweise, daß in einer Welt von expandierenden Horizonten und verschwindenden Grenzen, in einer Welt also, die zunehmend durch Exil, Migration und Diaspora gekennzeichnet ist, die Wiedererlangung einer authentischen kulturellen

---

1 Die wortlose Technomusik ist wahrscheinlich von der Volksmusik gar nicht so weit entfernt. Auch bei dieser werden Gefühle angeboten und transportiert, die offenbar bei vielen falsch ankommen können. In einem ernüchternden Kommentar über die «Street Parade» in Zürich meinte der Journalist Jean-Martin Büttner, daß diese «den Triumph des Fühlens über das Denken, des Körpers über die Sprache, der rechten Hirnhälfte über die linke» feiert. Büttner will nicht so recht an die Äußerungen der Bewegung glauben, die ihn sowieso an die Werbesprache erinnern, und sieht in der Street Parade – wie der Name auch sagt – ein Paradieren von Wortlosen: «Gecken, Selbstdarsteller, Militärs und andere, die sich für Sieger halten und dazu ein Publikum brauchen» (Büttner, Jean-Martin [1996]: Ohne Worte. In: Tages-Anzeiger, 10./11.8., S. 2).

Heimat nicht möglich sei. «In this world, there is no longer any place like Heimat.»[1] Orte, schreiben die beiden Autoren, sind nicht mehr länger die klaren Identitätshelfer, die sie früher mal waren. Das Konzept einer fixen, einheitlichen und abgegrenzten Kultur müsse zugunsten einer Vorstellung von fließenden und durchlässigen kulturellen Sets aufgegeben werden.

Gleichwohl ist natürlich das Bedürfnis, in diesem neuen und desorientierenden globalen Raum irgendwo «zu Hause» zu sein, nach wie vor vorhanden. Genau deshalb wird dieses Konzept von Nostalgie und Sehnsucht wie beinahe nichts anderes auf der Welt dermaßen stark vermarktet und auch politisch aktiviert. Und viele sprechen auch tatsächlich immer noch darauf an. Man insistiert weiterhin auf eine spezifisch schweizerische Heimat und Identität. Authentisch ist daran längst nichts mehr. Doch auch mit vermeintlich authentischen Versatzstücken läßt sich gut geschäften und politisieren. Wer an diese glaubt – und davon gibt es nicht wenige –, wird sich vehement gegen jeden Angriff auf sie wehren, weil es auch ein Angriff auf die eigene Person ist. Heimat ist ein mythisches Band in die verlorene Zeit. Man meint, sich an diesem Grundsoliden anlehnen zu können, obwohl ihm längst jede Basis und jedes Fundament entzogen ist. Es geht darum, das Fundament von der je eigenen Kultur und Identität zu bewahren, sei sie nun schweizerisch, deutsch, österreichisch oder was auch immer. Damit werden natürlich auch kulturelle Grenzziehungen in Kauf genommen. Zu einer nationalen Kultur zu gehören, heißt, die eigene exklusive Identität gegenüber allem Fremden zu schützen. Für die Selbstdefinition vieler Schweizerinnen und Schweizer scheint das Identitätsmerkmal Schweiz unerläßlich zu sein. Anders kann man sich die Selbstbewunderung und Selbstbestätigung vieler Eidgenossen und -genossinnen, die meinen, schon allein die Tatsache, in der Schweiz geboren zu sein, sei eine persönliche Leistung, nicht erklären.

Die «anderen» sind immer eine Bedrohung für die Sicherheit und Integrität derjenigen, die die gemeinsame Heimat teilen. Die Heimatsuche ist in diesem Sinne eine Form von Fundamentalismus, und die Sehnsucht nach Heimat kann keine unschuldige Utopie mehr sein. Die Gralshüter

---

1 Morley, David u. Kevin Robins (1993): No Place Like Heimat: Images of Home-(land) in European Culture. In: Carter, Erica; James Donald u. Judith Squires (Hrsg.): Space & Place. Theories of Identity and Location. London: Lawrence & Wishart, S. 27.

dieser Heimat sind von der Furcht und Angst getrieben, daß eine Vermischung mit einer anderen fremden Kultur die eigene Kultur unausweichlich schwächen und schließlich ruinieren wird. Es ist die Angst derer, die zwar nach Bali, Kenia oder Thailand jetten, in der Schweiz aber nicht mal chinesisch essen gehen würden.

Es ist nur noch eine Frage der Zeit, wie lange es den Politikern und Politikerinnen noch gelingen wird, die Idee einer einheitlichen «Nation» aufrechterhalten zu können. Beziehungsweise wie lange es noch geht, bis die immergleichen Geschichten, die uns über unsere Vergangenheit erzählt werden, noch fähig sind, eine gegenwärtige «Identität» zu konstruieren. Lange kann es nicht mehr gehen. Die Idee einer «einheitlichen Schweiz» verliert mehr und mehr an Boden. Die bisherigen Symbole, die so lange ihren Dienst taten, kippen eins ums andere um. Neue sind nicht in Sicht.

Identität ist immer auch eine Frage von Erinnerung, insbesondere von Erinnerungen an eine bestimmte Heimat. Heimatfilme können als Kampfansage für die Vergangenheit und gegen die Gegenwart betrachtet werden. Sie können als Versuche angesehen werden, die kollektive Erinnerung neu zu programmieren, bzw. verlorene, verschüttete Erinnerungen an eine Zeit, die es nie gegeben hat oder die von der Gegewart begraben wurde, wieder zu aktivieren. Eine der Hauptdimensionen des Heimatbegriffs wird durch den Kontrast zu allem Fremden definiert. Im traditionellen Heimatfilmgenre wird Amerika zur Antithese von Heimat. Der Konflikt zwischen der stabilen Welt der «Heimat» und dem bedrohenden Angriff der «Fremde» ist ein Charakteristikum fast jedes traditionellen Heimatfilms. Selbst Edgar Reitz' TV-Serie «Heimat» folgt im weitesten Sinne diesem Muster, indem die Geschichte der Bewohner des Hunsrücker Dorfes Schabbach um den Kontrast zwischen denen, die dableiben, und denen, die weggehen, aufgebaut ist. Doch der Kampf um die Vergangenheit («the struggle for the past») scheint nicht mehr zu gewinnen sein.

Zusammenfassung

Daß Heimat Konjunktur hat, hört man nun schon seit beinahe dreißig Jahren. Als ob man irgendwie feststellen könnte, wann etwas mehr und wann etwas weniger Konjunktur hat. Konjunkturen werden hauptsächlich von den Medien gemacht. Wenn heute beispielsweise zu lesen ist, Heimat erlebe einen ungeheuren Boom, kann man sicher sein, daß es in ein paar Jahren heißen wird, Heimat sei komplett out, um wieder ein paar Jahre später lesen zu können, Heimat erlebe eine nie gekannte Renaissance. Die Berichte folgen nicht dem Phänomen, in der Regel gehen sie ihm voraus. Zudem halte ich es für unsinnig, ein Phänomen nur danach zu beurteilen, ob es im Trend liegt oder nicht.

Für mich war es auf jeden Fall kaum der angeblich konjunkturelle Aufschwung des Begriffs Heimat gewesen, der mich veranlaßte, neu über Heimat nachzudenken, zumal dieser nun – wie bereits gesagt – seit den siebziger Jahren beinahe ununterbrochen anhält. Ich hätte mich auch mit Heimat beschäftigt, wenn das Thema wieder einmal völlig out gewesen wäre. Heimat ist kaum eine Modeerscheinung, auch wenn damit Mode gemacht werden kann. Es ist auch kaum ein Gegenstand, womit sich nur Geographen und Geographinnen auseinandersetzen sollten, bloß weil Heimat sehr oft mit regionaler Identität gleichgesetzt wird. Der Geograph Dietrich Bartels meinte sogar, daß das Heimatbedürfnis trotz mancher Kontextwandlungen selbst als «Kulturkonstante» unverändert bestehe; «es stellt eine bestimmte Facette des menschlichen Verlangens nach Geborgenheit dar, – nicht nur in einem ‹Ruheraum› Halt zu haben, sondern überhaupt in einer überschaubaren heilen Welt, insbesondere in einer integren Gesellschaftsformation, zu Hause zu sein.»[1]

Von Kulturkonstante würde ich heute nicht mehr sprechen. Dennoch: Heimat ist etwas absolut Essentielles im Leben eines Menschen, auch – oder gerade weil – jeder darunter etwas anderes versteht. Heimat fasse ich als Mythos par excellence auf. Der Mythos spiegelt in einer immer komplexer werdenden Welt die Suche nach Sinn bzw. das menschliche Bedürfnis nach Weltverstehen und Lebensorientierung.

---

1 Bartels, Dietrich (1981): Menschliche Territorialität und Aufgabe der Heimatkunde. In: Riedel, Wolfgang (Hrsg.): Heimatbewußtsein: Erfahrungen und Gedanken; Beiträge zur Theoriebildung. Husum: Husum Druck und Verlagsgesellschaft, S. 9.

Heimat in der Postmoderne

Der Mythos erfüllt somit gleichsam religiöse Funktionen: Er verspricht Geborgenheit und gewährleistet Stabilisierung, Identität und Integration in einer kulturellen und sozialen Umwelt. Es sind dies genau jene Heimatbedürfnisse, die Bartels als Kulturkonstante bezeichnet.

Es mag zwar ohne Zweifel sein, daß mit dem Begriff eine Menge Unfug getrieben wurde und immer noch wird. Doch in meiner Arbeit ging es nicht primär darum aufzuzeigen, welcher Art dieser Unfug war und wie solcher Unfug in Zukunft zu vermeiden sei. Was aber nicht heißt, daß es mir gleichgültig ist, wie der Begriff Heimat verwendet wird. Doch es war weder meine Absicht, mit dem Finger auf vermeintlich «mißbräuchliche Verwendungen» des Wortes Heimat zu zeigen noch den dermaßen ideologiebeladenen Begriff zu läutern und ihn für den wissenschaftlichen oder auch alltäglichen Gebrauch zu retten. Es gibt genug Wissenschaftler und Wissenschaftlerinnen, die nichts anderes tun, als auf die Reinheit von Begriffen zu achten. Mir hingegen liegt nichts an einem Exklusivitätsanspruch des Begriffs Heimat. Mich interessiert gerade auch das Schmutzige bzw. Unscharfe an Begriffen. Und was soll man mit einem «sauberen» Begriff anstellen, wenn er wesentliche – wenn nicht sogar die wesentlichsten – Aspekte ausblendet?

In meiner Untersuchung ging ich der Frage nach, was die Leute meinen, wenn sie von Heimat sprechen: der «semantische Hof» von Heimat. Mir ging es um die zentrale Frage, wo überall die Menschen Heimat zu finden glauben und hoffen. Und wenn sie sich dabei an Ideologien hängen, die «eigentlich nicht zum Begriff gehören», blendete ich diese nicht aus, sondern spürte ihnen nach, um allenfalls herauszufinden, was das Faszinierende an solchen Ideologien ist bzw. sein könnte.

Meine Fragen versuchte ich einerseits über den Zugang über die Wissenschaft, Ästhetik und Literatur zu beantworten, andererseits im direkten Kontakt mit Leuten, von denen ich annahm, daß sie einiges zum Thema Heimat zu sagen haben. Es waren dies die zwanzig ausgewanderten Seniorinnen und Senioren im spanischen Ort Ciudad Quesada, mit denen ich unstrukturierte narrative Interviews führte. Resultat dieser Interviews ist der eigenständige Porträtband mit dem Titel «Ferne Heimat – zweites Glück? Sechs Porträts von Schweizer Rentnerinnen und Rentnern an der Costa Blanca».

Für die Beantwortung meiner Fragen verwendete ich einen in der Geographie bisher eher unbekannten methodischen Ansatz: die postmoderne Ethnographie. Diese Methode erlaubt die Verwendung bisher in den Wissenschaften eher verschmähter Darstellungsformen wie Ironie,

Zusammenfassung

Intertextualität, Reportage, Collage und Montage. Mein Umgang mit Fremdtexten mag in der Tat üppig sein, doch ich habe keine Hemmungen, mir bedeutend scheinende Texte ausgiebig zu zitieren, solange ich damit auf irgendeine Weise weiterkomme.[1]

Mit dem ausgiebigen Ausschlachten fremder Materialien komme ich Walter Benjamins Ideal, Texte nur aus Zitaten zu schreiben, wohl ziemlich nahe. Um eine Steigerung des Ausdrucks zu erreichen, habe ich je nach Maßgabe der Montage wörtlich zitiert oder umgeschrieben. Ziel dieses Verfahrens ist in diesem Sinne, etwas schon Geschriebenes zu verdichten, allenfalls gar zu verbessern – aus etwas Gutem etwas Besseres zu machen. Es geht mir dabei weniger um die handfesten Inhalte des Zitierten, als vielmehr um jene «magischen» Lebendigkeiten in den Texten, die selber danach verlangen, mit etwas anderem verbunden zu werden. Im Zentrum steht nicht die Wahrhaftigkeit einer Aussage, sondern ihre Wirkung. Auch wenn mit der Verwendung dieser assoziativen bzw. «impressionistischen» Methode gewisse Probleme verbunden sind – so entscheide ich allein, welche Passagen brauchbar und gut sind, ohne daß dies intersubjektiv überprüfbar ist –, halte ich diese Arbeitsweise auch in den Wissenschaften für sehr fruchtbar.[2]

Im ersten und gleichzeitig umfangreichsten Kapitel gab ich zuerst einen kurzen Überblick über die verschiedenen inhaltlichen Aspekte sowie ideologischen Besetzungen des Heimatbegriffs. Nach diesem historischen Einstieg machte ich einen Abschweifer in die virtuelle Realität. Ich ging der Frage nach, welche Bedeutung Heimat im heutigen medialen Zeitalter von Cyberspace bzw. Internet noch haben kann. Das weltweite Datenverbundnetz kann im Sinne von McLuhan als ein «externes Nervensystem», eine «Erweiterung des Körpers» verstanden werden, das die Menschen jenseits ihrer Körper in Verbindung zueinander bringt. Wenn die Menschen dieses globale Netz nicht nur dazu verwenden, Zeit und Raum zu überwinden, sondern damit die Distanz zum anderen, zum Fremden aufzuheben, um dadurch zu sich selbst zu gelangen und sich «aus der Entfremdung heraus- und einander näherzu-

---

1 Eine Nebenabsicht des ausführlichen Zitierens sollte es auch sein, die parallele Lektüre der angeführten Literatur zu ersparen.
2 Zur Montagetechnik vgl. auch die Ausführungen von Theweleit, Klaus (1994): Buch der Könige. Bd. 2x: Orpheus am Machtpol: zweiter Versuch im Schreiben ungebetener Biographien, Kriminalroman, Fallbericht und Aufmerksamkeit. Basel; Frankfurt am Main: Stroemfeld, S. 904–907.

bringen» (Flusser), dann könnte das Internet als eine neuartige Heimat bezeichnet werden. Eine Heimat, die weder an Zeit noch Raum gebunden ist. In dieser Welt scheint der Traum von der Nachbarschaft aller mit allen Wirklichkeit geworden zu sein. Dann könnte es sein, daß wir «in imaginierte Räume, in die von unseren Computern projizierten ‹Modelle› aufbrechen, ohne uns selbst dabei verlorenzugehen – freilich auch in der nunmehr gesicherten Erkenntnis, daß es für uns keine ‹Wohnung› gibt, daß es sie niemals gegeben hat und nie geben wird.»[1]

Die eher optimistische Vision von Flusser muß man natürlich nicht teilen. Es gibt auch genügend pessimistische Stimmen, die auf die Gefahren des Cyberspaces aufmerksam machen. Sie zweifeln – wohl nicht zu Unrecht – am Cyberspace als rundum demokratisches Gebilde. Auch hier werden die Benutzer und Benutzerinnen längst in zahlungsfähige und zahlungsunfähige Subjekte eingeteilt: «in die Privilegierten, die – konditioniert durch ihren Bildungsvorsprung und ihre materiellen Möglichkeiten – die neuen Technologien ‹symbolisch› und ‹kreativ› handhaben, um sich mit ihrer Hilfe in einer kontingenten Welt zu bewegen – und die anderen, die *nur* angeschlossen sind und, blind für die ‹Symbolik› des ganzen Prozesses, als Gläubige oder als Süchtige, jedenfalls als ‹arme Teufel› an der Nadel der ‹neuen Medien› hängen» (ebd., S. 283).

In den beiden Unterkapiteln mit den Überschriften «Über die Unheimlichkeit von Zeit» und «Über die Unheimlichkeit von Raum» ging ich auf die grundlegenden Dimensionen des klassischen Heimatbegriffs Zeit und Raum ein, die ihre bisherigen Bedeutungen zunehmend verlieren werden. Die Entwicklung zu Nicht-Orten, wie sie etwa Marc Augé beschreibt, in denen nur noch die Simultanerfahrung der Gegenwart möglich ist, oder auch der von Alexander Kluge beschriebene Angriff der Gegenwart auf die übrige Zeit sind deshalb so beunruhigend, weil damit unsere bisherigen Vorstellungen von Raum und Zeit grundsätzlich in Frage gestellt werden. Die totale Gegenwart hält Einzug, und der Raum schrumpft zu imaginären Orten. Unser Bewußtsein, in dieser Welt präsent zu sein und mit ihren Wirklichkeiten verbunden zu sein, verliert zunehmend an Boden. «Das beschauliche Leben mit langen, langen Gedanken und fernen Zielen» (McLuhan) kann neben dem Fernsehbild nicht mehr bestehen. Da wir von der Vergangenheit zunehmend nichts mehr bei der Lösung unserer aktuellen Probleme erwarten und uns die

---

1 Kreimeier (1995): S. 29.

Zusammenfassung

Zukunft immer undurchschaubarer oder auch pessimistischer erscheint, flüchten wir uns in die Gegenwart und Unmittelbarkeit, von der wir alles (zuviel?) erwarten. Es ist einleuchtend, daß eine derartige Veränderung der beiden zentralen Dimensionen des menschlichen Lebens, Raum und Zeit, die Leute verunsichert. Es ist schwierig, sich vorzustellen, wie die Menschen sich auch in «der gedehnten Gegenwart», die Kluge als eine neue Form des Schicksalsschlags versteht, oder in den gemäß Augé immer mehr überhandnehmenden Nicht-Orten, in denen die Geschichte verschwindet, auf eine Gegenwart einigen könnten. Im «planetarischen Einerlei» verlieren die Menschen ihren Ort. Sie sind Unbehauste in einem riesigen gesellschaftlichen und technischen Universum, das nur noch «Passagen», aber keine «Heimat» (Augé) mehr kennt.[1]

Da das Internet als zukünftige, allen offenstehende Heimat noch in weiter Ferne liegt oder vielleicht gar nie in dieser utopischen Form existieren wird, bin ich im letzten Abschnitt von Kapitel eins nochmals auf etwas gegenwartsbezogenere wissenschaftliche Anstrengungen eingegangen, die den Heimatbegriff mit neuen Inhalten zu füllen versuchen. Dabei setzt sich in dieser neuen Heimatdiskussion immer mehr die Ansicht durch, daß Heimat ähnlich wie Identität etwas Unerreichbares ist. Sie ist nie zu haben und kann auch nicht gefunden werden, meint etwa der Erziehungswissenschaftler Egbert Daum. Sie ist immer das Verlorene. Für ihn steht fest, daß Heimat am wenigsten Orts- oder Raumbestimmung ist. Auch er geht demnach von einer zunehmenden Bedeutungslosigkeit des Raums aus. Die Vorstellung der Heimat als räumlich fixierte Lebensmitte ist nicht länger aufrechtzuerhalten. Heimat steht

---

1 Daß es keinen Ort mehr gibt, ist auch die Ansicht von Edgar Reitz: «Es gibt keinen Ort mehr, aber es gibt die Zeit. Ich glaube, wir sind gerade im Begriff, eine neue Heimat zu entwickeln. Das ist die Zeit-Heimat. Das ist auch (...) ein globales Gefühl. Wir können nicht global denken. Wir sind nicht Menschen, die auf der ganzen Erde zu Hause sein können. Dazu hat die Evolution uns nicht gemacht, weil unsere Sinne das nicht wahrnehmen. Aber wir lernen in diesen Jahren, daß wir mit allen Menschen auf diesem Globus der Zeit gemeinsam haben. Wir sind Zeitgenossen der entferntesten Menschen. Das waren wir auch nicht immer. Dieses Gefühl, ich bin ein Zeitgenosse der Leute in Australien, in Neuseeland, in China oder in Japan – wir sind Zeitgenossen und zwar jeden Augenblick, jede Stunde. Das erzeugt ein neues Gefühl eines neuen Raumes, der ein Zeit-Raum ist.» Zitiert aus der Sendung «Heimat. Weggehen, um anzukommen. Ein Gesprächsabend mit Edgar Reitz und Gästen». Köln: WDR (ausgestrahlt am 13.7.1997, 3sat).

vielmehr für eine *immaterielle Welt*, die sich aus Entscheidungssituationen, Wertrelationen und Kommunikation konstituiert. Unter seinem aktiv verstandenen Heimatbegriff versteht er eine *soziale Kompetenz*, die Dinge, Verhältnisse und Personen zu beeinflussen und mitzugestalten sowie sich selbst als Subjekt darin wiederzuerkennen. Es geht insbesondere um die Wiedergewinnung der *sinnlichen Erfahrbarkeit*.

Fraglich ist aber, ob die Schulen bzw. der Geographieunterricht fähig sind, diese *soziale Kompetenz* zu vermitteln. Ich kenne keine Rezepte, wie man im immer mehr Lebensbereiche erfassenden Multimedia-Zeitalter, in dem die visuelle Wahrnehmung alle anderen Sinne dominiert, der ursprünglichen Vielfalt des Erlebens mit allen Sinnen wieder ihre Bedeutung verschaffen kann. Es ist aber durchaus vorstellbar, daß es der immer ausgeklügeltere Cyberspace selbst sein wird, der uns die sinnliche Erfahrbarkeit wiedergeben kann.

Wenn ich am Ende des ersten Kapitels Breitenstein zitiere, der meint, daß mit dem Bedürfnis nach Heimat um so mehr zu rechnen sei, je schneller die Geborgenheit in Raum und Zeit schwinde, deutet das freilich auf einen gewissen Widerspruch in meiner Argumentation hin. Denn ich glaube, deutlich gemacht zu haben, daß dieser vor allem von konservativer Seite postulierte Zusammenhang nicht aufrecht erhalten werden kann. Wenn heute wieder viele Konservative vermehrt Heimat als Wurzel für ihr räumliches Selbstverständnis reklamieren, dann geschieht das nicht primär darum, weil bei den Menschen das Bedürfnis nach Heimat tatsächlich gestiegen ist, sondern weil diese Leute wissen, daß damit mehr oder weniger erfolgreich Politik gemacht werden kann. Es ist alles andere als einsichtig, warum die Menschen plötzlich das Bedürfnis empfinden sollten, sich irgendwie voneinander unterscheiden zu wollen, und dabei als angeblich naheliegendste Rekursmöglichkeit ausgerechnet bei den Kriterien Nation oder Ethnie Zuflucht suchen. Auf dieses Bedürfnis und auf diese Abgrenzungsmerkmale muß man erst einmal kommen. Dies geschieht entweder dadurch, daß man es von Politikern und Politikerinnen sowie den verschiedensten Medien dauernd unter die Nase gerieben bekommt, bis man selbst daran glaubt, oder aber – was wahrscheinlicher ist – man muß gar nicht erst drauf gebracht werden, da man diese Bedürfnis schon immer hatte, weil man in einem «nicht-zu-Ende-geborenen Körper» (Theweleit) steckt und daher alles Fremde als existenzielle Bedrohung erfährt. Die auch von Wissenschaftlern und Wissenschaftlerinnen immer wieder postulierte These, daß immer mehr Menschen dieses Abgrenzungsbedürfnis empfinden, weil

Zusammenfassung

sie sich von einer wirtschaftlichen und kulturellen Globalisierung bedroht fühlen, hält jedenfalls einer genaueren Prüfung wohl kaum stand.

Gleichwohl bin ich ebenfalls der Ansicht, daß das Bedürfnis nach Geborgenheit ernst zu nehmen ist. Ich bin der Ansicht, daß wir den Glauben, daheim zu sein, brauchen. Doch das heißt nicht, daß damit auch gleichzeitig eine Abgrenzung zu anderen Menschen nötig wird. Es ist damit auch keine räumlich gedachte Heimat gemeint. Der Mensch lebt nicht in einem Territorium, sondern in komplexen gesellschaftlichen Bezügen. Und er wird sich angesichts des beschleunigten sozialen Wandels, der durch die neuen Medien Cyberspace und Internet noch verstärkt wird, diesen Veränderungen nicht entziehen können. Wir haben es mit einem «neuen Menschen» – nennen wir ihn «Cyborg» – zu tun, der an seiner zunehmenden Entwirklichung arbeitet. «Der neue Mensch, integriert in eine kosmische Harmonie, die Zeit und Raum übersteigt, wird selbst zu einer organischen Kunstform werden» (McLuhan). Die Menschen leben in einer Welt, in der die Übergänge zwischen «authentischem» und «virtuellem» Leben nicht mehr zu erkennen sind. In dieser Welt wird auch die Heimat eine ganz neue Bedeutung erlangen.

Mit dem grundlegenden Wandel des Menschen habe ich mich eingehend im darauf anschließenden zweiten Kapitel beschäftigt. Es ging darin um die oft gleichzeitig mit Heimat genannte Kategorie der Identität, die ebenfalls zunehmend an Bedeutung verliert. Der Glaube an eine Echtheit und Unverwechselbarkeit, an eine einmalig festgelegte Identität einer Person muß aufgegeben werden. Eine Einheit der Identität ist illusionär. Der Mensch der neunziger Jahre ist fragmentiert. Es gibt kein Ich. «Das Ich ist ein Resultat dessen, was die Sinne zusammengeben» (Flusser).

Insbesondere ist auch von der Vorstellung Abschied zu nehmen, daß die Identität sich über ein Territorium oder über eine Nation konstituiert. Wer solches postuliert, führt nichts Gutes im Schild. Denn eine solche Argumentation nimmt scharfe Grenzziehungen zwischen «Wir» und «die Anderen», zwischen «Heimat» und «Fremde» zwangsläufig in Kauf. Die «Identität» muß als ein Kunstprodukt angesehen werden, das irgendwo hergestellt und dem einzelnen Körper übergestülpt wird, wie es Klaus Theweleit formuliert. Solche Überstülpungsangebote von außen für die massenhaft vorkommenden einzelnen mit den nicht-zu-Ende-geborenen Körpern sind beispielsweise die Nation oder die Rasse. Nur wo es in der Entwicklung eines Menschen eine primäre Übereinstimmung mit anderen Körpern gegeben habe und die Fähigkeit zur weiteren Differenzierung von Körpern und Gegenständen hinzukomme, die Fähigkeit zur emotionalen Bewertung der verschiedenen Körper, werde Identität, die aus einer «selbstgelebten» Geschichte komme, entstehen können. Sonst sei der *sich selbst fremd bleibende* Körper auf Identitätsformen angewiesen, die außerhalb seiner existieren, eben auf übergestülpte Identitäten.

Die Suche nach der Identität ist nur die Sucht nach Abgrenzung, Konformität und Einfalt, so der amerikanische Publizist Leon Wieseltier. Er plädiert für eine Vielfalt von Identitäten, denn die Wahrheit liege im Plural. Das Wissen darum, daß man auch etwas anderes sein könnte als das, was man ist, flößt einem Nachsicht mit den vielen Dingen ein, die man auch hätte sein können. «Jenes Gefühl von Zufälligkeit ist ein gutes Mittel gegen Eitelkeit.» Wer auf Authentizität und Einmaligkeit pocht, ist reaktionär. Man sollte endlich Abschied nehmen von der Fiktion «nationale Identität», die doch nur als offensive Strategie von überflüssig Gewordenen bzw. Machtlosen, beispielsweise Skinheads, «schön und wahr» (Diederichsen) werden könnte.

Das dritte Kapitel ist eine Fortsetzung der Identitätsthematik auf einer anderen Ebene. Es ging darin um die Utopien Natur und Landschaft, die nach wie vor sehr häufig als «Identitätskatalysatoren» (Hasse) funktionieren. Neben ästhetischen Dimensionen der sogenannten Identitätsbildung ging es im ersten Abschnitt zunächst einmal um die Frage, was gemeint ist, wenn wir von Natur und Landschaft reden. In einem kurzen Abriß zeigte ich auf, wie sich Landschaft aufgrund tiefgreifender gesellschaftlicher Veränderungen aus der Natur konstituiert. Unter dem «Fahnenwort» Natur kann sich deshalb alles Mögliche sammeln, weil dessen Wortinhalt auf das wenig- bis nichtssagende Gemeinsame reduziert ist und daher für alles emotional Ansprechende offen ist (Hard). Wenn wir von Natur reden, sind damit fast ausschließlich positive Assoziationen verbunden. Natur erscheint uns als das Schöne, Echte, Gute, Harmonische, Ländliche, Nahe, Vertraute, Intime, kurz: als eine ferne Heimat. Auch im Wort Landschaft haben sich die unterschiedlichsten Utopien angereichert. Die Frage nach dem Wesen der Landschaft ist als Frage nach einem gegenständlichen Objekt deshalb nicht beantwortbar, weil wir es eben nicht mit einem materiellen, sondern mit einem geistigen und sprachlichen Gegenstand zu tun haben.

Aufgrund der enormen Bedeutung, die der Natur beigemessen wird, ist es deshalb wenig verwunderlich, wenn viele an einen direkten Zu-

Zusammenfassung

sammenhang zwischen Natur und Mensch glauben. In einem weiteren Abschnitt ging ich nochmals, diesmal auf eher ironische Weise, auf diese naheliegende, aber – wie ich zeigte – zur Ideologie entartete Meinung ein, die sich auf pseudowissenschaftliche Thesen stützt. Die seelische Formkraft der äußeren Natur wird oft auch für das besondere Wesen der Bauern verantwortlich gemacht. Hier haben wir es mit einem weiteren Mythos zu tun, dem Mythos des zeitlosen Bauerntums, dessen wesentlichste Zuschreibungen Beständigkeit, Ursprünglichkeit, Naturverbundenheit und Bodenverwurzelung sind. Wenn ich im Abschnitt «Vom inneren Bauern als schöpferisches Gegenprinzip zur Welt» ausführlich Reitz zitierte, um das Spezielle der bäuerlichen Lebensweise darzustellen, kann dies freilich den Eindruck hinterlassen, daß ich zusammen mit Reitz genau diesem Mythos verfalle. Das von Reitz gezeichnete Bild der Bauern entspringt jedoch kaum der Ideologie des authentischen, unverbrauchten, bodenständigen und naturverbundenen «ewigen Bauerns», die während der Agrarromantik im 19. Jahrhundert entstanden ist und bis heute ihre Blüten treibt. Es geht nicht um eine ideologische Aufwertung des Bauern, sondern um den Gegensatz zwischen «bäuerlicher Dialektkultur» und «internationaler Emigrantenkultur», an welcher auch die Landbewohner zunehmend teilzunehmen gezwungen sind. Reitz glaubt nicht daran, daß es möglich ist, die Kraft des «inneren Bauern» zu benutzen, wenn man als Superindividuum im freien Wettbewerb flottiert. Deshalb ist auch keine Heimkehr möglich, und jeder Versuch, das Stadtleben gegen das Landleben zu tauschen ist eine bloße «Verschleierung der Gefühle aus Sehnsucht». Für unsere Geschichten bräuchten wir mobilen Bewohner unbestimmter Orte aus diesem Grunde neue, transportable Beweisstücke. Auf besondere Weise sei dies der Film, der in Bild, Ton und Zeit die Geschichten beweise und uns in alle Teile der Welt folgen und uns das verlorene Dorf ersetzen könne.

Im letzten Teil von Kapitel drei bin ich zuerst auf die veränderten Wahrnehmungsbedingungen der Menschen eingegangen. Das virtuelle Medium Fernsehen bestimmt mehr und mehr unsere Sichtweisen, Empfindungen und das Bewußtsein sowie die Vorstellungskraft. Ich erörterte McLuhans These, daß durch die zunehmende Mechanisierung der verschiedenen Körperorgane das gesellschaftliche Leben dermaßen überreizt wird, daß es vom Zentralnervensystem nicht mehr ertragen werden kann. Nach McLuhan gibt es keine Möglichkeit, sich gegen die «Schließung» der Sinne als Folge der Fernsehbilder zu sträuben. Deshalb müssen wir unser Zentralnervensystem betäuben, um nicht zugrunde zu gehen. Mit den veränderten Wahrnehmungsbedingungen beschäftigt sich auch Baudrillard. Er definiert als eigentliche Wahrnehmungsebene nur noch die Simulation, worunter er nicht die Ersetzung der einen Wirklichkeit durch die Medienwirklichkeit versteht, sondern das unter der Wirkung der neuen Medien veränderte Verhältnis zur Welt. Folge dieser neuen Wahrnehmungsmethode ist das Verschwinden der Geschichte, die Vernichtung aller Unterschiede.

Schließlich habe ich mich mit der Frage beschäftigt, wie angesichts dieser veränderten Wahrnehmungsbedingungen dennoch das Landschaftserlebnis gelingen kann bzw. welche Bedeutung Natur- und Landschaftsutopien in der Postmoderne für den Prozeß der Konstruktion von Heimat trotzdem noch haben können. Im Zeitalter von virtueller Realität ist es wahrscheinlich, daß die Landschaft als Utopie einer besseren Welt und als Allegorie von Heimat definitiv verschwinden wird. Nach Hasse ist Mimesis – verstanden als gestaltende und nachschaffende Kraft – jedoch möglich, wenn mit Hilfe der Einbildungskraft der Menschen die noch so vorstrukturierten, letztlich aber völlig inhaltsleeren Landschaftsbilder neu besetzt werden könnten. Mimesis vollzieht sich im Medium des Scheins. Hat man erst einmal den Widerstand des mechanischen Sehens gebrochen, können in den Bildern der Umwelt auch Mehrdeutigkeiten wahrgenommen werden, zum Beispiel jene Risse und Brüche zwischen Zentren und Peripherien, die hinter dem schönen Schein postmoderner Ästhetisierungen zum Verschwinden gebracht wurden. Im Zeitalter der Vorherrschaft des Scheins wird es nur eine Strategie der Entgegnung geben – die des Scheins.

Im vierten Kapitel ging es um das Prinzip Intimität, das vor allem in der Wohnung gelebt wird. Sowohl das Paar als auch die Wohnung werden zu wirkungsvollen Metaphern von Heimat. Daß das Haus/die Wohnung eine wesentliche Voraussetzung für das Dasein des Menschen ist, steht wohl außer Zweifel. Nicht umsonst wird sie oft an erster Stelle genannt, wenn man die Menschen nach ihrer Heimat befragt. Ein Haus/eine Wohnung wird wohl kaum nur durch das Gefühl des Eigentums, des Beständigen zur Heimat. Nach Alexander Mitscherlich sind es die menschlichen Beziehungen, die an einen Ort geknüpft sind, welche eine Wohnung zur wirklichen Heimat machen. Und sie bleibt es, solange es nicht nur Gewohnheiten sind, die einen in sie zurückführen, sondern die lebendige Unabgeschlossenheit mitmenschlicher Beziehungen, kurz: eine noch offene Anteilnahme am Leben. Ich habe gezeigt, daß der Rückzug ins Private häufig nicht mit dem Gewinn von Heimat gleichge-

Zusammenfassung

setzt werden kann. Nur allzu oft kann das Private in eine «Tyrannei der Intimität» umschlagen (Sennett). Zudem verhindert der Rückzug in die Intimität oder ins Familiäre ein Bewußtsein für Zusammenhänge, denen auch das Paar bzw. die Familie ohnmächtig ausgesetzt sind. Durch die Flucht in die Intimität vollzieht sich eine Entpolitisierung, eine Privatisierung des Gesellschaftlichen. Tatsache aber bleibt, daß im privaten Bereich beinahe die meisten Dinge geschehen, die die Menschen wirklich interessieren. Deshalb habe ich das vierte Kapitel mit einem Exkurs beendet, der die Schwierigkeiten aufdecken soll, die im Versuch stecken, ein Paar zu werden, das aus mehr als nur aus einer Person besteht. Denn in der Geschichte hatte das Paar «als zwei Gleichberechtigte» bisher noch keine Chance. Wenn die Leute beginnen, ihr Leben selber zu leben, so Theweleit, sind wir dichter am Paradies.

Mit der Vermarktung von Heimat beschäftigte ich mich in Kapitel fünf. Es ging darin zunächst um eine nicht abschließende Aufzählung der häufigsten kommerziellen Verwertungen von Heimat. Immer wieder wurden (und werden immer noch) den Leuten Ersatzwerte wie Heimatglück und Heimatliebe angeboten, um damit deren vermeintliches Bedürfnis nach Identität zu befriedigen. Heimat läßt sich aber nicht nur ausgezeichnet vermarkten, sondern immer auch ideologisch mit allen möglichen Inhalten aufladen. Am Beispiel der Alpen läßt sich zeigen, wie solche Mythen etabliert wurden. Ideologisierung und Vermarktung gehen dabei Hand in Hand. Dies läßt sich auch am Mythos Volksmusik oder an den Heimat-Heftromanen erkennen, die aus einem Konglomerat unterschiedlichster Romantizismen und gesellschaftsstabilisierenden Wertkategorien bestehen, wie das die Volkskundlerin Maria Present festhält.

Zusammengefaßt kann gesagt werden, daß sich zwei unterschiedliche Konzeptionen von Heimat herauskristallisieren lassen: eine nostalgische und eine utopische. Bei der einen wird der Segen in der Vergangenheit, im verlorenen Paradies der Kindheit gesucht, bei der anderen in der Zukunft, im Nicht-Ort Utopia, wobei Heimat eher retrospektiv und seltener prospektiv eingeordnet wird. Die meisten konstruierten Heimaten, die eine Idylle einer heilen Welt vortäuschen, entstehen aus Enttäuschungen. Sie sind als Regressionsversuche auf den Erlebnishorizont der frühen Kindheit zu verstehen. Weil Heimat auf einen Ort oder eine Zeit vollkommenen Aufgehobenseins des Individuums weist, die sich nur selten in der Welt finden lassen, erhält der Begriff neben dem nostalgischen Aspekt auch den Aspekt der Utopie. Bloch hat beide Aspekte, sowohl den utopischen als auch den nostalgisch besetzten, in seiner Definition von Heimat kombiniert: «was allen in die Kindheit scheint und worin noch niemand war.» In der nostalgischen Perspektive weckt die Heimat die Illusion der «heilen Welt» der Kindheit, in der utopischen die Illusion einer realen Demokratie der Zukunft. Doch auch diese zukünftige «neue Heimat» wird meist aus der alten verlorenen Heimat rekonstruiert.

> *Wenn man bedenkt daß das Ganze nichts auf sich hat*
> *Jeder vollzieht seine Endlichkeit in einer anderen Stadt*
> *Sucht sich Erfüllung für sein weltliches Defizit*
> *Einzig Musik hält mit der Trauer Schritt*
>
> Hanns Dieter Hüsch, «Und sie bewegt mich doch!»

> *Hier wurde ich an Land gespült*
> *Hier setz ich mich fest*
> *Von dir weht mich kein Sturm mehr fort*
> *Bei dir werd ich bleiben solang du mich läßt*
> *Deine Hand kommt in meine*
> *Und jede Hilfe zu spät*
> *Ein Glas auf mich und eins auf die See*
>
> Sven Regener (Element of Crime), An Land

So what?

Es dürfte durchgeschimmert sein, daß ich dem einst so wichtigen und nach wie vor bedeutenden Wort «Heimat» nicht mehr so recht trauen will. An den diversen Heimatvorstellungen habe ich immer wieder meine Zweifel geäussert. Doch ich lehne sie keineswegs ab. Es geht mir nicht darum, anderer Leute Wirklichkeiten zu verwerfen oder gar abzuleugnen. Im Gegenteil. Ich halte sie alle für «wirklich» und akzeptiere sie, doch ich habe ganz allgemein Mühe mit der «Wirklichkeit»; ich hinterfrage grundsätzlich beinahe jede Form von Wirklichkeit.

Es ist in der Tat eine seltsame Epoche, in der wir leben, ob man sie nun Postmoderne nennen will oder nicht. Das sogenannte Informationszeitalter bietet zwar eine nie dagewesene Pluralität an Lebensformen, doch dieses grenzenlose Angebot an Lebensmöglichkeiten, Sinnvorgaben und Identitäten ist für die persönliche Lebensgestaltung nicht unbedingt eine Erleichterung. Wie soll man wissen, welche Informationen für einen wichtig sind, an was soll man sich halten? Das Heraustreten aus der diktierten in eine eigene Zeit war wahrscheinlich noch nie so schwierig wie heute.

Heimat in der Postmoderne

In seinem Essay[1] über Kultur und Geschwindigkeit sowie über Sinn und Zeit meint der Literaturwissenschaftler Peter von Matt, daß wir in einer Zeit des Fundamentalismus und in einer Zeit der Beliebigkeit leben, wobei beide zwei radikal verschiedene Formen von Sinn und Sinngewinnung meinen. Während der Fundamentalismus den Sinn befiehlt, da in diesem Bereich aller Sinn eine Form von abrufbarer, angeordneter, systematisch verbreiteten Information ist, meint Beliebigkeit, «daß es überhaupt keine Hierarchie von Sinn mehr gibt, daß alles nebeneinander steht, gleichwertig oder gleicherweise bedeutungslos, entsprechend dem Nebeneinander des elektronischen Informationsangebotes. (...) Das heutige Fluktuieren, Diffundieren, In- und Durcheinanderfließen der Werte, Mythen und Rituale, das wir vielleicht allzu abschätzig als Beliebigkeit qualifizieren, und der ebenso gegenwärtige rigide Dogmatismus fundamentalistischer und essentialistischer Bewegungen – sie beide zwingen uns zu einer einzigen, vielleicht bitteren, vielleicht befreienden Erkenntnis: für den Sinn sind wir alle heute ganz allein verantwortlich. Es nimmt uns das niemand mehr ab.»

Trotz der immer schnelleren Informationsmöglichkeiten existieren weiterhin die letzten, einfachsten und größten Fragen «Wer sind wir? Woher kommen wir? Wohin gehen wir?» Auf diese Fragen kann nicht mit einer Information geantwortet werden und sie entziehen sich grundsätzlich den offiziellen Geschwindigkeitsregeln. Denn Sinn ist grundsätzlich nicht anklick- und abrufbar. Sinn ist keine Information. Und er ist auch über kein noch so beschleunigtes Informationsangebot zu gewinnen. Erst auf diesem Hintergrund werde nun die Einzigartigkeit der kulturellen Erfahrung in ihrem vollem Gewicht erkennbar. Was meint von Matt unter kulturellen Erfahrung?

Für von Matt besteht die einzige und entscheidende Wirklichkeit «in der Erfahrung, welche die Menschen mit Bildern und Büchern und Musik, mit Spielen und Szenen, zuletzt auch mit Landschaften und Blumen und Sternen machen. (...) Kulturelle Erfahrung heißt demnach: sich der Sache zu stellen und ihr gegenüber einzutreten in die eigene Zeit, herauszutreten aus den Geschwindigkeitsregeln und Effizienzbefehlen.» Die in diesem Sinne verstandene kulturelle Erfahrung ist die einzige Erfahrung, die nicht beschleunigt werden kann. Sie kann nur abgebrochen werden, was auch oft genug geschieht. Es gibt auch keine Prothese, die

---

1 Vgl. von Matt, Peter (1996): Kultur und Geschwindigkeit. In: WELTWOCHE-Supplement, Nr. 6, Juni, S. 20–25.

einem diese Erfahrung abnimmt bzw. ersetzt und die Begegnung mit der eigenen Zeit erspart.

Während die eine Hälfte unserer Lebensarbeit für das Überleben, für die ökonomische und physische Prosperität sorgt – Peter Bichsel nennt diese Zeit die primäre Zeit –, sollte die andere Hälfte, also die eigene innere Zeit – nach Bichsel die sekundäre Zeit –, dafür verwendet werden, Sinn zu schaffen für die eigene Existenz. Diese andere, nicht zu beschleunigende Zeit der kulturellen Erfahrung ermöglicht es uns auch, «mit dem Prothesengerüst des Prothesengotts zu leben, ohne ihm hilflos zu verfallen.» Sie ermöglicht es uns, aus seinen Geschwindigkeitssystemen, seinem totalitärem Gefüge auszutreten, in dem es nur Fragen geben darf, die sich durch Informationen online beantworten lassen. Diese Zeit läßt uns den Fragen der anderen Art begegnen mit unserer ganzen Person. Erst dadurch ergibt sich Sinn: aus der Auseinandersetzung mit den Vorgaben der Kultur und aus dem Aushalten der eigenen Zeit. Dabei ist es gleichgültig, ob sich diese Fragen in Bildern oder Büchern verkörpern, in Klängen oder in Spielen oder in der bewegten Natur. Die Antworten darauf sind immer auch Nachrichten an uns selbst, und der Gewinn ist Sinn, «die Entstehung eines eigentümlichen Wissens über das eigene Woher und Wohin.»

Hat das noch etwas mit Heimat zu tun? Und ob! Wie wir gesehen haben, ist die Frage nach der Heimat immer auch die Frage nach unserer Person, unserer «Identität». Heimat kann nur in der eigenen Zeit der kulturellen Erfahrung entstehen. Sie stellt sich immer genau dann ein, wenn wir uns mit diesen Fragen, auf die eben nicht mit einer Information geantwortet werden kann, auseinandersetzen bzw. ihnen hingeben. Dann stellen sich jene oft unverhofften, manchmal blitzartigen, manchmal auch lange anhaltenden Glücksmomente ein, von denen ich sagen kann: Heimat. Wenn Leute also nach Heimat schreien und den meisten Politikern und Politikerinnen nichts Besseres einfällt, als uralte Mythen zu aktivieren, beweist das lediglich, daß diese Leute wenig Ahnung haben, was die Menschen wirklich verlangen. Peter von Matts Plädoyer für eine eigene Zeit trifft den Nagel auf den Kopf. Es geht meiner Meinung nach nicht darum, eine Kulturnation oder was auch immer zu stärken, wie dies etwa Muschg fordert. Die dringlichste Form von Kulturförderung ist die Förderung der Erfahrungsfähigkeit von allen. Dies wäre auch die Ermöglichung von Heimaterfahrung.

Wenn bisher doch vieles in dieser Arbeit desillusionierend, ja geradezu deprimierend erschienen sein mag, beinahe wie ein Abgesang auf letzte Illusionen und Idyllen geklungen hat, nähern wir uns nun doch langsam so etwas wie einer positiven Begriffsbestimmung von Heimat. Viele mögen sich vielleicht schon lange gefragt haben, ob es denn nicht wenigstens mir – der sich nun doch ziemlich intensiv mit dem Thema auseinandergesetzt hat – möglich sei, eine Definition von Heimat zu geben. Eine Definition kann und will ich nicht geben, doch es sind genau jene Zeiten der kulturellen Erfahrung im Sinne von Matts, wo ich mich wohl fühle bzw. wohl gefühlt habe. Es sind dies aber dermaßen persönliche Zeiten und Orte, daß es sinnlos wäre, sie an dieser Stelle zu nennen.

Allgemein bleiben mir immer häufiger und ausschließlicher meine Freunde und Freundinnen, Musik, Bücher und Filme als Heimat. Die Liebe zu den Freunden ermöglicht einen der wenigen Heimatbegriffe, der ohne Nationalismus auskommt, hat schon Edgar Reitz festgestellt. Es gibt Momente mit Freunden voller Zuwendung und Wärme, an die ich mich gern erinnere und von denen ich ohne Zögern sagen kann, da war ich glücklich, da war ich nicht allein. Es ist eine zeitlich begrenzte Idylle. Ich erinnere mich an glückliche Augenblicke in der Vergangenheit, an Geschichten, in denen ich vollkommen aufgehoben war. Diese Heimat ist keine Ortschaft. In der Beziehung zu einem geliebten Menschen gründet fast alles, was das Leben trägt: die Arbeit, das Reisen, die Dialoge, das Alleinsein, die Geselligkeit und natürlich die Freundschaften. Ohne Freunde und Freundinnen gibt es keine Heimat, das ist gewiß.

Und das Aufgehobensein in Musik, Büchern und Filmen ist für mich alles andere als Lebensersatz oder falscher Trost, wie ich immer wieder zu hören bekomme. Das Wiederhören, Wiederlesen und Wiedersehen dieser Kunst ermöglicht mir nebst sinnlichem Vergnügen auch die Erinnerung an mich selbst. Nie bekomme ich genug von guten Büchern, guten Filmen und guter Musik. Dabei bin ich weniger auf bestimmte Themen süchtig als vielmehr auf das Eintreten in eine Gegenwelt, das Hingeben an rauschhafte Gefühle der Schwerelosigkeit, das Versetzen in hypnoseähnliche Trancezustände. Wobei Gegenwelt vielleicht nicht die richtige Bezeichnung ist. Die Kunsterfahrung ermöglicht eben nicht – wie viele meinen – das Austreten aus der Wirklichkeit, sondern vielmehr das «Wirklichwerden des eigenen Körpers», das Neuschaffen des «Ichs», das um 1900 technologisch medial abgeschafft und durch Medien neu geschaffen wird: anders, physiologischer, «gelassener» mit Benjamins Wort.[1]

Mit Peter Kurzecks traurigem Helden Merderein unterwegs auf der Bundesstraße zwischen Giessen und Frankfurt; einmal mehr mit Hilfe von Rolf-Dieter Brinkmanns Reise-Zeit-Magazin die Gefühle erkunden, und immer wieder für Stunden in die rettende Sprache von Ingeborg Bachmann eintauchen. Ein weiteres Mal die «Die Zweite Heimat» ansehen und von den traumwandlerisch erzählten Geschichten immer noch so gebannt und fasziniert sein wie das erste Mal. Von Prince's «Purple Rain», dem wahrscheinlich schönsten Popsong überhaupt, unglaubliche Gänsehaut bekommen. Dank Bill Evans' wunderbarem und an Intimität kaum zu überbietendem Interplay-Spiel nur noch sich selbst und gleichzeitig ganz Musik sein. Mit Miles Davis in den «wide open space» eintreten. Hier ist sie zu ahnen, die heile Welt, die «spirituale Wirklichkeit», von der Proust spricht, der «andere Zustand», wie ihn Musil nennt. Hier wird meine latente Sehnsucht nach der – mit dem Eintritt in die Postmoderne definitiv abhanden gekommenen – Einheit zwischen weltlichen und metaphysischen Dingen erfüllt. Man wird plötzlich eins mit sich. Zudem ist eine gute CD noch immer das beste Mittel gegen jeglichen Anflug von Lebensüberdruß und Schwermut.

Marcel Proust hielt die Musik für die einzige – leider nicht weiter stattgegebene – Möglichkeit dessen, was die «mystische Gemeinschaft der Seelen» hätte werden können. Gewisse Musik kann einem tatsächlich plötzlich die ganze Welt öffnen, ermöglicht einem wundersame «Stunden der wahren Empfindung». Zumindest kann sie das wunderbare Gefühl vermitteln, in welchem man für Momente zu Hause ist, mit sich identisch ist beziehungsweise – um es mit den Worten Theweleits zu sagen – mit einem *anderen* Körper übereinstimmt. Die Dinge werden lebendig, treten an einen heran und offenbaren sich. «War aber nicht diese Entdeckung, zu der die Kunst uns verhelfen konnte, im Grunde die Entdeckung dessen, was uns das Kostbarste sein müßte, gewöhnlich uns

---

1 Das ist wohl eines der spannendsten Ergebnisse von Klaus Theweleits umfang- und detailreichen Analysen der (männlichen) Kunstproduktion. Den neuen Medien, allen voran dem Kino und dem Grammophon, wird die Kraft und physische Macht zugeschrieben, den Körper zu de-idealisieren, ihn zu verfleischlichen. «Ein Abgrund (in den Ordnungen des Sinnlichen) wird überbrückt: ‹Kunst arbeitet nicht länger als ‹Idee› an der Verfertigung des Menschen (wie im System ‹Klassik›), sondern unmittelbar physiologisch am Körperbau» (Theweleit [1994]: S. 151 f.).

aber für immer unbekannt bleibt: unser wahres Leben, die Wirklichkeit, wie wir sie verspürt haben, wie sie aber doch von dem, was wir glauben, so erheblich abweicht, daß wir ein derart starkes Glück empfinden, wenn uns ein Zufall die wirkliche Erinnerung daran entgegenträgt?»[1] Proust wußte wie kein anderer um die Dinge der Erinnerung. Für ihn blieb eine Sache, die man zu einem bestimmten Zeitpunkt sah, ein Buch, das man las, für immer nicht nur mit dem verknüpft, was um einen vorhanden war, sondern ebenso mit dem verbunden, was man damals war. Wer nur einmal ein Buch aus seiner Jugendzeit nach Jahren wieder gelesen hat, weiß, wovon Proust spricht. Nichtleser und -leserinnen sind von solchen Erlebnissen nicht ausgeschlossen – sie können sie auch mit Musik oder Filmen haben. Dennoch ist dieser Kunstgenuß nicht allen gleich zugänglich. Leute, die Zugang zu Bildung haben sowie über Zeit und Raum verfügen, Künste überhaupt zu genießen, die die Möglichkeit haben, sich von der Komplexität des Lebens zu distanzieren, weil sie ihre Lebensverhältnisse mehr oder weniger frei wählen konnten, werden des Lebens Fülle als Schatz der verlorenen Zeit sicher eher heben und genießen können, als Leute, die aufgrund ihrer Position in der Gesellschaft von vornherein von solchen Erlebnissen ausgeschlossen sind.

Wolfgang Hildesheimer verdanken wir einige der schönsten je in deutscher Sprache geschriebenen Bücher. Sich mit ihm nach dem imaginären, nie erreichten Ort Tynset aufzumachen, bereitet immer wieder allergrößte Freude. Nie werde ich von dieser Reise enttäuscht sein, bei der ich wirklich von Stern zu Stern fliegen kann, um endlich, das ganze Weltall hinter mir lassend, am erträumten Ort anzukommen, wo meine Sehnsucht nach dem Nichts erfüllt wird ... «denn jetzt stoße ich tief in die unendliche Vergangenheit, hier gleichbedeutend mit unendlicher Zukunft, und immer gezogen von meiner Sehnsucht, nirgends zu sein, dorthin, wo kein Stern, kein Licht mehr sichtbar ist, wo nichts vergessen wird, weil nichts erinnert wird, wo Nacht ist, wo nichts ist, nichts, Nichts. Dorthin –»[2]

---

1 Proust, Marcel (1979b): Auf der Suche nach der verlorenen Zeit. Bd. 10: Die wiedergefundene Zeit. Frankfurt am Main: Suhrkamp, 4. Auflage der Ausgabe in zehn Bänden, S. 3954 f.
2 Hildesheimer, Wolfgang (1989): Tynset. Frankfurt am Main: Suhrkamp (erstmals 1965), S. 185 f.

Literatur

Abt, Theodor (1988): Fortschritt ohne Seelenverlust. Versuch einer ganzheitlichen Schau gesellschaftlicher Probleme am Beispiel des Wandels im ländlichen Raum. Bern: Hallwag, 2., erw. Auflage.

Antonietti, Thomas (1990): Die Wohnung als Heimat. In: von Aarburg, Hans-Peter u. Kathrin Oester (Hrsg.): Wohnen. Zur Dialektik von Intimität und Öffentlichkeit. Diskussionsbeiträge zum Thema Wohnen. Freiburg: Universitätsverlag Freiburg Schweiz (= Studia Ethnographica Friburgensia 16), S. 121–131.

Arendt, Hannah (1995): Macht und Gewalt. München: Piper (erstmals New York: Harcourt, Brace & World, Inc. 1970), 8. Auflage.

Augé, Marc (1993): Wenn Orte zu Texten werden und Menschen sich in Magnetkarten verwandeln... In: Der Alltag. Thema: Über Identitäten – Ich ist ich (Februar 1993), Nr. 62, S. 53–68.

Augé, Marc (1994): Orte und Nicht-Orte. Vorüberlegungen zu einer Ethnologie der Einsamkeit. Frankfurt am Main: S. Fischer.

Bachmann, Ingeborg (1966): Das dreißigste Jahr. Erzählungen. München: dtv (erstmals München: Piper 1961).

Bahnert, Michael (1994): Im Trüffelland formiert sich eine Schweizerkolonie. In: Die Weltwoche, Nr. 38, 22. September, S. 81.

Bahrdt, Hans Paul (1974): «Natur» und Landschaft als kulturspezifische Deutungsmuster für Teile unserer Außenwelt. In: Gröning, Gert u. Ulfert Herlyn (Hrsg.): Landschaftswahrnehmung und Landschaftserfahrung. Texte zur Konstitution und Rezeption von Natur als Landschaft. München: Minerva Publikation, S. 81–104.

Bartels, Dietrich (1981): Menschliche Territorialität und Aufgabe der Heimatkunde. In: Riedel, Wolfgang (Hrsg.): Heimatbewußtsein: Erfahrungen und Gedanken; Beiträge zur Theoriebildung. Husum: Husum Druck und Verlagsgesellschaft, S. 7–13.

Barthes, Roland (1964): Mythen des Alltags. Frankfurt am Main: Suhrkamp (erstmals Paris: Editions du Seuil 1957).

Baudrillard, Jean (1984): Das Jahr 2000 wird nicht stattfinden. Nach der Geschichte: Herrschaft der Simulation? In: Spuren. Zeitschrift für Kunst und Gesellschaft, Nr. 6, Mai/Juni, S. 21–30.

Baudrillard, Jean (1995): Im Haß verbrüdert sich die Menschheit. In: Die Weltwoche, Nr. 48, 30. November, S. 63.

Bausinger, Hermann (1978): Identität. In: Bausinger, Hermann u. a. (Hrsg.): Grundzüge der Volkskunde. Darmstadt, S. 204–263.

Bausinger, Hermann (1980): Heimat und Identität. In: Köstlin, Konrad u. Hermann Bausinger (Hrsg.): Heimat und Identität. Probleme regionaler Kultur: 22. Deutscher Volkskunde-Kongreß in Kiel vom 16. bis 21. Juni 1979. Neumünster: Wachholtz (= Studien zur Volkskunde und Kulturgeschichte Schleswig-Holsteins 7), S. 9–24.

Beglinger, Martin (1995): Heimat. Jenseits von Blut und Boden. In: FACTS, Nr. 30, 27. Juli, S. 14–19.

Bell, Daniel (1985): Die nachindustrielle Gesellschaft. Frankfurt am Main: Campus (erstmals New York: Basic Books Inc. 1973), Neuauflage 1989 (= Campus Reihe 1001).

Bernhard, Thomas (1983): Der Untergeher. Frankfurt am Main: Suhrkamp.

Bernhard, Thomas (1989): Verstörung. Frankfurt am Main: Suhrkamp (erstmals Wiesbaden: Insel Verlag 1949).

Bichsel, Peter (1984): Des Schweizers Schweiz. Aufsätze. Zürich: Arche Verlag AG, Raabe + Vitali (erstmals Zürich: Verlags AG Die Arche 1969).

Bloch, Ernst (1985): Das Prinzip Hoffnung (3 Bde.). Frankfurt am Main: Suhrkamp (erstmals 1959).

Brecht, Bertolt (1964): Gedichte. Bd. 7: 1948–1956; Buckower Elegien; In Sammlungen nicht enthaltene Gedichte; Gedichte und Lieder aus Stücken. Frankfurt am Main: Suhrkamp.

Breitenstein, Andreas (1995): Die Zukunft einer Illusion. Über die anhaltende Heimatpflichtigkeit der Moderne. In: NZZ, Nr. 56, 8. März, S. 45.

Brinkmann, Rolf-Dieter (1987): Erkundungen für die Präzisierung des Gefühls für einen Aufstand: Träume. Aufstände / Gewalt / Morde. REISE ZEIT MAGAZIN. Die Story ist schnell erzählt. (Tagebuch). Reinbek bei Hamburg: Rowohlt.

Bronnen, Barbara u. Corinna Brocher (1973): Die Filmemacher. Zur neuen deutschen Produktion nach Oberhausen. Gütersloh: Bertelsmann.

Büttner, Jean-Martin (1996): Ohne Worte. In: Tages-Anzeiger, 10./11. August, S. 2.

Camartin, Iso (1995): Mythos Alpen. In: unizürich. Magazin der Universität Zürich, Nr. 2, S. 6–7.

Cantzen, Rolf (1987): Weniger Staat – mehr Gesellschaft. Freiheit – Ökologie – Anarchismus. Frankfurt am Main: Fischer.

Class, Thomas u. Michael Palm (1991): Der Freiraum ist imaginär. In: Garten + Landschaft, Heft 1, S. 13–16.

Daum, Egbert (1990): Was heißt hier Heimat? Neue Inhalte für einen emotional befrachteten Begriff. In: NZZ, Nr. 214, 15./16. September, S. 25.

Dejung, Christoph (1995): Hohelied der Pluralität. Wen oder was will die Postmoderne? In: Zürcher StudentIn, Nr. 4, 5. Mai, S. 8–10.

Demirovic, Alex (1992): Ein Volk wird inszeniert. Populismus und Fernsehunterhaltung. In: WoZ, Nr. 50, 11. Dezember, S. 16.

Diederichsen, Diedrich (1993): Freiheit macht arm. Das Leben nach Rock'n'Roll 1990-93. Köln: Kiepenheuer & Witsch.

Egli, Emil (1975): Mensch und Landschaft. Kulturgeographische Aufsätze und Reden: zum 70. Geburtstag von Emil Egli am 24. Juli 1975. Zürich: Artemis Verlag.

Egli, Emil (1977): Geborgenheit im Raum. Zum Begriff der Heimat. Vortrag vom 15. Mai 1976 an der 5. Jahresversammlung der Stiftung für abendländische Besinnung im Zunfthaus am Neumarkt, Zürich. Schaffhausen: Novalis.

Elfferding, Wieland (1991): Die Zukunft der endlosen Simulation? In: WoZ, Nr. 13, 28. März, S. 7.

Engels, Friedrich (1959): Der Schweizer Bürgerkrieg. In: MEW. Bd. 4. Berlin: Dietz Verlag.

Fetscher, Iring (1992): Heimatliebe – Brauch und Mißbrauch eines Begriffs. In: Görner, Rüdiger (Hrsg.): Heimat im Wort: die Problematik eines Begriffs im 19. und 20. Jahrhundert. München: iudicium verlag GmbH (= Publications of the Institute of Germanic Studies 51), S. 15–35.

Flusser, Vilém (1987): Heimat und Heimatlosigkeit: Das brasilianische Beispiel. In: Dericum, Christa u. Philipp Wambolt (Hrsg.): Heimat und Heimatlosigkeit. Berlin: Karin Kramer Verlag, S. 41–50.

Flusser, Vilém (1992a): Das Verschwinden der Ferne. In: Arch+, Nr. 111, März, S. 31-32.

Flusser, Vilém (1992b): Virtuelle Räume – Simultane Welten. Vilém Flusser im Gespräch mit Sabine Kraft und Philipp Oswalt. In: Arch+, Nr. 111, März, S. 33-52.

Flusser, Vilém (1993): Vom Virtuellen. In: Rötzer, Florian u. Peter Weibel (Hrsg.): Cyberspace. Zum medialen Gesamtkunstwerk. München: Boer, S. 65-71.

Friese, Heidrun (1993): Die Konstruktionen der Zeit. In: Zeitschrift für Soziologie, Jg. 22, 5, S. 323–337.

Frisch, Max (1990): Schweiz als Heimat? Versuche über 50 Jahre. Herausgegeben und mit einem Nachwort versehen von Walter Obschlager. Frankfurt am Main: Suhrkamp.

Führ, Eduard (Hrsg.) (1985a): Worin noch niemand war: Heimat. Eine Auseinandersetzung mit einem strapazierten Begriff: Historisch – philosophisch – architektonisch (Beiträge eines Workshops, Berlin 1984). Mit der Fotocollage Heimat – süße Heimat. Wiesbaden; Berlin: Bauverlag.

Führ, Eduard (1985b): Wieviel Engel passen auf die Spitze einer Nadel? In: Führ, Eduard (Hrsg.): Worin noch niemand war: Heimat. Eine Auseinandersetzung mit einem strapazierten Begriff: Historisch – philosophisch – architektonisch (Beiträge eines Workshops, Berlin 1984). Mit der Fotocollage Heimat – süße Heimat. Wiesbaden; Berlin: Bauverlag, S. 10–32.

Gorz, André (1993): Verfall der Arbeitsgesellschaft und der Aufstieg postökonomischer Werte. In: Widerspruch, 13. Jg., Heft 25, S. 143–152.

Greverus, Ina-Maria (1972): Der territoriale Mensch. Ein literaturanthropologischer Versuch zum Heimatphänomen. Frankfurt am Main: Athenäum.

Greverus, Ina-Maria (1979): Auf der Suche nach Heimat. München: Beck (= Beck'sche Schwarze Reihe 189).

Gröning, Gert u. Joachim Wolschke-Bulmahn (1986): Die Liebe zur Landschaft. Teil I: Natur in Bewegung. Zur Bedeutung natur- und freiraumorientierter Bewegungen der ersten Hälfte des 20. Jahrhunderts für die Entwicklung der Freiraumplanung. München: Minerva Publikation (= Arbeiten zur sozialwissenschaftlich orientierten Freiraumplanung 7).

Gröning, Gert u. Ulfert Herlyn (Hrsg.) (1990): Landschaftswahrnehmung und Landschaftserfahrung. Texte zur Konstitution und Rezeption von Natur als Landschaft. München: Minerva Publikation.

Hänny, Reto (1994): Auf dem Weg zum Text. Schweizer AutorInnen über ihr Schreiben: Teil 23. In: WoZ, Nr. 27, 8. Juli, S. 19.

Hard, Gerhard (1970a): Die «Landschaft» der Sprache und die «Landschaft» der Geographen. Semantische und forschungslogische Studien. Bonn: Ferd. Dümmlers Verlag (= Colloquium Geographicum 11).

Hard, Gerhard (1970b): «Was ist eine Landschaft?» Über Etymologie als Denkform in der geographischen Literatur. In: Bartels, Dietrich (Hrsg.): Wirtschafts- und Sozialgeographie. Köln/Berlin: Kiepenheuer & Witsch (= Neue Wiss. Bibliothek 35), S. 66–84.

Hard, Gerhard (1982): Landschaft als wissenschaftlicher Begriff und als gestaltete Umwelt des Menschen. In: Altner, Günter (Hrsg.): Biologie für den Menschen: eine Vortragsreihe in Gelnhausen und Frankfurt am Main. Frankfurt am Main: Kramer (= Aufsätze und Reden der Senckenbergischen Naturforschenden Gesellschaft 31), S. 113–146.

Hard, Gerhard (1987): «Bewußtseinsräume». Interpretationen zu geographischen Versuchen, regionales Bewußtsein zu erforschen. In: Geographische Zeitschrift, 75. Jg., 3, S. 127–148.

Hard, Gerhard u. Frauke Kruckemeyer (1993): Die vielen Stadtnaturen – Über Naturschutz in der Stadt. In: Koenigs, Tom (Hrsg.): Urbane Natur in

Frankfurt am Main. Frankfurt am Main; New York: Campus-Verlag, S. 60–69.

Hasse, Jürgen (1993): Heimat und Landschaft: Über Gartenzwerge, Center Parks und andere Ästhetisierungen. Wien: Passagen-Verlag.

Hein, Christoph (1994): Sei schlau, glotz TV. Die Schädlichkeit der Literatur und des Lesens. In: WoZ, Nr. 45, 11. November, S. 16.

Heinrich, Horst-Alfred (1991): Politische Affinität zwischen geographischer Forschung und dem Faschismus im Spiegel der Fachzeitschriften. Ein Beitrag zur Geschichte der Geographie in Deutschland von 1920 bis 1945. Giessen: Selbstverlag des Geographischen Instituts der Justus-Liebig Universität Giessen (= Giessener Geographische Schriften Heft 70).

Hildesheimer, Wolfgang (1981): Marbot. Frankfurt am Main: Suhrkamp.

Hildesheimer, Wolfgang (1989): Tynset. Frankfurt am Main: Suhrkamp (erstmals 1965).

Hüsch, Hanns Dieter (1985): «Und sie bewegt mich doch!». Mainz: Druckhaus Schmidt & Bödige GmbH.

Institut für Angewandte Psychologie IAP Zürich (Hrsg.) (1990): Störfall Heimat – Störfall Schweiz. Anmerkungen zum schweizerischen Selbstverständnis im Jahre 699 nach Rütli und im Jahre 2 vor Europa. Jahrestagung 1990. Baden: Kommissionsverlag Baden-Verlag.

Junker, Jean-Pierre (1990): Das Eigenheim. In: von Aarburg, Hans-Peter u. Kathrin Oester (Hrsg.): Wohnen. Zur Dialektik von Intimität und Öffentlichkeit. Diskussionsbeiträge zum Thema Wohnen. Freiburg: Universitätsverlag Freiburg Schweiz (= Studia Ethnographica Friburgensia 16), S. 71–77.

Keller, Rolf (1985): Lebens- und Heimatverlust als Folge des baulichen Konformismus. In: Führ, Eduard (Hrsg.): Worin noch niemand war: Heimat. Eine Auseinandersetzung mit einem strapazierten Begriff: Historisch – philosophisch – architektonisch (Beiträge eines Workshops, Berlin 1984). Mit der Fotocollage Heimat – süße Heimat. Wiesbaden; Berlin: Bauverlag, S. 93–95.

Kemper, Peter (Hrsg.) (1988): «Postmoderne» oder Der Kampf um die Zukunft. Die Kontroverse in Wissenschaft, Kunst und Gesellschaft. Frankfurt am Main: Fischer (= Fischer[-Taschenbücher]; 6638).

de Kerckhove, Derrick (1995): Vom globalen Dorf zum globalen Denken. In: UNESCO-Kurier, 36. Jg., Nr. 2, S. 16–18.

Kieren, Martin (1985): Kann man Heimat bauen? – Einige Fragen zum Regionalismus. In: Führ, Eduard (Hrsg.): Worin noch niemand war: Heimat. Eine Auseinandersetzung mit einem strapazierten Begriff: Historisch – philosophisch – architektonisch (Beiträge eines Workshops, Berlin

1984). Mit der Fotocollage Heimat – süße Heimat. Wiesbaden; Berlin: Bauverlag, S. 67–70.

Kluge, Alexander (1985): Der Angriff der Gegenwart auf die Zukunft. Das Drehbuch zum Film. Frankfurt am Main: Syndikat.

Kos, Wolfgang (1993): Das Volkslied im leeren Raum. Eine Begriffsbestimmung. In: du, Nr. 7, Juli, S. 42–45.

Krau, Ingrid (1985): Das Unsichtbare als Verlust des Sichtbaren. In: Bauwelt, Nr. 36 (Stadtbauwelt 87), S. 265–274.

Kreimeier, Klaus (1995): Lob des Fernsehens. München: Hanser Verlag.

Kreis, Georg (1992): Die Frage der nationalen Identität. In: Hugger, Paul (Hrsg.): Handbuch der schweizerischen Volkskultur. Bd. 2. Zürich: Offizin Zürich Verlags AG, S. 781–799.

Kreis, Georg (1993): Die Schweiz unterwegs. Schlußbericht des NFP 21 «Kulturelle Vielfalt und nationale Identität». Basel; Frankfurt am Main: Helbing & Lichtenhahn.

Krüger, Rainer (1987): Wie räumlich ist die Heimat – oder findet sich in Raumstrukturen Lebensqualität? Gedanken zum gesellschaftstheoretischen Diskussionsstand um die ‹Krise der Moderne› und die Bedeutung der Regionalforschung. In: Geographische Zeitschrift, 75. Jg., 3, S. 160–177.

Kurz, Robert (1993): Die Welt vor dem großen Kollaps. Warum der totale Weltmarkt die ethnische Barbarei nicht verhindern kann. In: Tages-Anzeiger, 3. März, S. 11/13.

Kurzeck, Peter (1979): Der Nußbaum gegenüber vom Laden in dem du dein Brot kaufst. Frankfurt am Main: Stroemfeld/Roter Stern.

Kurzeck, Peter (1987): Kein Frühling. Frankfurt am Main: Stroemfeld/Roter Stern.

Kurzeck, Peter (1991): Mein Bahnhofsviertel. Basel; Frankfurt am Main: Stroemfeld/Roter Stern.

Ladenthin, Volker (1991): Jeder Mensch ist heimatberechtigt. In: NZZ, Nr. 301, 28./29. Dezember, S. 19.

Lange, Günther (1975): Heimat – Realität und Aufgabe. Zur marxistischen Auffassung des Heimatbegriffs. Berlin: Akademie-Verlag, 2. Auflage (= Veröffentlichungen zur Volkskunde und Kulturgeschichte 56).

Léon, Hilde u. Konrad Wohlhage (1987): Fragment, Leerraum, Geschwindigkeit und das Bild der klassischen Stadt. In: Bauwelt, Heft 36 (Stadtbauwelt 95), S. 1324–25/36–37.

Lobsien, Eckhard (1981): Landschaft in Texten. Zur Geschichte und Phänomenologie der literarischen Beschreibung. Stuttgart.

Literatur

Lübbe, Hermann (1990): Der Philosoph im fremden Lande: Hat die schweizerische Identität gelitten? In: Institut für Angewandte Psychologie IAP Zürich (Hrsg.): Störfall Heimat – Störfall Schweiz. Anmerkungen zum schweizerischen Selbstverständnis im Jahre 699 nach Rütli und im Jahre 2 vor Europa. Jahrestagung 1990. Baden: Kommissionsverlag Baden-Verlag, S. 27–39.

Lübbe, Hermann (1994): Abschied vom Superstaat. Vereinigte Staaten von Europa wird es nicht geben. Berlin: Siedler-Verlag.

Lüthi, Hans Jürg (1991): Die Schwierigkeit, sich selbst zu wählen. Zum Tode von Max Frisch. In: Schweizer Revue. Zeitschrift für die Auslandschweizer, Nr. 3/91, September, S. 11–12.

Lyotard, Jean-François (1994): Das postmoderne Wissen: ein Bericht. Wien: Passagen-Verlag (erstmals Paris: Editions de Minuit 1979).

von Matt, Beatrice (1992): «Wer HEIMAT sagt, nimmt mehr auf sich». Max Frischs Auseinandersetzung mit der Schweiz. In: Görner, Rüdiger (Hrsg.): Heimat im Wort: die Problematik eines Begriffs im 19. und 20. Jahrhundert. München: iudicium verlag GmbH (= Publications of the Institute of Germanic Studies 51), S. 140–154.

von Matt, Peter (1992): Ein Land sucht sein wahres Gesicht. In: Hugger, Paul (Hrsg.): Handbuch der schweizerischen Volkskultur. Bd. 1. Zürich: Offizin Zürich Verlags AG, S. 7–14.

von Matt, Peter (1996): Kultur und Geschwindigkeit. In: WELTWOCHESupplement, Nr. 6, Juni, S. 20–25.

McLuhan, Marshall (1995): Die magischen Kanäle. Understanding Media. Dresden; Basel: Verlag der Kunst (erstmals McGraw Hill 1964), 2. erweiterte Auflage (= Fundus Bücher 127).

McLuhan, Marshall; Quentin Fiore u. Jerome Agel (1969): Das Medium ist Massage. Frankfurt am Main; Berlin: Ullstein.

Mecklenburg, Norbert (1982): Erzählte Provinz. Regionalismus und Moderne im Roman. Königstein/Taunus: Athenäum.

Meienberg, Niklaus (1993): Zunder. Überfälle Übergriffe Überbleibsel. Zürich: Diogenes.

Mitscherlich, Alexander (1970): Die Unwirtlichkeit unserer Städte. Anstiftung zum Unfrieden. Frankfurt am Main: Suhrkamp (erstmals 1965), 9. Auflage.

Moosmann, Elisabeth (Hrsg.) (1980): Heimat – Sehnsucht nach Identität. Berlin: Ästhetik und Kommunikation.

Morley, David u. Kevin Robins (1993): No Place Like *Heimat*: Images of Home(land) in European Culture. In: Carter, Erica; James Donald u.

Judith Squires (Hrsg.): Space & Place. Theories of Identity and Location. London: Lawrence & Wishart, S. 3–31.

Muschg, Adolf (1996): «Wieviel Identität braucht die Schweiz?». In: WELTWOCHESupplement, Nr. 4, April, S. 22–27.

Musil, Robert (1978): Der Mann ohne Eigenschaften. Bd. 2: Aus dem Nachlaß. Reinbek bei Hamburg: Rowohlt.

Neumeyer, Michael (1992): Heimat. Zu Geschichte und Begriff eines Phänomens. Kiel: Selbstverlag des Geographischen Instituts der Universität Kiel (= Kieler Geographische Schriften 84).

Nonnenmacher, Peter (1997): Ein künstliches Paradies – doch ohne Schlangen. In: Tages-Anzeiger, 5. April, S. 5.

Nowotny, Helga (1989): Eigenzeit. Entstehung und Strukturierung eines Zeitgefühls. Frankfurt am Main: Suhrkamp.

Pfeiffer, Wolfgang M. (1994): Transkulturelle Psychiatrie. Ergebnisse und Probleme. Stuttgart; New York: Georg Thieme Verlag, 2., neubearbeitete und erweiterte Auflage.

Pohl, Jürgen (1993): Regionalbewußtsein als Thema der Sozialgeographie. Theoretische Überlegungen und empirische Untersuchungen am Beispiel Friaul. Kallmünz/Regensburg: Verlag Michael Laßleben (= Münchener Geographische Hefte Nr. 70).

Poschardt, Ulf (1995): Das Paradies und der musikalische Weltgeist. DJ Culture zwischen Pop, Underground und Avantgarde. In: WoZ, Nr. 18, 5. Mai, S. 21–23.

Poschardt, Ulf (1995): DJ-Culture. Hamburg: Rogner & Bernhard bei Zweitausendeins.

Postman, Neil (1983): Das Verschwinden der Kindheit. Frankfurt am Main: Fischer (Originalausgabe New York: Delacorte Press 1982).

Postman, Neil (1985): Wir amüsieren uns zu Tode. Urteilsbildung im Zeitalter der Unterhaltungsindustrie. Frankfurt am Main: Fischer (Originalausgabe New York: Viking-Penguin 1985).

Present, Maria (1993): Wohlfeiles heimatliches Waldesrauschen. Inhaltsanalyse und Textkritik der Heimat-Heftromane. Wien: Institut für Volkskunde der Universität Wien (= Veröffentlichungen des Instituts für Volkskunde der Universität Wien 15).

Proust, Marcel (1979a): Auf der Suche nach der verlorenen Zeit. Bd. 1: In Swanns Welt. Frankfurt am Main: Suhrkamp, 4. Auflage der Ausgabe in zehn Bänden.

Proust, Marcel (1979b): Auf der Suche nach der verlorenen Zeit. Bd. 10: Die wiedergefundene Zeit. Frankfurt am Main: Suhrkamp, 4. Auflage der Ausgabe in zehn Bänden.

Radtke, Franz-Olaf (1992): Multikulturalismus und Erziehung. Ein erziehungswissenschaftlicher Versuch über die Behauptung: «Wir leben in einer multikulturellen Gesellschaft». In: Brähler, Rainer u. Peter Dudek (Hrsg.): Fremde – Heimat. Neuer Nationalismus versus interkulturelles Lernen. Probleme politischer Bildungsarbeit. Frankfurt am Main: Verl. für Interkulturelle Kommunikation, S. 185–208.

Räfle, Claus (1990): Kitsch as Kitsch can. Hommage an die Geschmacklosigkeit. Berlin: LOOK! Filmproduktion (ausgestrahlt am 31. Oktober 1994, SPlus).

Rangosch-Du Moulin, Simone (1997): Videokonferenzen als Ersatz oder Ergänzung von Geschäftsreisen. Zürich: Geographisches Institut Universität Zürich (= Wirtschaftsgeographie und Raumplanung Vol. 26).

Rauh, Reinhold (1993): Edgar Reitz. Film als Heimat. München: Wilhelm Heyne Verlag.

Raulet, Gerard (1987): Natur und Ornament: zur Erzeugung von Heimat. Darmstadt; Neuwied: Luchterhand.

Reitz, Edgar (1985): Heimat. Eine Chronik in Bildern. München und Luzern: Verlag C.J. Bucher GmbH.

Reitz, Edgar (1993): Drehort Heimat: Arbeitsnotizen und Zukunftsentwürfe. Hrsg. von Michael Töteberg. Frankfurt am Main: Verl. der Autoren.

Reitz, Edgar (1997): Heimat. Weggehen, um anzukommen. Ein Gesprächsabend mit Edgar Reitz und Gästen. Köln: WDR (ausgestrahlt am 13.7.1997, 3sat).

Rentsch, Christian (1994): Plädoyer für den Nationalismus. Hermann Lübbe zu Europas Zukunft. In: TA, Extrabeilage Buchzeichen, 25. April, S. 10.

Richner, Markus (1996): Sozialgeographie symbolischer Regionalisierung: zur gesellschaftlichen Konstruktion regionaler Wahrzeichen: die Kappelbrücke in Luzern. Zürich: unveröff. Diplomarbeit am Geogr. Institut der Universität Zürich.

Rossbacher, Karlheinz (1975): Heimatkunstbewegung und Heimatroman. Zu einer Literatursoziologie der Jahrhundertwende. Stuttgart: Ernst Klett Verlag, 1 (= Literaturwissenschaft – Gesellschaftswissenschaft 13).

Roth, Eugen (1983): Sämtliche Menschen. München; Wien: Carl Hanser Verlag.

Ruggle, Walter (1996): Der letzte Tango in Helsinki. In: Tages-Anzeiger, 2. Juli, S. 65.

Sacks, Oliver (1993): Der letzte Hippie (Teil 1–3). In: Das Magazin, Nr. 3–5, 23./30.1./ 6.2.

Schacht, Daniel Alexander (1991): Fluchtpunkt Provinz. Der Neue Heimatfilm zwischen 1968 und 1972. Münster: MAkS Publikationen (= Film- und Fernsehwissenschaftliche Arbeiten).

Scheuchzer, Johann Jakob (1961a): Von dem Heimwehe. In: Egli, Emil (Hrsg.): Erlebte Landschaft. Die Heimat im Denken und Dasein der Schweizer. Eine landeskundliche Anthologie. Zürich (etc.): Artemis Verlag, S. 312–318 (ursprünglich aus der ‹Naturgeschichte des Schweizerlandes›, Ausgabe 1746).

Scheuchzer, Johann Jakob (1961b): Von der Schweizer Leibs- und Gemüts-Beschaffenheit. In: Egli, Emil (Hrsg.): Erlebte Landschaft. Die Heimat im Denken und Dasein der Schweizer. Eine landeskundliche Anthologie. Zürich (etc.): Artemis Verlag, S. 325–332 (ursprünglich aus der ‹Naturgeschichte des Schweizerlandes›, Ausgabe 1746).

Schoeller, Wilfried F. (1996): Die Rückkehr des Flaneurs. In: du, Nr. 11, November, S. 86–87.

Schultz, Hans-Dietrich (1980): Die deutschsprachige Geographie von 1800 bis 1970. Ein Beitrag zur Geschichte und ihrer Methodologie. Berlin: Selbstverlag des Geographischen Instituts der Freien Universität Berlin (= Abhandlungen des Geographischen Instituts Anthropogeographie 29).

Schultz, Hans-Dietrich (1993): Vom Aufbruch in die Moderne zur Angst vor dem Untergang. Leitbilder der Geographie und des Geographieunterrichts in historisch-didaktischer Reflexion. In: Kattenstedt, Heyno (Hrsg.): «Grenz-Überschreitung». Festschrift zum 70. Geburtstag von Manfred Büttner. Bochum: Universitätsverlag Dr. N. Brockmeyer, S. 105–126.

Seiler, Christian (1993): Die Tradition aus der Retorte. Der Unspunnen-Geist: Politischer Langzeiterfolg eines Folklorekonzepts. In: Die Weltwoche, Nr. 35, 2. September, S. 56.

Seiler, Christian (1994): Verkaufte Volksmusik. Die heikle Gratwanderung der Schweizer Folklore. Zürich: Weltwoche-ABC-Verlag.

Sennett, Richard (1983): Verfall und Ende des öffentlichen Lebens. Die Tyrannei der Intimität. Frankfurt am Main: S. Fischer (erstmals New York: Alfred A. Knopf, Jnc. 1977).

Sennett, Richard (1992): Der Widerstand der Ästhetik. Interview mit Richard Sennett von Karl Hoffmann. In: Beermann, Wilhelm; Michael Dreyer u. Karl Hoffmann (Hrsg.): Fünf Interviews zur Veränderung des Sozialen. Stuttgart: Factor, S. 33–56.

SF DRS (1993): 8. Schweizerisches Trachten- und Alphirtenfest, Unspunnen 1993. Zürich: SF DRS (ausgestrahlt am 5. September, SF DRS).

Smith, Michael Peter (1992): Postmodernism, urban ethnography, and the new social space of ethnic identity. In: Theory and Society, 21, S. 493–531.

Spranger, Eduard (1973): Der Bildungswert der Heimatkunde. In: Bollnow, Otto Friedrich u. Gottfried Bräuer (Hrsg.): Eduard Spranger: Gesammelte Schriften. Bd. 2: Philosophische Pädagogik. Tübingen: Max Niemeyer Verlag, S. 294–319.

Stöckle, Frieder (1984): Heimat heute. Probleme der Sozialisation und Identitätsbildung im Rahmen eines regionalgeschichtlichen Unterrichts. In: Knoch, Peter u. Thomas Leeb (Hrsg.): Heimat oder Region? Grundzüge einer Didaktik der Regionalgeschichte. Frankfurt am Main: Diesterweg, S. 17–29.

Strauß, Botho (1984): Paare, Passanten. München: dtv, 7. Auflage Juli 1994.

Swales, Martin (1992): Symbolik der Wirklichkeit. Zum Film Heimat. In: Görner, Rüdiger (Hrsg.): Heimat im Wort: die Problematik eines Begriffs im 19. und 20. Jahrhundert. München: iudicium verlag GmbH (= Publications of the Institute of Germanic Studies 51), S. 117–130.

Tanner, Jakob (1993): Geist aus Gotthardgranit. In: WoZ, Nr. 48, 3. Dezember, S. 16.

Thelen, Beatrice (1993): Die Fernsehanstalten rufen zum Alpsegen. In: SonntagsZeitung, 29. August, S. 54.

Theweleit, Klaus (1986): Männerphantasien. Bd. 1: Frauen, Fluten, Körper, Geschichte. Bd. 2: Männerkörper – zur Psychoanalyse des Weißen Terrors. Basel; Frankfurt am Main: Stroemfeld/Roter Stern.

Theweleit, Klaus (1988): Buch der Könige. Bd. 1: Orpheus und Eurydike. Frankfurt am Main: Stroemfeld/Roter Stern.

Theweleit, Klaus (1989): Three Steps aus 31 Jahren mit Miles. In: du, Nr. 8, August, S. 82–84.

Theweleit, Klaus (1994): Buch der Könige. Bd. 2x: Orpheus am Machtpol: zweiter Versuch im Schreiben ungebetener Biographien, Kriminalroman, Fallbericht und Aufmerksamkeit. Basel; Frankfurt am Main: Stroemfeld.

Theweleit, Klaus (1995a): Das Land, das Ausland heißt. Essays, Reden, Interviews zu Politik und Kunst. München: Deutscher Taschenbuch Verlag (dtv 30449), Originalausgabe.

Theweleit, Klaus u. Elisabeth Bronfen (1995b): Im Gespräch. Kunst schafft Tod schafft Kunst. In: WELTWOCHESupplement, Nr. 2, Februar, S. 28–31.

Vaterlaus, Thomas (1990): Nach dem Eigenheim kommt die Scheidung. In: von Aarburg, Hans-Peter u. Kathrin Oester (Hrsg.): Wohnen. Zur Dialektik von Intimität und Öffentlichkeit. Diskussionsbeiträge zum Thema Wohnen. Freiburg: Universitätsverlag Freiburg Schweiz (= Studia Ethnographica Friburgensia 16), S. 79–84.

Virilio, Paul (1995): Alarm im Cyberspace! Geschwindigkeit und Information. In: Le Monde diplomatique. Monatliche Beilage der WochenZeitung, Nr. 4, August, S. 2.

Virilio, Paul (1997): Körperverlust in der entwirklichten Welt. Verkümmert unser Gedächtnis zu einem ungeordneten Trödelladen? In: Tages-Anzeiger, 4. August, S. 43.

Vogel, Thomas (1995): Endstation Sandstrand. In: Brückenbauer, Nr. 6, 8. Februar, S. 18–20.

Vorländer, Herwart (1984): Heimat und Heimaterziehung im Nationalsozialismus. In: Knoch, Peter u. Thomas Leeb (Hrsg.): Heimat oder Region? Grundzüge einer Didaktik der Regionalgeschichte. Frankfurt am Main: Diesterweg, S. 30–43.

Walther, Rudolf (1994): Was ist «nationale Identität»? In: Die Zeit, 12. August.

Weiss, Katharina (1988): «Wer HEIMAT sagt, nimmt mehr auf sich.» Eine Studie zum Begriff Heimat im Prosawerk Max Frischs. Dissertation. University of Cincinnati.

Welsch, Wolfgang (Hrsg.) (1988): Wege aus der Moderne. Schlüsseltexte der Postmoderne-Diskussion. Weinheim: VCH (etc.).

Wenzel, Uwe Justus (1992): Heimat – ein deutsches Lehrstück. Die zweiten Freiburger Kulturgespräche. In: NZZ, Nr. 216, 17. September, S. 27.

Werlen, Benno (1993a): Identität und Raum. Regionalismus und Nationalismus. In: »Soziographie«, 6. Jg., 7, S. 39–73.

Werlen, Benno (1993b): Gibt es eine Geographie ohne Raum? Zum Verhältnis von traditioneller Geographie und zeitgenössischen Gesellschaften. In: Erdkunde, Bd. 47, 4, S. 241–255.

Werlen, Benno (1995): Sozialgeographie alltäglicher Regionalisierungen. Bd. 1: Zur Ontologie von Gesellschaft und Raum. Stuttgart: Franz Steiner Verlag (= Erdkundliches Wissen 116).

Werlen, Benno (1997): Raum, Körper und Identität. Traditionelle Denkfiguren in sozialgeographischer Reinterpretation. In: Steiner, Dieter (Hrsg.): Mensch und Lebensraum. Fragen zu Identität und Wissen. Opladen: Westdeutscher Verlag, S. 147–168.

Werner, Markus (1995): Bis bald. München: dtv (erstmals Salzburg und Wien: Residenz 1992).

Wider, Werner (1981): Der Schweizer Film 1929–1964. Bd. 1: Die Schweiz als Ritual. Zürich: Limmat Verlag.

Wieseltier, Leon (1995): Against Identity: Wider das Identitätsgetue. In: Die Zeit, Nr. 7, 17. Februar.

Wulf, Christoph (1989): Mimesis. In: Gebauer, Gunter u. Dietmar Kamper u.a. (Hrsg.): Historische Anthropologie. Zum Problem der Humanwissenschaften heute oder Versuche einer Neubegründung. Reinbek bei Hamburg: Rowohlt (= Rowohlts Enzyklopädie 486), S. 83–125.